"十二五"普通高等教育本科国家级规划教材
司法部全国法学教材与法学优秀科研成果奖

新编21世纪法学系列教材
总主编 曾宪义 王利明

# 婚姻家庭法

第八版

Marriage and Family Law

主 编 杨大文 龙翼飞
副主编 曹诗权 孙若军

撰稿人
龙翼飞 曹诗权 孙若军
田 野 姚 邢



中国人民大学出版社
·北京·

## 主编简介

杨大文（1933—2014），男，江苏常州人。著名法学家和法学教育家。中华人民共和国婚姻家庭法学的开拓者和奠基人之一，中国人民大学婚姻家庭法学科奠基人。先生著作等身，主编的《婚姻法教程》（1982 年版）、《婚姻法学》（1985 年版）、《亲属法》（1997 年版）堪称经典。先生积极参与立法，为中华人民共和国的婚姻家庭立法作出了不可磨灭的贡献。

龙翼飞（1959 年 10 月— ），男，祖籍湖南衡阳。中国人民大学法学院教授，博士研究生导师。国家级教学名师，获国务院颁发政府特殊津贴。研究领域为民商法学。已出版专著和主编教材二十余部，发表论文多篇，承担国家级和省部级科研项目十余项，参加《中华人民共和国民法典》等重要法律的立法研究活动。曾为中共中央政治局和全国人大常委会作法治讲座。先后赴英国、法国、德国、日本、美国、荷兰、俄罗斯、韩国等国家进行学术交流。

## 内容简介

本书初版问世于世纪之交，历经多次修订，全面反映了婚姻家庭领域法制建设和法学研究的最新成果。本书以我国婚姻家庭法的规范体系为主要研究对象，同时从比较法的角度评介境外立法例，贴近立法的共识性取向；在内容上将法理的探讨、制度的评析、法条的诠解、法律的适用等熔为一炉，促进学生融会贯通地掌握婚姻家庭法律制度；辅之以案例和司法考试真题，阐明核心概念和主要制度，注重对学生的应用能力的培养。

# 总　序

曾宪义

在人类文明与文化的发展中，中华民族曾作出过伟大的贡献，不仅最早开启了世界东方文明的大门，而且对人类法治、法学及法学教育的生成与发展进行了积极的探索与光辉的实践。

在我们祖先生存繁衍的土地上，自从摆脱动物生活、开始用双手去进行创造性的劳动、用人类特有的灵性去思考以后，我们人类在不断改造客观世界、创造辉煌的物质文明的同时，也在不断地探索人类的主观世界，逐渐形成了哲学思想、伦理道德、宗教信仰、风俗习惯等一系列维系道德人心、维持一定社会秩序的精神规范，更创造了博大精深、义理精微的法律制度。应该说，在人类所创造的诸种精神文化成果中，法律制度是一种极为奇特的社会现象。因为作为一项人类的精神成果，法律制度往往集中而突出地反映了人类在认识自身、调节社会、谋求发展的各个重要进程中的思想和行动。法律是现实社会的调节器，是人民权利的保障书，是通过国家的强制力来确认人的不同社会地位的有力杠杆，它来源于现实生活，而且真实地反映现实的要求。因而透过一个国家、一个民族、一个时代的法律制度，我们可以清楚地观察到当时人们关于人、社会、人与人的关系、社会组织以及哲学、宗教等诸多方面的思想与观点。同时，法律是一种具有国家强制力、约束力的社会规范，它以一种最明确的方式，对当时社会成员的言论或行动作出规范与要求，因而也清楚地反映了人类在各个历史发展阶段中对于不同的人所作出的种种具体要求和限制。因此，从法律制度的发展变迁中，同样可以看到人类自身不断发展、不断完善的历史轨迹。人类社会几千年的国家文明发展历史已经无可争辩地证明，法律制度乃是维系社会、调整各种社会关系、保持社会稳定的重要的工具。同时，法律制度的不断完善，也是人类社会文明进步的显著体现。

由于发展路径的不同、文化背景的差异，东方社会与西方世界对于法律的意义、底蕴的理解、阐释存有很大的差异，但是，在各自的发展过程中，都曾比较注重法律的制定与完善。中国古代虽然被看成是“礼治”的社会、“人治”的世界，被认为是“只有刑，没有法”的时代，但从《法经》到《唐律疏议》、《大清律例》等数十部优秀成文法典的存在，充分说明了成文制定法在中国古代社会中的突出地位，唯这些成文法制所体现出的精神旨趣与现代法律文明有较大不同而已。时至20世纪初叶，随着西风东渐、东西文化交流加快，中国社会开始由古代的、传统的社会体制向近现代文明过渡，建立健全的、符合现代理性精神的法律文明体系方成为现代社会的共识。正因为如此，近代以来的数百年间，在西方、东方各主要国家里，伴随着社会变革的潮起潮落，法律改革运动也一直呈方兴未艾之势。

从历史上看，法律的文明、进步，取决于诸多的社会因素。东西方法律发展的历史均充分证明，推动法律文明进步的动力，是现实的社会生活，是政治、经济和社会文化的变迁；同时，法律内容、法律技术的发展，往往依赖于一大批法律专家以及更多的受过法律教育的社会成员的研究和推动。从这个角度看，法学教育、法学研究的发展，对于法律文明的发展进步，也有着异常重要的意义。正因为如此，法学教育和法学研究在现代国家的国民教育体系和科学研究体系中，开始占有越来越重要的位置。

中国近代意义上的法学教育和法学研究，肇始于19世纪末的晚清时代。清光绪二十一年（公元1895年）开办的天津中西学堂，首次开设法科并招收学生，虽然规模较小，但仍可以视为中国最早的近代法学教育机构（天津中西学堂后改名为北洋大学，又发展为天津大学）。三年后，中国近代著名的思想家、有“维新骄子”之称的梁启超先生即在湖南《湘报》上发表题为《论中国宜讲求法律之学》的文章，用他惯有的富有感染力的激情文字，呼唤国人重视法学，发明法学，讲求法学。梁先生是清代末年一位开风气之先的思想巨子，在他的辉煌的学术生涯中，法学并非其专攻，但他仍以敏锐的眼光，预见到了新世纪中国法学研究和法学教育的发展。数年以后，清廷在内外压力之下，被迫宣布实施“新政”，推动变法修律。以修订法律大臣沈家本为代表的一批有识之士，在近十年的变法修律过程中，在大量翻译西方法学著作，引进西方法律观念，有限度地改造中国传统的法律体制的同时，也开始推动中国早期的法学教育和法学研究。20世纪初，中国最早设立的三所大学——北洋大学、京师大学堂、山西大学堂均设有法科或法律学科目，以期“端正方向，培养通才”。1906年，应修订法律大臣沈家本、伍廷芳等人的奏请，清政府在京师正式设立中国第一所专门的法政教育机构——京师法律学堂。次年，另一所法政学堂——直属清政府学部的京师法政学堂也正式招生。这些大学法科及法律、法政学堂的设立，应该是中国历史上近代意义上的正规专门法学教育的滥觞。

自清末以来，中国的法学教育作为法律事业的一个重要组成部分，随着中国社会的曲折发展，经历了极不平坦的发展历程。在20世纪的大部分时间里，中国社会一直充斥着各种矛盾和斗争。在外敌入侵、民族危亡的沉重压力之下，中国人民为寻找适合中国国情的发展道路而花费了无穷的心力，付出过沉重的代价。从客观上看，长期的社会骚动和频繁的政治变迁曾给中国的法治与法学带来过极大的消极影响。直至70年代末期，以“文化大革命”宣告结束为标志，中国社会从政治阵痛中清醒过来，开始用理性的目光重新审视中国的过去，规划国家和社会的未来，中国由此进入长期稳定、和平发展的大好时期，以这种大的社会环境为背景，中国的法学教育也获得了前所未有的发展机遇。

从宏观上看，实行改革开放以来，经过二十多年的努力，中国的法学教育事业所取得的成就是辉煌的。首先，经过“解放思想，实事求是”思想解放运动的洗礼，在中国法学界迅速清除了极左思潮及苏联法学模式的一些消极影响，根据本国国情建设社会主义法治国家已经成为国家民族的共识，这为中国法学教育和法学研究的发展奠定了稳固的思想基础。其次，随着法学禁区的不断被打破、法学研究的逐步深入，一个较为完善的法学学科体系已经建立起来。理论法学、部门法学各学科基本形成了比较系统和成熟的理论体系和学术框架，一些随着法学研究逐渐深入而出现的法学子学科、法学边缘学科也渐次成型。1997年，国家教育主管部门和教育部高校法学学科教学指导委员会对原有专业目录进行了又一次大幅度调整，决定自1999年起法学类本科只设一个单一的法学专业，按照一个专业招生，从而使法学学科的布局更加科学和合理。同时，在充分论证的基础上，确定了法学专业本科教学的14门核心课程，加上其他必修、选修课程的配合，由此形成了一个传统与更新并重、能够适应国家和社会发展需要的教学体系。法学硕士和博士研究生及法律硕士专业学位研究生的专业设置、课程教学和培养体系也日臻完善。再次，法学教育的规模迅速扩大，层次日趋齐全，结构日臻合理。目前中国有六百余所普通高等院校设置了法律院系或法律本科专业，在校本科学生和研究生已达二十余万人。除本科生外，在一些全国知名的法律院校，法学硕士研究生、法律硕士专业学位研究生、法学博士研究生已经逐步成为培养的重点。

众所周知，法律的进步、法治的完善，是一项综合性的社会工程。一方面，现实社会关系的发展，国家政治、经济和社会生活的变化，为法律的进步、变迁提供动力，提供社会的土壤。另一方面，法学教育、法学研究的发展，直接推动法律进步的进程。同时，全民法律意识、法律素质的提高，则是实现法治国理想的关键的、决定性的因素。在社会发展、法学教育、法学研究等几个攸关法律进步的重要环节中，法学教育无疑处于核心的、基础的地位。中国法学教育过去二十多年所走过的历程令人激动，所取得的成就也足资我们自豪。随着国家的发展、社会的进步，在21世纪，我们面临着更严峻的挑战和更灿烂的前景。“建设世界一流法学教育”，任重道远。

首先，法律是建立在经济基础之上的上层建筑，以法治为研究对象的法学也就成为一门实践性很强的学科。社会生活的发展变化，势必要对法学教育、法学研究不断提出新的要求。经过二十多年的奋斗，中国改革开放的前期目标已顺利实现。但随着改革开放的逐步深入，国家和社会的一些深层次问题，比如说社会主义市场经济秩序的真正建立、国有企业制度的改革、政治体制的完善、全民道德价值的重建、环境保护和自然资源的合理利用等等，也已经开始浮现出来。这些复杂问题的解决，无疑最终都会归结到法律制度的完善上来。建立一套完善、合理的法律制度，构建理想的和谐社会，乃一项持久而庞大的社会工程，需要全民族的智慧和努力。其中的基础性工作，如理论的论证、框架的设计、具体规范的拟订、法律实施中的纠偏等等，则有赖于法学研究的不断深入，以及高素质人才特别是法律人才的养成，而培养法律人才的任务，则是法学教育的直接责任。

其次，21世纪是一个多元化的世纪。20世纪中叶发生的信息技术革命，正在极大地改变着我们的世界。现代科学技术，特别是计算机网络信息技术的发展，使传统的生活方式、思想观念发生了根本的改变，并由此引发许多人类从未面对过的问题。就法学教育而言，在21世纪所要面临的，不仅是教学内容、研究对象的多元化问题，而且还有培养对象、培养目标的多元化、教学方式的多元化等一系列问题，这些问题都需要法学界去思考、去探索。

中国人民大学法学院建立于1950年，是新中国诞生后创办的第一所正规高等法学教育机构。在半个多世纪的岁月中，中国人民大学法学院以其雄厚的学术力量、严谨求实的学风、高水平的教学质量以及丰硕的学术研究成果，在全国法学教育领域处于领先地位，并开始跻身于世界著名法学院之林。据初步统计，中国人民大学法学院已经为国家培养法学专业本科生、硕士生、博士生一万余人，培养各类成人法科学生三十余万人。经过多年的努力，中国人民大学法学院形成了较为明显的学术优势，在现职教师中，既有一批资深望重、在国内外享有盛誉的法学前辈，更有一大批在改革开放后成长起来的优秀中青年法学家。这些老中青法学专家多年来在勤奋研究法学理论的同时，也积极投身于国家的立法、司法实践，对国家法制建设贡献良多。

有鉴于此，中国人民大学法学院与中国人民大学出版社经过研究协商，决定结合中国人民大学法学院的学术优势和中国人民大学出版社的出版力量，出版一套“21世纪法学系列教材”。自1998年开始编写出版本科教材，包括按照国家教育部所确定的法学专业核心课程和其所颁布印发的《全国高等学校法学专业核心课程教学基本要求》而编写的14门核心课程教材，也包括法学各领域、各新兴学科教材及教学参考书和案例分析在内，到2000年12月3日在人民大会堂大礼堂召开举世瞩目的“21世纪世界百所著名大学法学院院长论坛暨中国人民大学法学院成立五十周年庆祝大会”之时，业已出版了50本作为50周年院庆献礼，到现在总共出版了80本。为了进一步适应高等法学教育发展的形势和教学改革的需要，最近中国人民大学法学院与中国人民大学出版社决定将这套教材扩大为四个系列，即：“本科生用书”、“法学研究生用书”、“法律硕士研究生用书”以及“司法考试用书”，总数将达二百多本。我们设想，本套教材的编写，将更加注意“高水准”与“适用性”的合理结合。首先，本套教材将由中国人民大学法学院具有全国影响的各学科的学术带头人领衔，约请全国高校优秀学者参加，形成学术实力强大的编写阵容。同时，在编写教材时，将注意吸收中国法学研究的最新的学术成果，注意国际学术发展的最新动向，力求使教材内容能够站在21世纪的学术前沿，反映各学科成熟的理论，体现中国法学的水平。其次，本套教材在编写时，将针对新时期学生特点，将思想性、学术性、新颖性、可读性有机结合起来，注意运用典型生动的案例、简明流畅的语言去阐释法律理论与法律制度。

我们期望并且相信，经过组织者、编写者、出版者的共同努力，这套法学教材将以其质量效应、规模效应，力求成为奉献给新世纪的精品教材，我们诚挚地祈望得到方家和广大读者的教正。

2006年7月1日

# 序 言

法学教育是高等教育的重要组成部分，是建设社会主义法治国家、构建社会主义和谐社会的重要基础，并居于先导性的战略地位。在我国社会转型的新世纪、新阶段，法学教育不仅要为建设高素质的法律职业共同体服务，而且要面向全社会培养大批治理国家、管理社会、发展经济的高层次法律人才。近年来，法学教育取得了长足的进步，法科数量增长很快，教育质量稳步提高，培养层次日渐完善，目前已经形成了涵盖本科生、第二学士学位生、法学硕士研究生、法律硕士研究生、法学博士研究生的完整的法学人才培养体系，接受法科教育已经成为莘莘学子的优先选择之一。随着中国法治事业的迅速发展，我们有理由相信，中国法学教育的事业大有可为，中国法学教育的前途充满光明。

教育的基本功能在于育人，在于塑造德才兼备的高素质人才。法学教育的宗旨并非培养只会机械适用法律的“工匠”，而承载着培养追求正义、知法懂法、忠于法律、廉洁自律的法律人的任务。要完成法学教育的使命，首先必须认真抓好教材建设。我始终认为，教材是实现教育功能的重要工具和媒介，法学教材不仅仅是法学知识传承的载体，而且是规范教学内容、提高教学质量的关键，对法学教育的发展有着不可估量的作用。

第一，法学教材是传授法学基本知识的工具。初学法律，既要有好的老师，又要有好的教材。正如冯友兰先生所言：“学哲学的目的，是使人作为人能够成为人，而不是成为某种人。其他的学习（不是学哲学）是使人能够成为某种人，即有一定职业的人。”一套好的教材，能够高屋建瓴地展示法律的体系，能够准确简明地阐释法律的逻辑，能够深入浅出地叙述法律的精要，能够生动贴切地表达深奥的法理。所以，法学教材是学生学习法律的向导，是学生步入法律殿堂的阶梯。如果在入门之初教材就有偏颇之处，就可能误人子弟，学生日后还要花费大量时间与精力来修正已经形成的错误观念。

第二，法学教材是传播法律价值理念的载体。好的法学教材不仅要传授法学知识，更要传播法律的精神和法治的理念，例如对公平、正义的追求，尊重权利的观念。本科、研究生阶段的青年学子，正处在人生观、价值观形成的阶段，一套优秀的法学教材，对于他们价值观的塑造和健全人格的培养具有重要意义。

第三，法学教材是形成职业共同体的主要条件。建设社会主义法治国家，有赖于法律职业共同体的生成。一套好的法学教材，向法律研习者传授共同的知识，这对于培养一个接受共同的价值理念、共同的法律思维、共同的话语体系的法律共同体，具有重要的作用。

第四，法学教材是所有法律研习者的良师益友。没有好的教材，一个好的教师或可弥补教材的欠缺和不足，但对那些没有老师指导的自学者而言，教材就是老师，其重要作用是显而易见的。

长期以来，在我们的评价体系中，教材并没有获得应有的注重，对学术成果的形式优先考虑的往往是专著而非教材。在不少人的观念中，教材与创新、与学术精品甚至与学术无缘。其实，要真正写出一部好的教材，其难度之大、工作之艰辛、影响之深远，绝不低于一部优秀的专著，它甚至可以成为在几百年甚至更长的时间内发挥作用的传世之作。以查士丁尼的《法学阶梯》为例，所谓法学阶梯，即法学入门之义，就是一部教材。但它概括了罗马法的精髓，千百年来，一直是人们研习罗马法最基本的著述。日本著名学者我妻荣说过，大学教授有两大任务：一是写出自己熟悉的专业及学术领域的讲义乃至教科书；二是选择自己最有兴趣、最看重的题目，集中精力进行终生的研究。实际上，这两者是相辅相成的。写出一部好教材，必须要对相关领域形成一个完整的知识体系，还要能以深入浅出的语言将问题讲清楚、讲明白。没有编写教材的基本功，实际上也很难写出优秀的专著。当然，也只有对每一个专题都有一定研究，才能形成对这个学术领域的完整把握。

虽然近几年我国法学教育发展迅速，成绩显著，但是法学教育也面临许多挑战。各个学校的师资队伍和教学质量参差不齐，这就更需要推出更多的结构严谨、内容全面、角度各有侧重、能够适应不同需求的法学教材，为提高法学教学和人才培养质量、保障法学教育健康发展提供前提条件。

长期以来，中国人民大学法学院始终高度重视教材建设。作为新中国成立后建立的第一所正规的法学教育机构，中国人民大学法律系最早开设了社会主义法学教学课堂，编写了第一套社会主义法学讲义，培养了新中国第一批法学本科生和各学科的硕士生、博士生，产生了新中国最早的一批法学家和法律工作者。中国人民大学法律系因此被誉为“新中国法学教育的工作母机”。半个多世纪以来，中国人民大学法学院为社会主义法制建设培养了大批优秀的法律人才，并为法学事业的振兴和繁荣作出了卓越贡献，也因此成为引领中国法学教育的重镇、凝聚国内法律人才的平台和沟通中外法学交流的窗口，并在世界知名法学院行列中崭露头角。为了对中国法学教育事业作出更大的贡献，我们有义务也有责任出版一套体现我们最新研究成果的法学教材。

承蒙中国人民大学出版社的大力支持，我们组织编写了本套教材，其中包括本科生用书、法律硕士研究生用书、法学研究生用书和司法考试用书四大系列，分别面向不同层次法科教育需求。编写人员以中国人民大学法学院教师为主，反映了中国人民大学法学院整体的研究实力和学术视野。相信本套教材的出版，一定能够为新时期法学教育的繁荣发展发挥应有的作用。

是为序。

2006年7月10日

# 编写说明

本书是中国人民大学出版社21世纪法学系列教材之一。婚姻家庭法学作为集理论知识和实践操作于一体的法学课程，是民商法学科的重要组成部分，同时具有相对独立的研究特色和部门法学地位。

本教材的编写宗旨和特点：一是遵循教材编写规范，力求反映教学运行规律，比较完整准确地展示婚姻家庭法学的基本知识要点。二是围绕现行法律渊源层面的规范体系，着重对具体制度进行理论和应用的阐述。三是切入正在进行的婚姻法修改与完善的热点，贴近立法的共识性取向，通过引介学者的立法建议，赋予教材一定的新意。四是总结编写者和学界同仁的教学与研究经验，在亲属关系的法律事实、无效婚姻、配偶身份权、抚养、离婚等问题上补入了一些新的内容和知识，并希望借此能引出更深入的研究成果。

本教材既适用于各高等学校法学专业的本科生、研究生等，也适用于法学专业夜大、函授和自修的本科生、专科生，同时对从事立法、司法和法律服务的实务工作者也能提供很好的学习帮助。教材编写者杨大文、龙翼飞是中国人民大学法学院教授、博士生导师，曹诗权是中南财经政法大学教授、中国人民大学法学院博士生，孙若军是中国人民大学法学院讲师。具体分工如下：

本书由杨大文任主编，曹诗权任副主编。参加本书编著的作者为（以撰写章节先后为序）：

杨大文：第一章、第二章；

曹诗权：第三章、第四章、第六章、第七章、第十章、第十二章；

孙若军：第五章、第八章；

龙翼飞：第九章、第十一章。

本书编写组

2000年6月

# 第八版修订说明

新编21世纪法学系列教材《婚姻家庭法》自2000年首次出版以来，在婚姻家庭法学的教学及科研活动中发挥了引领的作用，得到了读者的普遍认同。伴随我国婚姻家庭法律制度的不断完善和我国法学研究事业的发展，本书历经二、三、四、五、六、七版，在内容上紧跟时代步伐，将法理的探讨、制度的评析、法条的诠解、法律的适用和法律制度的比较等熔为一炉，具有时代性、科学性。

《中华人民共和国民法典》于2020年5月28日经第十三届全国人民代表大会第三次会议审议通过，并于同日正式颁布，自2021年1月1日起正式实施。《中华人民共和国民法典》是一部具有划时代意义、体现我国社会主义性质、符合人民共同利益和愿望、适应时代发展的民法典。这部法典具有鲜明的中国特色、实践特色和时代特色，贯穿了人权平等、人格尊严、人身自由、人亲和谐、人际诚信、人性友善、人财共济、人伦正义、人本秩序和人文关怀的法理思想。《中华人民共和国民法典》第五编是婚姻家庭编，该编在现行婚姻家庭法律制度的基础上，作出了较多制度创新。本书第八版主要围绕着《中华人民共和国民法典》婚姻家庭编新增加的相关内容，进行了以下修订：第一，在第一章中对“婚姻”与“家庭”的法律概念重新进行了诠释。第二，在第三章中增加了家庭应当树立优良家风、弘扬家庭美德、重视家庭文明建设的相关内容。第三，在第四章中重新界定了亲属、近亲属、家庭成员的范围。第四，在第五章中将受胁迫一方请求撤销婚姻的期间起算点由“自结婚登记之日起”修改为“自胁迫行为终止之日起”。第五，在第五章中取消将“患有医学上认为不应当结婚的疾病”作为禁止结婚的情形，并相应增加规定一方隐瞒重大疾病的，另一方可以向人民法院请求撤销婚姻。第六，在第六章中增加规定婚姻无效或者被撤销的，无过错方有权请求损害赔偿。第七，在第七章中重新阐释了夫妻共同债务的范围。第八，在第七章中增加离婚冷静期制度的内容。第九，在第八章中新增亲子关系确认和否认之诉的相关内容。第十，在第九章中重新界定了被收养人的范围，删除了被收养的未成年人仅限于不满14周岁者的规定，修改为符合条件的未成年人均可被收养。

本书作者希冀第八版的内容对于法科学生、法律教育工作者、法学研究工作者、司法工作者和其他人士准确理解、正确适用《中华人民共和国民法典》婚姻家庭编的相关制度有所助益，同时，也由衷期待读者对本书第八版的内容提出宝贵的意见。

本次修订由主编龙翼飞教授主持。龙翼飞教授、曹诗权教授、孙若军教授、田野讲师、博士生姚邢对本书的相关内容进行了修订和统稿。本书的责任编辑为第八版的修订提供了重要的帮助，在此一并致谢。

**本书编写组**

2020年8月

# 目　录

# 第一章
# 导论：婚姻家庭与社会制度

**本章导读**

婚姻家庭法学是研究有关婚姻家庭的法律制度、法律关系和与此相关的法律现象的科学。学习婚姻家庭法学，首先应当按照历史唯物主义的观点和方法，对婚姻家庭的概念、本质、社会功能，婚姻家庭制度在社会制度中的地位，人类两性、血缘关系的社会形式产生、演变和发展的规律及各阶段的特点等基础知识，要有较为全面、深刻的理解和掌握，借此为学习和研究婚姻家庭法学打下理论基础。

**关键术语**

婚姻　家庭　自然属性　社会属性　家庭功能　婚姻家庭制度　群婚制　对偶婚制　一夫一妻制

## 第一节　婚姻家庭的概念和本质

### 一、婚姻家庭的概念

婚姻家庭是人类社会最广泛、最普遍的社会关系。然而，在历史发展的长河中，婚姻家庭并非自始存在的，也不是永恒不变的。婚姻家庭是人类社会发展到一定阶段的产物，是与一定社会的生产方式和生活方式相适应的两性和血缘关系的社会形式。婚姻家庭在本质上无非是某种社会关系，是存在于婚姻双方和家庭成员之间的社会关系，所以我们称其为社会关系的特定形式，以便将其与其他社会关系加以区别。肯定婚姻家庭关系的社会性和历史性，是我们研究这一特定对象的出发点。

**【链接】**

恩格斯在《家庭、私有制和国家的起源》一书的第四版序言中指出：“在六十年代开始以前，根本谈不到家庭史。历史科学在这一方面还是完全处在‘摩西五经’的影响之下。人们不仅毫无保留地认为那里比任何地方都描写得更为详尽的这种家长制的家庭形式是最古的形式，而且把它——除一夫多妻制外——跟现代资产阶级的家庭等同起来，这样一来，家庭似乎根本没有经历过任何历史的发展；至多认为在原始时代可能有过杂乱的性关系的时期。”①

19世纪中叶以后，人类学、考古学、民族学、历史学等领域所取得的进展，为研究原始社会积累了愈来愈丰富的资料。《母权论》的作者巴霍芬、《原始婚姻》的作者麦克伦南、《古代社会》的作者摩尔根等，以他们的研究成果，为探讨婚姻家庭的起源和演变提供了许多新的发现和见解。马克思和恩格斯对《古代社会》一书曾给予很高的评价。我国古籍中也有若干前婚姻家庭时代原始人的生活和婚姻家庭的起源等记载。例如，《吕氏春秋·恃君览》载，“昔太古尝无君矣，其民聚生群处，知母不知父，无亲戚、兄弟、夫妇、男女之别，无上下、长幼之道”。杜佑《通典》卷五十八载，“遂皇氏始有夫妇之道，伏羲氏制嫁娶，以俪皮为礼”。但是，这些大概只是远古的传说在后人著述中留下的痕迹，并没有对婚姻家庭的起源和演变作进一步的说明。总的说来，在古代中国，人们对婚姻家庭问题的认识一直受着天命思想和宗法观念的支配。在古代欧洲，人们对婚姻家庭问题的认识则是以宗教神学为依据的。19世纪60年代以后，以巴霍芬、麦克伦南、摩尔根等为代表的相关研究，仍然具有很大的局限性。历史唯物主义的问世才使有关婚姻家庭的研究成为真正的科学。

### （一）婚姻家庭的一般概念

按照比较公认的见解，婚姻家庭的一般概念可以表述如下：婚姻，是为当时社会制度所确认的，男女两性互为配偶的结合。家庭，是以婚姻、血缘关系和共同经济为纽带而组成的亲属团体。

为了正确理解上述概念，一定要注意以下几个问题。就婚姻而言：第一，婚姻是男女两性的结合，婚姻制度的确定，是出于维护两性关系社会秩序的客观需要。所谓“同性婚”，是不符合婚姻的本意和宗旨的。第二，婚姻是男女双方具有配偶身份的结合，这种结合是为当时社会所认可的；其他非配偶身份的结合，即使男女双方长期共同生活也不成其为婚姻。第三，婚姻是家庭产生的前提。婚姻双方构成了最初的家庭关系，通过生育又产生出父母子女、兄弟姊妹等其他家庭成员间的关系。就家庭而言：第一，家庭是一个亲属团体，同一家庭的成员是被婚姻和血缘纽带联结在一起的。此外，收养也可以成为家庭关系的发生根据。第二，家庭须有

① 马克思恩格斯全集：第22卷. 北京：人民出版社，1965：247. 引文中所说的“六十年代”，系指19世纪60年代；“摩西五经”，系指圣经旧约的前五卷。

共同经济，如以家庭为单位组织生产、组织消费等，具体情况因不同的社会经济结构而异。第三，由于家庭既是亲属团体又是经济单位，所以家庭成员一般均为近亲属，而亲属（包括某些近亲属）并非都是家庭成员，他们是分属于不同家庭的。

在学术研究的领域内，人们往往在不同的意义上使用婚姻家庭的概念。一种概念是广义的，婚姻家庭泛指自群婚制出现以来的各种两性和血缘关系的社会形式，其中包括群婚、对偶婚、一夫一妻制的个体婚和与之相适应的各种家庭形态。另一种概念是狭义的，婚姻家庭仅指一夫一妻制形成以来的个体婚和个体家庭。有的学者则对婚姻作广义的解释，对家庭作狭义的解释。其实，作为两性结合的社会形式，群婚和对偶婚亦不妨称为婚姻，当时已有一系列的婚姻禁例使其与其他的两性关系相区别。但是，从原始群体到氏族公社，作为经济共同体的家庭是根本不存在的。所谓群婚制下的血缘家庭、普那路亚家庭以及对偶家庭等，只是对家庭一词的借用，而非家庭一词的本义。恩格斯在其名著《家庭、私有制和国家的起源》一书中，曾在不同的意义上使用婚姻、家庭的概念，这可能与其利用摩尔根提供的历史资料有关。① 但是，从这一著作的名称不难看出，家庭的起源显然是指与一夫一妻制相适应的个体家庭的产生。这种家庭同私有制、国家一样，都是从原始社会到阶级社会的变革过程中出现的。一夫一妻制的个体家庭，是社会肌体中的细胞组织。本书对婚姻家庭基本上持狭义说，只是在涉及原始社会的两性和血缘关系的社会形式时，为了方便起见，才在广义上使用这一概念。

### （二）婚姻家庭的法律概念

作为法律调整对象的婚姻家庭关系，婚姻家庭的概念当然是在狭义上使用的。因为，法律和这种婚姻家庭关系都是同一时代的产物。婚姻家庭关系一经法律调整，便成为婚姻家庭法律关系，这种法律关系的主体，即婚姻双方和其他家庭成员，便被一定的权利义务联结起来。我们认为，婚姻家庭的法律概念，实际上就是婚姻家庭法律关系的概念。

古往今来，许多学者都曾试图从法律上对婚姻家庭作出自己的解释。例如，古罗马的法学家认为：婚姻是一夫一妻的终生结合，彼此之间发生神事与人事（或译为神法与人法）的共同关系。这种主张为基督教的婚姻观所继受，后又随着时代的变化，通过婚姻契约说加以改造。1893年的教会法指出，婚姻是男女双方为建立一个终生的、旨在依其自然属性繁衍和教育后代的共同体而形成的一种契约。至于家庭，则被一些法学家视为居住在同一场所共同生活的亲属。凡此种种，从当代的婚姻家庭法律观来看，都是不够科学、不够确切的。

关于婚姻家庭的法律概念，我们认为可以表述如下：婚姻，是男女双方依法结为夫妻并彼此具有权利和义务的配偶关系。家庭，是由彼此具有权利和义务的配偶、父母、子女和其他共同生活的近亲属形成的亲属关系。②

为了正确地理解上述概念，一定要注意以下两个问题。第一，要强调婚姻的合法性。在法治社会中，婚姻并不是某种中性的、与法律无关的结合，合法性是婚姻的本质特征。第二，要强调婚姻双方与其他家庭成员间权利、义务的一致性，这种权利、义务是以个人为本位的。婚

① 摩尔根（Lewis H. Morgan，1818—1881），美国学者，人种学家，人类学家。恩格斯在《家庭、私有制和国家的起源》中运用历史唯物主义的观点和方法，利用了他在《古代社会或人类从蒙昧时代经过野蛮时代到文明时代的发展过程的研究》（*Ancient Society*，*or Researches in the Lines of Human Progress from Savagery through Barbarism to Civilization*）一书中提供的丰富资料。

② 龙翼飞. 编纂民法典婚姻家庭编的法理思考与立法建议. 法制与社会发展，2020（2）.

姻家庭领域的权利、义务首先是身份关系方面的权利、义务，财产方面的权利、义务是基于特定的身份关系而发生的。婚姻家庭关系主体可以为实现自己的身份利益和财产利益依法向对方行使权利，同时也须为对方身份利益和财产利益的实现承担义务。

婚姻家庭的一般概念和法律概念并不矛盾，两者在实质上是一致的。前者是就婚姻家庭这种社会关系而言的。这种概念被哲学、人类学、社会学、伦理学等学科广泛使用。后者是就婚姻家庭这种法律关系而言的，强调指出婚姻当事人双方及其他家庭成员之间的权利、义务适用于法学领域。

## 二、婚姻家庭的自然属性和社会属性

婚姻家庭在本质上是一种社会关系，发生在人与人之间。但它又是以两性结合和血缘关系为必要条件的，这是婚姻家庭赖以形成的自然基础。因此，我们一定要对婚姻家庭的自然属性和社会属性，以及两者之间的关系，有一个正确的认识。

### （一）婚姻家庭的自然属性

婚姻家庭不同于其他社会关系，有其本身的自然属性，或者说，作为社会关系的婚姻家庭是在一定的自然条件下形成的。男女两性的差别和人类固有的性的本能，是婚姻的生理学上的基础。通过生育繁衍而形成的血缘关系，是家庭的生物学上的特征。

我们对婚姻家庭的自然属性应当予以足够的重视。如果没有这种自然属性，便不成其为婚姻家庭，或者说，婚姻家庭便无从产生；既没有存在的必要，也不可能实现其独特的社会功能。

应当指出，在生理学和生物学的领域内，某些自然规律对人类的婚姻家庭同样是起作用的，这一点正是以婚姻家庭的自然属性为其客观依据的。例如，在人类社会的进化史上，自然选择规律的作用在逐步排斥近亲通婚的过程中表现得十分明显。恩格斯在论及普那路亚家庭时指出："不容置疑，凡血亲婚配因这一进步而受到限制的部落，其发展一定要比那些依然把兄弟姊妹之间的结婚当作惯例和义务的部落更加迅速，更加完全。"① 他肯定了摩尔根的相关论断，认为这一进步可以作为"自然选择原则是在怎样发生作用的最好例证"②。恩格斯在论及对偶婚时又说："在这种越来越排除血缘亲属结婚的事情上，自然选择的效果也继续表现出来。"③ 原始社会中两性和血缘关系社会形式的演变，是同自然选择的要求相一致的。人们从长期的生活实践中总结出来的婚姻禁例，有利于造就在体质上、智力上更加健全的人种，从而推动了社会的发展和进步。

即使在个体婚和个体家庭形成以后，婚姻家庭的自然属性也是不容忽视的，任何时代、任何国家的婚姻家庭法，都不能置其于不顾，违背某些自然规律的要求。例如，关于法定婚龄的确定须考虑人的身心发展程度；以一定范围的血亲关系和特定的疾病作为法定的婚姻障碍；以出生作为血亲关系发生的法律事实；以缺乏性行为能力作为禁止结婚或离婚的理由；等等。在那些涉及婚姻家庭自然属性的问题上，立法者是不能随心所欲、恣意妄为的。

---

①② 马克思恩格斯全集：第21卷．北京：人民出版社，1965：49.

③ 马克思恩格斯选集：第4卷．3版．北京：人民出版社，2012：55.

### （二）婚姻家庭的社会属性

婚姻家庭是社会关系而非自然关系，或者说，婚姻家庭只是借助于某些自然条件而形成的社会关系。婚姻家庭不是自然的产物而是社会的产物。作为自然因素的两性结合和血缘联系，是普遍存在于一切高等的或者较高等的动物界的，婚姻家庭却是人类社会特有的社会关系。因此，不能将婚姻家庭的自然属性和作为社会关系的婚姻家庭本身混为一谈。婚姻家庭的本质只能取决于它的社会属性，而不能取决于它的自然属性。

马克思指出：人的本质并不是单个人所固有的抽象物，在其现实性上，它是一切社会关系的总和。[①] 社会性是人类的根本属性，也是婚姻家庭的根本属性。作为社会关系特定形式的婚姻家庭，是依存于一定的社会结构、具有一定社会内容的，它与社会诸关系具有多方面的内在联系。婚姻家庭的起源、性质、特点及发展变化等，这一切都不是它的自然属性所能说明的。例如，在原始社会崩溃以来的数千年中，人类从生理学、生物学的角度来看并没有发生多少重大的变化，却出现了各种性质不同、各具特点的婚姻家庭形态。这一切，只有从社会物质生活条件和社会制度的发展变化中，才能找到科学的、正确的答案。

人类的婚姻家庭根本不同于其他动物的生活群体，夸大婚姻家庭的自然属性、贬低其社会属性的观点是完全错误的，将这两种属性并列起来等量齐观也是错误的。

作为社会关系的婚姻家庭，是一定的物质社会关系和一定的思想社会关系的结合。对婚姻家庭关系的内容稍加观察，有助于揭示婚姻家庭的社会属性，认识婚姻家庭的社会本质。

就物质的社会关系而言，婚姻双方和家庭成员的经济关系（财产关系）无非是社会生产关系在婚姻家庭领域的具体表现。由于生产资料所有制和生产组织形式的不同，婚姻家庭领域的经济关系的性质和特点也是各不相同的。社会物质生活条件中的其他因素，也对婚姻家庭领域的经济关系起着不同程度的制约和影响作用。通过婚姻家庭中的生育行为而实现的人口再生产，也是在一定的物质社会关系中进行的。

就思想的社会关系而言，作为婚姻家庭关系主体的个人，是被感情、道德及法律等因素联结在一起的。婚姻家庭中的这些因素绝不是孤立存在的。一般而言，这些属于思想社会关系的因素直接或间接地反映了物质社会关系的要求，它们是同一定社会的上层建筑、意识形态相适应的。列宁曾经说过，思想的社会关系不过是物质的社会关系的上层建筑，而物质的关系是不以人们的意志和意识为转移而形成的，是人维持生存的活动的结果（形式）。[②] 婚姻家庭中的思想社会关系和物质社会关系在总体上是一致的，但有时也会出现不相一致的情形，在社会制度、婚姻家庭制度发生重大变革的时代，表现得尤为明显。

## 三、婚姻家庭的社会功能

婚姻家庭这种社会关系，是适应人类社会发展客观需要而出现的。其自产生之时起，就担负着一定的、其他社会组织无法替代的社会功能。这些功能将作为社会组织细胞的婚姻家庭和社会密切地联系在一起，是婚姻家庭的本质和作用在社会生产、社会生活中的具体体现。

关于两性和血缘关系的社会形式在原始社会中的重要作用，马克思主义经典作家在许多著

---

① 马克思恩格斯选集：第 1 卷. 北京：人民出版社，1995：56.

② 列宁. 什么是“人民之友”以及他们如何攻击社会民主党人？北京：人民出版社，2016：21.

作中都作过深刻的论述。恩格斯曾经指出："劳动愈不发展，劳动产品的数量、从而社会的财富愈受限制，社会制度就愈是在较大程度上受血族关系的支配。"[①] 此处为本书的目的所限，主要谈谈一夫一妻制形成以后的个体家庭的社会功能问题。婚姻是家庭的基础，是家庭关系的源泉，广义上的家庭关系包括了婚姻关系（夫妻关系）。所以，家庭的社会功能实际上就是婚姻家庭的社会功能。

一般说来，婚姻家庭不仅起着调节两性关系、维护两性关系的社会秩序的作用，而且是社会中人口再生产的单位、重要的经济单位和教育单位。在不同的社会制度下，上述功能的具体内容不尽相同，反映了一定的社会发展阶段中生产方式和生活方式的要求。现分述如下。

### （一）承担自然人相互扶养的功能

自然人是婚姻家庭关系的主体，其中，夫妻是婚姻家庭关系的核心与基础，父母子女是婚姻家庭关系的血缘纽带，兄弟姐妹、祖父母和外祖父母、孙子女和外孙子女是婚姻家庭关系的延伸。古往今来，婚姻家庭都承载着自然人相互扶养的重要功能。夫妻之间的互相扶助和关爱，父母对未成年子女的抚养和保护，成年子女对父母的赡养和照顾等，都构成了婚姻家庭独特而丰富的社会生活内容，是其他社会组织所没有的。

当代中国的婚姻法律制度明确规定：夫妻应当互相忠实，互相尊重，互相关爱；家庭成员应当敬老爱幼，互相帮助，维护平等、和睦、文明的婚姻家庭关系。夫妻有互相扶养的义务；父母有抚养、教育、保护未成年子女的义务；成年子女有赡养父母的义务；有负担能力的祖父母、外祖父母，对于父母已经死亡或者父母无力抚养的未成年孙子女、外孙子女，有抚养的义务。有负担能力的孙子女、外孙子女，对于子女已经死亡或者子女无力赡养的祖父母、外祖父母，有赡养的义务。有负担能力的兄、姐，对于父母已经死亡或者父母无力抚养的未成年弟、妹，有扶养的义务。由兄、姐扶养长大的有负担能力的弟、妹，对于缺乏劳动能力又缺乏生活来源的兄、姐，有扶养的义务。

### （二）实现人口再生产的功能

恩格斯说："根据唯物主义观点，历史中的决定性因素，归根结蒂是直接生活的生产和再生产。但是，生产本身又有两种。一方面是生活资料即食物、衣服、住房以及为此所必需的工具的生产；另一方面是人类自身的生产，即种的蕃衍。"[②] 人口和人口再生产是社会生存和发展的必要条件。以两性结合和血缘联系为其自然条件的婚姻家庭，作为人口再生产的单位是其自然属性的具体表现。但是，人类社会中的人口再生产并不是一个与社会制度无关的纯自然的过程。历史上的每一种生产方式，都有其特定的人口规律。社会制度不同，婚姻家庭在实现人口再生产的功能时也呈现出相应的特点。这是由婚姻与家庭的社会属性决定的。

人类自身的繁衍是在一定的社会关系、婚姻家庭关系中进行的。宏观上的社会人口再生产，在微观上是通过婚姻家庭主体的生育行为实现的。正因为如此，婚姻家庭制度和生育制度具有密切的联系。自新中国成立以来，国家对生育制度的法律调整，正是遵循着完善婚姻家庭制度与保障自然人的生育权和促进社会和谐发展的理念而进行的。

---

① 马克思恩格斯全集：第21卷. 北京：人民出版社，1965：30.

② 同①29－30.

### （三）组织经济生活的功能

家庭的经济功能反映了一定社会中生产力和生产关系的性质和要求，以婚姻为基础的个体家庭自其产生之时便在社会经济生活中起着重要的作用。从历史上来看，不论是奴隶社会还是封建社会，家庭在当时的社会经济结构中都是一个组织生产和消费的基本单位。进入资本主义时代以来，家庭的经济功能虽然有所削弱，但它在经济生活特别是组织消费方面的作用仍然是不容忽视的。

恩格斯曾经指出："随着生产资料转归社会所有，个体家庭就不再是社会的经济单位了。"① 社会主义建设的实践证明，完成上述变革需要一个很长的历史过程。我国目前正处在社会主义初级阶段，改革开放以来，家庭的经济功能是有所加强的。实行家庭联产承包责任制的广大农民家庭和为数众多的城乡个体工商户都是社会主义市场经济中活跃的细胞组织，担负着组织生产经营的功能。特别需要指出的是，家庭作为组织消费的基本单位，仍然是社会分配和个人消费的中介。

### （四）实施家庭教育的功能

家庭是社会中的一个教育单位，家庭教育是社会教育的组成部分。家庭成员之间特有的血缘的、感情的、经济的和共同生活的联系，使这种教育具有不同于学校教育等其他社会教育的特点。在教育事业不发达的古代社会，家庭教育是主要的教育手段。近现代社会以来，学校和其他教育机构有了很大的发展，但家庭教育在全部社会教育中仍然具有特殊的地位和作用。

家庭是人们最初的生活环境和实践场所，家庭成员间的亲密关系，又为这种教育提供了各种有利的条件。邓小平曾说，"革命的理想，共产主义的品德，要从小开始培养"②。在社会主义制度下，应当将家庭教育、学校教育和其他社会教育有效地结合起来，更好地发挥家庭在建设社会主义精神文明中的巨大作用。依照《中华人民共和国民法典》第 1058 条的规定，父母有教育和保护未成年子女的义务。

## 第二节　婚姻家庭制度及其历史类型

婚姻家庭制度是社会制度的组成部分，属于上层建筑的范畴。按照我国法学界比较公认的见解，婚姻家庭制度是一定社会中经济基础对婚姻家庭的要求在上层建筑领域的集中表现。基于婚姻家庭的社会属性，以及经济基础和上层建筑的辩证关系，经济基础对婚姻家庭的要求必然会在上层建筑包括意识形态中有所表现：既表现为有关婚姻家庭的观点、观念，即婚姻家庭观，也表现为由有关婚姻家庭的各种社会规范构成的制度，即婚姻家庭制度。

在原始社会中，有关两性和血缘关系社会形式的社会规范主要由道德和习惯构成，如当时的各种婚姻禁例等。在阶级社会中，婚姻家庭制度是国家以法律加以确定的，婚姻家庭制度具有一定的法律形式。但是，有关婚姻家庭的道德、习惯等也是婚姻家庭制度中的重要内容。人

---

① 马克思恩格斯全集：第 21 卷. 北京：人民出版社，1965：89.
② 邓小平文选：第 2 卷. 2 版. 北京：人民出版社，1994：105.

们有时将婚姻家庭制度作为婚姻家庭法律制度的同义语，因为后者是前者的重要核心。然而，广义上的婚姻家庭制度是不以法律制度为限的。与现实形态的婚姻家庭不同，婚姻家庭制度是在一定的经济基础上形成的上层建筑，是用以确认和规范婚姻家庭这种社会关系的。考察婚姻家庭制度和经济基础、上层建筑的内在联系，以及婚姻家庭制度的历史类型，对于研究婚姻家庭法律制度具有很重要的意义。

## 一、婚姻家庭制度与经济基础、上层建筑

### （一）经济基础对婚姻家庭制度的决定作用

按照历史唯物主义的见解，任何社会制度都是一定的经济基础和上层建筑的统一。在两者的关系中，前者一般起主要的、决定的作用。经济基础的性质，决定了包括婚姻家庭制度在内的全部上层建筑的性质。从总体上说，有什么样的经济基础，就有什么样的婚姻家庭制度包括婚姻家庭法律制度。经济基础的变革，必然引起婚姻家庭制度的变革。这是不以人的意志为转移的社会发展的客观规律。

社会制度和婚姻家庭制度的历史演进过程一再表明，不同类型的社会都有与其经济基础相适应的婚姻家庭制度。群婚制、对偶婚制产生并决定于原始公有制的经济基础，剥削阶级社会中的一夫一妻制的婚姻家庭制度产生并决定于生产资料私有制的经济基础。奴隶制的、封建制的和资本主义的婚姻家庭制度，因均以私有制为基础而有其共性，又因各社会中私有制的形式不同而各具特色。在社会主义公有制的经济基础上，形成了新的、更高类型的一夫一妻制的婚姻家庭制度。人类历史上各种婚姻家庭制度依次更替，无一不是经济基础发生变革的必然结果。

社会生产力是生产方式中最革命、最活跃的因素，它是社会发展变化，从而也是婚姻家庭制度发展变化的根本动力。但是，婚姻家庭制度和其他上层建筑一样，它和上层建筑的联系是以经济基础为中介的，只有当生产力的发展导致经济基础变革的时候，才能引起婚姻家庭制度的根本变革。正因为如此，人类社会的婚姻家庭制度既是不断发展变化的，又在一定阶段中处于相对稳定的状态。

另外，婚姻家庭制度同其他上层建筑一样，对于经济基础并不是消极的、被动的，它能够通过自身特有的途径，能动地反作用于经济基础，通过经济基础而对生产力起着积极的或者消极的影响作用。先进的婚姻家庭制度是促进生产力发展的积极因素，落后的婚姻家庭制度是束缚生产力发展的消极因素。因此，在评价某种婚姻家庭制度时，绝不能仅就这一制度本身去考察，更不能以某种“永恒不变的道德”为尺度。对于历史上存在的任何一种婚姻家庭制度，都应当全面地、历史地加以分析。归根结底，要看它在一定历史时期对生产力的发展起何种作用。这是我们评价婚姻家庭制度包括婚姻家庭法律制度时应当遵循的客观标准，也是我们通过完善婚姻家庭制度促进社会文明进步的理论依据。

### （二）上层建筑包括意识形态对婚姻家庭制度的制约和影响

经济基础对婚姻家庭的要求，是通过相关的上层建筑直接或间接地表现出来的。有关婚姻家庭的各种规范和具体制度，是寓于上层建筑相关部门之中的。从广义上来说，意识形态也属于上层建筑领域。作为意识形态而存在的婚姻家庭观，是一定社会中婚姻家庭制度的精神支

柱，对其影响切不可低估。在上层建筑、意识形态中，政治、法律、道德、宗教、文学艺术等等都通过不同的途径作用于婚姻家庭制度。我们既要肯定经济基础对婚姻家庭制度的决定作用，又要重视上层建筑包括意识形态对婚姻家庭制度的制约和影响。列宁指出，如果企图把两性关系从它们与整个思想体系的总的联系中划分出来后的本身变化，直接归结到社会经济基础，那就不是马克思主义，而是唯理主义。[①] 一定社会的上层建筑，包括意识形态，往往具有自身的，源自历史、民族、宗教和传统文化等方面的种种特征。只有充分估计到这方面的情况，才能合理地解释为什么许多具有同一类型经济基础的国家，在婚姻家庭制度上会有种种差别。如果置上层建筑、意识形态于不顾，对一切问题都直接地、机械地从经济基础中去寻找答案，同样是违背历史唯物主义基本原理的。

在上层建筑领域里，政治最集中地反映了经济基础的性质和要求，它对婚姻家庭制度的制约和影响是很强烈的。中国古代的宗法统治和奴隶制、封建制的婚姻家庭制度的关系，资产阶级的虚伪的“自由、平等、民主”和资本主义婚姻家庭制度的关系，都说明了当时的政治制度和婚姻家庭制度的一致性。同样，社会主义的民主政治也是维护、巩固和发展社会主义婚姻家庭制度的强大动力。

法律是由国家制定或认可的、以国家的强制力保证其实施的行为规范，任何国家均以法律为调整婚姻家庭关系的重要手段。婚姻家庭制度具有一定的法律形式以后，就更加系统化、固定化了。有关婚姻家庭的法律制度，是一定社会中婚姻家庭制度的核心部分。婚姻家庭关系一经法律调整，主体之间便发生法定的权利、义务，法律在调整婚姻家庭关系过程中起着其他上层建筑不可替代的作用。

婚姻家庭是人类社会中重要的伦理实体，道德观念和道德规范中具有大量的有关婚姻家庭的内容。与法律不同，道德不是依靠国家的强制力，而是依靠人们的信念、传统、教育以及社会舆论等力量，去评判是非、善恶，分别加以支持或谴责，从而影响人们的意志，调整人与人之间的关系的。道德不仅具有社会性，而且具有阶级性。在一定社会中占统治地位的道德即统治阶级的道德，同婚姻家庭立法是一致的，两者是相辅相成、相互补充的。不论在任何时代、任何国家，婚姻家庭立法中许多未规定的问题，都是由道德加以调整的。

宗教对婚姻家庭制度的制约和影响也是不容忽视的。宗教是客观存在的自然力量和社会力量在人们思想中的虚幻的、歪曲的反映。在这种反映中，人间力量采取了超人间力量的形式。宗教对婚姻家庭制度的制约和影响是通过人们的信仰而起作用的。从历史上来看，在许多政教合一的国家中，宗教经典，如印度教的《摩奴法典》、伊斯兰教的《古兰经》等同时起着法典的作用。欧洲中世纪的寺院法和基督教的《圣经》等对婚姻家庭的重要影响，也是这方面的明显例证。在当代一些国家中，宗教对婚姻家庭制度仍有程度不同的干预。

对于婚姻家庭制度来说，作为意识形态的文学艺术是运用形象思维反映社会存在和社会实践，通过影响人们的婚姻家庭观，潜移默化地发挥其作用的。文学艺术总是按照一定的价值判断，对婚姻家庭领域中的各种复杂的现象作出自己的评估，或揭露，或歌颂，从而引起人们在感情上的共鸣，这种精神力量也会对婚姻家庭制度产生一定影响。

此外，风俗习惯对婚姻家庭制度的影响也是十分明显的。风俗习惯一般都是在历史上长期形成的、同人们的生产和生活环境有密切的关系，往往带有民族的、地区性的和传统文化的特点。某些婚姻家庭方面的习惯，本身就是婚姻家庭制度的内容。在婚姻家庭领域保持和发扬各

---

① 蔡特金. 回忆列宁. 北京：人民出版社，1960：56.

种科学的、健康有益的风俗习惯，破除这方面落后的陈规陋习，对于改革和完善婚姻家庭制度具有很重要的意义。

上层建筑、意识形态对婚姻家庭制度的制约和影响是多方面的，此处不能一一列举。它们的作用、途径和表现方式，也是各不相同的。另外，婚姻家庭制度对其他上层建筑也会产生一定的影响，产生于同一经济基础的上层建筑之间本来就是相互联系的。

## 二、婚姻家庭制度的历史类型

作为社会制度组成部分的婚姻家庭制度，是以各种具体的历史形态存在于社会发展的一定阶段的。总的说来，婚姻家庭制度的历史类型和社会制度的历史类型是一致的，我们通常以经济基础的类型作为划分婚姻家庭制度历史类型的基本依据。

如果在婚姻家庭的概念上持广义说，认为群婚制的出现标志着婚姻家庭制度的产生，则可将婚姻家庭制度分为群婚制、对偶婚制和一夫一妻制三种历史类型。恩格斯在《家庭、私有制和国家的起源》一书中指出："群婚制是与蒙昧时代相适应的，对偶婚制是与野蛮时代相适应的，以通奸和卖淫为补充的一夫一妻制是与文明时代相适应的。"① 以通奸和卖淫为补充的一夫一妻制，是针对私有制社会而言的。此外，恩格斯在上述著作中还对未来的婚姻家庭制度作出了科学的预见，断言在资本主义生产方式消灭以后，必将出现与新的时代相适应的、婚姻自由、男女平等的真正的一夫一妻制的婚姻家庭，即社会主义、共产主义的婚姻家庭制度。

如果在婚姻家庭的概念上持狭义说，认为婚姻家庭制度是随着原始社会两性和血缘关系社会形式为一夫一妻制所替代而出现的，则可将婚姻家庭制度划分为奴隶制的婚姻家庭制度、封建制的婚姻家庭制度、资本主义的婚姻家庭制度和社会主义的婚姻家庭制度。

### （一）群婚制

原始社会作为一个独立的社会形态具有根本不同于阶级社会的特点。与当时低下的生产力相适应，原始的公有制的生产关系是社会的经济基础。一般说来，生产关系和两性血缘关系的社会形式是完全一致的。正因为如此，血缘纽带在原始社会的生产和生活中具有特别重要的意义。原始社会曾经有过一个漫长的前婚姻时代，人们结成规模不大的群体共同劳动、共同生活。原始群体是人类最初的生产和生活组织形式，同一群体的成员在两性关系方面是没有任何限制的，所以，群体之间的血缘关系是无法用后世的亲属关系来判明的。当时，任何意义上的婚姻家庭都不存在。如果一定要将婚姻家庭的概念用于那时的原始人类，那只能说，一个原始群体就是一个"婚姻"集团、一个"家庭公社"，实际上也就是一个社会。随着原始社会不断地缓慢发展，才从最初的毫无限制的两性关系中发展出各种群婚制的两性和血缘关系的社会形式。

需要指出的是，原始群体中的两性关系，具有自然的、素朴的性质。虽然在两性结合上没有后世出现的种种禁例，但绝不是说两性关系在日常生活中是乱得毫无秩序的。早期的某些人类学著作将当时的两性关系表述为"原始杂交"或"乱伦"等，似有并不恰当之处。恩格斯曾经讽刺过某些歪曲了人类两性关系的原始状态的学者："只要还戴着妓院眼镜去观察原始状态，

---

① 马克思恩格斯全集：第 21 卷. 北京：人民出版社，1965：88.

便永远不可能对它有任何理解。”①

按照摩尔根在《古代社会》中提出的婚姻家庭的演进过程，群婚制的低级形式是血缘群婚制（“血缘家庭”），高级形式是普那路亚群婚制（“普那路亚家庭”）或称亚血缘群婚制（“亚血缘家庭”）。② 血缘群婚已经排除了直系血亲之间的两性关系，父母与子女、祖父母与孙子女、外祖父母与外孙子女……存在着严格的婚姻禁例。按照这种制度，两性关系是依世代来划分的，在群体内部形成了若干同行辈的婚姻集团。亚血缘群婚制仍然是一种同行辈的集团婚，但是已从两性关系中排除了姊妹和兄弟。最初排除了同胞的兄弟姊妹，后来又排除了血缘关系较远的兄弟姊妹即后世所说的从兄弟姊妹或堂兄弟姊妹，旁系同辈血亲的婚姻禁例越来越严格。

**【链接】**

关于群婚制的存在，在我国古代的传说和典籍中也可发现相关的例证。对神话人物伏羲氏和女娲氏的关系，传说中的说法不一，或说是夫妻，或说是兄妹。其实，如果不当作两个具体的人，而当作婚姻形态的一个发展阶段来看，既是兄妹又是夫妻的情形是毫不足怪的。《搜神记》中记述：“（高辛氏）乃令少女从盘瓠……经三年，产六男六女，盘瓠死后，自相配偶，因为夫妇。”恩格斯在《家庭、私有制和国家的起源》中指出，按照血缘家庭的典型形式，“……应该是一对配偶的子孙中每一代都互为兄弟姊妹，正因为如此，也互为夫妻”③。在我国早期的一些古籍中，男子对兄弟之子女，女子对姊妹之子女，均以子女相称。这种古老的亲属称谓，同已经在历史上消逝的亚血缘群婚制恐怕不无联系。原始社会中的通婚圈相当狭小，亚血缘群婚的男方往往由兄弟组成，女方往往由姊妹组成。

恩格斯在写作《家庭、私有制和国家的起源》一书时就曾指出：血缘家庭已经绝迹了。甚至在历史所记载的最粗野的民族中间也找不出一个可以证实的例子。但是，从夏威夷的亲属制度和“家庭”发展的历史来看，这种原始的群婚制是确实存在的。④ 通过现实的婚姻家庭关系和传统的亲属称谓之间的矛盾发现血缘群婚制的真相，是摩尔根的一大功绩。至于亚血缘群婚制，摩尔根先是在易洛魁人的亲属称谓中发现了这种制度，后来又在夏威夷群岛中找到了这种婚姻家庭的现实形态。晚近以来，有关原始社会及其两性和血缘关系社会形式的研究获得了许多新的进展，不少学者对血缘群婚和亚血缘群婚（普那路亚）是否存在，能否将它们视为两性和血缘关系社会形式演进过程的不同发展阶段，提出了这种或那种的质疑。我们认为，问题不在于群婚制的具体形式即血缘群婚和亚血缘群婚，而在于群婚制本身。许多新的研究成果，包括对血缘群婚和亚血缘群婚持否定态度的在内，不仅不能否定群婚制的存在，反而通过各种例

① 马克思恩格斯全集：第28卷．2版．北京：人民出版社，2018：51.

② “普那路亚”一词是夏威夷语中亲密伴侣的译音。普那路亚群婚制又称亚血缘群婚制。亚血缘群婚一词是郭沫若在其著作中首先使用的。

③ 同①52-53.

④ 同①52-54.

证为形形色色的群婚制的广泛存在提供了更多的、更为有力的根据。

氏族制度产生于群婚制的一定发展阶段。恩格斯曾说："看来，氏族制度，在绝大多数场合下，都是从普那路亚家庭中直接发生的。"[①] 当然，氏族产生的途径并不是单一的。例如，恩格斯还说澳大利亚的婚级制度也可以成为氏族的出发点。原始社会最初出现和长期存在的是母系氏族，它是一个由共同的女性祖先的后裔组成的、按照母系确定其血缘关系的社会组织。由于同胞的或血缘较远的兄弟姊妹间存在着婚姻禁例，所以氏族是实行族外婚的。这既是通婚的基本原则，也是氏族的最高组织原则。只有实行族外婚才能将不同的氏族加以区别。当时，婚姻双方分属于不同的氏族，子女是母方氏族的成员，因为在群婚制下血缘是无法按照父系来确定的。母系氏族既是一个血缘团体，又是生产和生活的基本单位。早期的人类学家曾经认为，有的氏族是实行外婚制的，有的氏族是实行内婚制的。其实，氏族都是实行外婚制的，但同一部落的氏族之间却相互通婚。如果将氏族和部落混为一谈，必然会得出错误的、不符合历史真相的结论。

【链接】

关于母系氏族制，可以在我国古代姓氏文化和亲属称谓中找到若干历史的印记。汉语中的"姓"字从"女""生"。许多神话中的人物皆从母姓。古姓如姜、姬、姞、姚、妫、姒等，在字形上也是从"女"的。考古学、民族学领域的一些发现，如以女子为中心的葬俗，少数民族中残存的一些原始婚俗等，对于我们认识母系氏族制下的婚姻家庭状况也是很有帮助的。关于族外婚制，我国古籍《尔雅·释亲》记载：男子称姊妹之子为"出"，因为他们须从本氏族"出嫁"至与其通婚的对方氏族。女子称兄弟之子为"侄"，因为兄弟与对方氏族的女子所生之子要"嫁回"本氏族来。"侄"者"至"也，两者的含义是相通的。"出"之子称"离孙"，"侄"之子称"归孙"，因为前者是出生于外氏族的，后者则是出生于本氏族的。只有在实行族外婚制，两个氏族相互通婚、夫从妻居的情形下，上述种种才能得到合理的解释。

### （二）对偶婚制

在人类两性和血缘关系的演进过程中，对偶婚是从群婚制到一夫一妻的过渡。应当指出，作为两性结合的一种事实或现象，成对配偶在一定时期相对稳定地同居，在群婚制下或更早的时代便已出现，但在当时的生活条件下不可能成为一种通行的制度。随着两性和血缘关系社会形式的发展变化，群婚制下的各种婚姻禁例越来越多、越来越严格，一男一女对偶同居的现象逐渐被习惯、道德固定下来，直至用对偶婚制取代了群婚制。正如恩格斯所说："由于次第排斥亲属通婚（起初是血统较近的，后来是血统愈来愈远的亲属，最后甚至是仅有姻亲关系的），任何群婚形式终于在实际上成为不可能的了，结果，只剩下一对暂时松散地结合的配偶，即一

① 马克思恩格斯全集：第21卷. 北京，人民出版社，1965：52.

且解体整个婚姻就终止的分子。”[①]

对偶婚姻只具有相对稳定的性质，双方的结合并不牢固，极易为一方或双方所破坏。在一个相当长的时期内，对偶婚并不总是单一的。现有的各种研究成果表明，它有时是复合的、交叉的。有时一个女子和几个男子或一个男子和几个女子分别地对偶同居。Ю.И. 谢苗诺夫在《婚姻和家庭的起源》一书中有关拉莫特列克环形岛上对偶男女更换伴侣的记述，便是一个明显的例证。[②] 在母系氏族制和族外婚制下，这种对偶婚仍以女子为中心，女方定居于本氏族，其夫则来自外族，所生子女是母方氏族的而不是父方氏族的成员。被人们称为对偶家庭的两性和血缘关系的社会形式仍然不是严格意义上的家庭，在氏族公有经济中，它不可能成为一个脱离氏族而独立的经济单位。

对偶婚制形成的重要后果之一，是从血缘构成上为父系氏族和个体家庭的出现准备了条件。过去在群婚制下只能判明谁是子女的生母，现在谁是子女的生父一般来说也是能够判明得了的。从一定意义上来说，对偶婚是一夫一妻制个体婚姻的萌芽。特别需要指出的是，原始社会末期的生产力有了较大的提高，氏族内部的私有经济已经产生并且不断积累。这就为一夫一妻制个体家庭的形成提供了条件。

【链接】

有的学者认为，对偶婚制大致出现于我国的仰韶文化时期。云南永宁地区的纳西族，在民主改革前仍然存在“望门居”的婚俗。“望门居”亦称“阿注”关系。在纳西语中，“阿注”可解读为亲密的朋友或伴侣。女“阿注”住在娘家，男“阿注”在晚间来过偶居生活，次日清晨即离开，回到自己家中。在壮族、傣族聚居的某些地区，解放前还通行着“不落夫家”的惯例，即男女双方虽已成婚，但女方在生育前仍居娘家，在此期间，男方采取走访的形式与女方会面和同居。这些情形虽然不是对偶婚制普遍存在的直接证明，但也在不同程度上反映了对偶同居、夫从妇居的遗风。

### （三）私有制社会中的一夫一妻制

原始社会中的两性和血缘关系的社会形式，是同原始社会的公有制生产关系的一定发展阶段相适应的，对偶婚制已经成为它的极限。“要使对偶家庭进一步发展为牢固的一夫一妻制，除了我们已经看到的一直起着作用的那些原因之外，还需要有别的原因。在成对配偶制中，群已经减缩到它的最后单位，仅由两个原子组成的分子，即一男和一女……因此，如果没有新的、社会的动力发生作用，那末，从成对配偶制中就没有任何根据产生新的家庭形式了。但是，这种动力开始发生作用了。”[③] 这里所说的新的社会动力，就是原始社会末期产生和发展起来的私有财产。一夫一妻制婚姻家庭制度的形成是私有制确立的必然结果。

---

① 马克思恩格斯全集：第 28 卷. 北京：人民出版社，2018：63.

② Ю.И. 谢苗诺夫. 婚姻和家庭的起源. 北京：中国社会科学出版社，1983：278－279.

③ 马克思恩格斯选集：第 4 卷. 北京：人民出版社，1972：48.

一夫一妻制从最初萌芽到最后形成经历了一个很长的过程。在母系氏族盛极而衰的时候，农业和畜牧业提供的剩余产品起初无疑是归属于氏族的。后来，按照当时的社会分工，男子逐渐成为新的财富即畜群的掌管者。随着阶级分化的出现，一部分男子又成为新的生产工具即奴隶的管理人。这就使那些富有的、有权势的男子有了越来越多的财产。氏族社会中私有经济因素的扩大，最后导致"母权制"废除，母系氏族为父系氏族所替代。于是，子女由母方氏族的成员变为父方氏族的成员，确立了子女按父方计算世系和承袭父方遗产的制度。在父系氏族内部，逐渐形成以男子为中心，以一定的私有财产为其经济基础的一夫一妻制婚姻家庭。男女两性社会地位的变化，从原始的、朴素的平等关系到男尊女卑，也是在这一过程中在私有制产生和发展的社会条件下完成的。

一夫一妻制的婚姻家庭在性质上根本不同于过去的两性和血缘关系的社会形式。恩格斯说："它是建立在丈夫的统治之上的，其明显的目的就是生育确凿无疑的生父的子女；而确定这种生父之所以必要，是因为子女将来要以亲生的继承人的资格继承他们父亲的财产。"① 又说："专偶制是不以自然条件为基础，而以经济条件为基础，即以私有制对原始的自然产生的公有制的胜利为基础的第一个家庭形式。"② 这就是私有制社会中一夫一妻制的本质。私有制社会中的一夫一妻制一开始就是片面的、名不副实的，在某种意义上是专对女方而言的，称其为"一妻一夫制"可能更为确切。奴隶制的、封建制的和资本主义的婚姻家庭制度都是私有制社会中一夫一妻制的具体历史形态，它们都具有起源并植根于私有财产的共同本质。由于各种社会中私有制形式的不同，它们又具有各自不同的种种特征。

在古代型的婚姻家庭制度即奴隶制、封建制的婚姻家庭制度下，男女、夫妻、亲子、家长和家属之间的人身依附关系十分强烈。例如，享有家父权的罗马家长，对于他们的家庭经济范围内的一切，对于处于家父权下的成员享有绝对的支配权力。中国古代的婚姻关系完全依附、从属于宗法家族制度，家庭是宗法系统中的细胞组织。家长权、父权、夫权三位一体，男女、夫妇、上下、长幼之间尊卑有序，各有其位，不得僭越。"父为子纲""夫为妻纲"同"君为臣纲"一样，是封建伦常的支柱，是婚姻家庭关系中的最高准则。这种婚姻家庭制度具有包办强迫婚姻、剥削阶级实行公开的多妻制，以及男尊女卑、夫权统治、漠视子女利益等特点。近现代型的资本主义婚姻家庭制度不同于古代型的婚姻家庭制度。一般说来，婚姻家庭关系中不再具有过去那种强烈的人身依附关系，许多具体制度不是以家族为本位而是以个人为本位，无疑是一个巨大的历史进步。但是，在私有制的基础上，财产关系对婚姻家庭关系的影响十分明显。有产者的婚姻仍然是权衡利害的婚姻。在资本主义婚姻家庭制度下，形式上的婚姻自由代替了往昔父母家长对子女的主婚权，法律上的男女平等（其实在某些国家并没有完全实现）掩盖着事实上的不平等，有产者手中的财产权取代了过去的人身特权。当然，这只是对资本主义婚姻家庭制度从本质上加以揭露，我们应当充分估计现实生活中不同阶级、阶层之间婚姻家庭关系的种种区别。总之，在私有制和阶级剥削制度退出历史舞台之前，新的、更高类型的婚姻家庭制度是不会自动到来的。

### （四）社会主义婚姻家庭制度及其发展方向

社会主义婚姻家庭制度的建立，是人类婚姻家庭制度史上的伟大变革。私有制和阶级剥削

---

① 马克思恩格斯全集：第28卷. 北京：人民出版社，2018：65.

② 同①69.

制度是旧时代的一夫一妻制的婚姻家庭制度赖以存在的基础。男女、夫妻、亲子、家长和家属之间的各种不平等关系，同人们在生产资料的占有方面的不平等、同阶级不平等是一致的，前者是后者在婚姻家庭领域的具体反映。从历史上来看，从奴隶制、封建制的婚姻家庭制度到资本主义的婚姻家庭制度，虽然总的来说是沿着文明进步的方向发展的，但是，这并没有从根本上改变私有制社会中一夫一妻制婚姻家庭制度的根本性质。只有在社会主义制度下，新的经济基础和上层建筑才为更高类型的婚姻家庭制度的出现开辟了广阔的道路。恩格斯早在一个多世纪以前就曾经预言："……我们现在正在走向一种社会变革，那时，专偶制的迄今存在的经济基础……不可避免地都要消失。"① "……随着生产资料转归社会所有……专偶制不仅不会灭亡，而且最后对于男子也将成为现实。"②

社会主义婚姻家庭制度是真正的一夫一妻制的婚姻家庭制度，它具有婚姻家庭受国家保护，婚姻自由，男女平等，一夫一妻，保护妇女、未成年人、老年人和残疾人合法权益等基本特征。凡此种种，都是由社会主义公有制决定的，同时也反映了社会主义的政治、法律、道德等对婚姻家庭的要求。婚姻家庭领域里人与人之间的地位和关系，同社会其他领域里人与人之间的地位和关系是一致的。婚姻家庭是社会主义社会中极为活跃、具有强大生命力的细胞，在社会生产、社会生活中起着重要的作用，婚姻家庭生活的文明进步是私有制社会中的婚姻家庭不可比拟的。

应当指出，在社会主义社会的一定发展阶段中，新的婚姻家庭制度还不够完善，婚姻家庭领域里旧制度、旧思想的残余影响也是不可能在短期内完全消除的。例如，婚姻自由的实现程度，还要受一定的社会条件的制约；在家庭关系中，男女两性在法律地位上的平等和实际生活中的完全平等还有一定的距离；现实生活中某些婚姻家庭关系，还不符合新的婚姻家庭制度的要求；等等。只有通过社会主义物质文明和精神文明建设，才能为巩固和发展社会主义婚姻家庭制度创造各种更加有利的条件。在这一过程中，对婚姻家庭关系的法律调整具有十分重要的意义。

## 问题与思考

1. 如何从法律意义上界定婚姻、家庭？
2. 如何理解婚姻家庭的自然属性和社会属性？
3. 当代婚姻家庭有哪些社会功能？
4. 如何理解婚姻家庭与经济基础、上层建筑的关系？
5. 试述婚姻家庭制度产生、演变的历史进程。

① 马克思恩格斯全集：第28卷. 北京：人民出版社，2018：93.
② 同①94.

# 第二章
# 婚姻家庭法的历史发展

**本章导读**

婚姻家庭法历史悠久，源远流长，具有极为古老的传统。从世界范围来看，随着原始氏族制的崩溃和国家的产生，过去长期形成的有关婚姻家庭制度的习惯、禁例被注入了新的阶级的内容，转化为调整婚姻家庭关系的法律。从婚姻家庭法全部历史发展来看，可以将其分为两大类型：一是古代型的婚姻家庭法，即奴隶制国家和封建制国家的婚姻家庭法；二是近现代型的婚姻家庭法，即资本主义和社会主义国家的婚姻家庭法。在不同历史阶段，不同国家或地区的婚姻家庭法既有共性，又有各自的特性。

**关键术语**

婚礼　家礼　六礼　户婚律　罗马亲属法　寺院法　《中华苏维埃共和国婚姻条例》　1950 年《婚姻法》　1980 年《婚姻法》　2001 年修正的《婚姻法》　《民法典》之婚姻家庭编

## 第一节　古代型的婚姻家庭法

### 一、中国古代的婚姻家庭法

#### （一）奴隶制社会中的婚礼和家礼

中国古代法有其自身的特点，刑的起源较早，成文法典的制定和公布较晚，它是从奴隶制到封建制的社会变革过程的产物。在整个奴隶制时代，婚姻家庭关系主要是由维护宗法制度的礼和为统治阶级所认可的习惯来调整的。一般说来，调整婚姻家庭关系的礼实际上起着法的作用。

关于当时的统治阶级即奴隶主贵族的婚礼和家礼，在《仪礼》《礼记》等古籍和相关著作中留下了比较系统的记载。其中虽然可能有后人添附或者虚拟的成分，但总体上仍不失为早期礼制的真实反映。《礼记·昬义》[①]中分礼为六：礼始于冠，本于昬，重于丧祭，尊于朝聘，和于射乡。其中，冠、昬、丧、祭之礼都是奴隶主贵族在婚姻家庭领域中必须遵守的行为规则。礼主要用于调整统治阶级内部的关系。至于广大奴隶的婚姻家庭生活，当然是不会见诸礼制的，这方面的一些问题是由统治阶级认可的习惯调整的，甚至是由其主人随心所欲地处理的。

奴隶制时代的婚姻家庭制度完全依附于宗法制度，两者具有密切的内在联系。在一定意义上也可以说，婚姻家庭制度就是宗法制度的组成部分，以婚姻为基础的家庭就是宗法系统中的细胞组织。其实，宗法制度本身就是借助血缘纽带建立起来的。所谓宗法制度，无非是原始社会中的父系氏族制在阶级社会中的转化形态。当时的宗族组织和政治组织是强固地结合在一起的。所谓“别子为祖，继别为宗，继祢者为小宗。有百世不迁之宗，有五世则迁之宗。百世不迁者，别子之后也。宗其继别子之所自出者，百世不迁者也。宗其继高祖者，五世则迁者也”[②]。这就是宗族的组织法，也是宗法制国家的组织法。奴隶主阶级不仅借助血缘纽带将同姓贵族联结起来，还通过异姓贵族的联姻，形成一个极为广泛的亲属网络和政治网络。有关婚姻家庭的礼，都直接或间接地反映了维护宗法制度的需要。例如，将“上以事宗庙，下以继后世”作为婚礼的最高宗旨，将“孝”“悌”作为家礼的最高原则，通过巩固家庭、家族中的宗法秩序以巩固全社会的宗法秩序。正确认识宗法制度对婚姻家庭关系的支配作用，对于揭示婚礼、家礼的本质具有很重要的意义。

古代宗法伦理观念对婚姻十分重视，将婚礼置于礼之本的地位。《礼记·昬义》指出：“男女有别而后夫妇有义，夫妇有义而后父子有亲，父子有亲而后君臣有正。”“君子之道，造端乎夫妇”[③]，即婚姻被认为是人伦之始。但是，就当时的婚礼的内容来看，它主要是为维护统治阶级的一夫一妻制和包办、买卖婚姻服务的。在统治阶级中，名义上的一夫一妻制和事实上的一夫多妻制并行而不悖。就礼制而言，正妻仅得为一人，但并不妨碍其夫占有妻以外的女性。这种事实上的多妻制具有强烈的等级制的特点。多妻的状况是同夫的身份、地位、权力等成正比的。《礼记·昬义》中记载：“古者天子后立六宫、三夫人、九嫔、二十七世妇、八十一御妻……”其他古籍中也有诸侯一娶九女，卿、大夫一妻二妾，士一妻一妾等记述。从婚姻成立的程序来看，奴隶制时代后期已经以聘娶婚作为主要的结婚方式。这种婚姻是以父母等尊长对子女、卑幼的婚事实行包办强迫为特征的，往往以聘娶为名行买卖之实。

至于内容繁多的家礼，是以维护家长权、父权、夫权为其核心内容的，夫、父、家长往往一身而三任。当时的家庭，是以男性为中心的父系、父权、父治的家长制家庭。所谓“天无二日，国无二君，家无二尊”[④]，所谓“君者，国之隆也；父者，家之隆也。隆一而治，二而乱”[⑤]，都说明了家长在全家中处于支配一切的地位，他的权力是至高无上的，也是不可分割的。家长身份的取得，则是按照嫡长继承制来确定的。在嫡子不止一人的情况下，“立嫡以长不以贤”[⑥]；在嫡、庶子并存的情形下，“立嫡以贵不以长”；在均为庶子的情形下，有时立其长者，有时以占卜的方式来确定。宗法制家庭是宗法制社会的一个缩影，子女、卑幼对父母、

① 在古文中“昬”或作“昏”，其义与“婚”同。

②《礼记·大传》。

③《中庸》第十二章。

④《孔子家语·本命解》。

⑤《荀子·致士》。

⑥《晋书》，列传第一章等。

家长要绝对服从，恪守孝道，在人身关系和财产关系方面都受家礼的重重束缚。家礼对妇女的束缚较对男子的束缚为甚。妇女，从生到死，都处于依附于男子的地位。

### （二）封建社会中的户婚律

在中国封建社会里，调整婚姻家庭关系礼律并重。一方面，在奴隶制的宗法制度为封建制的宗法制度替代以后，古已有之的婚礼、家礼在经过改造、补充后仍然发挥其重要作用，成为维护封建宗法统治的有效手段。另一方面，有关婚姻家庭的立法也有一定的发展，这方面的法律规范是诸法合体的古代封建法典的组成部分。

与婚姻家庭有关的成文法源自战国时代。《法经·杂律》中有关奸淫的规定，秦律中有关家罪和户籍、赋税等规定，就其性质而言属于刑法、行政法的范围，还不是系统地调整婚姻家庭关系的法律。

汉《九章律》中始有《户律》一章，用以规定婚姻家庭和与此有关的其他事项。根据某些古籍的记载，汉时将“七弃”作为休妻之理由；《孔雀东南飞》中焦仲卿和刘兰芝的故事也为此提供了例证。三国、两晋、南北朝上承汉制而又有所损益。《魏律》十八章、《晋律》二十章，其中均有《户律》。《北齐律》中有《婚户律》。《北周律》中分列《婚姻》《户禁》两篇。南朝诸国基本上沿用《晋律》的有关规定。隋《开皇律》中将关于婚、户的规定合为一篇，《大业律》再次分为《户律》和《婚律》。中国封建时代的婚姻家庭法至唐代进入了全盛时期。现存的唐《永徽律》以《户婚》为第四篇，分为上、中、下 3 卷，共计 46 条，有关婚姻家庭的规定是其中的重要内容。唐《户婚律》集封建社会前期婚姻家庭立法之大成，是以后历代王朝婚姻家庭立法的蓝本，并且远播域外，对我国周边的一些国家、地区的婚姻家庭法也有颇大的影响。

宋代的婚姻家庭立法载于《刑统》。辽、金、元各代的法律，如条例、制书、新格中均有关于户、婚事项的规定，只是不以律名而已。《明律》中分列吏、户、礼、兵、刑、工六律，在立法体例上有了进一步的发展。《明律·户律》之下又细分为婚姻等七门。清律中的婚姻家庭法规范，从体例上和内容上来看，都是基本上因袭《明律》的。

除律而外，封建时代的其他法律形式，如“户令”等，在调整婚姻家庭关系方面也起着重要的作用。在后期的法律体系中，与律并行的“例”也越来越多。有关的“例”是处理婚姻家庭案件的直接依据。

中国封建社会中的户婚律是以维护婚姻家庭领域的封建伦理纲常为其根本宗旨的。在婚姻方面，公然肯定和实行包办强迫婚姻；对父母尊长的主婚权、定婚要件、婚姻障碍、嫁娶程序、违律嫁娶的责任和婚姻离异等都作了具体的规定。在家庭方面，不遗余力地巩固封建家长制，维护父权和夫权；将男女、夫妇、尊卑、长幼之间的不平等的身份关系、财产关系，以法律的形式固定下来。对立嫡违法，违反教令，祖父母、父母在而子孙别籍异财，卑幼私辄用财等的惩罚性规定，就是一些明显的例证。此外，历代封建法律中有关服制的规定，《名例》中将“不孝”“恶逆”等列为“十恶”的规定，《斗讼》中有关亲属相犯依尊卑之别减刑或加刑的规定等，也是与户婚律中的规定相互配合的。

应当指出，中国古代的婚姻家庭法在表现形式上具有自身的特点。总的说来，有关婚姻家庭的规定详于礼而略于法。婚姻家庭领域的规范在奴隶制时代是一统于礼的。即使在封建制时代，律虽然已成为调整婚姻家庭关系的重要手段，但并不是唯一的手段，甚至不是最主要的手段。历代封建王朝对婚姻家庭关系的调整是礼、律并用，以礼为主、以律为辅的。自汉以后，

"父为子纲""夫为妻纲"和"君为臣纲"一样，被推崇为封建伦常的基本支柱，成为婚姻家庭立法的指导思想和基本原则。在许多立法中，都可以看到礼法交融甚至以礼入法的现象。在婚姻家庭领域中，律、令等法律规范就其内容而言是很不全面的，所规定的主要是那些与刑相关，即一旦违反即处以刑罚的问题，其他方面一概委诸礼。为国家所认可的有关婚姻家庭的礼制，就其实质而言也是婚姻家庭法的重要组成部分。正因为如此，封建时代户婚等律在调整范围上是有其局限性的，即使是比较完备的法典如唐律、明律等，对婚姻家庭关系的调整也有许多疏漏之处。只有将礼制和法制结合起来考察，才能揭示中国古代婚姻家庭制度之全貌。

【链接】

我国封建时代的律与礼，在调整婚姻家庭关系方面是相辅相成的，律主要是用来补礼之不足，使其得到国家强制力的保障。明王祎在《七出议》中说："礼与律非二物也，礼者防之于未然，律者禁之于已然，皆缘人情而为制；礼之所不许，即律之所不容，出于礼而入于律也。"将律与礼完全等同起来，似有不当之处，但他对两者关系的概括还是颇有见地的。

## 二、外国古代的婚姻家庭法

在奴隶制时代初期，婚姻家庭关系主要是由习惯法加以调整的，后来才逐渐采取了成文法典的形式。外国古代法一般也是诸法合体的，不同时代、不同国家的婚姻家庭立法有其自身的特征。

古巴比伦法、罗马法和欧洲中世纪各国的法律等，都为我们提供了大量的研究资料。在那些宗教势力特别强大、实行政教合一的国家里，宗教经典同时又是法典，其中也有许多婚姻家庭方面的规范，如希腊的《米惹斯法典》、犹太的《摩西法典》、印度的《摩奴法典》、伊斯兰教的《古兰经》、基督教的《旧约全书》(The Old Testament) 和《新约全书》(The New Testament) 等。凡此种种，不能一一列举。此处拟以罗马亲属法和欧洲中世纪习惯法、寺院法中的婚姻家庭制度为例，分述于下。

### (一) 古代罗马的亲属法

古代罗马是高度发达的奴隶制国家，罗马法中已有公法、私法之分，著称于世的包括亲属法在内的罗马私法，比同时代的许多国家更为完备。罗马亲属法以婚姻家庭法规范为其重要内容，为奴隶制时代的家庭制度提供了系统的法律形式，对后世各国的婚姻家庭立法有很大的影响。公元前5世纪时制定的《十二铜表法》(Lex Duodecim Tabularum) 中，就有了关于家父权的规定。[①] 从共和国时期到帝国时期，民众大会通过的法律、元老院的决议、皇帝的敕令和最高裁判官法等，其中都有大量的婚姻家庭法规范。东罗马帝国查士丁尼 (Justinianus) 在位

① 《十二铜表法》，第四表 (Tabula IV Dejure Prtrio)。

期间，对罗马法进行了集中统一的编纂。《查士丁尼法典》（Codex Justinianus）、《法学阶梯》（Institutiones Justiniani）和《法学汇纂》（Digesta Justiniani）中的有关规定和阐述，为研究罗马的亲属和婚姻家庭制度提供了丰富的资料。古代罗马的亲属制度具有强烈的宗法性质，人身依附关系十分突出。早期的婚姻权从属于家父权，家庭则完全是父系、父权、父治的。

罗马法中实行婚约制度。早期型的婚约具有相当强大的法律效力，婚约双方在一定时期内有结婚的义务。订婚出于父命，女方对于其父所选择的人，除非其为人格减等或品行恶劣者，不得抗拒。关于结婚的条件和程序，在市民法和万民法中有不同的规定。按照市民法规定而成立的称为正式婚，即有夫权的婚姻。结婚方式分为三种：一是共食婚（Confarreato），二是买卖婚（Coemptio），三是时效婚（Usus）。共食婚须履行隆重的宗教仪式。买卖婚须由男子在计量者之前以要式契约的方式买受女子。时效婚要求男女双方须在事实上同居一年后始得视为正式配偶，如女方外宿达 3 日以上，时效即告中断。按照万民法规定而成立的称为略式婚，即无夫权的婚姻。在符合法定要件时，依当事人的合意即可成婚。市民法上的结婚方式主要盛行于罗马奴隶制前期，到了后期逐渐为万民法上的合意婚所代替。

家父权和夫权在罗马法的亲属制度中具有十分重要的地位。按照早期法律中的有关规定，家父在家庭中有司祭祀的权力、司审判的权力，有支配家庭财产的权力，甚至还有出卖子女的权力。后期法律中对家父权有所限制，家子也可依法取得一定的特有财产。夫权在市民法中因正式婚姻而取得，有夫权的婚姻中妻子的家庭地位低下，在人身关系、财产关系方面均受夫权的支配。妻子不仅具有与女儿类似的法律地位，而且同养子女一样发生人格小减等的法律后果。夫对妻享有惩戒权等诸多权力。由于实行吸收财产制，妻的财产亦归其夫所有。在无夫权的婚姻中，妻的家庭地位相对来说有了较大的改善，在人身权利和财产权利上具有一定的独立性。这被后世的一些法学家认为是夫妻别体主义的萌芽。其实，即使按照万民法的规定，夫妻双方也不是地位平等的主体。

在罗马亲属法中，婚姻终止的原因有三，即配偶死亡、自由权或市民权的丧失、离婚。在特定的情况下，一方地位的重大变化亦可依法终止婚姻关系。离婚可分为协议离婚和片意离婚两种，前者出于夫妻双方的共同意思，后者出于夫妻一方的单独意思，各有其不同的法律程序。在罗马奴隶制社会前期，对于处于家父权之下的婚姻当事人来说，即使并非出于本人的意思，家父亦可责令其离婚。到了帝国时期这种离婚方式已被废除。就离婚的法定理由而言，对夫妻双方的规定也是很不平等的。

应当指出，从《十二铜表法》到《查士丁尼法典》，在千余年的漫长过程中，罗马法中的婚姻家庭法是有很大变化的。一般说来，前期的法律十分严峻，夫妻、父母、子女、家长与子女之间的人身依附关系十分显著。到了后期，由于商品经济的发展等原因，婚姻家庭领域中的人身依附关系有所削弱。罗马亲属法中许多制度及一些具体规定，对许多国家的婚姻家庭法有很大的影响。

### （二）欧洲中世纪各国的婚姻家庭法

西罗马帝国灭亡后，欧洲一些国家在日耳曼人氏族制解体和接受罗马文明影响的条件下逐步建立了封建主义的婚姻家庭制度。在整个欧洲中世纪，各国的婚姻家庭法具有发展缓慢、宗教影响强烈，以及多样性和地域性等特点；其渊源主要有习惯法、寺院法、罗马法三个方面。各国的差别很大，甚至在一国之内，适用的法律也是不统一的。

习惯法是欧洲中世纪各国婚姻家庭法的最重要的渊源之一。早期封建制国家的法典中，有关婚姻家庭的规定，主要是习惯法的汇集和编纂。法兰克王国的《萨利克法》(Lex Salica) 和《里普里安法》(Lex Ripuaria) 等，便是这方面的明显例证。按照《萨利克法》第44条的规定，欲娶寡妇者须交纳一定数量的聘礼，在聘礼受领人的顺序中，寡妇的外甥即其姊妹之子（以长者为先）处于最为优先的地位，其次为其外甥之子、其母之堂姊妹之子、其母之兄弟，然后才是其前夫之兄弟等。这就十分清楚地说明，早期习惯法中还保存着某些母系氏族社会遗留下来的婚俗。综观日耳曼国家的结婚法，婚姻的成立多以交付聘礼为要件，通过双方家长订立契约而成立婚姻，已经取代较早时期实行的更为原始的婚姻方式。在家庭中，父权和夫权十分强大，子女、妻子等处于依附的地位，子只有在结婚后自立门户才能脱离父权的支配。有些习惯法中还规定，与自由民之妻通奸者，应向其夫支付赎罪金。离婚具有浓厚的夫权主义色彩，但夫离弃其妻时须有为习惯法所认可的理由。按照早期的习惯法，从原始社会蜕变而来的血亲团体（Sib）在婚姻家庭生活中仍然起着很大的作用，例如，它对寡妇和丧父的子女有监护之权，但同时也有一定的照料之责。各级封建领主在婚姻家庭方面享有许多特权，这也是为当时许多国家的习惯法所认可的，例如，封建领主嫁女时，附庸有助以嫁奁、嫁资的义务；下级领主无子，将封地移转于女性继承人时，上级领主对该女的婚姻有同意权；领主对于与其农奴成婚之女，有初夜权；等等。

随着欧洲各国封建化的加深，习惯法在内容上也是有所变化的。罗马法和日耳曼法的交融，寺院法的兴盛和王室制定的法律的颁行等，不断地为婚姻家庭法注入新的内容。但是，即使到了中世纪后期，习惯法在许多国家中仍是历久不衰的。

寺院法亦称宗规法或天主教教会法，它对世俗事务特别是婚姻家庭生活的干预，是随着教义的传播、教权的伸张和教令的统一而逐渐强化的。寺院法中有关婚姻家庭的内容主要以《新约全书》、《使徒教律》(Teachings of the Apostles)、《使徒约章》(Constitution of the Apostles) 以及宗教大会的决议、教皇颁发的教令集等为依据。《旧约全书》中的一些伦理原则也是寺院法中婚姻家庭法规范的重要渊源。1234年，教皇格利高里九世在位时编撰的教会汇编中即以婚姻法为其第四编。

当时的教会以婚姻家庭为其世袭领地，力图使其宗教化和神圣化。结婚被视为一种宣誓圣礼（sacraments，或译“圣典”）。寺院法本诸教义要求婚姻的成立须符合该法规定的种种要件：在实质要件方面列举了众多的婚姻障碍（marriage impediment），亦称阻挠婚姻成立的原因。在形式要件方面要求举行一定的宗教仪式，当事人应将成婚之事在本地教会中公告(banns)。关于婚姻的解除，寺院法本诸教义采取禁止离婚主义。《马太福音》中说，“神作之合者，人不得而离之”。这就是禁止离婚的宗教依据。当时，确认婚姻无效和别居制(separation bed and board)，在一定意义上是作为禁止离婚的救济手段而使用的。对于有关婚姻家庭的其他一些事项，如收养、监护、继承以及某些特定种类的犯罪（如重婚罪、通奸罪、乱伦罪）等，寺院法也是凌驾于世俗立法之上的。宗教改革以后，婚姻家庭方面的立法权和司法权逐渐由教会转归国家机关，婚姻家庭从天国回到人间。这一过程曾被形象地称为婚姻还俗运动（secular movement）。

自中世纪开始，罗马亲属法对欧洲各国的影响一直存在，从未间断。它在东罗马帝国完全适用；西欧各国在适用日耳曼习惯法、寺院法即天主教教会法的同时，还按照属人主义的原则对原罗马帝国疆域的居民有选择地适用罗马法。12世纪以来，欧洲各国先后出现了罗马法复兴运动。罗马亲属法的原理、原则和一些具体规定得到了广泛的研究和应用，从而促进了各国婚姻家庭立法的发展。当时，一些国家对罗马亲属法的继受并不是同步的。罗马亲属法在不同国家和地区中的影响是大小有别的。到了16世纪，罗马法几乎成为欧洲多数国家的普通法，起着补充各国法律包括习惯法之不足的作用。早期的资产阶级法学往往是借助于罗马法提供的现成模式来表达本阶级的法律要求的，亲属法也不例外。对罗马亲属法的研究和应用，在一定程度上推动了从古代型婚姻家庭法到近现代型婚姻家庭法的转变。

# 第二节 近现代型的婚姻家庭法

## 一、资产阶级国家婚姻家庭法

同古代型的婚姻家庭法相比较，资产阶级国家的婚姻家庭法无论在内容还是形式上都有了重大变化。资产阶级的法律不再是诸法合体的，在法律体系中形成了若干各有其调整范围的法律部门。以婚姻家庭法为主体的亲属法，是民法的重要组成部分。按照传统法学中的一般解释，亲属法和其他民事法律都具有私法的性质。亲属法是规定亲属关系的发生、变更和终止，以及基于亲属身份而发生的权利和义务的法律。其中，调整人身关系的被称为纯粹亲属法，调整财产关系的被称为亲属财产法。在法律上设有家制的国家里，家长、家属关系也由亲属法加以调整。亲属法的含义虽较婚姻家庭法为广，但实际上是以婚姻家庭法为基本内容的。两者名异而实同，一般可以作为同义语使用。在编制方法上，欧洲大陆的许多国家和属于大陆法系的国家，一般均将亲属法编入民法典，如法国、德国、瑞士、日本等。由于亲属法在民法典中所处的地位不同，又有法国式编制法（罗马式）和德国式编制法的区别。英美和其他属于英美法系的国家没有统一编制的民法典，这些国家的亲属法（婚姻家庭法）是由一系列的单行法构成的。

### （一）法国、德国民法典中的婚姻家庭法

1804年《法国民法典》（拿破仑法典）中的亲属制度，在资本主义国家早期的婚姻家庭立法中是很有代表性的。这部民法典依照罗马法的体例，在第一编“人”中将民事主体和亲属关系方面的问题规定在一起。有关婚姻、家庭的具体规定主要集中在该编的第五章至第十章，其内容包括结婚、离婚、父母子女、收养与非正式监护、亲权以及未成年人监护及亲权解除等。在第三编中，对夫妻财产契约及夫妻间的权利作了详尽的规定。其他编、章中也有若干涉及亲属关系的规定。《法国民法典》中的亲属法，以法律的形式宣告资本主义婚姻家庭制度的确立，在世界亲属立法史上具有划时代的重要意义，对其他国家的亲属立法也有很大的影响。应当指出，这部法典总的说来是以公民权利平等、契约自由等资产阶级的法律原则为其立法依据的。但是，在贯彻上述诸原则时，亲属法方面的规定远不如财产法方面的规定，昔日的人身依附关系的痕迹还是比较明显的。

关于婚姻的成立，该法典对结婚合意、法定婚龄、禁止结婚的亲属关系和禁止重婚等都作了具体规定。[①] 在当时的历史条件下，这对于确立资产阶级的婚姻自由原则是有进步意义的。但该法典同时又规定：子女未达到一定年龄（男25岁，女21岁）时非经父母同意不得结婚。

---

① 《法国民法典》（1804年）第146条和其他相关各条.

父母意见不一致时，有父亲同意即可。即使当事人已达上述年龄，也要通过法定方式征得父母等尊亲属的同意。否则，只有在符合有关规定的条件下始得举行婚姻仪式。①

关于婚姻的效力，与古代型的婚姻家庭法相比较，该法典中夫妻间的人身依附关系已经大为削弱。该法典规定夫妻互负忠实、帮助、救援等义务，并且确认，双方只要不违背善良风俗和法律规定，在处理夫妻财产关系时可随意订立契约。但是，夫妻法律地位的不平等在该法典中仍有明显的表现，如妻应顺从其夫，妻未得其夫同意不得为某些特定的法律行为包括诉讼行为等。② 这种不平等性，在夫妻财产关系方面表现得尤为明显。

关于婚姻的终止，该法典规定婚姻因夫妻一方死亡（包括宣告死亡）和离婚而解除。在有关规定中列举了各种法定的离婚理由，同时还规定了须受法律严格限制的协议离婚制度。离婚理由方面的某些规定对夫妻双方来说是不平等、不公正的。例如，夫得以妻通奸为理由诉请离婚，妻则需以夫通奸且于夫妻共同居所实行姘居为理由始得诉请离婚。1816 年专制王朝复辟后，在法律上废止了关于离婚的原有规定，1884 年才予以恢复，但当时并没有恢复协议离婚制度。

在亲子关系方面，该法典对父母子女间的权利、义务作了各种具体规定。关于亲权的规定仍然是以父母为本位的，亲权由父母双方享有，实际上主要由父行使，例如，父有权依法请求将处于亲权之下的子女予以拘留，有权管理未成年子女的财产，并对该项财产享有用益权等。非婚生子女的法律地位，更是远较婚生子女的地位低下。

1804 年《法国民法典》至今有效，经过多次修改后，有关亲属法的内容已经大为改观。较早时期的修改此处姑且置而不论，仅以第二次世界大战以后的立法措施为例。1945 年法国设立了民法修改委员会，对亲属法部分的许多条款，分别予以废止、修改或增补。五十余年的变化，涉及收养、夫妻财产制、非婚生子女地位、离婚制度等诸多方面。法国亲属法的历次改革，在大陆法系的亲属立法史上留下了重要的轨迹。

1896 年公布、1900 年施行的《德国民法典》的亲属编，在大陆法系国家的婚姻家庭法中也是很有代表性的。《德国民法典》是从资本主义时代向帝国主义时代过渡的产物，亲属法部分既汲取了《法国民法典》的成果，又反映了新的时代特点。亲属法是该法典的第四编，它对民事婚姻、亲属和监护制度等作了全面、详尽的规定。在结婚、离婚等问题上，该编的规定较法国亲属法有所进步；已婚妇女和子女的法律地位，同一些资本主义国家早期立法的规定相比也有所改善。但是，封建传统的影响在有关条款中仍然存在。夫妻关系、亲子关系方面的某些规定便是明显的例证。总的说来，该编的内容比法国亲属法更为全面地表达了资本主义婚姻家庭制度的要求，在体系结构、立法技术等方面也更为周密、严谨、成熟。但是，它的种种烦琐、复杂之处，又是常为人们所诟病的。

《德国民法典》亲属编在颁行后同样作过多次修改。在纳粹德国时期，该法典中有关婚姻要件、婚姻的无效及撤销等的规定均被废止，代之以 1938 年颁行的第三帝国婚姻法。第二次世界大战后，又废止了 1938 年婚姻法，代之以 1946 年婚姻法；该法典亲属编的许多条文也得到了全面的修订。1957 年《男女平权法》、1969 年《非婚生子女地位法》的颁行，1977 年的离婚法改革等，都是德国婚姻家庭法发展过程中的重大事件。

《法国民法典》中的亲属法和《德国民法典》的亲属编，对资本主义国家婚姻家庭立法的

---

① 《法国民法典》第 152～153 条.
② 《法国民法典》第 215～225 条.

影响是很广泛、深刻的，不少国家采用了它们的立法模式。1898年的《日本民法典》亲属编，1930年中国国民党政府的民法亲属编，都是仿效大陆法系国家的亲属法制定的。

### （二）英、美等国的婚姻家庭法

英国亲属法虽然也在相当程度上受罗马法的影响，但不如欧洲大陆国家受影响那么明显，它具有基于自身的历史传统而形成的种种特点。自中世纪以来，英国亲属法在一个很长的时期中以不成文法为其主要形式。普通法和衡平法在调整婚姻家庭关系方面起着重要的作用。与大陆法系各国不同，英国和英美法系各国的亲属立法不采取法典主义而采取单行法主义。这方面的法律名目繁多，在不同国家中的称谓也不一致。结婚法、离婚法、家庭法、已婚妇女财产法、处理夫妻案件法、养子法、监护法等单行法，都是婚姻家庭法的组成部分。

在亲属法近现代化的过程中，英国在立法上的改革是比较缓慢、保守的。这种情况在第二次世界大战后有了明显的改变。

在结婚问题上，1836年《婚姻条例》开始承认在政府机关登记的民事婚。1898年的《婚姻条例》规定不以举行宗教仪式为婚姻成立的必经程序。在离婚问题上，1857年以前，英国法仍采取禁止离婚主义，法院无权作出离婚的判决，因特别重大的理由需要离异的，须经议会通过法案才被准许。1857年颁行的《处理夫妻案件法》开始实行判决离婚制度。当时离婚的法定理由极为有限，经过多次修改后离婚的法定理由才逐渐扩大。在家庭关系方面，早期法律中留有许多封建的残余影响：妻处于依附于夫的地位，父母双方在对未成年子女的监护问题上权利也是不平等的。1870年《已婚妇女财产法》扩大了妻在家庭中的财产权利。1882年在法律上开始承认夫妻分别财产制，并承认妻有独立缔结契约的权利。1925年的《扶养法》施行后，如果父方的行为不端，亦可依法指定母方为未成年子女的监护人。英国法原来是不承认收养制度的，1926年的《养子法》颁行后，由不承认转为承认。

自第二次世界大战结束至今，英国先后颁行了为数众多的有关婚姻家庭的单行法，如1949年的《婚姻条例》、1964年的《堕胎法》和《夫妻住所法》、1969年的《家庭改革法》和《离婚法》、1973年的《婚姻案件条例》、1976年的《收养条例》等。特别需要指出的是，1969年的《离婚法》不再像过去那样坚持过错原则，而是将婚姻已经无可挽回地破裂作为诉请离婚的理由。为此，原告一方必须证明存在法律所指明的一项或一项以上的事实，以此作为婚姻破裂的依据。这些事实包括：被告与他人通奸为原告所不能容忍；基于被告的表现，原告无法与其共同生活；被告遗弃原告达2年以上，并在继续状态之中；双方分居2年以上，且被告也同意离婚；双方分居5年以上。由此可见，上述规定是兼采破裂主义和有责主义，将两者结合起来考虑的。

英国的婚姻家庭法对不少国家，特别是英联邦国家和美国有很大的影响，对我国香港地区婚姻家庭法的影响也是十分明显的。

早在殖民地时代，美国许多地区就适用普通法。独立以后，美国许多州的婚姻家庭法都是以英国法为其主要渊源的。由于两国的社会历史条件不同，英国早期法律中的某些封建传统并没有为美国法所继受。在殖民地时代适用法国和西班牙法律的地区，受罗马亲属法的影响较大。

在美国，合法的婚姻有三种形式，即依各州立法而成立的法律婚（民事婚）、依习惯法而成立的习惯婚，以及依宗教仪式而成立的宗教婚。即使在一些不承认习惯婚的州中，某些形式要件上的欠缺并不影响婚姻本身的效力。由于美国的立法是以州为本位的，各州的婚姻家庭法不尽相同，在某些方面的差别甚至是相当大的。例如，有关法定婚龄的规定高低有别，有关婚姻障碍的规定也不一致。在美国，此州认为合法的婚姻，在其他州也会被认为合法，所以，当事人可以规避居所地的法律到另一个州去结婚。各州法律一般都规定夫妻有同居、贞操、扶养等义务。没有正当理由而拒绝同居的，则视为遗弃，可作为诉请离婚的理由。各州法律对夫妻财产关系、亲子关系等的规定也是不尽相同的。夫妻财产制具有不同的形式，有些州以采用分别财产制为原则，有些州对特定的财产采用共同财产制，共有的范围也是大小有别的。在离婚问题上，各州较早时期的法律规定具有比较浓厚的有责主义的色彩，常见的离婚理由有通奸、虐待、遗弃、一方被判徒刑、无性行为能力、精神失常等。加利福尼亚州的离婚法率先实现了从有责主义到破裂主义的转变，离婚的程序也有所简化。现在几乎所有的州都允许一定形式的无过错离婚，但在具体规定上是有区别的。有些州以婚姻的无可挽回的破裂作为离婚的唯一理由。另一些州除此以外还采用某些传统的离婚理由。在离婚的程序等问题上，各州的规定也是有繁有简、宽严不一的。有些地区以离婚手续简便著称，吸引当事人前来办理。1970 年，美国的州法律全国统一委员会通过《统一结婚和离婚法》，其内容已为一些州承认并采用。

关于美国各州婚姻家庭法的内容，此处无法一一详述。以纽约州为例，该州于 1982 年颁行的《家庭关系法》分为 13 章，其内容包括：简称和定义，结婚，婚姻的仪式和证明，夫妻间的权利、义务，子女的监护和费用，扶养，认领，收养，婚姻的无效和撤销，离婚诉讼，别居诉讼，以及有关婚姻诉讼的通则性的（即适用于一切婚姻诉讼的）规定等。同年颁行的纽约州《家庭法院法》中，也有不少有关婚姻家庭的实体性的规定。

不论是法、德等国的婚姻家庭法还是英、美等国的婚姻家庭法，都是资本主义婚姻家庭制度的法律形式。资本主义婚姻家庭制度已经在人类历史上存在了数百年之久。在此期间，社会条件发生了很大的变化，表现在政治、经济、文化、妇女地位、家庭的结构和功能、生活方式和伦理道德等各个方面。这一切都迫使资本主义国家不断地修改婚姻家庭法，以便使其更加符合社会需要和统治阶级的根本利益。第二次世界大战结束以后，特别是最近三十多年以来，婚姻家庭立法的变化尤为明显。亲属制度中的封建传统进一步被破除，夫妻在家庭中的法律地位趋于平等，在离婚法上从限制离婚主义向自由离婚主义发展，以及禁止滥用亲权，非婚生子女的法律地位有所改善，等等，便是上述变化的一些主要表现。对于资本主义婚姻家庭立法的改革，我们应当联系各国社会生活的实际情况予以恰当的评价。一般说来，这些变革对于妇女地位的提高和婚姻家庭生活的改善是有一定积极意义的，但是，这些改革又是很不彻底的，是有其局限性的，是在资产阶级的“自由、平等、民主”原则许可的范围内进行的，因而不可能改变资本主义婚姻家庭制度的本质。

## 二、社会主义国家的婚姻家庭法

从世界范围来看，诞生于 20 世纪的社会主义国家的婚姻家庭法经历了两个发展阶段。在第一个阶段中，苏维埃婚姻家庭法是唯一的社会主义类型的婚姻家庭法。在第二个阶段中，随着第二次世界大战后一系列社会主义国家的出现，特别是中华人民共和国的成立，社会主义国家的婚姻家庭法在内容和形式上都得到了重大的发展。在 20 世纪最后一段岁月中，国际风云变幻，苏联和东欧国家的情况发生了很大的变化，但它们的婚姻家庭法还是可供研究和借鉴的。

### （一）第二次世界大战前的苏维埃婚姻家庭法

早在十月革命胜利之初，苏维埃政权就开始采取立法措施改革婚姻家庭制度。在此之前，沙皇俄国时代的婚姻家庭法以具有浓厚的封建、宗教的色彩而著称。1917年12月18日，全俄苏维埃中央执行委员会和人民委员会发布了《关于民事婚姻、子女和户籍登记的法令》；不久以后又发布了《关于离婚的法令》。这些法令在婚姻家庭制度的废旧立新过程中起了重要作用，但其中也有一些过于激进的、后来被实践证明是不切实际的规定。1918年的《俄罗斯联邦户籍登记、婚姻、家庭和监护法典》和1926年的《俄罗斯联邦婚姻、家庭和监护法典》，为新的婚姻家庭制度奠定了全面的法律基础。1926年的法典包括婚姻、父母子女及其他亲属间的关系、监护及保佐、户籍登记等编。它自1927年起施行多年，在苏联各加盟共和国早期的婚姻家庭立法中是很有代表性的。

在苏联的婚姻家庭法律体系中，各加盟共和国的婚姻、家庭和监护法典是婚姻家庭法的主要渊源。全联盟性的法令在婚姻家庭法的渊源中也占有重要的地位，它是各加盟共和国修改婚姻家庭法的依据。例如，《俄罗斯联邦婚姻、家庭和监护法典》在20世纪40年代所作的数次修改，以及乌克兰等其他加盟共和国对婚姻、家庭和监护法典所作的类似的修改，都是按照苏联最高苏维埃主席团的命令进行的。

苏联的婚姻家庭法中明确肯定了婚姻自由、男女平等、一夫一妻等原则，在立法上有许多对妇女和儿童的权益予以特殊保护的条款。特别需要指出的是，在苏联的法学理论和立法体制中，婚姻家庭法是一个独立的法律部门，不被认为是民法的组成部分，婚姻家庭法典和民法典同时并存。这种独立部门说曾被后来一些社会主义国家的法学和立法奉为先例，对新中国早期的法学和立法也有一定的影响。

除各加盟共和国的法典和全联盟性的法令外，苏联最高法院和司法部的有关规范性文件对于适用婚姻家庭法调整婚姻家庭关系的作用也是不可忽视的。1944年苏联司法部颁行的《法院审理离婚案件的程序》，以及苏联最高法院全体会议就离婚案件的审判实践所作的决议等，便是这方面的一些例证。

### （二）第二次世界大战后的社会主义国家婚姻家庭法

诞生于第二次世界大战后的社会主义国家，都相继颁行了调整婚姻家庭关系的法律。这些法律的名称不尽相同，编制方法也有区别。1949年7月23日通过的《保加利亚人民共和国人与家庭法》，是将作为民事权利主体的人和婚姻家庭等事项，置于同一法典中加以规定的。南斯拉夫联邦人民共和国于1947年制定了《婚姻基本法》《亲子关系基本法》《收养基本法》《监护基本法》等联邦法律。后来，按照《联邦宪法》的规定，婚姻家庭方面的立法权由各共和国（自治省）行使。有的共和国继续适用上述四部法律，包括塞尔维亚在内的其他共和国则以《联邦宪法》第190条所定的原则为依据另行制定了新的法律，《塞尔维亚共和国婚姻法》在其中很有代表性。这部法律除总则外，分为结婚、婚姻的无效、夫妻的权利和义务、婚姻的终止和婚姻诉讼等章。德意志民主共和国根据宪法规定的原则在20世纪50年代颁行了有关保护母亲、儿童和结婚、离婚的法律，后又于1965年12月20日颁行了家庭法典。

《罗马尼亚人民共和国家庭法典》于1954年2月1日起施行。捷克斯洛伐克在1963年，保加利亚在1973年，古巴在1975年，阿尔巴尼亚在1982年，都颁行了新的调整婚姻家庭关系的法律，其名称不尽相同。越南社会主义共和国的婚姻家庭法于1986年12月29日通过并公布，代替了1959年的婚姻法，后来该法得到了修改和补充。

现行的俄罗斯联邦婚姻家庭法典颁行于1995年，自1996年3月1日起实施。该法典在体系结构上分为8编，共170条。它在附则中特别指出：原《俄罗斯联邦婚姻家庭和监护法典》自该法典施行之日起废止；1968年6月27日颁行的《苏联和各加盟共和国婚姻和家庭立法纲要》，以及一些原苏联最高苏维埃主席团发布的有关婚姻家庭的法令，自该法典施行之日起不再适用于俄罗斯联邦。

# 第三节　我国婚姻家庭制度的改革和立法

## 一、封建主义婚姻家庭制度及其基本特征

封建主义婚姻家庭制度在中国历史上实行了两三千年之久，一直延续到半殖民地半封建社会。它是我国婚姻家庭制度改革的主要对象。自民主革命时期开始，婚姻家庭制度的改革便是同反封建斗争紧密地结合在一起的。封建主义婚姻家庭制度在新中国成立之初已被明令废除，但其残余影响不容低估。在现实生活中，婚姻家庭领域的某些陈规陋俗和陈腐的观念，与已被废除的旧制度是有一定的历史联系的。为了方便起见，我们将本应属于中国古代婚姻家庭法的封建主义婚姻家庭制度抽取出来，作为本节的首题，以便对其作一些比较系统的扩展性的评述。

毛泽东曾在《湖南农民运动考察报告》中指出：中国的男子，普通要受三种有系统的权力的支配，即：(1) 由一国、一省、一县以至一乡的国家系统（政权）；(2) 由宗祠、支祠以至家长的家族系统（族权）；(3) 由阎罗天子、城隍庙王以至土地菩萨的阴间系统以及由玉皇上帝以至各种神怪的神仙系统——总称之为鬼神系统（神权）。至于女子，除受上述三种权力的支配以外，还受男子的支配（夫权）。这四种权力——政权、族权、神权、夫权，代表了全部封建宗法的思想和制度，是束缚中国人民特别是农民的四条极大的绳索。[①] 建立在封建生产关系的经济基础之上，又受着封建“四权”联合支配的婚姻家庭制度，具有下列基本特征。

### 1. 封建的包办强迫婚姻

按照礼与律的要求，婚姻的成立并非出于男女双方本人的意愿，主婚权操于父母、尊长等第三人之手。“父母之命”和“媒妁之言”是封建婚姻的合法形式。对这里所说的“父母之命”，应作适当的扩大解释，例如，依明洪武二年（1369年）令，“嫁娶皆由祖父母、父母主婚，祖父母、父母俱无者，从余亲主婚”。所谓“余亲”，主要指当事人的期亲尊长。婚事的决定权不属于当事人本人而属于主婚权人，还可以从嫁娶违律时主婚权人的责任问题上得到证明（参见《唐律·户婚》嫁娶违律条）。既然婚事有赖于父母、尊长之命，那么奔走双方、从中牟利的媒妁便成了这种包办婚姻的不可缺少的伴侣。在嫁娶违律时，媒妁亦须负一定的责任。

门当户对和婚姻论财，是封建婚姻的实际内容，也是父母、尊长下命和媒妁传言的依据。阶级、等级、家庭地位的不同，给通婚带来了许多严格的限制。首先，封建时代是良贱不婚的。例如，《唐律·户婚》规定良贱为婚须依律科刑。士庶之间、高门大户和寒门卑姓之间，

① 毛泽东选集：第1卷. 2版. 北京：人民出版社，1991：31.

实际上也是很难相互通婚的。即使在统治集团内部，婚事上也有很深的门阀之见。封建时代的聘娶婚，往往成了买卖婚姻的别名。有男方因家贫而难娶的，也有女方因家贫而难嫁的。晋葛洪在《抱朴子》一书中曾将婚姻论财喻为买物于市。清赵翼在《廿二史札记·财婚》中说："凡婚嫁无不以财币为事，争多竞少，恬不为怪也。"

封建婚姻的嫁娶程序，基本上沿用古之"六礼"，到了后期在内容上有所简化。详见本书第五章"婚姻的成立"中的有关内容。

2. 剥削阶级的多妻制

与奴隶制时代相同，我国封建时代仍然是剥削阶级的一夫多妻制与劳动人民的一夫一妻制共存的。为了维护家族制度，礼与律十分重视嫡庶之别，故具有正室身份的配偶仅得为一人。但这只是禁止妻妾不分，并非禁止纳妾。封建时代的多妻制以纳妾为其主要形式，亦可称其为一妻多妾制。对剥削阶级来说，名义上的一夫一妻制与实际上的一夫多妻制并不矛盾，反倒成为他们以纳妾为名占有妻以外的女性的礼与律上的依据。

在严格的封建等级制度下，当时的多妻制也呈现出强烈的等级制的特点。贵为天子的君主自不必说，王公、贵族、品官等的纳妾数额是与他们在封建阶梯中所处的地位相一致的。有些封建王朝公然颁行置妾之令，规定了不同等级的纳妾数额。明代除规定不同等级的纳妾数额外，还规定庶人年四十以上无子者，许纳一妾。当然，我们也可以从另一种视角，将其解读为对纳妾在身份、条件上的限制。到了清代，对纳妾更为放任，一些豪商、富民等也均以广纳姬妾为荣。封建时代妾的来源主要有买卖妇女、以婢作妾等，豪强之家恃势掠夺民女为妾之事时有发生。

历代封建王朝有关重婚的规定，从另一个方面为只禁多妻、不禁纳妾提供了法律上的说明。依唐律，"诸有妻更娶者，徒一年，女家减一等；若欺妄而娶者，徒一年半，女家不坐；各离之"。《唐律疏议》对此作了如下解释："一夫一妻，不刊之制，有妻更娶，本不成妻。"但是，上述律条仅适用于有妻者再娶妻，纳妾是不受此限的。

3. 男尊女卑，夫权统治

在封建宗法制度下，一切均以男子为中心。男尊女卑和夫权统治，是封建主义婚姻家庭制度的本质特征之一。封建宗法的伦理观念十分重视男女之别，并通过一系列有关乾坤、天地、阴阳之说，论证男尊女卑是天然合理的，因而也是不可更易的。《白虎通·嫁娶》中说："阴卑不得自专，就阳而成之。"对夫妇二字的说明是："夫者，扶也，扶以人道者也。妇者，服也，服于家事，事人者也。"妇女在家庭生活中处于从属于男子的低下地位，已婚妇女更是受着夫权的支配。

封建时代的礼制和各种家训、家规，均要求妇女严守妇道。此处仅以"三从四德"为例，作一些简略的绍介。所谓"三从"，系指妇女须"幼从父兄，嫁从夫，夫死从子"。幼从父兄，说明了父权对妇女的束缚。在宗法家长制家庭中，兄的地位仅次于父，因而也在须从之列。嫁从夫，说明了夫权对妇女的束缚。夫死从子，更是男性中心的思想和制度最彻底的表现。宗法伦理观念认为母是"亲而不尊"的，母之夫亡故后应由其子主持家事。所谓"四德"，系指"德、言、容、功"这四项妇女应当具备的基本条件，要求妇女在思想、谈吐、仪表和从事家务等方面都安分守己，无违妇道，充当驯服的家庭"奴隶"。

封建时代的礼与律都是公然维护男尊女卑、夫权统治的，已婚妇女的人身权利和财产权利受到种种限制或剥夺。夫妻人身权利的不平等，以夫妻相犯的责任为例即可见其一斑。夫犯妻得依法减刑，妻犯夫须依法加刑。妾较妻地位更为低下，夫犯妾的责任较夫犯妻的责任为轻，妾犯夫的责任较妻犯夫的责任为重。即使是妻妾相犯，也要妻犯妾减等处刑，妾犯妻加等处刑。在财产权利方面，封建时代的家产也不是以个人为本位的，而是以家为本位的，夫妻的财产在形式上是共有、不分彼此的，但财产的管理、支配、处分等，却权操于夫。如果家长由夫之尊长充当，尚须听命于家长。作为家属的妻，并无独立的财产权利，即使在婚姻终止后改嫁他人时，对财产的处理，也要受到夫家的干预。

4. 家长专制，漠视子女利益

封建时代的家庭是家长制家庭，一家之内，子必从父，弟必从兄，妻必从夫，家属必须服从家长。从家长身份的取得来看：首先，是按照父系来承袭，由男性尊长担任的。这说明了男女间、夫妻间的不平等。其次，家长权的移转须遵循嫡长继承的规则，这说明了嫡庶间、兄弟间的不平等。从家长在家庭中的地位来看，他的权力是无所不至的，也是不可分割的。这说明了家长与家属间的不平等。凡此种种，都是封建宗法制度下的人身依附关系在家庭中的必然表现。关于家长的权力，有些已散见于前文，如主婚权、夫权等，此处再就财产权和亲子关系等问题作一些补充。

在财产关系上，家长握有管理、支配家产的全权。按照礼制的要求，凡为子者，毋得蓄私财，俸禄及田宅收入尽归于父母，当用则请用之，不敢私假，不敢私与。这里虽然是父母并提，实际上财产权是归属于父即男性家长的。为了维护家长的财产权，封建法律中有禁止卑幼不经家长私自动用财产的规定。依唐律，“诸同居卑幼私辄用财者，十匹笞十，十匹加一等（罪止杖一百）”。明律中也有类似的规定，只是改为“二十贯笞二十，十贯加一等”。历代封建王朝关于禁止“祖父母、父母在，子孙别籍异财”的规定（祖父母、父母令子女、孙子女别籍者除外），也是以维护家长的权力、防止家产的分散为宗旨的。唐律在《名例》中将“祖父母、父母在，子孙别籍异财”视为“不孝，罪居‘十恶’之一”，并在《户婚》中具体规定：“诸祖父母、父母在而子孙别籍者，徒三年。”在私有制社会中，上述禁令很难达到其目的，剥削阶级的家庭中更是存在着许多植根于私利的冲突。到了封建社会后期，对“别籍异财”的处罚已经较过去为轻。

在亲子关系中，“父为子纲”被奉为天经地义。礼与律均要求子女、卑幼恪遵孝道，不得有违。父慈子孝本是亲子关系的道德准则，但是，宗法家族制度下的孝，却是有其特定的社会历史内容的。在一个“孝”字的掩盖下，数不清的家礼、家规给子女、卑幼套上了沉重的锁链。子女、卑幼在人身、财产等方面，均处于任人摆布的无权地位。家长权和由父集中行使的亲权，在滥用时却得到礼与律的宽容和保护，例如，按照清律的规定，祖父母、父母非理殴杀子女者，仅杖一百；故杀者亦仅杖六十，徒一年。处刑如此之轻并非出于偶然：在封建的伦理观念中，子女、卑幼的身体、生命是属于父母、尊长的，而不是属于本人的。

5. 女子的“从一而终”和男子的出妻、休妻

婚姻因配偶死亡或离婚而终止。在介绍封建时代的离婚制度以前，似应对配偶死亡的两种不同的后果作一些简略的说明。与男尊女卑的制度和思想相适应，封建礼教在这个问题上采用了双重的道德标准。“夫有再娶之义，妇无二适之义”。妻死夫得再娶，被认为理所当然；反之，却要求妻为亡夫守节，这就是所谓的“从一而终”。需要指出的是，虽然封建法律并没有一般地禁止孀妇改嫁，但历代王朝对于妻为亡夫守节是大力提倡和予以保护的。《唐律·户婚》夫丧守志条中，有“诸夫丧服除而欲守志，非女之祖父母、父母而强嫁之者徒一年”等规定。著名的节妇可以得到朝廷的旌表，甚至可以因此而减免本家的徭役，故常有族人强迫孀妇守节之事发生。

关于夫妻的生前离异，封建时代依法律的规定主要有以下三种方式：出妻、和离、义绝。此外，还有夫妻一方基于特定缘由得向官府呈诉离婚的规定。其中，男方出妻、男家出妇是离婚的主要方式。这种离婚制度具有强烈的男子专权的色彩，详见本书第七章“婚姻的终止”中的有关内容。

## 二、封建主义婚姻家庭制度的延续和半殖民地、半封建社会的亲属立法

封建主义婚姻家庭制度在中国历史上实行了两千余年之久。历代封建王朝调整婚姻家庭关系的律和礼，基本上都陈陈相因、墨守古制。进入半殖民地、半封建社会后，封建主义婚姻家庭制度虽然日趋没落，但它对人们的束缚一直延续到解放前的旧中国。

从立法来看，当时的统治者有的企图用稍加改良的封建性的法律使旧的婚姻家庭制度得到保存，有的则模仿、袭用资本主义国家的亲属立法，但实际上并没有对旧的婚姻家庭制度进行根本的改革。从总的方面来看，封建主义婚姻家庭制度在半殖民地、半封建社会中仍然居于统治和支配地位。

### （一）清末和北洋军阀政府的亲属立法

中国近代的婚姻家庭立法活动发端于清朝末年。1910 年 12 月颁行的《大清现行刑律》，是在修订《大清律例》的基础上制定的一部过渡性的法律，其中也包括婚姻家庭方面的内容。《大清现行刑律》仍然是一部诸法合体的封建法律，但它取消了六律总目，在对婚姻、家庭、继承和其他纯属民事的规定中不再有刑罚方面的内容，以示民、刑有别。其中有关婚姻家庭的许多具体规定，与唐、宋、明、清时的规定一脉相承，封建性十分浓厚，例如，仍然保留亲属的服制，以“不孝”为“十恶”之一；维护父母、祖父母等尊长对卑幼的主婚权；禁止祖父母、父母在而子孙“别籍异财”，以“七出”为离婚的法定理由；肯定和维护纳妾制度、立嫡制度。如此等等，不一而足。《大清现行刑律》中的婚姻家庭法规范和其他民事法规范，在清朝覆灭后仍被北洋政府援用，称为民事有效部分。

在严格的意义上来说，中国婚姻家庭法近代化的尝试是在制定《大清民律草案》时开始的。1911 年 8 月制定的这部草案，是旧中国第一部独立的民法草案，其中设有亲属一编，由当时的修订法律馆会同礼学馆起草。《大清民律草案》的编制，大体上以德、日等国的民法典为蓝本，但也保留了历代封建法律中的某些内容，在亲属和继承两编中表现得尤为明显。“凡亲属、婚姻、继承等事，除与立宪相背酌量变通外，或本诸经义，或参诸道德，或取诸现行法则，务期整饬风纪，以维持数千年民彝于不蔽。”这一段文字载于修订法律馆为《大清民律草案》告成而上的奏折中，对于了解其亲属编的立法宗旨很有帮助。

北洋军阀政府统治时期，对婚姻家庭关系的调整除援用《大清现行刑律》中的有关规定外，还援用当时的大理院作出的大量的判例和解释，以补充法律之不足。例如，定婚须写立婚书，依礼聘娶；婚姻须由合法的主婚人主婚；家长和妾间不适用夫妻离异之规定；无亲生子则立嗣唯限于男子等。另外，北洋军阀政府在《大清民律草案》的基础上，于 1915 年制定了《民律亲属编草案》。1926 年制定的《民律草案》中亦有亲属一编，该编以专章规定宗祧继承，封建色彩十分浓厚。

《大清民律草案》和 1926 年《民律草案》均未正式施行，但 1926 年《民律草案》曾由北洋军阀政府司法部通令各级法院作为内部条例援用。总的说来，这些草案在现实生活中的影响

是很有限的。

### (二) 国民党政府民法亲属编

国民党政权建立之初，就开始了婚姻家庭方面的立法活动，当时的法制局于 1928 年起草了《亲属法草案》，为后来的民法亲属编做了立法上的准备。作为民法组成部分的亲属编于 1930 年 12 月 26 日公布，自 1931 年 5 月 5 日起施行。全编分为 7 章，即通则、婚姻、父母子女、监护、扶养、家和亲属会议，共 171 条。在起草过程中，国民党中央政治会议通过立法原则 9 点，作为制定该编的重要依据。这个亲属编的颁行，在形式上实现了中国的婚姻家庭法从古代型向近代型的转变。但是，这个亲属编一味地仿效资本主义国家的亲属立法，脱离中国当时的实际情况。如果仅就法律本身而言，可以将其纳入现代资本主义国家婚姻家庭法的类型，但它并不是中国婚姻家庭制度改革的成果在法律上的总结，其规定和现实生活是相去甚远的。

应当指出，这个亲属编虽然在总体上是仿效资本主义国家的亲属立法的，但某些规定仍然保留了一定的旧的、封建的色彩。例如，在婚姻之普通效力和夫妻财产制这两节中，就有不少维护夫权、限制已婚妇女权利的条款。关于家制的规定更是一个明显的例证。国民党中央政治会议通过的《亲属法先决各点审查意见书》提出："家制应设专章规定之。"其理由为："我国家庭制度，为数千年来社会组织之基础，一旦欲根本推翻之，恐窒碍难行，或影响社会太甚。"与古代的以家族为本位的婚姻家庭制度不同，近代型的婚姻家庭制度是以婚姻家庭主体个人为本位的。关于家制、家长家属关系等的规定，早已为绝大多数资本主义国家的亲属法所不取。就连当时的一些法学家，也认为这种规定是恢复《大清民律草案》之旧观。

## 三、解放前革命根据地的婚姻家庭立法

### (一)《中华苏维埃共和国婚姻条例》和《婚姻法》

早在五四运动前后，以李大钊、毛泽东、周恩来等为代表的革命先驱，就在传播马克思主义的同时，提出并宣传解放妇女、改革婚姻家庭制度的主张，为中国婚姻家庭制度的根本改革做了思想和理论上的准备。中国共产党成立后，在第二次全国代表大会的宣言中系统地提出了解放妇女、实行男女平等的革命纲领。第一次国内革命战争时期，在革命势力所及之处，妇女运动蓬勃兴起，封建主义婚姻家庭制度受到了强烈的冲击。但是，在中国共产党领导的革命政权主持下，运用法律武器对婚姻家庭制度实行全面的改革，则是在中国革命有了自己的根据地后即自第二次国内革命战争时期开始的。

1927 年以后，一些根据地实行了社会民主改革，婚姻家庭制度的改革是其中的重要内容之一。1931 年 3 月颁行的《闽西婚姻法》，1931 年 7 月颁行的《鄂豫皖工农兵第二次代表大会婚姻问题决议案》等，都是为改革婚姻家庭制度而采取的立法措施。

随着全国性的工农民主政权的建立，中华苏维埃共和国中央执行委员会第一次会议通过了《关于婚姻条例的决议》。在新中国的婚姻家庭立法史上具有重要意义的《中华苏维埃共和国婚姻条例》(以下简称《婚姻条例》)，于 1931 年 12 月 1 日公布施行。

1931 年《婚姻条例》以《中华苏维埃共和国宪法大纲》中有关解放妇女、实行婚姻自由等原则为立法依据，在体系结构上分为 7 章：总则、结婚、离婚、离婚后小孩的抚养、离婚后男女财产的处理、未经结婚登记所生小孩的抚养、附则。不久以后，又根据贯彻执行 1931 年

《婚姻条例》的实践经验作了必要的修改，于 1934 年 4 月 8 日颁行了《中华苏维埃共和国婚姻法》（以下简称《婚姻法》）。

1934 年《婚姻法》和 1931 年《婚姻条例》的主要内容有以下几个方面：一是关于婚姻制度的原则性的规定。确定男女婚姻以自由为原则，废除一切封建的包办、强迫和买卖婚姻制度，禁止童养媳。实行一夫一妻，禁止一夫多妻。1934 年《婚姻法》还作了禁止一妻多夫的补充规定。二是关于结婚的条件和结婚程序的规定。符合结婚条件的男女，结婚须同到乡或城市苏维埃办理结婚登记，领取结婚证。废除聘金、聘礼及嫁妆等陋俗。三是关于离婚及其程序的规定。实行离婚自由，男女双方同意离婚或者一方要求离婚的，须到乡或城市苏维埃办理登记。如发生争议，由裁判部处理。四是实行男女平等，保护妇女和子女的合法权益。对离婚后子女的抚养、财产的处理以及"私生子"等，都作了具体的规定。五是保护革命军人的婚姻。红军战士之妻离婚须征得其夫同意。

应当指出，诞生于革命法制初创时期的 1931 年《婚姻条例》和 1934 年《婚姻法》，在内容上有其局限性：(1) 就其调整的范围而言，主要是有关结婚、离婚及其相关问题的规定，对于以婚姻为基础的家庭关系缺乏相应的法律调整。(2) 某些规定还有不够成熟之处，实际施行的时间也不长。但是，这一切都无损于它们的历史地位。它们在当时的婚姻家庭制度改革中起了重要的作用，为我国新的婚姻家庭制度奠定了初步的法律基础，是新中国婚姻家庭立法的源头。

### （二）抗日战争、解放战争时期地区性的婚姻条例

抗日战争时期，许多边区都相继颁布了自己的施政纲领，其中也包括解放妇女、改革婚姻家庭制度的各项基本政策，这就为各边区的婚姻条例提供了立法的基本依据。

从抗日战争时期到解放战争时期，地区性的婚姻条例数量众多，如 1939 年的《陕甘宁边区婚姻条例》、1941 年的《晋西北婚姻暂行条例》、1942 年的《晋冀鲁豫边区婚姻暂行条例》、1943 年的《晋察冀边区婚姻条例》、1945 年的《山东省婚姻暂行条例》、1946 年的新的《陕甘宁边区婚姻条例》、1949 年的《修正山东省婚姻暂行条例》等。总的说来，这些条例均以废除封建主义婚姻家庭制度、实行新民主主义的婚姻家庭制度为其宗旨。从内容来看，这些条例均以调整婚姻关系为主，较少涉及家庭关系。由于各地的社会条件和斗争环境不尽相同，这些婚姻条例的贯彻执行在程度上也有很大的区别。

抗日战争和解放战争时期各地区的婚姻条例，在基本原则上同苏区时代的婚姻立法完全一致，有关结婚和离婚的规定比苏区时期的立法更为具体详明，有的条例中还设有婚约的订立和解除等条款，但订婚并非结婚的必经程序。此外，各地区的条例均对双方自愿离婚和一方要求离婚在程序上加以区别，前者依离婚登记程序办理，后者由县政府依法处理或依诉讼程序处理；不少条例中还列举了一方要求离婚的法定理由。对军人婚姻在法律上予以特殊保护，也是这一时期的婚姻条例的共同特点。有的地区还就保护军婚问题制定了单行办法，如 1943 年 1 月的《陕甘宁边区抗属离婚处理办法》、同年 6 月的《山东省保护抗日军人婚姻暂行条例》等。

在苏区、抗日根据地和解放区中，婚姻家庭制度的改革同各项社会民主改革的进行和妇女运动的进展紧密地联系在一起。封建主义婚姻家庭制度受着封建的政权、族权、神权、夫权的联合支配，而这四种权力又以封建的土地所有制为其重要的经济基础，因此，土地革命和土地改革的实行，对于当时的婚姻家庭制度改革起了巨大的推动作用。在法律的支持和保障下，自主婚姻显著增加，不合理的旧式家庭关系得到了改善。旧婚姻家庭制度开始崩溃瓦解，新的、

民主主义的婚姻家庭制度在已经获得解放的广大土地上初步建立起来。当然，由于历史条件的限制，各地的婚姻家庭制度改革在发展上是不平衡的，一些立法也有不够完善之处。这在婚姻家庭法制的初创时期是不可避免的。解放前革命根据地的婚姻家庭立法，为新中国成立后的婚姻家庭制度改革和法制建设做了重要的准备，它们在我国婚姻家庭立法史上留下了光辉的记录。

【链接】

应当指出，在旧中国，封建主义婚姻家庭制度对人们的束缚，农村地区较城市地区更为严重，但是，从法律上对婚姻家庭制度实行系统、全面的根本改革，却是从农村的革命根据地开始的。关于解放区婚姻家庭生活的深刻变化，可略举二例以见其一斑。据 1948 年“土改”后的调查，在河北省建屏县南村，包办、买卖婚姻在结婚总数中所占的比例，已由解放前的 95%下降到 22%；河北省定县在 1948 年所处理的 151 件离婚案件中，由女方提出的占 92%。婚姻家庭领域中反封建斗争所取得的成果，对于解放妇女、促进生产建设、支援革命战争等，都起了很重要的作用。

## 四、中华人民共和国的婚姻家庭立法

综观新中国成立以来的婚姻家庭法制建设，大致经历了三个不同的阶段。在第一个阶段中，随着 1950 年《婚姻法》的颁行，从法律上废除了封建主义的婚姻家庭制度，实行新民主主义的婚姻家庭制度。经过广泛、深入的贯彻婚姻法运动和各项有效的工作，城乡地区广大群众的婚姻家庭关系发生了深刻的变化。在社会主义改造和社会主义建设的过程中，婚姻家庭制度顺利地实现了从民主主义性质的改革到社会主义性质的改革的转变，其主要标志是社会主义婚姻家庭制度的初步建立。在第二个阶段中，受“文化大革命”的影响，婚姻家庭方面的法制建设停步不前，公民的婚姻家庭权益也得不到应有的保障，某些过去基本上已被破除的陈规陋习死灰复燃，乘机蔓延。在第三个阶段中，自中国共产党十一届三中全会以来，社会主义的民主和法制建设有了长足的进展。1980 年《婚姻法》和其他相关法规的实施，特别是 2001 年对《婚姻法》的修正，加强了对婚姻家庭关系的法律调整。2020 年 6 月 28 日公布的《中华人民共和国民法典》将婚姻家庭法规范正式纳入民法典的体系，自此，婚姻家庭法律的规范体系已经基本形成，但尚需随着社会生活、婚姻家庭生活的发展变化使之更加完善。

### （一）1950 年《婚姻法》的颁行和贯彻

1949 年 9 月，《中国人民政治协商会议共同纲领》第 6 条庄严地宣布：中华人民共和国废除束缚妇女的封建制度，妇女在政治的、经济的、文化教育的、社会的生活各方面，均有与男子平等的权利。实行男女婚姻自由。1950 年 4 月，中央人民政府委员会第七次会议通过了《中华人民共和国婚姻法》，自同年 5 月 1 日起公布施行。这是新中国成立初期一项极为重要的立法，是国家为全面改革婚姻家庭制度而采取的重大立法举措。正如当时的《人民日报》社论所说：“从此，旧中国遗留下来的封建主义婚姻制度将彻底被废除，而新民主主义婚姻制度将普遍施行于全国。这是一项伟大的社会改革工作，它在全国范围内开展起来，必将获得男女人民，特别是妇女群众的热烈拥护，使我国人民的社会生活前进与提高一步。”《婚姻法》作为新中国第一部具有基本法性质的法律，绝不是偶然的：一方面，解放前革命根据地的婚姻家庭立法对此提供了宝贵的经验；另一方面，这是全国范围的改革婚姻家庭制度、调整婚姻家庭关系的实际需要。

1950年《婚姻法》分为8章，即总则、结婚、夫妻间的权利和义务、父母子女间的关系、离婚、离婚后子女的抚养和教育、离婚后的财产和生活、附则。内容以调整婚姻关系为主，同时也对家庭关系作了必要的规定。名称虽然是婚姻法，实际上是一部婚姻家庭法，但是，它对家庭关系的调整是过于简略、不够全面的。

“废除包办强迫、男尊女卑、漠视子女利益的封建主义婚姻制度。实行男女婚姻自由、一夫一妻、男女权利平等、保护妇女和子女合法利益的新民主主义婚姻制度。”1950年《婚姻法》的上述规定既指出了这部法律的根本宗旨，又确定了这部法律的基本原则。重婚、纳妾、童养媳、干涉寡妇婚姻自由和借婚姻关系问题索取财物等，都是旧婚姻家庭制度的必然产物，也是建立新的婚姻家庭制度的严重障碍，所以1950年《婚姻法》明令予以禁止。

应当指出，废除封建主义的婚姻家庭制度按其性质而言是继续完成民主革命中尚未完成的任务，所以，1950年《婚姻法》仍然使用了实行新民主主义婚姻制度的提法。从中国革命的全过程来看，婚姻家庭制度的改革既包括民主主义性质的改革，又包括社会主义性质的改革。前者是后者的必要准备，后者是前者的必然趋势。这是由我国社会和革命的特点决定的。新中国自成立以后，开始了从新民主主义革命到社会主义革命的转变。在婚姻家庭领域中虽然还要将尚未完成的反封建斗争进行到底，但是，我们所要建立的新婚姻家庭制度必然是社会主义类型的。1950年《婚姻法》将自己的斗争锋芒指向封建制度和封建习俗，是完全正确的，符合新中国成立初期的实际情况。但是，绝不能认为它的历史使命仅以反封建为限。新中国成立初期的婚姻家庭制度改革，只是为建立社会主义婚姻家庭制度扫清障碍。经过民主主义性质的改革，建立和发展社会主义婚姻家庭制度，才是我们所要达到的根本目的。

1950年《婚姻法》颁行后，婚姻家庭领域的反封建斗争空前高涨。但是也要看到，来自封建传统、封建思想的阻力还是很大的。在不少地区中，包办、买卖婚姻和其他干涉婚姻自由的现象相当普遍，虐待、残害妇女的情形也相当严重。据有关部门调查统计，自1950年《婚姻法》颁行至1951年9月，妇女因婚姻家庭问题而自杀或被杀的，中南区各省有一万余人，山东省有一千二百余人。必须及时地采取各种有效的措施，以保障广大群众，特别是广大妇女的婚姻家庭权益，保障婚姻法的贯彻执行和婚姻家庭制度改革的顺利进行。中国共产党和政府十分重视贯彻执行1950年《婚姻法》的工作。中共中央和中央人民政府政务院于1952年11月25日和1953年2月1日分别发出了关于贯彻《婚姻法》的指示，确定以1953年3月为全国贯彻《婚姻法》运动月。1953年2月18日，中共中央又发出了《关于贯彻婚姻法运动月的补充指示》。这些重要文件，针对贯彻《婚姻法》的任务、方针、方法和各种政策界限都作了明确的规定，从而保证了贯彻《婚姻法》运动的健康发展。

当时，从全国到地方各级都成立了贯彻婚姻法运动委员会。在运动前和运动中，进行了几千个典型试验，训练了几百万基层干部和大批的宣传员以及积极分子，印发了几千万份宣传品，在全国70%左右的地区通过各种形式向广大群众进行了婚姻法的宣传教育，使这一法律家喻户晓、深入人心。同时还检查了县以上各级人民法院、民政部门和基层干部执行婚姻法的情况；按照中央规定的政策界限，处理了大量的有关婚姻家庭的民事纠纷和刑事案件。

经过这次运动，广大群众和干部都受到了深刻的思想教育和法制教育，划清了新、旧婚姻家庭制度的界限。自主婚姻显著增加，民主和睦的家庭大量涌现。根据1954年上半年11个大城市的统计，符合《婚姻法》规定准予结婚登记的，已占申请结婚登记总数的97.6%；因包办、买卖婚姻和其他原因未准予登记的，仅占2.4%。另据1955年对27个省、市所作的统计，在申请结婚登记的265万余人中，符合法定条件准予登记的已占95%。婚姻家庭领域出现了一派新的气象，社会风气有了很大的改变。这一切都说明，婚姻家庭制度上的反封建斗争已经取得了决定性的胜利。

### （二）1980年《婚姻法》对我国婚姻家庭立法的发展

在我国改革开放之初，第五届全国人民代表大会第三次会议于1980年9月10日通过了第二部《中华人民共和国婚姻法》，该法自1981年1月1日起施行。

这部《婚姻法》是在1950年《婚姻法》的基础上，根据实践经验和当时婚姻家庭领域新的情况、新的问题修订的。修改原《婚姻法》、颁行新的《婚姻法》是巩固和发展社会主义婚姻家庭制度的需要，是保障公民的婚姻家庭权益、促进社会文明进步的需要。1980年《婚姻法》共设5章。第一章为“总则”，是有关婚姻法的宗旨和原则的规定。第二章为“结婚”，是有关结婚成立的条件和程序的规定。第三章为“家庭关系”，是有关夫妻、父母子女和其他近亲属间的权利和义务的规定。第四章为“离婚”，是有关婚姻解除的程序和处理原则，以及离婚后的子女、财产等问题的规定。第五章为“附则”，是有关制裁、执行和施行问题的规定。

与1950年《婚姻法》相比较，1980年《婚姻法》所作的修改和补充主要表现在以下几个方面。

（1）对基本原则予以补充。除重申1950年《婚姻法》规定的各项基本原则外，增加了保护老人合法权益和实行计划生育的内容。

（2）对结婚条件予以修改。关于法定婚龄，将1950年《婚姻法》规定的男20岁、女18岁，提高至男22周岁、女20周岁。关于禁婚亲，将1950年《婚姻法》中的规定改为禁止直系血亲和三代以内的旁系血亲结婚。

（3）扩大对家庭关系的法律调整。除调解夫妻关系、父母子女关系外，将祖孙关系、兄弟姊妹关系也纳入调整范围。在夫妻财产制、扶养、抚养、赡养、收养、继父母继子女关系、对未成年子女的管教和保护等问题上，修订后的条款都比原规定有所改进。

（4）增补离婚条款。对于男女一方要求离婚的纠纷，在程序上作了可由有关部门进行调解或直接向人民法院提出离婚诉讼的规定；在实体上增加了有关判决离婚的法定理由的规定。在离婚后子女的抚养教育、财产和生活等问题上，也根据新的情况作了适当的修改。

总的来看，1980年《婚姻法》在一定程度上丰富和发展了我国的婚姻家庭立法，但是，它的内容没有脱离1950年《婚姻法》的框架，修改和补充的幅度并不是很大。

从20世纪80年代到90年代，我国的婚姻家庭立法又有了显著的发展。1980年《婚姻法》起着婚姻家庭基本法的作用。作为婚姻家庭制度组成部分的收养制度，已经有了比较完备的法律形式——《中华人民共和国收养法》（以下简称《收养法》）。《中华人民共和国民法通则》（以下简称《民法通则》）、《中华人民共和国未成年人保护法》（以下简称《未成年人保护法》）、《中华人民共和国妇女权益保障法》（以下简称《妇女权益保障法》）、《中华人民共和国老年人权益保障法》（以下简称《老年人权益保障法》）等法律中也有若干婚姻家庭法的规范。《中华人民共和国继承法》（以下简称《继承法》）中的某些规定也与婚姻家庭法有关。各地和有关部门都以法律为依据颁行了一些有关婚姻家庭的规范性文件，其内容涉及婚姻登记，收养登记，涉外婚姻，涉侨涉港澳台婚姻，保护妇女、儿童和老人合法权益等各个方面。最高人民法院对于如何适用法律处理婚姻家庭纠纷等问题相继作出了大量的司法解释。由此，一个以宪法为立法依据，以现行婚姻法为主体，包括有关法律、法规、规章、司法解释的婚姻家庭法规范体系已经初步确立。

### （三）《婚姻法》的修正和修正后的《婚姻法》

改革开放以来，我国的社会生活和婚姻家庭生活发生了巨大的变化。1980 年《婚姻法》的各项基本原则得到进一步的贯彻，文明进步是当代中国婚姻家庭生活的主流。同时，婚姻家庭领域也出现了一些新的情况和问题，需要在法律上制定相应的对策。

1980 年《婚姻法》有其重大的历史功绩，它使我国的婚姻家庭制度改革在经历了“文化大革命”后重新回到健康发展的轨道，在一定程度上满足了当时调整婚姻家庭关系的实际需要。但是，作为一部调整婚姻家庭关系的基本法，它的内容是不够完善的：一是缺乏某些必要的具体制度，立法上的空白较多；二是原有的某些规定已经滞后，有必要加以修改。时代在前进，社会在发展，新时代的婚姻家庭关系呼唤新的法律。修改 1980 年《婚姻法》的工作，正是在这样的社会历史背景下开始进行的。

综观修改 1980 年《婚姻法》的全过程，从 1995 年 10 月 30 日第八届全国人大常委会第十六次会议决定将修法一事补充列入该届人大的立法规划，到 2001 年 4 月 28 日第九届全国人大常委会第二十一次会议通过《关于修改〈中华人民共和国婚姻法〉的决定》，自启动至告成历时 5 年有余。在此过程中，一直存在着两种不同的基本思路的争论。

一种是力求一步到位，全面完善婚姻家庭法制的思路。这种思路主张：修法工作既要面向当前婚姻家庭领域中出现的新情况、新问题，更要致力于婚姻家庭法律制度的全面、系统的建设。构建婚姻家庭法规范体系时，内容应当力求完备，各种具体制度应当配套。只有这样，才能制定一部具有科学性、系统性和前瞻性的法律。当然，一步到位绝不意味着一成不变，将来不再修改和补充。但是，一部成功的法律总是在一定时期中相对稳定的。在这次修法的前期工作中，修改婚姻法领导小组主持起草的《婚姻家庭法试拟稿》便是这种思路的产物。

另一种是两步到位、分期完善的思路。这种思路主张：先对 1980 年《婚姻法》作部分的补充和修改；面对现实生活中那些亟待解决的问题，作出若干有针对性的规定。原法的名称不变，框架也基本不变。至于各种具体制度的系统化和完备化，可留待制定民法典或法典化的民法时再作考虑。这种思路并没有否定全面完善婚姻家庭法制的必要性，与上一种思路的分歧主要是立法步骤上的分歧。在这次修法的后期工作中提出的《婚姻法修正案》草案所体现出的思路大体上是与两步到位、分期完善的思路相一致的。

2001 年修正后的《婚姻法》对 1980 年《婚姻法》的补充和修改，主要表现在以下几个方面。

1. 关于总则

一是在第 3 条的禁止性条款中增设了“禁止有配偶者与他人同居”“禁止家庭暴力”的规定。二是在新增的第 4 条中，规定了婚姻双方和家庭成员的共同责任。这一规定，集中地体现了《婚姻法》的立法宗旨。

2. 关于结婚制度

主要是增设了有关无效婚姻和可撤销婚姻的规定，其内容包括婚姻无效的原因、婚姻撤销的原因、程序、请求权人和请求权行使的时间、婚姻无效和被撤销的法律后果等。上述规定，使我国的结婚制度较前更加完善。

3. 关于家庭关系

在夫妻财产制上，一是改进了原有的法定夫妻财产制，分别列举了法定夫妻财产制中双方共有财产和一方个人财产的种类和范围；二是规范了夫妻财产约定，包括约定的内容、形式和效力等。在父母子女关系中，增设了子女应当尊重父母的婚姻权利，不得干涉父母的再婚自由以及婚后的生活等规定。在父母对未成年子女的保护和教育、父母对非婚生子女的生活和教育费用的负担，祖孙间、兄弟姐妹间的抚养、赡养和扶养等问题上，也对1980年《婚姻法》的相关规定作了必要的修改。

4. 关于离婚制度

对离婚的法定理由，在重申如夫妻感情确已破裂，调解无效，应准予离婚的同时，增设了若干列举性、例示性的规定；符合法定情形之一，调解无效的，应准予离婚。一方被宣告失踪，另一方提起离婚诉讼的，应准予离婚。离婚法定理由的具体化，有利于保障离婚自由，防止轻率离婚。对1980年《婚姻法》有关在一定条件下限制男方离婚请求权的规定予以修正后也作了必要的增补。在离婚后子女的抚养教育问题上，增设了不直接抚养子女的父或母对子女有探望权的规定。在离婚时的财产处理等问题上，增设了在一定条件下一方对另一方有权请求补偿的规定。

5. 关于救助措施和法律责任

2001年修正后的《婚姻法》增设了“救助措施和法律责任”一章。对于违反婚姻家庭法行为的受害人，规定了各种必要的救助措施。对于实施违反婚姻家庭法行为的人，规定了相应的法律责任（行政处罚、民事制裁、刑事制裁）。

### （四）纳入《中华人民共和国民法典》的婚姻家庭法律制度

2020年5月28日，第十三届全国人民代表大会第三次会议表决通过了《中华人民共和国民法典》（以下简称《民法典》），于2021年1月1日起施行。《民法典》第五编是婚姻家庭编，该编共5章、79条。1950年制定的《婚姻法》，在经过了70年的发展历程之后，被纳入《民法典》之中，成为具有中国特色社会主义法律体系的重要组成部分。《民法典》之婚姻家庭编是以1980年第五届全国人民代表大会第三次会议通过、2001年进行了修正的《婚姻法》，以及1991年第七届全国人大常委会第二十三次会议通过、1998年作了修改的《收养法》为基础，在坚持婚姻自由、一夫一妻等基本原则的前提下，基于社会现状与时代发展而制定的婚姻家庭法律制度。《民法典》第五编规定的主要内容以及其制度创新表现在以下几个方面。

1. 关于一般规定

第五编第一章是关于婚姻家庭法律制度的一般规定。该章重申了婚姻自由、一夫一妻、男女平等等婚姻家庭领域的基本原则和规则，并作出以下完善：一是为了贯彻落实习近平总书记有关加强家庭文明建设的重要讲话精神，更好地弘扬家庭美德，规定家庭应当树立优良家风、弘扬家庭美德、重视家庭文明建设。二是为了更好地维护被收养的未成年人的合法权益，将联合国《儿童权利公约》关于儿童利益最大化的原则落实到收养工作中，增加规定了最有利于被收养人的原则。三是界定了亲属、近亲属、家庭成员的范围。

2. 关于结婚

第五编第二章规定了结婚制度。该章对2001年修正后的《婚姻法》规定的结婚制度作出以下完善：一是将受胁迫一方请求撤销婚姻的期间起算点由“自结婚登记之日”修改为“自胁迫行为终止之日”。二是不再将“患有医学上认为不应当结婚的疾病”作为禁止结婚的情形，并相应增加规定一方隐瞒重大疾病的，另一方可以向人民法院请求撤销婚姻。三是增加规定婚姻无效或者被撤销的，无过错方有权请求损害赔偿。

3. 关于家庭关系

第五编第三章规定了夫妻关系、父母子女关系和其他近亲属关系。该章根据社会发展需要，对2001年修正后的《婚姻法》作出以下完善：一是明确了夫妻共同债务的范围。该章在吸收司法解释相关规定的基础上，明确了夫妻共同债务的范围。二是规范亲子关系确认和否认之诉。亲子关系问题涉及家庭稳定和未成年人的保护，作为民事基本法律，该章对此类诉讼进行了规范。

4. 关于离婚

第五编第四章规定了离婚制度。该章对2001年修正后的《婚姻法》规定的离婚制度作出以下完善：一是增加离婚冷静期制度。该章规定了提交离婚登记申请后30日的离婚冷静期，在此期间，任何一方可以向登记机关撤回离婚申请。二是针对离婚诉讼中出现的“久调不判”问题，增加规定：经人民法院判决不准离婚后，双方又分居满1年，一方再次提起离婚诉讼的，应当准予离婚。三是关于离婚后子女的抚养，将2001年修正后的《婚姻法》规定的“哺乳期内的子女，以随哺乳的母亲抚养为原则”修改为“不满两周岁的子女，以由母亲直接抚养为原则”，以增强可操作性。四是将夫妻采用法定共同财产制的纳入适用离婚经济补偿的范围，以加强对家庭负担较多义务一方权益的保护。五是将“有其他重大过错”增加规定为离婚损害赔偿的适用情形。

5. 关于收养

第五编第五章规定了收养法律制度。该章在1998年《收养法》的基础上，进一步完善了有关制度：一是扩大被收养人的范围，删除被收养的未成年人仅限于不满14周岁者的规定，修改为符合条件的未成年人均可被收养。二是与国家计划生育政策的调整相协调，将“收养人须无子女”的要求修改为“收养人无子女或者只有一名子女”。三是为了进一步强化对被收养人利益的保护，在收养人的条件中增加规定“无不利于被收养人健康成长的违法犯罪记录”，并增加规定民政部门应当依法进行收养评估。

《民法典》的编纂和颁行，成为具有划时代意义的中国法典化的典范。该部法律的编纂与颁行，体现了依法立法、团结立法、民主立法、科学立法、务实立法的精神，体现了中国特色、时代特点和反映人民意愿的立法要求。《民法典》之婚姻家庭编贯穿了人权平等、人格尊严、人身自由、人亲和谐、人际诚信、人性友善、人财共济、人伦正义、人本秩序和人文关怀等核心法理思想，以及权利法定、行为公示、契约维护、效力公信、人身利益优先、财产权利公平、禁止权利滥用等具体法理精神。①

## 五、《中华人民共和国民法典》之婚姻家庭编实施和完善的建议

《民法典》作为新中国成立以来第一部以“法典”命名的法律，是新时代我国社会主义法治建设的重大成果。《民法典》调整自然人、法人、非法人组织等民事主体之间的人身关系和

① 龙翼飞. 编纂民法典婚姻爱家庭编的法理思考与立法建议. 法制与社会发展，2020（2）.

财产关系，这是社会生活和经济生活中最普通、最常见的社会关系和经济关系，涉及经济、社会生活的方方面面，同人民群众的生产生活密不可分，同各行各业的发展息息相关。《民法典》实施得好，人民群众的权益就会得到法律保障，人与人之间的交往活动就会更加有序，社会就会更加和谐。实施好《民法典》是发展社会主义市场经济、巩固社会主义基本经济制度的必然要求。[①]《民法典》之婚姻家庭编是调整自然人因婚姻家庭而产生的人身关系和财产关系的法律规范，实施好《民法典》之婚姻家庭编对于保护自然人在婚姻家庭领域的权益具有特别重要的意义，是家庭和谐和社会稳定不可或缺的法律制度。在实施《民法典》之婚姻家庭编各项法律制度的过程中，应当坚持婚姻家庭受国家保护，婚姻自由，男女平等，一夫一妻，保护妇女、未成年人、老年人和残疾人合法权益的基本原则，充分发挥结婚制度、家庭关系制度、离婚制度和收养制度的调整功能，为构建平等、和睦、文明的婚姻家庭关系，促进社会的和谐发展作出贡献。

《民法典》的颁布、实施，并不意味着一劳永逸地解决了民事法治建设的所有问题，仍然有许多问题需要在实践中检验、探索，还需要不断配套、补充、细化。有关国家机关要适应改革开放和社会主义现代化建设的要求，加强同《民法典》相关联、相配套的法律法规制度建设，不断总结实践经验，修改完善相关法律法规和司法解释。对于同《民法典》的规定和原则不一致的国家有关规定，要抓紧清理，该修改的修改，该废止的废止。要发挥法律解释的作用，及时明确法律规定的含义和适用的法律依据，保持《民法典》的稳定性和适应性相统一。[②] 在完善《民法典》之婚姻家庭编时，应当严格遵循其基本立法思路，在其基本法理思想的指导下，修改或增设若干一般规定或具体章节。唯有如此，才能精益求精，满足广大人民群众对它的美好期待。本书在完善《民法典》之婚姻家庭编的相关制度的立法方面，提出以下建议。

（1）“婚姻”“家庭”等基本概念的增设。在完善《民法典》；婚姻家庭编的第一章时，应当规定“婚姻”与“家庭”的概念。本书建议增加：“婚姻，是男女双方依法结为夫妻并彼此具有权利和义务的配偶关系。家庭，是由彼此具有权利和义务的配偶、父母、子女和其他共同生活的近亲属形成的亲属关系。”上述关于婚姻和家庭的法律概念的逻辑或词源的内涵与外延准确、统一，使体系的形式意义和实质意义协调一致，可以避免理解、适用中的歧异，实现定名上的科学性和准确性。

（2）保护自然人的生育权之民法规则的增设。此项建议的理由在于以下几点。第一，生育是实现社会成员家庭生活幸福、和谐与民族昌盛富强的客观需要。公民的生育权是宪法性的基本人权，虽然《民法典》之婚姻家庭编取消了“实行计划生育”的原则，但是，依然需要保障公民的生育权。第二，公民的生育权是宪法性的基本人权。保障自然人的生育权是《民法典》遵循宪法理念的必然要求。第三，《民法典》第 112 条已经明确规定：“自然人因婚姻家庭关系等产生的人身权利受法律保护。”生育权是自然人享有的一项重要的人身权利，属于人格权的范畴，是产生父母子女关系及其他亲属身份关系的法律前提，故其受到法律保护。第四，《民法典》第 1002 条规定：“自然人享有生命权。”按照自然人的生命规律，自然人的生命乃是源于自然人的生育行为，因此，保护自然人的生育权是保障“自然人享有生命权”的逻辑前提和客观需求。第五，《妇女权益保障法》早在 1992 年就体现了保护妇女享有与男子平等的生育权的精神，相应的司法实践也为保障妇女的生育权提供了丰富的审判经验。增设保护自然人生育

①② 习近平. 充分认识颁布实施民法典重大意义 依法更好保障人民合法权益. 求是，2020（12）.

权这一基本原则是对既有法律成果的确认。

（3）“禁止生育的性别歧视”条款的增设。《民法典》之婚姻家庭编应当在第一章中增设“禁止生育的性别歧视”的规定。此项建议的理由在于，通过设立禁止性行为规范，在规则层面进一步实现“保护自然人依法行使生育权”的立法目的。

（4）“亲等”顺序的增设。亲属制度的基本内容是亲系和亲等，此为古今中外亲属法规范之标准立法配置，反映了亲属法立法的历史规律和亲属之间权利义务实现的“人伦有序”的法理逻辑。《民法典》第 27 条和第 28 条规定的亲属担任监护人的顺序规则，以及《民法典》第 1127 条规定的法定继承人继承遗产的顺序规则，都是亲等原理的具体体现。“亲等”顺序的缺失不利于《民法典》内部逻辑的体系化与概念内涵的统一化。

（5）增设关于婚约的效力及解除婚约的财产返还规则。建议在《民法典》之婚姻家庭编第二章“结婚制度”中增设如下内容：“男女双方订立的婚约对双方没有法律约束力。男女双方解除婚约后，一方因订立婚约而给付的财物依法应当返还，不能返还的应承担赔偿责任。”此项建议的理由在于：第一，在中国民间，订立婚约已成普遍习俗，且该习俗历史悠久、影响面广，本编的法律规定若不认可婚约的法律效力，那么，就应当将该法律理念在全社会宣示，以正世俗。第二，因婚约而给付的财物已经产生财产转移的法律后果，在男女双方解除婚约后，将财物进行返还已成为习惯，在不违背公序良俗的情况下，返还该财产具有合理性。

（6）取消非婚生子女的概念，以亲生子女的概念代替。根据《未成年人权益保护法》和《民法典》之总则编的相关规定，建议在婚姻家庭编第三章中增设亲生子女的概念：亲生子女，包括生父母所生育的子女。亲生子女，享有同等的权利，任何组织、个人不得加以危害和歧视。夫妻双方同意采用人工辅助生殖技术生育的子女，是亲生子女。

（7）关于完善收养制度的建议。《民法典》之婚姻家庭编第五章规定了收养法律制度，但其内容过于烦琐、细碎，有关收养关系的成立与解除的程序性规则，应当由国务院另行制定“中华人民共和国收养条例”。由国务院以制定条例的方式对程序性规则予以规范，既不会使公民的实体权利遭受损害，又能够使民法典繁简得当，还能够节约立法资源，增强民法典的科学性。

（8）完善家庭监护制度。《民法典》虽然在总则编中规定了一般的监护制度，但是在婚姻家庭编中欠缺关于家庭监护的具体法律规范。《民法典》之婚姻家庭编应当增设家庭监护制度的如下规则：家庭监护制度的适用范围，家庭监护人的主体范围和监护权人的监护顺序，家庭监护人的监护职责，家庭监护人的监督制度，监护人资格的撤销和恢复制度，家庭监护人在其对被监护人或被监护人对他人实施侵权行为时所应承担的民事法律责任。

## 问题与思考

1. 中国奴隶制社会、封建社会的婚姻家庭法有何特点？
2. 罗马婚姻家庭法有哪些主要内容？
3. 如何评价近现代资本主义国家婚姻家庭法的历史进步性和局限性？
4. 如何理解中国近现代婚姻家庭法的历史进程？
5. 2001 年修正后的《婚姻法》有哪些方面的发展？
6. 《民法典》之婚姻家庭编增设了哪些重要规定？

# 第三章
# 婚姻家庭法概述

本章导读

以《中华人民共和国宪法》（以下简称《宪法》）为依据，以《民法典》为整体观照，以《民法典》之总则编为前置，以《民法典》之婚姻家庭编为主干，以《民法典》各编相关规范为援引配套，以其他不同效力层次的法律渊源为补充的婚姻家庭法既是一个开放的系统，又构成内在统一、连贯的整体。它以特定的调整对象和基本原则区别于其他法律部门，构成《民法典》和民事法律范畴中相对独立的重要组成部分。

关键术语

婚姻家庭领域的人身关系和财产关系　婚姻家庭法的渊源　婚姻家庭受国家保护　婚姻自由　一夫一妻　男女平等　保护妇女、未成年人、老年人、残疾人合法权益　干涉婚姻自由　包办婚姻　买卖婚姻　借婚姻索取财物　重婚　有配偶者与他人同居　家庭暴力　虐待　遗弃

## 第一节　婚姻家庭法的概念和调整对象

### 一、婚姻家庭法的概念

婚姻家庭法作为一个集合或分解的名词在历史上由来已久，但古今中外各国对该法的命名不尽相同。中华人民共和国成立后，根据革命根据地时期形成的立法习惯，加上苏联立法模式的一定影响，于1950年颁布《婚姻法》，从而确立了"婚姻法"之名，并被1980年颁布的《婚姻法》沿用至今。受其影响，无论是法学界、法律实务界，还是社会各界，都已习惯于以"婚姻法"相称。2020年5月通过的《民法典》第五编以"婚姻家庭"命名，正本清源，统一确立了"婚姻家庭法"名称，在立法层面正式宣告将结束"婚姻法"名称使用。自2021年1月1日起《婚姻法》废止。

实际上，在严格的科学意义上分析，以"婚姻法"之名来表达婚姻家庭法，似有不妥：第

一，婚姻家庭是一个紧密联系的整体。婚姻是家庭的前提之一，家庭是婚姻的结果，由婚姻而形成的夫妻关系是家庭关系的内容之一，所以家庭可以包容婚姻，而婚姻无法总括除夫妻关系之外的其他家庭关系，因而与其称婚姻法不如称家庭法。第二，从婚姻、家庭的功能来看，一方面，家庭的功能比婚姻的功能丰富、复杂；另一方面，家庭是婚姻之功能的结构载体，婚姻之功能的实现依赖于家庭，家庭的功能可将婚姻的功能包容，因而家庭比婚姻更具有积极的社会功能，法律调整婚姻关系的目的之一在于通过婚姻形成良好的家庭结构，以保证家庭功能的实现；离开家庭，婚姻则因无所依托而丧失法律意义。故将婚姻家庭法定名为婚姻法乃舍本求末、未得重心之举。第三，我国颁行的两部婚姻法虽名为婚姻法，实则许多条款规定和调整的是婚姻以外的父母子女关系、收养关系和祖孙关系、兄弟姐妹关系，这些法律关系虽与婚姻有一定联系，但与家庭、血缘的内在联系更紧密。故“婚姻法”名实不符，容易引起歧义。第四，婚姻在很大程度上所反映的是一种起止过程，程序性的事项多于实体性内容，法律规范亦多注重于这一过程的操作条件，其实体性内容则见诸家庭之中；而家庭在很大程度上所反映的是一种实体性社会关系，具体表现为各类主体之间的权利义务关系，这正是法律规范和调整的基本方面。将婚姻家庭法简称为“婚姻法”势必发生重婚姻轻家庭且与立法旨意相背离的误导。第五，如果以婚姻法来命名婚姻家庭法，那么，《收养法》的法律部门归属和地位确定则陷入困境，如将其硬性置于“婚姻法”的名下则明显牵强。第六，国外立法虽有“婚姻法”之名，但大多数是根据其调整对象仅限于婚姻关系而定，属于狭义上的婚姻法，并有其他相应名称的单行法与之并存，所以名实相符，不存在类似于中国“婚姻法”之名所表现出的上述问题。

尽管婚姻家庭法在不同时代、不同国家因其调整范围、表现形式、立法体例等方面的不同而出现一定差异，但这并不影响我们对其内容或质的规定性作出全面的抽象概括，形成一个具有普遍、统一意义的概念。这一概念可表述为：婚姻家庭法是指调整婚姻家庭关系的发生和终止，以及由此所产生的特定范围的亲属之间的权利义务关系的法律规范总和。根据这一概念，在具体理解我国现行婚姻家庭法时，应首先注意把握以下三个方面。

(1) 我国婚姻家庭法中既包括婚姻法规范，又包括家庭法规范，还包括有关其他亲属或民事主体关系的法律规范。《民法典》第1040条明确婚姻家庭编“调整因婚姻家庭产生的民事关系”。这一界定表明婚姻家庭法既属于广义的婚姻法，又属于广义的家庭法。其规范体系与大陆法系民法中的“亲属法”大体一致，只是所用名称不同而已，所以有些学者曾呼吁改名为“亲属法”。

(2) 我国婚姻家庭法应该是《民法典》和现行法律体系中所有调整婚姻家庭关系的法律规范的总和。它构成一个相互联系的、多层次的、具有不同表现形式或法律渊源的规范体系，交织在《民法典》各编和各个法律部门中，应属于实质意义上的婚姻家庭法。而在《民法典》中表现的婚姻家庭编只是调整婚姻家庭关系的基本准则，并非全部规范，只能属于形式意义上的婚姻家庭法。这种形式意义上的规范性“法典”中，有着大量集中而系统的实质意义上的婚姻家庭法规范，但仍难以包罗全部。所以，实质意义上的婚姻家庭法不但需要在《民法典》各编中援引适用，需要借助于法律体系中其他规范性条款的有关规定，而且需要根据立法条件和社会要求，制定一些单行规范，专门调整某一类婚姻家庭关系，针对性解决特殊法律问题。所以，《民法典》之婚姻家庭编并不等于全部婚姻家庭法。

(3) 在法律特性上，婚姻家庭法属于部门法、实体法和国内法。相对于根本法来说，婚姻家庭法只能归入部门法之列，但它“不是一个独立的法律部门，而是民法这个法律部门的组成部分，从我国的立法体制来看，应属于民事法律体系范畴”[①]。形式意义上的婚姻家庭法是基本法，是《民法典》即民事基本法的组成部分，但其他规范性文件中某些实质意义上的婚姻家庭法规范，可能分属法律体系中的不同位阶。相对程序法而言，婚姻家庭法应归位于实体法，主要规定婚姻家庭的实体性权利义务关系，但并不因此而排除某些规范带有操作程序的内容。相对于国际法而言，婚姻家庭法显然属于国内法，但并不排除有关国际条约、国际协定等国际法规范中，尤其是国际私法中存在实质意义上的婚姻家庭法规范内容。此外，婚姻家庭法由于与国家或民族的伦理风尚、文化传统密切相关，因而带有鲜明的固有法特性，继受法的影响痕迹略微。

## 二、婚姻家庭法的调整对象

特定范围的社会关系构成各个法律部门的调整对象，亦是认定和划分法律部门的基本标准。婚姻家庭法虽属于民法部门，但与其他民法规范比较，又具有相对独立的性质。其独立性特点主要是由它的特定调整对象决定的。根据上述概念分析和《民法典》第1040条，婚姻家庭法的调整对象可概括为婚姻家庭关系或因婚姻家庭产生的民事关系。对此，应从两个方面来具体把握。

（1）从调整对象的范围来看，婚姻家庭法既调整婚姻关系，又调整家庭关系；既包括婚姻家庭关系发生、变更和终止的动态运行的全过程，又包括由该动态运行所形成的民事主体之间的权利和义务。

婚姻关系因结婚而成立，又因一方死亡或离婚而终止。关于结婚的条件和程序、夫妻间的权利和义务，关于离婚的处理原则、程序、条件以及离婚后有关子女抚养、财产分割和经济帮助等问题，都属于婚姻家庭法的调整范围。家庭关系基于结婚、出生、法律拟制等原因而发生，又因离婚、家庭成员死亡、拟制血亲关系解除等原因而消灭。关于确认家庭成员之间的亲属身份，规定家庭成员之间的权利义务及其产生、变更和终止等方面的事项，都属于婚姻家庭法的调整范围。

有必要明确，收养关系虽自成一个较独立的民事关系，但其仍归属于家庭关系范围，是一种因法律拟制而形成的家庭关系。有关收养的原则、条件、程序、法律后果及收养的解除条件、程序和效力等，过去由《收养法》专门规定，现在被统一纳入《民法典》之婚姻家庭编，明确为婚姻家庭法调整的范围。收养法规范是婚姻家庭法的一个重要组成部分。

（2）从婚姻家庭法调整对象的性质来看，既有婚姻家庭方面的人身关系，又有婚姻家庭方面的财产关系。

其中人身关系居主导地位，财产关系以人身关系为先决条件，居于从属、依附地位，所以，婚姻家庭法在性质上应被认定为身份法而非财产法，它所调整的对象是基于婚姻家庭而产生的人身关系以及与此相联系的财产关系。

婚姻家庭中的人身关系，是存在于具有特定亲属身份的主体之间，本身并无直接财产内容的一种社会关系，如配偶身份、亲子身份、祖孙身份、拟制血亲身份、姻亲身份以及人格独立、人身自由、姓名权等。这种社会关系表现为根据一定法律事实而产生某种法律所确认的身份，其本身并不直接体现经济内容。针对这种身份，婚姻家庭法不仅对其形成、变更、消灭作

① 杨大文．婚姻法学．北京：中国人民大学出版社，1989：53.

出相应的确认性规范，而且对与这种被确认的身份相应的人身上的权利义务加以规定和调整，从而使这种自然的、伦理上的身份关系亦带有严格的法律属性。

婚姻家庭中的财产关系，是以人身关系为前提，直接体现为一定的经济内容或者以一定的财产为媒介所形成的民事关系，在法律意义上即为财产性质的权利义务关系。这种财产关系是人身关系所引起的法律后果，随人身关系的产生而产生，亦随人身关系的变更、消灭而变更、消灭。如亲属间的扶养、赡养、抚养关系，亲属间的继承关系，夫妻共同财产关系，家庭成员间的财产共有关系等，都是直接反映以财产为媒介的一种经济关系，但又与主体所具有的特定身份不可分割，所以是附属于人身关系的一种财产关系。

肯定了婚姻家庭法调整的财产关系的上述特点，必然引出它与《民法典》调整的其他财产关系如何区分的问题。两者虽都属于财产关系范围，但又有明显的不同：第一，基本原则不同。民法中的财产关系以等价有偿、公平、自愿等为原则，婚姻家庭法中的财产关系则以男女平等、保护弱者为原则。第二，目的不同。民法中的财产关系以服务于商品经济关系或市场经济关系为目的，婚姻家庭法中的财产关系以服务于家庭共同生活、实现家庭功能为目的。第三，主体不同。民法中的财产关系以一切具有平等属性的自然人、法人、非法人组织为主体，婚姻家庭法中的财产关系以具有特定身份的自然人为主体。第四，产生根据不同。民法中的财产关系以各种能够引起民事法律关系的事件、行为或事实构成为根据，婚姻家庭法中的财产关系以引起特定身份关系的法律事实为根据。第五，性质不同。民法中的财产关系带有任意性，具有“意思自治”的特点，而婚姻家庭法中的财产关系大多数带有强制性，“意思自治”原则在其中受到诸多限制。

## 三、婚姻家庭法的特点

婚姻家庭法调整对象的范围和性质不仅决定了其本质是身份法而不是财产法，而且决定了其具有下列特点。

（1）适用范围的广泛性。

婚姻家庭关系是一种最广泛、最普遍的社会关系。每个社会成员，不论性别、年龄，都不可避免地与婚姻家庭相联系，既是婚姻家庭关系的产物，又是婚姻家庭关系的主体。不论其是否自觉意识到，每个人从出生到死亡都一直置于两性、血缘关系之中，受到婚姻家庭法的规范，享受着婚姻家庭法上的权利，承担着婚姻家庭法上的义务，所以，任何人只要生存在社会中，都不可能不参与婚姻家庭法领域的法律关系。婚姻家庭法是适用于公民的普通法，而不是只适用于部分公民的特别法。当然，作为《民法典》中的一编，婚姻家庭法不可能包罗万象、规定得详尽无遗。婚姻家庭法只是规定人们在婚姻家庭领域所必须遵行的一般性规则，还有诸多问题有赖于通过道德规范、风俗习惯来加以调整。此外，婚姻家庭法适用范围的广泛性，并不妨碍在某些问题上对部分公民作出相应的特别规定，如关于现役军人配偶要求离婚的规定等。

（2）强烈的伦理性。

婚姻家庭法属于身份法，其调整的婚姻家庭关系既是一种身份关系，又是一种现实的伦理关系。在一定意义上，婚姻家庭就是一种社会伦理实体。伦理道德与法律的一致性，在婚姻家庭法上反映得尤为突出。许多调整婚姻家庭关系的原则、规范，既是伦理道德的要求，也是法律的规定。夫妻、父母子女等在历史上被称为人伦之本，经过数千年的历史积淀，形成了周密的传统伦理规范，其中有些是进步、合理的，有些则是封建落后的。婚姻家庭法废除封建主义的婚姻家庭制度，亦必须对有关的传统伦理道德予以清洗，取其精华，去其糟粕，弘扬符合社会主义的婚姻家庭道德，确立新型的婚姻家庭伦理关系，使法律与道德尽可能贴近和一致。一般说来，在婚姻家庭领域中，法律脱离伦理道德，就会成为无源之水；道德离开了法律，就会变得软弱无力。因此，不仅在立法上，要注意充分反映伦理道德的要求，将某些道德准则转变为法律规范，而且在处理具体婚姻家庭问题时，亦要注意既坚持法律标准，又坚持道德标准，发挥道德对法律的补充作用，做到导之以伦理、约之以道德、规之以法律。婚姻家庭法中的某些条款，可以被称为道德化的法律或法律化的道德。

(3) 鲜明的强制性。

强制性是一切法律部门的共同特点，在婚姻家庭法上表现得尤为明显。为了有效地保护公民在婚姻家庭方面的合法权益和维护社会利益，婚姻家庭法中的规定大多是强制性规范。一定的法律事实如结婚、离婚、出生、死亡或收养等发生之后，便在主体之间产生一定的权利、义务。这种法律后果是由法律预先指明、严格规定的，当事人不得自行改变或通过约定加以改变。缔结婚姻、成立收养不允许附加条件和期限；结婚、离婚、收养的成立和解除必须符合法定的条件和程序；亲属之间（包括法律拟制的亲属之间）的权利与义务带有浑然一体、不可分割的属性，所以，婚姻家庭法的条文多用“必须”“应当”“禁止”等术语。当然，婚姻家庭法中也有一部分任意性规范，如关于夫妻财产问题的约定、离婚时关于子女抚养和财产分割的协议等。但是，处理这些问题也必须以婚姻家庭法的有关原则和规定为依据，当事人选择的余地不大。

## 第二节 婚姻家庭法的渊源

法律渊源一词在不同的场合有着不同的含义，一般将其界定为法律规范的表现形式。婚姻家庭法的法律渊源就是婚姻家庭法借以表现和存在的形式。根据我国现行的法律规范的体系、层次和立法模式，婚姻家庭法的渊源有以下几种。

### 一、宪法

宪法在我国法律体系中居于统率地位，其在效力上高于其他任何法律。宪法中一般都有涉及其他法律的原则性内容，所以，宪法是一切法律部门共有的法律渊源和立法依据。婚姻家庭法亦不例外。一切调整婚姻家庭关系的规范性文件，均不得与宪法的原则性条款相冲突。

### 二、法律

这里所说的法律，是狭义的严格意义上的法律，专指由全国人民代表大会及其常务委员会制定的规范性文件。

作为婚姻家庭法的渊源的法律包括三个层面：一是构成独立法律部门的基本法，如民法、刑法、诉讼法、行政法等。在这些部门基本法中，均有涉及婚姻家庭关系的相应规范，而且其本身又是由多层次、多形式的法律规范所组成的，因而对此层意义上的法律不能作机械的单一化理解。特别需要指出的是，广义民法，特别是《民法典》，既作为婚姻家庭法的主要渊源之一，又将婚姻家庭法包容在本部门、本法典之内。二是不宜专属哪个部门的法律。此类法律规范具有法律的立法地位和效力，但却无具体的法律部门予以依从，如《人口与计划生育法》《妇女权益保障法》《未成年人保护法》《老年人权益保障法》《残疾人保障法》《中华人民共和国反家庭暴力法》等。[①] 它们也是婚姻家庭法的渊源。三是直接调整婚姻家庭关系的专门性法律，即《婚姻法》和《收养法》。这两者是婚姻家庭法的较系统、较集中的渊源，其中，《婚姻法》是基本准则，《收养法》则是专门调整收养关系的具体规范；前者是婚姻家庭基本法，后者是婚姻家庭法的重要组成部分。但必须注意，自 2021 年 1 月 1 日起《民法典》施行，这两部法律即废止，将不再成为有效适用的法律渊源。

## 三、行政法规和国务院所属部门制定的有关规章

国务院是国家最高权力机关的执行机关，一方面负责法律的执行，另一面根据《中华人民共和国立法法》可以制定与法律不相抵触的规范性文件。这些规范性文件大多以“条例”“决定”“规定”“办法”等形式表现出来。在我国现行婚姻家庭法中，有不少规范是国务院及其所属部门制定的，它们具有针对性、操作性、具体性等诸多实用特点，对于贯彻执行宪法、法律中有关婚姻家庭的规定，发挥了重要作用。目前这方面的规范性文件，主要有国务院发出的《关于认真贯彻执行新婚姻法的通知》，民政部颁行的《婚姻登记条例》《中国公民收养子女登记办法》（2019 年修订）等。在学习掌握中需特别注意，随着《民法典》的颁布和施行，相关行政法规和规章必然要同步进行废止、修改、更新和调适。

## 四、地方性法规和民族自治地方的有关规定

地方国家机关根据本行政区域内婚姻家庭的实际情况，以宪法、法律为依据，制定有关婚姻家庭的地方性法规，发布具有一般规范性效力的决议、决定，是保证法律贯彻实施的重要措施，更是中国特色社会主义法律规范体系和法治实施体系建设的一大特点。其名称多有不同，但几乎都带有实施细则和补充规定的操作性质，也是婚姻家庭法的渊源。如各省、市制定的关于婚姻登记的规定，关于人口与计划生育的规定，关于保护妇女、儿童和老年人、残疾人合法权益的规定，等等。

此外，依照《宪法》第 116 条、《婚姻法》第 50 条、《收养法》第 32 条的规定，民族自治地方可以颁行有关贯彻执行婚姻家庭法的变通或补充规定。香港、澳门特别行政区，各有其具有“一国两制”特点的婚姻家庭法律制度。民族自治地方有关婚姻家庭法的变通或补充规定，特别行政区有关婚姻家庭的法律、条例等，也是我国婚姻家庭法规范体系的组成部分。

必须明确，上述婚姻家庭法律渊源都是在《民法典》编纂、颁布、施行之前制定的，是特定历史阶段和社会背景、法治背景的产物，随着《民法典》的施行将发生较大变动，在具体适用和教学、学习中要及时调整、更新。

---

① 有学者提出，这些法律不是没有法律部门，而是属于宪法性规范，归位于宪法体系；还有学者提出，应以四个“弱者”保护法为主干，建立社会法部门。

## 五、最高人民法院所作的司法解释及援用、认可的有关判例

人民法院在审判过程中具体适用法律、法规时，并不是消极被动地“对号入座”，而是要针对法律、法规本身如何理解、掌握和执行进行积极主动的创造性工作。《中华人民共和国人民法院组织法》（2018 年修订）第 18 条第 1 款规定：“最高人民法院可以对属于审判工作中具体应用法律的问题进行解释。”全国人民代表大会常务委员会《关于加强法律解释工作的决议》第 2 条指出：“凡属于法院审判工作中具体应用法律、法令的问题，由最高人民法院进行解释。”婚姻家庭关系普遍存在于社会基层，与每个人的生存、生活相联系，情况各种各样，问题纷繁复杂，立法上难于周密、详尽，故婚姻家庭法只能作出简明、概括的规范。这种社会关系的特殊性质和立法技术决定了司法审判的极其重要的“释法”地位和作用。因此，最高人民法院根据婚姻家庭法的基本精神，在总结审判经验的基础上作出的关于适用法律的司法解释和指导性文件，以及确立、援用、认可的并以“批复”形式下达的各种典型判例，即成为婚姻家庭法的重要渊源之一，例如，最高人民法院历次民事审判工作会议文件中有关处理各类婚姻家庭纠纷的意见，最高人民法院《关于人民法院审理离婚案件如何认定夫妻感情确已破裂的若干具体意见》、《关于人民法院审理未办结婚登记而以夫妻名义同居生活案件的若干意见》、《关于人民法院审理离婚案件处理子女抚养问题的若干具体意见》、《关于人民法院审理离婚案件处理财产分割问题的若干具体意见》、《关于适用〈中华人民共和国婚姻法〉若干问题的解释（一）》（以下简称《婚姻法司法解释一》）、《关于适用〈中华人民共和国婚姻法〉若干问题的解释（二）》（以下简称《婚姻法司法解释二》）、《关于适用〈中华人民共和国婚姻法〉若干问题的解释（三）》（以下简称《婚姻法司法解释三》）、《关于适用〈中华人民共和国婚姻法〉若干问题的解释（二）的补充规定》，等等。最高人民法院的司法解释及典型判例对婚姻家庭法至少有四个方面的作用：一是填补成文法律本身的空白，二是明确可能引起歧义的条文，三是明确某些法律概念的内涵或外延，四是根据法律精神，针对具体问题提出处理办法。在学习和实践中，一定要前瞻把握，随着《民法典》施行，《婚姻法》《收养法》废止，最高人民法院过去所作的司法解释也将发生全面的清理、废改、更新。

【链接】

需要说明的是，根据我国现行宪法的规定，全国人民代表大会常务委员会的职权之一是解释法律，这种立法解释在效力上是高于司法解释的，它当然是我国重要的法律渊源。本节中未将其单列为婚姻家庭法渊源的种类之一，将来如有这方面的立法解释，可将其归入上述诸渊源中的法律类别。

## 六、我国缔结和参加的国际条约

根据《民法通则》的有关规定，处理涉外婚姻家庭关系时可适用我国缔结或者参加的国际条约（在特定情况下还可以适用国际惯例），因此，我国缔结或参加的有关婚姻家庭的国际条约也是婚姻家庭法的渊源。对此，《民法典》没有作出具体反映，但其第 12 条规定：中华人民

共和国领域内的民事活动，适用中华人民共和国法律。法律另有规定的，依照其规定。

此外，在一定条件下，中国共产党和国家在特定历史时期制定的有关婚姻家庭的政策，以及某些为法律认可的、符合社会主义婚姻家庭道德要求的习惯，也具有婚姻家庭法渊源的地位和作用。《民法典》第10条规定：处理民事纠纷，应当依照法律；法律没有规定的，可以适用习惯，但是不得违背公序良俗。

由上可见，我国婚姻家庭法的渊源具有一个开放的复合结构，它是一个由不同形式的规范所组成的有机联系的整体。同时应注意，作为婚姻家庭法渊源的各种规范性文件，各处于不同的层次，具有不同的法律效力，在适用范围上亦相应有所区别。

## 第三节　婚姻家庭法的地位

婚姻家庭法的地位，集中反映在两个方面：一是婚姻家庭法在法律体系中所处的地位，反映了婚姻家庭法在立法体例上的发展和演变；二是婚姻家庭法与其他法律的联系与区别，反映了现实社会中婚姻家庭法与各部门法相互渗透、交互作用的内在关系。

### 一、婚姻家庭法在立法体例上的发展

自婚姻家庭法产生以来，其在立法体例上的发展，大致经历了三个阶段、呈现出三种类型。

1. 诸法合体的古代婚姻家庭法

在整个古代，不论是奴隶社会还是封建社会，中外各国在立法上一般均采取刑民不分、诸法合体的形式。一部法典性质的规范文件中既规定犯罪与刑罚的内容，又规定行政制度和司法制度，同时也包含有关财产关系、亲属关系的部分内容；实体法与程序法亦混杂在一起，没有明确、具体的部门划分。在这种立法模式下，有关调整婚姻家庭关系的法律规范，在法律体系中并未取得独立地位，而是包容在统一的法典之中，所以称之为诸法合体时期的古代婚姻家庭法。中国奴隶社会、封建社会各朝代律令，古巴比伦王国的《汉谟拉比法典》、古罗马帝国的《十二铜表法》和后来的《查士丁尼国法大全》、古希伯来法和日耳曼法、欧洲中世纪的寺院法等，都具有这一特色，反映了历史上诸法合体的共性。

诸法合体的古代婚姻家庭法主要有以下三个显著特征：(1) 婚姻家庭法与其他法律规范相混杂，共存于统一的法典之中，所以独立的形式意义上的婚姻家庭法尚不存在，实质意义上的婚姻家庭法内容虽有所反映，但并不充分、完备，而是以分散、附带的形式置于法典之中，所占比重不大，表现出法典的重刑轻民、重社会行政统治轻民事关系调整的古代法色彩。(2) 法律规范的功能、作用呈单一状态，普遍以刑罚方法作为处理婚姻家庭方面的违法行为的主要手段，婚姻家庭法的刑法色彩浓厚。(3) 婚姻家庭法对其他社会规范的依赖性较大，宗教、道德、习惯等社会规范的作用十分突出。这些社会规范成为古代婚姻家庭制度的重要内容，是古代婚姻家庭法的必要补充。如日耳曼法直接从习惯法中转化过来；基督教、伊斯兰教、犹太教的宗教教规直接起着规范和调整婚姻家庭关系的作用。在我国诸法合体的古代，关于婚姻家庭的社会规范，有重礼轻法、详于礼而略于法的特点，所以，我国婚姻家庭法在一个很长的历史时期内不仅不是一个独立的法律部门，而且在内容上也不够完备，许多方面都需要

其他社会规范来调整。

2. 附属于民法的近代婚姻家庭法

随着近代资本主义制度的建立和发展，资本主义法制和法律体系也逐步形成和完善。由于社会化大生产带来的生产力发展和社会分工的细密，社会关系日益复杂，利益冲突愈来愈多，无法再用统一的法典来调整众多的社会领域。因而，资本主义国家建立之后，开始了法律体系由诸法合体的形式向各个法律部门独立的演变。关于这一演变首先由资产阶级法学家提出一系列理论依据，后由国家立法付诸实践，将法律划分为若干部门，分别调整特定的社会关系，形成了资本主义法律体系。

在资产阶级法律部门分立过程中，首先划分出了实体法和程序法，随后在实体法中分列出刑法和民法，以及国家法、行政法、国际法等法律部门。虽然这种法律体系改变了诸法合体的立法体例，建立起不同的法律部门和法律学科，但婚姻家庭法尚无系统独立的法典，仍然不是一个独立的法律部门，而是包括在民法之中，以亲属法或其他名称作为民法的一个组成部分，从而形成了附属于民法的近代婚姻家庭法历史类型。

3. 形成独立法律部门的社会主义婚姻家庭法

历史行进到20世纪，一方面，西方资本主义社会发生了较大变化，顺应现代社会的要求，婚姻家庭法相继得到改革和完善；另一方面，诞生了以苏联为代表的一批社会主义国家，社会主义婚姻家庭法登上历史舞台，并从一开始即以独立法律部门的地位呈现出来。苏联十月革命后首开婚姻家庭法独立于其他法律部门的历史先河。受其影响，第二次世界大战以后东欧成立的社会主义国家如南斯拉夫、罗马尼亚等都采用了这种立法形式。中华人民共和国成立后，在1950年和1980年两个重大历史转折时期颁布的《婚姻法》，都带有独立部门法的特点。

社会主义婚姻家庭法之所以一开始即形成独立的法律部门，并非偶然，而是一定的理论背景、社会背景、文化背景和法制背景等多重因素共同作用的必然结果，反映出当时的合理性和进步性。同时也正因为它是特定历史条件下的产物，所以随着该历史条件的变化、理论认识上的廓清和社会主义法律体系的逐步健全与完善，它亦不可避免地暴露出一定的历史局限性，从而不得不引起我们的重新认识，以求为婚姻家庭法的法律地位寻找一个更恰当的归属。1980年《婚姻法》已经运作多年，中国社会从宏观到微观发生了巨大变化，法制建设全面铺开并向纵深拓展。其中三十多年一直处于立法空白状态的民法更是发展迅猛，以《民法通则》为龙头、以各单行基本法律为主干、以其他各种层次的法律渊源为配套的中国民事法律体系初具规模并渐臻完善。为此，特殊历史条件下形成的婚姻家庭法的独立部门法地位发生动摇，从《民法通则》的颁行开始即正式宣告了婚姻家庭法向民法的回归，婚姻家庭法在立法体制上应属于广义民事法律的组成部分。

2020年5月，《民法典》编纂完成并公布。作为新中国第一部以法典命名的法律，《民法典》不仅开创了我国法典编纂立法的先河，具有里程碑意义，而且全面构建了中国特色社会主义民法体系，确立了婚姻家庭法在法律体系、法律部门中的名分地位，即婚姻家庭法属于民法部门，是《民法典》中的一编，构成民法不可分割的有机组成部分。同时也应看到，婚姻家庭法同其他民法规范相比较，仍有其自身固有的特点，所以婚姻家庭法在民法中又具有相对独立的性质。

## 二、婚姻家庭法与其他法律的关系

我国社会主义法律体系是一个有机联系的整体，不同法律部门之间既互相独立又互相联系，既互相分工又互相补充和配合。婚姻家庭法与其他法律有着共同的阶级本质和共同的目标与任务，同时又因其特定的调整对象和调整方法而与其他法律区别开来。在现实生活中，各种社会关系相互交错、紧密联系，婚姻家庭问题总要直接或间接地渗透到相关法律之中，相关法律也不可避免地会有涉及婚姻家庭的内容。

1. 婚姻家庭法与宪法

宪法作为国家的根本大法，规定我国的社会制度、国家制度、国家机构的组织与活动原则、公民的基本权利和义务等带有根本性的问题，具有最高法律效力，俗称“母法”。任何法律都不得与宪法相冲突。《民法典》根据宪法制定，宪法与婚姻家庭法的关系，就是“母法”和“子法”的关系。我国宪法规定：中华人民共和国妇女在政治的、经济的、文化的、社会的和家庭生活等各方面都享有同男子平等的权利。国家保护妇女的权利和利益。婚姻、家庭、母亲和儿童受国家的保护。夫妻双方有实行计划生育的义务。父母有抚养教育未成年子女的义务，成年子女有赡养扶助父母的义务。禁止破坏婚姻自由，禁止虐待老人、妇女和儿童。宪法的这些规定，体现了中国共产党和国家对待婚姻家庭问题的一贯政策，是婚姻家庭法的指导思想和主旨方向，也是婚姻家庭法的基本根据和原则所在。婚姻家庭法根据这些原则来制定和操作，是宪法的原则性规定的具体化和系统化。

2. 婚姻家庭法和《民法典》总则编

婚姻家庭法为《民法典》第五编。总则编作为《民法典》第一编，规定了民事活动必须遵循的基本原则和一般性规则，统领《民法典》各编，在《民法典》中起统率性、纲领性作用。婚姻家庭法与《民法典》总则编之间的关系属于同一法律部门中的内部关系，这一关系集中表现在四个方面：(1) 总则编中所确立的基本原则对民事活动具有统管性，但就婚姻家庭关系的特殊性来看，只能部分适用。因此，婚姻家庭法既遵行其一部分共性原则，同时又专门确立了自己的基本原则。(2) 总则编中的某些一般规定同样适用于婚姻家庭法领域，如总则编中关于自然人的权利能力和民事行为能力、监护、宣告失踪、宣告死亡、法定代理、民事权利、民事责任、诉讼时效等有关规定，在婚姻家庭法领域也应遵循适用。(3) 总则编中有部分内容和婚姻家庭中的人身关系、财产关系存在非常明确的关联性，甚至是专门直接针对婚姻家庭而作的规定，如第二节“监护”、第三节“宣告失踪和宣告死亡”、第四节“个体工商户和农村承包经营户”、第112条关于因婚姻家庭等产生的人身权利受保护的规定等。它们构成婚姻家庭法的重要渊源。(4) 由于《婚姻法》立法在先，《民法通则》《民法总则》颁行在后，所以《民法通则》《民法总则》中的有些规定对婚姻家庭法曾经具有补充作用，如《民法通则》中关于涉外婚姻家庭关系的法律适用的规定等，但现在《民法典》颁布之后，这一关系就不再存在了。此外，婚姻家庭法同《民法典》其他各编亦存在着密切关系，如婚姻家庭法确定的亲属身份是继承法规定和调整继承关系的基本依据，婚姻家庭法关于亲属继承权的原则性规定在继承法中得到更加明确、系统的反映。

3. 婚姻家庭法与行政法

行政法是调整国家行政机关在实现其管理职能的过程中所发生的各种社会关系的法律规范的总和。婚姻家庭领域有不少方面与行政管理相联系，因而要受到行政法的调整，如公民的结婚登记、离婚登记、复婚登记、收养登记等都属于行政登记管理的范围；婚姻登记本身即是一种行政管理活动，直接由有关行政法规范调整。《婚姻登记条例》中的有关规定，既属于行政法范畴，又属于婚姻家庭法的内容之一，具有双重性。公民因出生、死亡、婚姻、收养而发生的身份变化，往往引起户籍、住所的变更，因而必须进行户籍登记，接受户籍法的调整。对于违反婚姻家庭法尚未构成犯罪的行为，应依照有关行政法给予行政处罚。因此，婚姻家庭法在许多方面要依靠行政法的规范和操作才能保证实施；国家行政机关的有关管理活动是婚姻家庭法贯彻、实施的重要保证。

4. 婚姻家庭法与民事诉讼法

民事诉讼法是关于处理民事案件的程序性法律，它从司法程序方面保证民事法律、法规的正确执行。婚姻家庭法与民事诉讼法的关系是实体法与程序法的关系。处理婚姻家庭案件时，针对实体问题适用婚姻家庭法的有关规定，针对程序问题适用民事诉讼法的有关规定。关于夫妻之间、父母子女之间以及其他家庭成员之间发生的权利义务纠纷，收养纠纷，婚姻效力纠纷，离婚纠纷及离婚后关于子女、财产、生活等问题发生的纠纷，等等，在程序上都是按民事诉讼法的规定来处理。由此可见，婚姻家庭法上的各项制度和原则的适用、实施，都要依靠民事诉讼法从司法程序上加以保证。认真执行民事诉讼法，正确、及时地处理各种婚姻家庭纠纷，对于实施婚姻家庭法、保障公民在婚姻家庭方面的合法权益、维护家庭安宁社会和谐、巩固和发展中国特色社会主义婚姻家庭制度，具有十分重要的意义。

5. 婚姻家庭法与刑法

刑法是规定有关犯罪和刑罚的法律，是维护社会秩序、保护公民合法权益的有力武器。公民在婚姻家庭方面的合法权益、国家确立的婚姻家庭秩序，既受到婚姻家庭法的保护，也受到刑法的保护。《刑法》分则第257～262条对于暴力干涉婚姻自由罪、重婚罪、破坏军婚罪、虐待罪，虐待被监护、看护人罪，遗弃罪、拐骗儿童罪等妨害婚姻家庭犯罪作了具体规定，明确了犯罪分子的刑事责任。刑法这种通过惩罚犯罪维护社会主义婚姻家庭制度的作用是婚姻家庭法的强力后盾，刑法是其他法律所不能替代的必要的强制手段。

# 第四节　婚姻家庭法的基本原则

婚姻家庭法的基本原则，既是婚姻家庭法的立法指导思想，又是婚姻家庭法规范的基本精神，也是婚姻家庭法操作、运行的基本准则。它贯穿于婚姻家庭法的始终，集中体现了以婚姻家庭法为主导内容的婚姻家庭制度的本质和特点。

《民法典》第1041条规定：婚姻家庭受国家保护。实行婚姻自由、一夫一妻、男女平等的婚姻制度。保护妇女、未成年人、老年人、残疾人的合法权益。第1042条规定：禁止包办、买卖婚姻和其他干涉婚姻自由的行为。禁止借婚姻索取财物。禁止重婚。禁止有配偶者与他人同居。禁止家庭暴力。禁止家庭成员间的虐待和遗弃。这两条是我国婚姻家庭法从正反两个方面对基本原则的概括，是我国婚姻家庭制度在变革、发展中长期积累的经验总结。

## 一、婚姻家庭受国家保护

婚姻家庭受国家保护是《民法典》之婚姻家庭编新增的一项基本原则，也是婚姻家庭法的首要原则，反映了《宪法》第49条规定之精神的要求，体现了对《民法典》第3条、第110条、第112条规定的遵循。

坚持婚姻家庭受国家保护原则，是社会主义核心价值观和中华民族优秀传统文化的法律规范表现，更是中国特色社会主义婚姻家庭制度和婚姻家庭法的鲜明时代特征。习近平总书记指出："中华民族历来重视家庭。正所谓'天下之本在家'。尊老爱幼、妻贤夫安、母慈子孝、兄友弟恭，耕读传家、勤俭持家，知书达礼、遵纪守法，家和万事兴等中华民族传统家庭美德，铭记在中国人的心灵中，融入中国人的血脉中，是支撑中华民族生生不息、薪火相传的重要精神力量，是家庭文明建设的宝贵精神财富。""……无论时代如何变化，无论经济社会如何发展，对一个社会来说，家庭的生活依托都不可替代，家庭的社会功能都不可替代，家庭的文明作用都不可替代。无论过去、现在还是将来，绝大多数人都生活在家庭之中。我们要重视家庭文明建设，努力使千千万万个家庭成为国家发展、民族进步、社会和谐的重要基点，成为人们梦想启航的地方。""……希望大家注重家庭。家庭是社会的细胞。家庭和睦则社会安定，家庭幸福则社会祥和，家庭文明则社会文明。历史和现实告诉我们，家庭的前途命运同国家和民族的前途命运紧密相连。我们要认识到，千家万户都好，国家才能好，民族才能好。国家富强，民族复兴，人民幸福，不是抽象的，最终要体现在千千万万个家庭都幸福美满上，体现在亿万人民生活不断改善上。同时，我们还要认识到，国家好，民族好，家庭才能好。当前，全党全国各族人民正在实现'两个一百年'奋斗目标、实现中华民族伟大复兴中国梦的新长征路上砥砺前行。只有实现中华民族伟大复兴的中国梦，家庭梦才能梦想成真。""广大家庭都要把爱家和爱国统一起来，把实现家庭梦融入民族梦之中，心往一处想，劲往一处使，用我们4亿多家庭、13亿多人民的智慧和热情汇聚起实现'两个一百年'奋斗目标、实现中华民族伟大复兴中国梦的磅礴力量。"①

坚持婚姻家庭受国家保护原则，必须践行法治与德治同构并重。在婚姻家庭领域，"法律是成文的道德，道德是内心的法律。法律和道德都具有规范社会行为、调节社会关系、维护社会秩序的作用，在国家治理中都有其地位和功能。法安天下，德润人心。法律有效实施有赖于道德支持，道德践行也离不开法律约束。法治和德治不可分离、不可偏废，国家治理需要法律和道德协同发力"②。"要坚持依法治国和以德治国相结合，把法治建设和道德建设紧密结合起来，把他律和自律紧密结合起来，做到法治和德治相辅相成、相互促进。"③"各级党委和政府要充分认识家庭文明建设的重要性，负起领导责任，切实把家庭文明建设摆上议事日程。工会、共青团、妇联等群众团体要结合自身特点，积极组织开展家庭文明建设活动。各方面要满腔热情关心和帮助生活困难的家庭，帮助他们排忧解难。精神文明建设工作部门要发挥统筹、协调、指导、督促作用，动员社会各界广泛参与，推动形成爱国爱家、相亲相爱、向上向善、共建共享的社会主义家庭文明新风尚。"④

坚持婚姻家庭受国家保护原则，是实现国家治理体系和治理能力现代化的必然要求，是完善社会治理体系、提升社会治理能力的重要基础性工作，反映了国家安全、社会安定、家庭安宁的内在规律。其基本要求至少体现在五个方面：(1) 党和国家通过一系列政策、法律法规平等保护自然人的婚姻家庭，建立健全保护婚姻家庭的政策和制度体系。所有政策和法律法规的制定、实施都应当贯彻这一原则。(2) 一切党政机关、基层组织、社会组织、群众团体、企事业单位都要树立以人民为中心的理念，关心婚姻家庭，重视婚姻家庭，保护婚姻家庭，积极建设婚姻家庭文明新风尚。(3) 所有行政执法、司法、社会管理、公共管理和矛盾纠纷调处都应

---

①④ 习近平2016年12月12日在会见第一届全国文明家庭代表时的讲话. 新华网，2016-12-15.

② 习近平2016年12月9日在主持中共中央政治局第37次集体学习时讲话. 检察日报，2016-12-11.

③ 习近平2013年2月23日在主持中共中央政治局第4次集体学习时讲话. 中国法院网，2013-02-25.

该关注涉及的婚姻家庭问题，把握婚姻家庭的特性和规律，保护和促进婚姻家庭的稳定、和睦，尽最大可能增进和谐因素，减少和消除不和谐因素。(4) 办理婚姻家庭案件、处理婚姻家庭纠纷，要体现保护婚姻家庭原则的精神，遵循婚姻家庭亲属的特定机理，把准婚姻家庭法的身份法属性，在法律规范的具体适用和解释中不能简单套用财产法规则，而要兼顾实现婚姻家庭整体和当事人、第三人及权益相关者的利益衡平，达到法律效果、社会效果、道德效果、心理情感效果的综合体现。(5) 自然人作为婚姻家庭的民事主体，直接承担婚姻家庭建设的主体义务和责任，必须积极体现向上向善的家庭追求，体现爱国爱家、相亲相爱的高尚家国情怀，注重家庭，注重家教，注重家风，把修身齐家落到实处。

## 二、婚姻自由

### (一) 婚姻自由的概念和内容

婚姻自由作为婚姻家庭法的首项原则，是指婚姻当事人有权根据法律的规定，自主自愿地决定自己的婚姻问题，不受任何人的强制和非法干涉。

婚姻自由包括结婚自由和离婚自由。结婚自由主要有两方面的内容：第一，结婚必须男女双方完全自愿且意思表示真实，不容许任何一方对他方进行强迫、欺骗、乘人之危或任何第三者加以包办及非法干涉。第二，结婚必须符合法律规定的条件和程序。缔结婚姻不只是当事人双方的私事，同时也涉及他人和社会的利益，所以，当事人虽然对结婚表示了完全自愿和真实的态度，但还必须符合法律规定的结婚条件和程序。婚姻家庭法对结婚予以条件上的限制和程序上的约束，是使结婚自由沿着有利于个人、家庭和社会的方向发展运行的重要保障。

离婚自由亦有两方面的内容：一是指夫妻双方有共同作出离婚决定、达成离婚协议的权利；或者在夫妻感情确实已经破裂、婚姻关系无法继续维持下去的情况下，夫妻任何一方都有提出离婚的权利。二是离婚同结婚一样，必须符合法定条件，履行法定程序，承担相应的法律后果。提出离婚，是当事人的一项自由权利，但是否允许离婚，则须有国家的干预，不能由当事人任意决定。婚姻家庭法对离婚的原则、程序，离婚后子女的抚养、教育，离婚时的财产清算等问题，都作了明确规定。这些规定既是对离婚自由的保障，又是对当事人行使离婚自由权利的约束。

作为婚姻自由的组成部分，结婚自由和离婚自由共同构成婚姻自由原则的完整含义。结婚自由是建立婚姻关系的自由，离婚自由是解除婚姻关系的自由；结婚自由是实现婚姻自由的先决条件，离婚自由是结婚自由的必要补充。离婚使那些已无生命力的婚姻得到解除，为缔结新的自由婚姻创造条件。没有离婚自由，就根本不可能有完全的婚姻自由。

### (二) 禁止包办、买卖婚姻和其他干涉婚姻自由的行为，禁止借婚姻索取财物

#### 1. 禁止包办、买卖婚姻和其他干涉婚姻自由的行为

包办婚姻是指婚姻关系以外的第三人（包括父母）违反婚姻自由原则，在完全违背婚姻当事人意愿的情况下，强迫其缔结的婚姻。

买卖婚姻是指婚姻关系以外的第三人（包括父母）以索取大量财物为目的，包办、强迫他人缔结的婚姻。

其他干涉婚姻自由的行为是指除包办、买卖婚姻以外的违反婚姻自由原则，阻挠、干涉他

人行使婚姻自由权利的行为，如子女干涉父母再婚、干涉寡妇再婚、干涉男到女家落户、干涉非近亲的同姓结婚、阻碍或胁迫他人离婚等。

在现实生活中，包办婚姻与买卖婚姻既有联系又有区别。包办婚姻不一定是买卖婚姻，而买卖婚姻必然是包办婚姻；包办婚姻不是出于索取大量财物的目的，如果包办者从中索取大量财物，则应以买卖婚姻论处。

目前，在我们社会的婚姻结构中，包办、买卖婚姻尽管已为数不多，但其社会危害后果相当严重，因此，我们必须进一步增强婚姻自由原则的贯彻和执行的深度与力度。一方面，要继续深入宣传婚姻家庭法，普及和提高人们的婚姻家庭法律意识，肃清婚姻家庭领域里的封建残余。另一方面，要加强婚姻家庭法的执法力量，严格婚姻管理和监督，真正做到执法必严、违法必究。有关部门和人民法院在处理这类纠纷时，应当切实保护受害人的合法权益，对包办、买卖婚姻和其他干涉婚姻自由的第三者，应分别情况严肃处理：对于那些一般干涉婚姻自由、尚未使用暴力者，应进行严肃的批评教育；对于暴力干涉婚姻自由，情节严重，构成犯罪的，应根据刑法有关条款予以处罚；对于买卖婚姻中第三者索取的财产应予以追缴、没收或者责令返还；对于包办、买卖婚姻引起的离婚纠纷，如当事人共同生活时间不长，或虽共同生活时间较长，但确实未建立夫妻感情的，应准予离婚。

2. 禁止借婚姻索取财物

借婚姻索取财物，主要是指婚姻当事人一方向对方索要一定的财物，以此作为结婚条件的行为。其特点表现为：(1) 索取财物的主体一般是婚姻当事人一方，这是借婚姻索取财物与买卖婚姻的区别之一。(2) 在婚姻决定权上，男女双方对结婚基本是自主自愿，体现了他们的个人意志。这是借婚姻索取财物与买卖婚姻区别之二。(3) 婚姻的缔结多数不是以感情为基础，对索要财物的一方来说，婚姻往往是建立在金钱物质的基础上的。(4) 表现形式多是女方向男方索取财产，男方向女方索要财产的只是例外；有时女方的父母等人也从中索要部分财物，以此作为同意女儿婚事的条件。(5) 这种婚姻关系在性质上违背了社会主义婚姻的基本要求，违反了婚姻自由原则，属于违法行为，所以婚姻家庭法予以禁止。

在现实生活中，借婚姻索取财物的行为比买卖婚姻为数更多，涉及面更广，其危害性不可忽视。它起源于封建社会中的婚姻陋俗，又是婚姻金钱化、商品化意识在社会生活中的反映，不仅妨碍婚姻自由原则的贯彻，而且给一些青年的结婚和婚后的生活带来种种困难，衍生一系列社会问题，因此，必须严肃认真地处理这类问题。在处理时，一般以批评教育的方式解决，对于借婚姻索取财物所发生的财物纠纷，一般应责令索取财物的一方部分或全部返还给另一方。

最高人民法院在有关司法解释中指出：当事人请求返还按照习俗给付的彩礼的，如果查明属于以下情形，人民法院应当予以支持：(1) 双方未办理结婚登记手续的；(2) 双方办理结婚登记手续但确未共同生活的；(3) 婚前给付并导致给付人生活困难的。适用上述第 (2) (3) 项的规定，应以双方离婚为条件。①

在认定和处理借婚姻索取财物的问题时，除了注意它和买卖婚姻的区别，还应当注意它和正当赠与的区别。借婚姻索取财物也不同于借婚姻之名骗取财物，在后一种情况下，骗取财物者没有与对方成婚的意愿，纯粹为了非法获得财物，应根据其具体情节按诈骗行为处理。

---

① 《婚姻法司法解释二》第10条.

## 三、一夫一妻

### （一）一夫一妻制的法律要求

一夫一妻是一男一女结为夫妻互为配偶的婚姻形式。一夫一妻制具有如下基本要求。

（1）任何人不得同时有两个或两个以上的配偶。

（2）已婚者即有夫之妇、有妇之夫，在其配偶死亡或离婚前不得再行结婚。未婚男女不得同时与两个或两个以上的人结婚。

（3）一切公开的、隐蔽的一夫多妻、一妻多夫都是非法的，受到法律的禁止和取缔。两性关系只能存在于有合法婚姻的夫妻之间。

（4）违反一夫一妻制情节轻微的，要予以批评教育或行政处分；情节较重的，应给予行政处罚；情节严重，构成犯罪的，要予以刑罚制裁。

### （二）一夫一妻制的必然性

人类社会的婚姻结构从杂乱的两性关系经过群婚制、对偶婚制，最后进入了一夫一妻制，这是必然的普遍规律。但只有社会主义社会通过其经济基础、政治基础、道德文化基础和法制保障才能最终实现真正的一夫一妻制。诚然，由于历史原因和现实社会条件的多方面局限，在中国当今社会的现实生活中，公开的、隐蔽的违背和干扰一夫一妻制的现象还难以杜绝，但我们不能因此而否认或诋毁一夫一妻制原则的合理性或必然性。

（1）一夫一妻制符合婚姻的本质。恩格斯曾指出："既然性爱按其本性来说就是排他的……那末，以性爱为基础的婚姻，按其本性来说就是个体婚姻。"① 只有实行一夫一妻制才能给夫妻感情专一、持久创造条件，使夫妻真诚相爱，获得个人幸福；才能使男女双方齐心协力，共同抚育子女、建设家庭，承担对社会应尽的责任和义务。任何形式的一夫多妻或一妻多夫的结合，都是同爱情的专一性和排他性不相容的，不利于婚姻的性爱、情感等功能的实现，不利于发挥婚姻家庭对社会的作用。

（2）一夫一妻制反映了男女性别比例的自然要求。人类社会中除战争、瘟疫或其他人为的原因之外，男女两性在绝大多数时候的自然增长和自然死亡的运行中，其比例基本上都是正常、平衡的。这种性别比例的平衡性既反映在世界总人口结构中，也反映在大多数国家、民族和地区的具体人口分布中，它从客观上限制了一夫多妻或一妻多夫，提出了实行一夫一妻的自然要求。社会主义国家要保障每个公民都有均等机会建立正常的婚姻家庭生活，只有予以法律确认和保证严格的一夫一妻制才能实现。如果实行多偶制，则不可避免地会造成两性冲突和违法犯罪的发生。

（3）从形式上看，一夫一妻制已成为当今世界各国普遍实行的婚姻原则。恩格斯早已指出："……我们现在正在走向一种社会变革，那时，一夫一妻制的迄今存在的经济基础，以及它的补充物即卖淫的基础，不可避免地都要消失。"② "……随着生产资料转归社会所有……一

① 马克思恩格斯全集：第21卷．北京：人民出版社，1965：89.

② 同①88.

夫一妻制不仅不会终止其存在，而且最后对于男子也将成为现实。”①

（4）一夫一妻制既是男女平等的要求，又是实现男女平等的保障，对于提高妇女的社会地位、家庭地位，保护妇女的合法权益具有重要的现实意义。

（5）一夫一妻制有利于婚姻的稳定和婚姻质量的提高，有利于家庭的和睦、团结、稳固和家庭功能的实现，有利于子女的健康成长。

### （三）禁止重婚，禁止有配偶者与他人同居

1. 禁止重婚

重婚是有配偶者又与他人结婚的违法行为。按照一夫一妻原则，有配偶者只有在婚姻终止即配偶死亡或依法离婚后始得再行结婚，否则便构成重婚。在重婚关系中，一方或双方的合法婚姻并未基于法定原因而终止。正因为合法婚姻继续存在，对发生于后的违法结合应以重婚论处。

我国实行严格的一夫一妻制的婚姻制度，重婚不具有婚姻的法律效力。在民事上，重婚是结婚的禁止条件（婚姻障碍）、婚姻无效的原因。前婚尚未终止又申请结婚的，不予办理结婚登记；已经构成重婚的，应依法确认其无效。在刑事上，犯重婚罪的依法追究刑事责任。按照我国刑法的有关规定，有配偶而重婚的，或者明知他人有配偶而与之结婚的，处 2 年以下有期徒刑或者拘役。明知是现役军人的配偶而与之同居或者结婚的，处 3 年以下有期徒刑或者拘役。

按照有关司法解释，对重婚应作实质意义上的理解。有配偶者又与他人登记结婚的，固然是重婚；虽未登记结婚但确与他人以夫妻关系同居生活的，也构成重婚。如果说前者可称为法律上的重婚，那么，后者可称为事实上的重婚。1994 年《婚姻登记管理条例》（现已失效）施行后，我国对于未办结婚登记的事实婚姻已从有条件地承认转为不承认，但是，上述事实上的重婚仍应按重婚论处。

2. 禁止有配偶者与他人同居

有配偶者与他人同居也是对一夫一妻制的严重破坏。在适用这一禁止性规定时，应当注意它与重婚的区别。《民法典》第 1042 条第 2 款中禁止重婚和禁止有配偶者与他人同居同时并提，后者显然是指不属于重婚的婚外同居关系。对于现实生活中存在的“包二奶”以及其他类似的违法行为，如果包养者和被包养者是以夫妻关系同居生活的，自应按重婚对待；如果不以夫妻名义同居生活，可适用禁止有配偶者与他人同居的规定。

婚姻家庭法在禁止重婚后继之以禁止有配偶者与他人同居的规定，从立法上加强了维护一夫一妻制婚姻制度的力度，同时也为通过多种法律手段防治有配偶者与他人同居的违法行为提供了基本法上的依据。

有配偶者与他人同居是危害婚姻制度的消极因素，在性质上与双方当事人均为未婚、均丧偶或均离婚者的同居有着严格的区别。最高人民法院在有关司法解释中指出：当事人起诉请求解除同居关系的，人民法院不予受理。但当事人请求解除的同居关系，属于《婚姻法》第 3 条、第 32 条、第 46 条规定的“有配偶者与他人同居”的，人民法院应当受理并依法予以解除。当事人因同居期间财产分割或者子女抚养纠纷提起诉讼的，人民法院应当受理（参见《婚

① 马克思恩格斯全集：第 21 卷．北京：人民出版社，1965：89.

姻法司法解释二》第1条)。

《民法典》之婚姻家庭编不仅在第一章“一般规定”中明令禁止重婚，禁止有配偶者与他人同居，而且还在其他章的相关条文中指明了这些违法行为的法律后果和法律责任。例如，夫妻一方重婚或与他人同居，是另一方诉请离婚的理由，调解无效的，应准予离婚；重婚或有配偶者与他人同居导致离婚的，无过错的一方有权请求损害赔偿；等等。关于这些问题在本书的有关章节中还将另作说明。

## 四、男女平等

婚姻家庭法所规定的男女平等原则，既是《宪法》中男女“五大平等”原则的具体化，又是《妇女权益保障法》的立法基础。其核心内容是指男女两性在婚姻关系和家庭生活的各个方面都享有平等的权利、承担平等的义务。这一原则突出地反映了我国婚姻家庭制度的社会主义本质，是社会主义婚姻家庭制度区别于以男权为中心的一切旧婚姻家庭制度的重要标志。

男女两性在婚姻家庭中是平等的关系还是尊卑、主从关系，归根到底取决于社会制度。他们在婚姻家庭关系中的法律地位，是其社会地位的反映，所以男女两性的社会地位，即政治、经济、法律地位和享受的文化教育条件，是婚姻家庭法中男女平等的社会基础；而婚姻家庭法上的妇女地位又是其社会地位的缩影。从根本上说，妇女的地位是由社会生产关系的性质以及她们在社会，经济生活中的作用决定的；生产资料的私有制和阶级压迫是男女不平等、妇女受歧视的社会根源。

无产阶级革命铲除了男女不平等的社会根源即私有制和阶级压迫，社会主义制度从经济、政治、道德、法律和文化各方面为全面实现男女平等和妇女解放奠定了基础条件，但真正在实际生活中实现男女平等，仍需要经历相当长的历史阶段，因此，社会主义国家的法律必须坚持男女平等原则，确保妇女首先在法律地位上与男子平等。

男女平等原则既反映于《民法典》之婚姻家庭编的各条法律规范中，又贯穿于《民法典》的整体精神之中，亦全面展现于《妇女权益保障法》之内。综合起来，该原则有如下内容：

(1) 在婚姻关系方面，婚姻家庭法所规定的结婚和离婚条件、程序以及相应的权利、责任和义务对男女双方同样适用；夫妻在家庭中地位平等。

(2) 在父母子女关系方面，婚姻家庭法关于父母子女（包括父母与非婚生子女、养父母与养子女、继父母与继子女）间权利、义务的规定对不同性别的家庭成员平等适用：子女可以随父姓，可以随母姓；父母双方对未成年子女享有平等的监护权；离婚后，子女可以由母方抚养，可以由父方抚养，抚养费由双方合理分担；父母均有要求子女赡养的权利；父母子女有相互继承遗产的权利；等等。

(3) 在其他家庭成员方面，兄弟姐妹处于平等的家庭地位，都享有要求父母抚养的权利，都承担赡养父母的义务，都是父母的第一顺序的法定继承人。兄姐对未成年的弟妹、已成年的弟妹对兄姐承担扶养责任的条件和内容都是平等的，兄弟姐妹互为第二顺序的法定继承人。祖父母与孙子女、外祖父母与外孙子女的权利、义务是平等的，祖父母、外祖父母是孙子女、外孙子女的第二顺序法定继承人，孙子女、外孙子女享有平等的代位继承权。

(4) 在收养关系方面，男女平等亦是收养法所坚持的基本原则。收养法关于收养人、送养人、被收养人的条件的规定，关于夫妻共同收养或父母共同送养的要求，关于养父母、养子女及其他养亲属之间的权利、义务的各项条款，无不贯彻着不分性别、男女一视同仁的平等精神。

## 五、保护妇女、未成年人、老年人、残疾人的合法权益

### （一）保护妇女的合法权益

妇女的合法权益是一个内容丰富的完整体系，既系统地集中规定于《妇女权益保障法》，又分散规定在由各法律部门构成的法律体系中。婚姻家庭法中所谓保护妇女合法权益，主要是指从婚姻家庭角度，在男女平等原则的基础上，对妇女的某些婚姻家庭权益加以特殊的确认和保护，表现了党和国家对妇女有别于男子的特殊关心和照顾。

妇女的婚姻家庭权益是妇女在婚姻家庭关系中基于特定的亲属身份关系和共同生活关系所享有的权利与利益的总称，包括人身权益和财产权益方面的多项内容。其法律表现主要有两个方面：一是妇女享有的与男子平等的婚姻家庭权益，由男女平等原则来反映；二是妇女依法享有的特殊权益，由保护妇女合法权益的原则来体现。因此，保护妇女的合法权益是男女平等原则的必要补充，也是对男女平等原则的有效保证。

婚姻家庭法之所以规定保护妇女的合法权益的原则，其原因有四：一是根除我国传统的男性中心文化的历史要求，二是提高妇女婚姻家庭地位的现实要求，三是男女两性固有差别的必然要求，四是妇女家庭角色的特殊要求。

早在新民主主义革命时期，各革命根据地的婚姻家庭立法即确立了保护妇女合法权益的原则，1950 年《婚姻法》将其上升为全国性法律原则。《民法典》之婚姻家庭编继承了这一优良传统，不仅在第一章“一般规定”中以原则的形式规定，而且在具体条文中作了特殊要求，例如，缔结婚姻后，男方可以成为女方家庭的成员；女方在怀孕期间和分娩后 1 年内或中止妊娠后 6 个月内，男方不得提出离婚；离婚时分割夫妻共同财产，应根据具体情况，对女方的权益予以照顾；离婚时如一方生活困难，另一方应给予适当的经济帮助；无配偶者收养异性子女的，收养人与被收养人的年龄应当相差 40 周岁以上；等等。此外，基于该项法律原则，在具体操作适用时，对于法律上没有明文规定的某些问题，也都要特别注意保护妇女的合法权益。

《妇女权益保障法》在婚姻家庭法有关规定的基础上，根据妇女之婚姻家庭权益的现实状况与需要，作了针对性、保护性更强的具体规定，例如，国家保护妇女的婚姻自主权，禁止干涉妇女的结婚、离婚自由；夫妻共有的房屋，离婚时，分割住房由双方协议解决，协议不成的，由人民法院根据双方的具体情况及照顾子女和女方权益的原则判决；夫妻共同租用的房屋，离婚时，女方的住房应当按照照顾子女和女方权益的原则解决；妇女有按照国家有关规定生育子女的权利，也有不生育的自由；离婚时女方因实施绝育手术或者其他原因丧失生育能力的，处理子女抚养问题时，应在有利于子女权益的条件下，照顾女方的合理要求；等等。

### （二）保护未成年人的合法权益

未成年人是国家的未来、民族的希望。未成年人的健康成长，直接关系到祖国的社会主义建设是否后继有人，关系到中华民族的兴衰。所以，保护未成年人的合法权益，是培养和造就

社会主义事业接班人的需要，也是巩固和发展社会主义婚姻家庭制度的重要内容。

保护未成年人的合法权益，泛指保护 18 周岁以下的未成年人的一切合法权利和利益。由于婚姻家庭对未成年人具有不可替代的特殊价值与功能，因而婚姻家庭法对未成年人权益的保护尤为重要。《民法典》之总则编关于自然人的民事权利能力、民事行为能力以及监护、代理等的规定充分体现了对未成年人权益的保护；婚姻家庭编一方面在“一般规定”中确立了保护未成年人合法权益的原则地位，另一方面在家庭关系中规定了一系列旨在保护未成年人权益的内容。此外，在处理离婚纠纷、财产分割和子女抚养问题时，在认定和处理事实婚姻与非法同居关系时，无论是法律规范还是有关司法解释，都强调以未成年人的利益为重心，注意保护未成年人的合法权益。《民法典》第 1044 条规定：收养应当遵循最有利于被收养人的原则，保障被收养人和收养人的合法权益。禁止借收养名义买卖未成年人。这是国家确认和保护收养关系的主要目的，也是对《民法典》之婚姻家庭编第五章“收养”明确规定的基本原则，是婚姻家庭法保护未成年人合法权益原则的具体体现。

《未成年人保护法》集未成年人权益保护法律之大成，对未成年人的合法权益作了全面、系统的规定，其中对未成年人在婚姻家庭中的权益保护主要有六个方面的内容：一是父母或其他监护人必须履行抚养义务和监护职责，不得虐待、遗弃未成年人，不得歧视女性和有残疾的未成年人。禁止溺婴、弃婴和其他残害婴儿的行为。这是保障儿童的生活和生存权利的基本规定。二是父母或其他监护人必须保证未成年人享有接受义务教育的权利，不得妨碍其入学或使其中途退学、辍学。这是婚姻家庭法所规定的父母对子女的教育义务的具体体现。三是父母或其他监护人应当以健康的思想、品行和正确的方法教育未成年人，使其树立良好的道德品质，预防和纠正其不良习惯。这是父母对未成年子女之管教义务的必然要求。四是父母或其他监护人不得允许或迫使未成年人结婚，不得为未成年人订立婚约。五是非婚生子女享有与婚生子女同等的权利，任何人不得加以歧视和危害。六是保护未成年人的继承权及其他财产权利。此外，《妇女权益保障法》《残疾人保障法》以其特殊的视角，对未成年女性和残疾儿童亦作了一系列特殊保护的要求。

### （三）保护老年人的合法权益

保护老年人的合法权益是 1980 年《婚姻法》对 1950 年《婚姻法》在基本原则方面的重要补充，《民法典》之婚姻家庭编保留并予以强化，构成我国现行婚姻家庭法的基本内容和特征之一。之所以在新的历史时期坚持确立保护老年人合法权益的原则，其原因有六个方面：一是体现了社会主义国家对老年人权益的关怀和保护。二是社会主义道德原则法律化的要求。敬老爱老是中华民族的优良传统和美德。强化这一道德准则，弘扬民族文化，树立良好家风，有必要将其上升到法律规范的层面，实现道德准则的法律化。三是老年人社会地位与价值的客观要求。四是生产力发展水平和家庭养老责任的现实要求。五是防范、惩治侵犯老年人合法权益的违法犯罪行为的必要手段。六是积极回应中国社会人口渐趋老龄化的必然要求。

基于确认和维护家庭、亲属养老功能的需要，《宪法》第 49 条明确规定：成年子女有赡养扶助父母的义务，禁止虐待老人。以此为根据，《民法典》之婚姻家庭编在“一般规定”中把保护老年人的合法权益作为基本原则加以规定，并在家庭、亲属关系中对老年人的权益予以周密的保护，如规定父母或祖辈在一定情况下有要求子女或孙辈付给赡养费的权利；子女应当尊重父母的婚姻权利，不得干涉父母离婚、再婚以及婚后的生活；子女对父母的赡养义务，不因父母的婚姻关系变化而终止；由兄、姐扶养长大的有负担能力的弟、妹，对于缺乏劳动能力又缺乏生活来源的兄、姐，有扶养的义务；收养关系解除后，经养父母抚养的成年养子女，对缺乏劳动能力又缺乏生活来源的养父母，应当给付生活费。

### （四）保护残疾人的合法权益

保护残疾人的合法权益是《民法典》之婚姻家庭编新增的一项特别保护原则，不仅反映了现代社会人权保障的共识性要求，更是中国特色社会主义婚姻家庭法律制度的显著特征和先进性、优越性展示。

根据《残疾人保障法》的规定，残疾人是指在心理、生理、人体结构上，某种组织、功能丧失或者不正常，全部或者部分丧失以正常方式从事某种活动能力的人，包括具有视力残疾、听力残疾、言语残疾、肢体残疾、智力残疾、精神残疾、多重残疾和其他残疾的人。残疾人在政治、经济、文化、社会和家庭生活等方面享有同其他公民平等的权利。残疾人的公民权利和人格尊严受法律保护。

残疾人作为自然人民事主体，依法平等享有民事权利能力，具有民事行为能力；依法参与民事活动，享有民事权利，履行民事义务，承担民事责任；作为婚姻家庭亲属关系的主体，参与婚姻家庭生活，依法享有婚姻家庭法上的权利，履行婚姻家庭法上的义务，承担婚姻家庭法上的责任。但同时必须把握残疾人的残疾特点和弱势，在形式平等的基础上给予实质上的特别关心、照顾和保护。作为《民法典》之婚姻家庭编确立的基本原则，保护残疾人合法权益需要贯穿到婚姻家庭生活的各个方面，落实到每个亲属关系之中。残疾人的扶养人必须对残疾人履行扶养义务；残疾人的监护人必须履行监护职责，尊重被监护人的意愿，维护被监护人的合法权益；残疾人的亲属、监护人应当鼓励和帮助残疾人增强自立能力；禁止对残疾人实施家庭暴力，禁止虐待、遗弃残疾人。

### （五）禁止家庭暴力，禁止家庭成员间的虐待和遗弃

1. 禁止家庭暴力

家庭暴力是发生于家庭成员之间的暴力行为。在2001年《婚姻法》修正前，对家庭暴力一般按虐待行为论处。改革开放以来，我国的民主和法制建设有了长足的进步，随着人们权利意识的觉醒和增长，比一般虐待行为具有更大的危害性的家庭暴力问题受到社会各界更为广泛的关注，人们普遍认为在立法上应当加强防治家庭暴力的力度。当今世界，家庭暴力的存在是一种全球性的社会现象。20世纪70年代以来，国际社会通过了许多与此相关的公约和宣言。我国是《消除对妇女一切形式歧视公约》的最早的缔约国之一，1995年在北京召开的第四次世界妇女大会通过了《北京宣言》和《行动纲领》，这些重要的国际性的规范性文件均对家庭暴力深表重视。通过立法措施消除家庭暴力，是我国应当履行的国际义务。在2001年修改《婚姻法》的过程中，修正案草案中曾采用过“禁止家庭暴力和其他虐待家庭成员的行为”的表述，经过反复讨论，多数意见认为家庭暴力和虐待行为既有联系又有区别，两者之间不是部分和整体、包容和被包容的关系，因此，2001年修正后的《婚姻法》在第3条第2款中单独增设了禁止家庭暴力的规定。数年以后，2005年修正的《妇女权益保障法》在“婚姻家庭权益”章中也增设了禁止对妇女实施家庭暴力的规定。2015年12月27日，第十二届全国人民代表大会常务委员会第十八次会议通过并发布《中华人民共和国反家庭暴力法》（以下简称《反家庭暴力法》），从家庭暴力的预防、家庭暴力的处置、人身安全保护令等方面较为全面地建立起反家庭暴力屏障。《民法典》之婚姻家庭编巩固、确认、传承这一立法成果，延续明确规定禁

止家庭暴力，并继续赋予其原则性、禁止性条款的法律地位和效力。

何谓家庭暴力？其内容如何界定？一些国家的有关规定和学者的见解是不尽相同的。在第四十八届联合国大会通过的《消除对妇女的暴力行为的宣言》中，将对妇女的暴力界定为对身体的暴力、性暴力以及心理上的暴力。这种解释虽然是针对女性受害人而言的，在界定家庭暴力的内容时也可予以参考。一般说来，国际社会对家庭暴力的界定是比较宽泛的。

与社会其他领域中发生的暴力行为相比较，家庭暴力具有自身的特点。从主体来看，家庭暴力的施暴者和受害人之间具有特定的亲属关系。从行为的环境来看，家庭暴力因发生于家庭内部而具有一定的隐蔽性。一般说来，施暴者是在家庭中处于强势地位的成员；受害人是在家庭中处于弱势地位的成员，这些成员往往缺乏独立生活能力或自卫能力，在实际生活中多为妇女、未成年人、老年人和残疾人。家庭暴力侵害的对象，主要是受害人的人身权，如生命健康权、身体权、人身自由权、婚姻自主权以及性权利等。家庭暴力的表现形式是复杂、多样的，既有人身方面的暴力行为，也有精神上、心理上的暴力。

对家庭暴力的界定，既不应失之过狭，也不应失之过宽。过狭不利于对家庭成员之人身权利的保护，过宽会给家庭生活带来某种负面的影响。根据《反家庭暴力法》第2条，家庭暴力是指家庭成员之间以殴打、捆绑、残害、限制人身自由以及经常性谩骂、恐吓等方式实施的身体、精神等侵害行为。

2. 禁止家庭成员间的虐待和遗弃

为了巩固和发展平等、和睦、文明的婚姻家庭关系，贯彻执行保护妇女、未成年人、老年人、残疾人合法权益的原则，《民法典》之婚姻家庭编第一章明确规定“禁止家庭成员间的虐待和遗弃”。由于在家庭中，被虐待者和被遗弃者往往是缺乏自卫能力或独立生活能力的家庭成员，实际上多为妇女、未成年人、老年人和残疾人，所以婚姻家庭编的这一规定是保障妇女、未成年人、老年人、残疾人合法权益的必要措施。《妇女权益保障法》（2018年修正）第38条亦明确规定：妇女的生命健康权不受侵犯。禁止溺、弃、残害女婴；禁止歧视、虐待生育女婴的妇女和不育的妇女；禁止用迷信、暴力等手段残害妇女；禁止虐待、遗弃病残妇女和老年妇女。

虐待，是指以作为或不作为的形式，对家庭成员歧视、折磨、摧残，使其在精神上、肉体上遭受损害的违法行为，如打骂、恐吓、冻饿、患病不予治疗、限制人身自由等。

遗弃，是指家庭成员中负有赡养、扶养、抚养义务的一方，对于需要赡养、扶养和抚养的另一方，不履行其应尽义务的违法行为，如父母不抚养未成年子女，成年子女不赡养无劳动能力或生活困难的父母，配偶不履行扶养对方的义务等。遗弃以不作为的形式出现，应为而不为，致使被遗弃人的权益受到侵害。

在现实生活中，家庭暴力、虐待、遗弃等违法行为的情节和后果各不相同，处理时应当采取多层次的相应对策。《民法典》之婚姻家庭编在相关条文中规定，夫妻一方实施家庭暴力或虐待、遗弃家庭成员，是另一方诉请离婚的理由，调解无效的，应准予离婚；因上述违法行为导致离婚的，无过错的另一方有权请求损害赔偿。至于对上述违法行为的受害人的救助措施，以及对违法者予以行政处罚、追究刑事责任等问题，详见本书第十二章的有关说明。

## 六、婚姻家庭法的倡导性规定

以婚姻为基础的家庭是社会的细胞，是人们的基本生活单位。婚姻双方和家庭成员之间具有极为密切的人身关系和财产关系，是人身共同体、财产共同体、生活共同体、经济共同体、精神共同体、情感共同体、责任共同体、命运共同体的集成。对于如何正确处理婚姻家庭关系的问题，2001年修正的《婚姻法》第4条规定：夫妻应当互相忠实，互相尊重；家庭成员间应当敬老爱幼，互相帮助，维护平等、和睦、文明的婚姻家庭关系。《民法典》第1043条进一步明确规定：家庭应当树立优良家风，弘扬家庭美德，重视家庭文明建设。夫妻应当互相忠实，互相尊重，互相关爱；家庭成员应当敬老爱幼，互相帮助，维护平等、和睦、文明的婚姻家庭关系。这一规定明确地指明了婚姻双方和家庭成员的共同责任，充分地体现了《民法典》和婚姻家庭法的立法宗旨，体现了中国特色社会主义婚姻家庭法、婚姻家庭制度、婚姻家庭关系的价值导向和伦理道德引领。

习近平总书记强调："希望大家注重家庭。家庭是社会的细胞。家庭和睦则社会安定，家庭幸福则社会祥和，家庭文明则社会文明。""希望大家注重家教。家庭是人生的第一个课堂，父母是孩子的第一任老师。孩子们从牙牙学语起就开始接受家教，有什么样的家教，就有什么样的人。家庭教育涉及很多方面，但最重要的是品德教育，是如何做人的教育。""广大家庭都要重言传、重身教，教知识、育品德，身体力行、耳濡目染，帮助孩子扣好人生的第一粒扣子，迈好人生的第一个台阶。要在家庭中培育和践行社会主义核心价值观，引导家庭成员特别是下一代热爱党、热爱祖国、热爱人民、热爱中华民族。要积极传播中华民族传统美德，传递尊老爱幼、男女平等、夫妻和睦、勤俭持家、邻里团结的观念，倡导忠诚、责任、亲情、学习、公益的理念，推动人们在为家庭谋幸福、为他人送温暖、为社会作贡献的过程中提高精神境界、培育文明风尚。""希望大家注重家风。家风是社会风气的重要组成部分。家庭不只是人们身体的住处，更是人们心灵的归宿。家风好，就能家道兴盛、和顺美满；家风差，难免殃及子孙、贻害社会。正所谓'积善之家，必有余庆；积不善之家，必有余殃。'""广大家庭都要弘扬优良家风，以千千万万家庭的好家风支撑起全社会的好风气。"① 正是为了贯彻落实习近平新时代中国特色社会主义思想的这一重要内容，实现《民法典》扎根中国大地、立足中国国情、彰显中国精神的文化底蕴和时代特征，婚姻家庭编富有创新地作出了倡导性规定，维护和保证中国特色社会主义婚姻家庭制度的基本原则，带动全国千千万万个家庭行动起来，共同为促进家庭和睦、亲人相爱、下一代健康成长、老年人老有所养而努力，共同为提高全社会文明程度而努力；倡导、动员社会各界广泛参与，推动家庭治理、社会治理、国家治理现代化，形成爱国爱家、相亲相爱、向上向善、共建共享的社会主义家庭文明新风尚。

### （一）夫妻应当互相忠实、互相尊重、互相关爱

婚姻是夫妻双方以永久共同生活为目的的结合，双方互相忠实，包括感情、精神、行为等的忠实，是婚姻的专一性和排他性的必然要求。就一夫一妻制的本质，特别是社会主义制度下的一夫一妻制的本质而言，夫妻互相忠实是婚姻赖以维系和巩固的必备因素，是婚姻的生命力之所在。一方对另一方不忠实，应被视为违反婚姻义务，是不符合法律和道德的要求的。

在修改、完善婚姻家庭法的过程中，关于是否应当增设有关夫妻忠实义务的规定，是有不同意见的。有的意见认为：夫妻应当互相忠实是婚姻的题中应有之意，法律无须另作规定。有的意见认为：互相忠实是婚姻道德的要求，实现这一要求要靠当事人自律；婚姻关系不能靠法律的强制来维持。我们认为，在法律上指明夫妻应当互相忠实是有其必要性的，这对于维护一

① 习近平2016年12月12日在会见第一届全国文明家庭代表时的讲话. 新华网，2016-12-15.

夫一妻原则、保护婚姻家庭和受害一方的权益，都具有重要的意义。作出这一规定对夫妻关系来说，是既有规范性又有导向性的。要求夫妻互相忠实，绝不意味着用法律手段强行维持感情确已破裂的婚姻关系，感情确已破裂的夫妻可以依法离婚。一方的不忠实行为（如重婚、与他人同居等）导致离婚的，受害的另一方可以按照《民法典》之婚姻家庭编的有关规定获得法律上的救济。

夫妻是婚姻家庭关系中的平等主体，双方具有平等的法律地位、享有平等的权利、承担平等的义务。双方互相尊重、互相关爱是男女平等原则的必然要求，是夫妻之间互爱、互敬的思想基础。夫妻是家庭的核心成员，互相尊重和关爱应当贯穿于婚姻家庭生活的各个方面：在思想感情上应当互相体贴，互相谅解；在生活、工作上要互相帮助、互相照顾；在赡养、扶助老人，抚养、教育子女等方面要共同关心、通力合作；在家庭理财、家务管理、家庭治理等方面要互相协商，一方不得将自己的意见强加于对方。要做到互相尊重和关爱，需要夫妻双方共同努力。从我国民众婚姻家庭生活的传统和现实来看，继续破除夫权、家长制的残余影响，对于实现《民法典》之婚姻家庭编的这一要求具有很重要的作用。

### （二）家庭成员间应当敬老爱幼，互相帮助，维护平等、和睦、文明的婚姻家庭关系

敬老爱幼是我国的传统美德，应当在社会主义制度下发扬光大。敬老，是指家庭中的晚辈成员对长辈成员应当予以尊敬，使其愉悦地安度晚年。爱幼，是指家庭中的长辈成员对晚辈成员应当予以爱护，使其健康地茁壮成长。敬老爱幼和保护未成年人、老年人合法权益的原则是完全一致的，但两者是从不同的角度加以规定的。保护未成年人、老年人的合法权益，侧重于对各种具体的人身、财产权益的保护；敬老爱幼，则从更高的层次上，从建设精神文明的高度，对于如何处理现代家庭中的代际关系提出了更高的要求。

家庭是以婚姻、血缘和共同经济为纽带而形成的亲属团体和生活单位。家庭成员同居一家，共同生活，在思想、生活、工作、经济等方面理应互相关心、互相帮助，这是家庭的社会功能的具体表现。家庭成员之间的互相帮助，是来自其他方面的帮助所不能替代的。

维护平等、和睦、文明的婚姻家庭关系，既是对婚姻家庭关系进行法律调整的出发点，也是这种法律调整所追求的价值目标。家庭成员之间应当平等相待，和睦相处。家庭成员具有平等的法律地位，不得恃强凌弱。家庭成员应当团结互助，要避免无谓的纠纷。古人有言："家和万事兴。"在新的社会条件下，这一古训仍有其现实意义。这里所说的文明，不仅包括婚姻家庭领域的物质文明，更重要的是指婚姻家庭领域的精神文明，要求家庭成员共同营造良好的家教、家风、家德。婚姻家庭领域的精神文明建设，是社会主义精神文明建设的重要组成部分。文明的婚姻家庭是文明社会的缩影，文明的婚姻家庭必将推动全社会的文明进步。

## 问题与思考

1. 如何理解婚姻家庭法的调整对象？
2. 婚姻家庭法调整的财产关系与其他民事法律调整的财产关系有何区别？
3. 婚姻家庭法有何特点？
4. 婚姻家庭法在法律体系中居于什么地位？

5. 如何理解婚姻自由？
6. 一夫一妻制有哪些要求和合理性？
7. 怎样认识男女平等和强调保护妇女权益的关系？
8. 如何认定和处理重婚问题？重婚和有配偶者与他人同居有何区别？
9. 如何理解婚姻家庭受国家保护？
10. 如何理解婚姻家庭法的倡导性规定的立法精神？

# 第四章
# 亲属关系原理

本章导读

亲属制度在法律内涵上有广义和狭义之分。广义的亲属制度应是民法典之亲属法或婚姻家庭法的别称，泛指一切调整婚姻家庭关系及其他亲属关系的法律规范的总和。狭义的亲属制度则是有关亲属关系或婚姻家庭关系的通则性规定，是亲属法或婚姻家庭法在通则中对亲属关系所作的原理性界定或说明，其内容包括亲属的种类、范围，亲系和亲等，亲属关系的发生和消灭等。本章所说的亲属关系原理专指狭义亲属制度确认和解决的问题，这些内容及其形成的规范化制度构成亲属法各项具体制度的原理性规则，是对人们在日常生活中所表现的常态型亲属关系的法律抽象和统一把握，也是亲属法中各种具体制度赖以确立的依据。因此，各国多以“总则”“通则”的规范形式将这种狭义亲属制度置于其民法典之亲属法或亲属编之首，以表明其虽然没有实体性权利、义务内容，但对亲属法/编具有通贯统用的整体规范效力。学习本章，重在指导学生把握两个方面：一是亲属的社会性结构和运行模式，二是亲属关系的法律属性和法律规范定位。

关键术语

亲属　家属　配偶　血亲　直系血亲　旁系血亲　自然血亲　拟制血亲　近亲属　姻亲　亲系　亲等　亲属身份行为　亲属关系的重复　亲属关系的法律效力

## 第一节　亲属的概念和分类

### 一、亲属的概念

亲属作为由两性关系和血缘关系联系起来的一定范围的人相互之间的特定社会关系的外在表现和身份称谓，可溯源于群居的原始人类。当时的原始群体基于对自然选择规律的一定认识和生产、生育领域禁忌的需要，在有两性、血缘关系的人之间创设一些不同的名词来互相称呼和分辨，久而久之形成一套约定俗成的称谓，并通过一定的禁忌、习惯等社会规范赋予这种称谓形式以相应实体性内容。所以，恩格斯指出：“父亲、子女、兄弟、姊妹等称谓，并不是简单的荣誉称号，而是一种负有完全确定的、异常郑重的相互义务的称呼，这些义务的总和便构成这些民族的社会制度的实质部分。”① 各民族在进入阶级社会后，大多保留和承继了原始社会流传下来的亲属称谓体系，但在其形式、内容、范围和权利义务关系上又不断予以充实、更新，使其与社会发展、演变的要求同步，从而，在不同的社会形态下，都会通过习惯的、宗教的、法律的规范，去确认一定范围的亲属形式，调整一定范围的亲属关系，规定一定范围的亲属存在具有法律效力的权利、义务，使亲属成为一种严谨有序的社会制度或法律制度，而不仅仅是一种称谓或生活关系。

亲属的含义有二：一是生物遗传学和社会学意义上的亲属。它泛指由婚姻、血缘所连接的一切具有血缘同源性、姻缘相关性的人与人之间的关系。这是一种网络化的生物遗传结构和婚姻社会结构，在横向上无边无际，在纵向上无始无终、难于穷尽。如果说在古代社会，尤其是在中国奴隶社会、封建社会的宗法家族体系下，这种宽泛的亲属网络被人们看重并被赋予较强的社会功能意义，那么在现代工业社会和人际关系频繁变异的当代世界，此层意义上的亲属除具有“攀亲道故”的生活作用之外，已无多大社会实效。二是法律意义上的亲属，即得到法律确认、受到法律调整、具有一定法律效力的亲属，这是亲属关系的主体在现代亲属法上的具体指向。

法律意义上的亲属，首先是指因婚姻、血缘和法律拟制而产生的一种人与人之间的社会关系；其次是指这种社会关系经过法律的确认和调整，在特定的主体之间形成具有法律约束力的权利义务。概言之，法律意义上的亲属是由婚姻、血缘和法律拟制而形成的，具有权利、义务内容的特定主体之间的社会关系。由此概念可以看出法律意义上的亲属有着以下四个鲜明的特性。

其一，亲属不仅是一种社会关系，而且是一种法律关系，这种法律关系兼具身份和财产双重性，但身份性是前提和基础，财产性则是身份性的结果和表现。

其二，作为法律关系，亲属必然有赖以产生的法律事实，而且这种法律事实与一般民事法律关系不同。具体来说，构成亲属产生原因的法律事实主要有三类：一是缔结婚姻的法律行为，二是自然人的出生，三是基于收养等法律行为对身份关系的法律拟制。

其三，亲属具有严格的法律内涵，具体表现为主体身份上和财产上的权利、义务。这是法律赋予亲属的效力，也是亲属所承接的法律效果和功能作用。正因为如此，亲属法上的亲属只是生物遗传上的或人们在社会生活中认知的亲属的一部分，而且是极小的一部分。这一部分被浓缩了的亲属可以说是人们在实际生活中发生或存在的最亲最近的亲属的一种法律确认和制度规范反映。在此意义上，亲属、亲属关系和亲属法律关系可在同一内涵和外延上使用。

其四，亲属作为人际互动关系，具有特定的组织形式或共同体结构。如果仅在自然意义上去考察亲属关系，那么亲属无非是被两性结合和血缘纽带连接在一起的个人。然而，社会因素使亲属具有一定的组织形式，这种组织形式因时代不同而有差异，从原始群体到氏族，从氏族到家族，再从家族到家庭，大致反映了亲属之组织形式变迁的全部轨迹。在当代社会，家庭已是唯一的实体性的亲属团体；它是人口再生产的单位，又是一个经济单位和教育单位，担当着重要的社会功能。其他亲属间当然也有许多联系，表现在感情的、伦理的、礼仪的、习俗的、

---

① 马克思恩格斯全集：第21卷．北京：人民出版社，1965：40.

经济的等许多方面。但是，这种联系大多是松散的或比较松散的，没有而且不需要固定的组织形式。现代法律意义上的亲属已基本上集中、浓缩于家庭之内；家庭是典型的普遍的亲属共同体；家庭中的夫妻关系、亲子关系等涵盖了现代亲属关系的大部分内容。

明确了亲属的概念和特征，还应结合历史和现实，对以下三个问题有所了解。

### （一）"亲属"在中国古代的释义

"亲属"在我国古籍中早有记载。《礼记·大传》曰："亲者属也。自仁率亲，等而上之，至于祖。自义率祖，顺而下之，至于祢。是故，人道亲亲也。亲亲故尊祖，尊祖故敬宗，敬宗故收族。"又曰："同姓从宗，合族属。""四世而缌，服之穷也。五世袒免，杀同姓也。六世，亲属竭矣。"《通典》谓："……父至尊也。""妻至亲也。""……相与居室中，则生小功之亲焉。""外亲之服皆缌也。"汉代儒家学者刘熙在《释名·释亲属》中解释："亲，衬也，言相隐衬也。""属，续也，恩相连续也。"可见，古人认为，亲属是基于婚姻和血缘而产生的，具有亲属身份的人们之间具有"相衬相续"的密切关系，亲属的种类包括因血缘而产生之宗亲、以婚姻为中介而产生之外亲与妻亲，其范围一般来说止于缌麻亲。值得注意的是，在我国古代典籍中，"亲"与"属"两字的含义有所不同，常分别使用，发展到后世则将"亲"与"属"两字连用，其含义合一。《礼记·祭义》谓："立爱自亲始，教民睦也。"孔子曰："继之以姓，义无绝也。故同姓为宗，合族为属。"[①]《礼记·大传》孔颖达疏载："亲者，属也者，谓有亲者各以属为服。"《说文》中释亲为"至也"，释属为"连也"[②]，即是说，亲是本，属是末，属从亲生。"亲"一般指较近之亲，"属"一般指较远之亲。

### （二）亲属与家属的区别

家属是与家长相对应的称谓。我国古代的礼法规定，实行家长制，每个家庭设有家长，共同生活在一个家庭中的其他成员则为家属，主要包括家长的妻、子女、儿媳等近亲属。对于在家庭共同生活的奴婢、妾、童养媳等，因为与家长有人身依附关系，法律也认为家属。1931年施行的国民党政府民法亲属编规定"家置家长"，法律特别保护家长的权利。1985年后我国台湾地区仍设家制，但注重强调家长的义务，并明文规定家长不分性别，男女均可充当。亲属与家属的主要区别是，亲属的范围要比家属的范围广得多，家属不一定是亲属，而亲属也不一定是家属。

新中国婚姻家庭法已废除了家长制，无家长、家属的划分，改称家庭成员。虽民间习惯上仍然沿用家长、家属的说法，但其内涵已与古代的家长、家属的内涵不同。此种称谓已无法律意义。同居一家的家庭成员法律地位一律平等，享有平等的权利和承担平等的义务。

### （三）亲属与家庭成员的区别

家庭成员是指同居一家、共同生活并互有权利、义务的亲属。我国古代提倡几代同堂的大家庭，家庭成员往往由血缘关系较为密切的近亲属以及其配偶组成。我国现代家庭成员一般由配偶及父母子女等血缘关系极为密切的近亲属组成。随着社会发展，家庭规模日益缩小，由父母和未成年子女构成的核心家庭日趋增多。可见，亲属与家庭成员的区别是，家庭成员仅仅是

---

① 陈鹏．中国婚姻史稿．北京：中华书局，1990：393．

② "属相连续，若尾之在体，故从尾。"（徐朝阳．中国亲属法溯源．上海：商务印书馆，1933：1-2.）

亲属中的极少部分，亲属的范围要广泛得多。因此，家庭成员一定是亲属，而亲属不一定是家庭成员。《民法典》第1045条第3款明确规定：配偶、父母、子女和其他共同生活的近亲属为家庭成员。

## 二、亲属的种类

亲属在不同的历史时期按不同的标准被划分为不同的种类。

### （一）古代中国对亲属的分类

古代中国的礼和律以宗法为本，重男轻女，扬父系而抑母系。最初，将亲属分为宗族和外姻两类，父之党为宗族，母党、妻党均为外姻。宗族亦称宗亲、本亲或内亲，它以本宗男子为主体，也包括来归之妇即嫁入本族内的女子，以及在室女即本族未外嫁之女子。外姻亦称外亲，包括己身之母及祖母等的本生亲属、己身之女、孙女、姊妹及姑之子孙等。妻族原来也被包括在外亲之内，这种传统一直延续到封建社会中期，后来才在礼和律中另列妻族一类，确立了宗亲、外亲和妻亲三分法的体制。至于配偶本身即夫妻在我国古代亲属种类中的地位问题，由于来归之妇已为宗亲，故无须将其另列一类。出嫁从夫，妻已经是夫方宗族的成员，夫之族即己之族。已嫁女只有在婚姻离异后才脱离夫之宗族，回归父之宗族。

在这三种亲属中，宗亲的范围最广，关系最重要，法律上的权利、义务也规定得最多。宗亲设有宗族组织。宗族定期举行会议，决定宗族大事，解决宗族纷争，奖惩宗族成员，故成为宗法系统中最基本的社会单位。而外亲、妻亲是亲属中的次要部分，相互间基本上无权利、义务。古代中国对亲属的这种分类，不能科学地反映亲属关系的亲疏远近，是重男轻女、以男子为中心的宗法制度的产物，如今可能在亲属观上还有某些残余影响，但已没有任何现实意义。

### （二）现代国家对亲属的分类

亲属关系纵横交错，对其可从不同的角度加以分类。按亲属间的联系中介，可将亲属分为男系亲与女系亲、父系亲与母系亲、直系亲与旁系亲；按亲属关系的亲疏远近，可将亲属分为近亲属和一般亲属；按亲属的辈分，可将亲属分为长辈亲、晚辈亲与同辈亲；按亲属关系的发生原因，可将亲属分为配偶、血亲和姻亲。最后一种分类是当代国家对亲属最基本的分类。新中国成立以来，无论是在1950年、1980年《婚姻法》中还是在整个法律规范体系中，一直没有对亲属的类型作出明确的规定和专门性区分，导致实践和生活中无所适从，难以统一认知把握。针对这一突出问题，《民法典》第1045条第1款规定，亲属包括配偶、血亲和姻亲。这是《民法典》对过去婚姻家庭法的一大创新、完善、增补，从此在立法上统一界定了我国亲属的种类和分类，同时也由此在法律规范上明确了亲属的基本范围。由此可谓《民法典》为婚姻家庭法和整个法律规范体系及有关亲属法治实践作出了基础性贡献，具有重要的立法成果意义。

1. 配偶

配偶即夫妻。男女因结婚而互为配偶。配偶关系即夫妻关系。配偶在亲属关系中居于核心地位，它是血亲关系的源泉和姻亲关系的中介。形象地说，它在亲属关系中具有承上启下和牵线架桥的作用。

2. 血亲

血亲是具有血缘联系的亲属。纯粹意义上的血亲本为自然血亲，即生物学意义上的血亲。但因应社会生活和法律关系的实际，血亲关系亦可基于法律拟制而创设，这种血亲被称为拟制血亲。

(1) 自然血亲。自然血亲是指出自同一祖先，因出生而自然形成的具有血缘联系的亲属，如父母与子女，兄弟姐妹，祖孙，伯叔姑与侄子女，舅、姨与外甥、外甥女等。不分父系、母系，无论婚生还是非婚生，也无论是全血缘（同父同母）的还是半血缘（同父异母、同母异父）的，都属于自然血亲的范围。

(2) 拟制血亲。拟制血亲是指本无该种血亲应具有的血缘关系，而由法律确认其与该种自然血亲具有同等权利义务的亲属。由于此种血亲不是自然形成的，而是法律设定的，故又称“准血亲”。婚姻家庭法确认的拟制血亲有两类：一是养父母与养子女以及养子女与养父母的其他近亲属，二是在事实上形成了抚养教育关系的继父母与继子女。

3. 姻亲

姻亲是指以婚姻为中介而产生的亲属，但配偶除外。男女结婚后，一方与对方亲属之间即发生姻亲关系。

姻亲分为以下三类。

(1) 血亲的配偶，即己身血亲的配偶，如儿媳、女婿、姐夫妹夫、姑父、舅母、姨父、伯母等。需要指出的是，己身直系长辈血亲的配偶，同样是己身的血亲而非姻亲，例如，父、祖父为己身之血亲，其配偶母、祖母亦为己身之血亲。

(2) 配偶的血亲，即己身配偶的血亲，如公婆、岳父母、夫的兄弟姐妹、妻的兄弟姐妹等。需要指出的是，己身配偶的直系晚辈血亲，同样是己身的血亲而非姻亲，例如，子女、孙子女、外孙子女，既是配偶的血亲，也是己身的血亲。

(3) 配偶的血亲的配偶，是指己身与配偶的血亲的配偶，如妯娌、连襟等。

必须指出，《民法典》之婚姻家庭编对于姻亲未规定直接的法律上的权利、义务，但《民法典》第1129条规定，丧偶的儿媳对公婆、丧偶女婿对岳父母尽了主要赡养义务的，作为第一顺序法定继承人，继承公婆或岳父母的遗产。这一规定有利于提倡和弘扬敬老养老的社会主义道德，也体现了《民法典》之婚姻家庭编的倡导性规定和亲属间之权利、义务相一致原则的要求。

## 三、亲属的范围

亲属作为基于婚姻、血缘和法律拟制而产生的社会关系，可上下左右延续无穷。亲属关系的内容也多种多样。法律无必要，也不可能调整所有的亲属关系，有的亲属关系可由道德、习惯等调整。法律所调整的，只是一定范围内的亲属关系；法律所规定的，只是必须依法处理的具体事项。在不同历史时期，不同的国家的法律调整的亲属关系范围有所不同。哪些亲属关系应被列入法律调整的范围，主要是由当时社会的经济基础及亲属关系在社会生活中的作用所决定，并与该社会上层建筑相适应的。一般说来，亲属关系在社会经济、政治生活中起的作用，在古代社会大于在现代社会，故古代法律所调整的亲属关系的范围是大于近现代法律所调整的亲属关系的范围的。

现代各国法律调整亲属关系的范围的立法例，大体有以下两种立法模式。

(1) 分别限定的立法模式，即立法不从总体上概括限定亲属的范围，而是在具体的亲属关系或法律事项上分别规定亲属的法律效力。也就是说，法律分别就禁婚亲、扶养、继承、监护等方面亲属的效力作出规定。法国、我国均采此类立法模式。

（2）总体限定的立法模式，即立法从总体上概括限定亲属的范围，此范围之外的亲属关系不属于法律的调整对象，也不具有亲属的法律效力。如现行日本民法规定："下列人为亲属：六亲等内的血亲；配偶；三亲等内的姻亲。"韩国民法亦采此类立法模式。

在我国，2001年修正的《婚姻法》对调整的亲属的范围未作总体性概括规定，而采分别限定的立法模式。《民法典》之婚姻家庭编基本沿用了这一立法模式，明确规定：禁婚亲范围为直系血亲和三代以内旁系血亲；有扶养关系的亲属范围为夫妻、父母子女、兄弟姐妹、祖孙（祖父母、外祖父母、孙子女、外孙子女）。其继承编则规定，法定继承人的范围为配偶、父母子女、兄弟姐妹、祖父母、外祖父母，孙子女和外孙子女及其直系晚辈血亲为代位继承人，兄弟姐妹的子女为代位继承人；丧偶的儿媳对公婆和丧偶的女婿对岳父母尽了主要赡养义务的，可作为第一顺序法定继承人。其总则编对法定监护人的范围作了规定。最高人民法院的司法解释曾经说明：民法通则中规定的近亲属，包括配偶、父母、子女、兄弟姐妹、祖父母、外祖父母、孙子女、外孙子女。[①] 我国刑法、刑事诉讼法、国籍法等从不同的角度对亲属的范围效力作了规定。1996年3月17日第一次修正、2012年3月第二次修正的《中华人民共和国刑事诉讼法》第106条第6项还明文规定："近亲属"是指夫、妻、父、母、子、女、同胞兄弟姊妹。这显然缩小了近亲属的范围。我们认为，将祖父母、外祖父母、孙子女、外孙子女列入近亲属范围是符合我国国情的。

明确具有特定法律效力的亲属范围，是《民法典》之婚姻家庭编应该完成的立法任务和解决的基本问题，是为其他法律规范提供援引适用依据和统一把握的基本遵循。借此，《民法典》第1045条规定：亲属包括配偶、血亲和姻亲。配偶、父母、子女、兄弟姐妹、祖父母、外祖父母、孙子女、外孙子女为近亲属。配偶、父母、子女和其他共同生活的近亲属为家庭成员。这是《民法典》对婚姻家庭法完善、增补的重要内容之一，是对我国亲属法律制度的填补性成果，在我国整个法律体系中具有重要规范价值和适用意义。

## 第二节 亲系和亲等

### 一、亲系

亲系是指亲属间的联络系统。亲属以婚姻、血缘为基础，构成纵横交错、互相交织的亲属网络。除配偶外，一切亲属都有一定的亲系可循。按不同的联系标准，亲属可以分为不同系列。

#### （一）直系亲与旁系亲

1. 直系亲

直系亲又分为直系血亲和直系姻亲。

---

① 最高人民法院《关于贯彻执行〈中华人民共和国民法通则〉若干问题的意见（试行）》（1988年1月26日）（以下简称《民通意见》）第12条.

(1) 直系血亲，是指彼此之间有直接血缘联系的亲属，包括己身所从出和从己身所出的两部分血亲。己身所从出的血亲，即生育己身的各代血亲，如父母、祖父母、外祖父母、曾祖父母、外曾祖父母、高祖父母和外高祖父母等；从己身所出的血亲，是己身生育的后代，如子女、孙子女、外孙子女、曾孙子女、外曾孙子女、玄孙子女和外玄孙子女等。这些亲属与己身有纵向血缘关系，因此，都是直系血亲。值得注意的是，直系血亲除自然直系血亲外，还包括法律拟制的直系血亲，如养父母与养子女、养祖父母与养孙子女、有抚养关系的继父母与继子女都是直系血亲。

(2) 直系姻亲，包括己身直系晚辈血亲的配偶和配偶的直系长辈血亲。前者如儿媳、女婿、孙媳、孙女婿、养儿媳、养女婿等；后者如公婆、岳父母等。在无抚养关系的继父母与继子女的关系中，继父或继母和继子或继女亦互为直系姻亲。

*2. 旁系亲*

旁系亲又分为旁系血亲和旁系姻亲。

(1) 旁系血亲，是指彼此之间具有间接血缘联系的亲属，即除直系血亲外，与己身同出一源的血亲，如兄弟姐妹、侄子女、伯、叔、姑、舅、姨、堂兄弟姐妹、表兄弟姐妹等。

(2) 旁系姻亲，包括旁系血亲的配偶、配偶的旁系血亲和配偶的旁系血亲的配偶三类。

旁系血亲的配偶，如兄嫂、弟媳、侄媳、侄女婿、伯（叔）母、姑父、姨父、舅母等。

配偶的旁系血亲，如妻的兄弟姐妹和伯、叔、姑，夫的兄弟姐妹和伯、叔、姑等。

配偶的旁系血亲的配偶，如妯娌、连襟、夫的伯（叔）母和妻的伯（叔）母等。

### （二）父系亲与母系亲

(1) 父系亲，是指以父亲的血缘关系为中介联系的亲属，如祖父母、伯、叔、姑、堂兄弟姐妹等。

(2) 母系亲，是指以母亲的血缘关系为中介联系的亲属，如外祖父母、舅、姨、表兄弟姐妹等。

### （三）男系亲与女系亲

(1) 男系亲，是指以男子的血缘关系为中介联系的亲属。我国古代的宗亲即属男系亲（同时也属父系亲）。

(2) 女系亲，是指以女子的血缘关系为中介联系的亲属。我国古代的外亲、妻亲均属女系亲。

### （四）长辈亲、同辈亲与晚辈亲

辈分又称行辈，是指亲属间的世代次第。辈分按世代来划分，以一世代为一辈分。按辈分的不同，可将亲属分为长辈亲、同辈亲和晚辈亲。

(1) 长辈亲（旧称尊亲属），是指高于己身辈分的亲属，即父母辈及父母辈以上的亲属，如父母、伯、叔、姑、祖父母、外祖父母等。

(2) 同辈亲（又称平辈亲），是指与己身辈分相同的亲属，如兄弟姐妹、堂兄弟姐妹、姐夫、妹夫等。

(3) 晚辈亲（旧称卑亲属），是指低于己身辈分的亲属，即子女辈及子女辈以下的亲属，如子女、儿媳、女婿、孙子女、外孙子女等。

## 二、亲等

亲等，是计算亲属关系亲疏远近的基本单位。亲等数小的，表示亲属关系亲近；亲等数大的，表示亲属关系疏远。由于计算亲等的客观依据是血缘联系，故亲等的计算是以血亲为基准，而准用于姻亲，具体应用时可以配偶为中介换算。配偶则自为配偶，不计亲等。

现代各国立法对亲等的计算有两种方法：罗马法计算法和寺院法计算法。我国与之不同，1950 年《婚姻法》、1980 年《婚姻法》和 2001 年修正后的《婚姻法》及《民法典》之婚姻家庭编，均以世代来计算亲属关系的亲疏远近。我国古代采用丧服制来计算亲属关系的亲疏远近。

### （一）罗马法的亲等计算法

此种计算法创自罗马法，随罗马法的传播为欧洲大陆法系国家相继实行，目前为世界上绝大多数国家所采用。其计算方法分为直系血亲和旁系血亲两个方面。

（1）直系血亲亲等的计算。从己身往上或往下数但不算己身，以一世代为一亲等。如从己身往上数，父母为一亲等，祖父母、外祖父母为二亲等，曾祖父母、外曾祖父母为三亲等，高祖父、外高祖父母为四亲等。从己身往下数，子女为一亲等，孙子女、外孙子女为二亲等，曾孙子女、外曾孙子女为三亲等，玄孙子女、外玄孙子女为四亲等。按此方法计算，父母与子女是一亲等的直系血亲，祖父母与孙子女是二亲等的直系血亲，也即父母与子女的血缘关系比祖父母与孙子女的血缘关系近。

（2）旁系血亲亲等的计算。先找出同源直系血亲，即己身与对方最近的共同直系长辈血亲，再按直系血亲亲等的计算方法从己身往上数至同源直系血亲，记下世代数；再从同源直系血亲往下数至要计算的旁系血亲，记下世代数；最后将两边的世代数相加所得之和，就是旁系血亲的亲等数。如要计算己身与姨表兄弟姐妹的亲等数，先找出己身与姨表兄弟姐妹的同源直系血亲——外祖父母，从己身往上数至外祖父母是二世代，再从外祖父母往下数至姨表兄弟姐妹也是二世代，然后将两边世代数相加为四，因此，己身与姨表兄弟姐妹是四亲等旁系血亲。

关于姻亲亲等的计算，以姻亲从血亲为原则。如儿媳与公婆的亲等，因丈夫与其父母是一亲等的直系血亲，所以，儿媳与公婆是一亲等的直系姻亲；伯、叔与侄子女是三亲等的旁系血亲，因此，侄子女与伯（叔）母是三亲等的旁系姻亲。

### （二）寺院法的亲等计算法

此种计算法创自欧洲中世纪的教会法，由于宗教影响和立法传统等原因，至今仍为少数国家所采用。其计算方法亦分为直系血亲和旁系血亲两个方面。

（1）直系血亲亲等的计算，与罗马法直系血亲亲等的计算法完全相同，即从己身往上或往下数（不算己身）一个世代为一亲等。

（2）旁系血亲亲等的计算，与罗马法旁系血亲亲等的计算方法有所不同，其计算方法是：从己身往上数（不算己身）至同源直系血亲，记下世代数；再从同源直系血亲往下数至要计算亲等的旁系血亲，记下世代数，如果两边的世代数相同，则以此数为旁系血亲亲等数；如果两边的世代数不同，则取数大的一边世代数为旁系血亲的亲等数。如己身与兄弟姐妹的同源直系血亲是父母，从己身往上数至父母是一世代，再从父母往下数至兄弟姐妹也是一世代，两边世代数相同，取一边世代数为亲等数，则兄弟姐妹间是一亲等的旁系血亲。又如计算己身与伯、叔的亲等数，先从己身往上数到同源直系血亲——祖父母为二世代，再从祖父母数至伯、叔为一世代，取大的一边世代数为亲等数，则己身与伯、叔是二亲等的旁系血亲。

姻亲的亲等计算，与罗马法的相似，也是以配偶为中介换算的。

综上，罗马法与寺院法两者计算直系血亲亲等数的方法完全相同，但两者计算旁系血亲亲等数的方法不同。两者的主要不同点是，对己身上数至同源直系血亲的世代数，与从同源直系血亲数至计算亲等的旁系血亲的世代数，罗马法计算法以两边世代数相加之和作为旁系血亲的亲等数，而寺院法计算法只取一边的世代数作为旁系血亲的亲等数。由于两者对两边世代数的取舍不同，所以对旁系血亲的亲等计算结果也大不相同。如按罗马法旁系血亲计算法，己身与伯、叔，己身与堂兄妹，分别为三亲等、四亲等的旁系血亲；而按寺院法旁系血亲计算法，则均为二亲等的旁系血亲。显然，罗马法的计算方法科学地反映了旁系血亲间血缘关系的亲疏远近，故现代绝大多数国家采用罗马法的亲等计算法。

### （三）我国婚姻家庭法中“代”的计算

我国婚姻家庭法是以“代”来表明亲属关系的亲疏远近。如我国1950年《婚姻法》规定，(除兄弟姐妹外的）其他五代内的旁系血亲间禁止结婚的问题，从习惯。1980年《婚姻法》规定，禁止三代以内的旁系血亲结婚。2001年修正后的《婚姻法》和《民法典》之婚姻家庭编沿用了这一规定。这里所说的“代”，就是我国法律规定的计算亲属关系亲疏远近的单位。一般代数小的比代数大的亲属关系亲近。

1. 代的概念及计算

代即指世辈，以一辈为一代。计算亲属的代数分为直系血亲和旁系血亲两个方面。

（1）直系血亲的计算。从己身开始，己身为一代，往上或往下数。如从己身往上数至父母为二代，至祖父母、外父母为三代，至曾祖父母、外曾祖父母为四代，至高祖父母、外高祖父母为五代；往下数，子女为二代，孙子女、外孙子女为三代，曾孙子女、外曾孙子女为四代，玄孙子女、外玄孙子女为五代。

（2）旁系血亲的计算。先找出同源直系血亲，再按直系血亲的计算法，从己身往上数至同源直系血亲，记下代数；再从同源直系血亲往下数至要计算的旁系血亲，记下代数。如果两边的代数相同，即以此数定其代数。如果两边的代数不同，则取世代数大的一边定代数。例如，要计算兄弟姐妹的代数，先找出同源直系血亲父母，己身为一代，往上数至父母为二代；再从父母为一代，往下数至兄弟姐妹是二代，因此，兄弟姐妹之间是两代以内旁系血亲。再如，要计算己身与姨表兄弟姐妹的子女的代数，先找出同源直系血亲外祖父母（对姨表兄弟姐妹的子女来说为其曾祖父母），己身为一代，往上数至母亲为二代，数至外祖父母为三代，再从外祖父母往下数至姨表兄弟姐妹的子女为四代，因此，己身与姨表兄弟姐妹的子女为四代以内旁系血亲。

2. “三代”“五代”以内的旁系血亲

（1）三代以内的旁系血亲，是指同源于己身的祖父母、外祖父母的旁系血亲。其范围包括伯、叔、姑、舅、姨、兄弟姐妹、堂兄弟姐妹、表兄弟姐妹、侄子女、外甥及外甥女。超过这一范围的亲属，就不属三代以内的旁系血亲。

（2）五代以内的旁系血亲，是指同源于己身的高祖父母、外高祖父母的旁系血亲。其范围较广，在三代以内的旁系血亲基础上，再向上上溯两代的旁系血亲。

【链接】

在中国古代，是依丧服的差等来分别亲属关系的亲疏远近的。亲者、近者其服重，疏者、远者其服轻。服制的等级，起着类似亲等的作用。丧服五等，重轻有差。第一等，斩衰，为三年之服。例如，子及在室女为父母、嫡孙为祖父母、妻为夫，有斩衰之服。第二等，齐衰，细分又有杖期、不杖期、五月、三月之别。例如，嫡子为庶母、夫为妻（父母不在时），有齐衰杖期之服；孙为祖父母、出嫁女为父母，有齐衰不杖期之服；曾孙、曾孙女为曾祖父母，有齐衰五月之服；玄孙、玄孙女为高祖父母，有齐衰三月之服。第三等，大功，为九月之服。例如，妻为夫之祖父母，有大功之服。第四等，小功，为五月之服。例如，已身为伯叔祖父母、堂伯叔父母，有小功之服。第五等，缌麻，为三月之服。例如，夫为妻之父母，有缌麻之服。

### （四）亲属关系的重复

亲属关系的重复，又称亲属关系的并存，是指有亲属关系的两人之间，同时存在两种或两种以上不同的亲属关系。其主要因婚姻或法律拟制而形成。如在一些不禁止中表婚的国家（我国1950年《婚姻法》也没有一般地禁止中表婚，而是作了从习惯的规定），表兄妹结婚后同时存在配偶和旁系血亲关系。又如，叔侄间收养关系成立后，同时存在养父母子女和旁系血亲关系。这种并存的亲属关系应如何对待？各国法律无明文规定。传统的亲属法理论认为，在亲属关系并存时，采取“一关系不被另一关系吸收或排斥”的原则，即并存的亲属关系各自独立存在，各保有其固有的效力。如一亲属关系消灭，不影响另一亲属关系的存在。但是，同时并存的一亲属关系所生的效力，得停止另一亲属关系所发生的效力。[①] 当亲属关系并存、互不吸收、各自独立时，其法律的适用采取“从近从重”原则。即同时并存的亲属关系中，适用亲属关系近者、权利义务重者的法律规定，发生该种亲属的效力；同时停止亲属关系远者、权利义务轻者的亲属效力。

# 第三节　亲属关系的法律事实

## 一、亲属关系的法律事实的认定

任何社会关系都处于产生、发展和变化之中，任何社会关系的产生、变更和消灭都必须有一定的根据。亲属关系作为一类民事法律关系，其产生、变更或消灭也必须有一定的根据。凡是依照亲属法规范能够引起亲属关系发生、变更和消灭的根据，就是亲属关系的法律事实；由

① 史尚宽．亲属法论．台北：荣泰印书馆，1980：70.

于亲属关系在性质上属于身份关系，因而该类事实可简称为身份法律事实。其构成特点有四。

（1）身份法律事实必须是亲属法确认的能够引起亲属关系发生、变更和消灭的客观事实，具有法律规范的预定性。我们知道，亲属法律关系是亲属法调整的结果。但是，亲属法规范本身作为静态规则并不能创设某一亲属关系，也不能改变或消灭某一亲属关系。亲属法只能反映一定的利益需要，按照人伦秩序和社会规制的要求，规定一些事实条件，并将这些事实条件与一定的亲属法律后果连接起来：当这些事实条件发生时，相应的亲属关系就发生、变更或消灭。这些由亲属法规定的、能够产生亲属关系后果的事实，就是身份法律事实。可见，亲属法规范是确认身份法律事实的依据，身份法律事实又是亲属关系发生、变更或消灭的原因，而亲属关系发生、变更或消灭是身份法律事实出现的结果。

（2）身份法律事实具有外在客观性。身份法律事实可以与人的意志有关，也可以与人的意志无关；可以是某种事件或状态，也可以是主体的行为，但必须是客观的存在。只存在于主观之中而不表现于外界的思想意志和愿望不能成为身份法律事实。

（3）身份法律事实必须具有法律后果指向性。客观事实无所不在、无时不生，但并非都是法律事实。身份法律事实必须是依法能产生亲属法上的后果的事实，这种亲属法上的后果不外乎三类：一是引起一定亲属关系的产生，二是引起一定亲属关系的变更，三是引起一定亲属关系的消灭。

（4）身份法律事实的具体表现分为两类：一是自然事实，即与主体意志无关的客观现象，包括事件和某种状态，如出生、死亡、成年、时间经过等；二是主体的特定身份行为，即人的有意识的活动，如结婚、离婚、收养、解除收养等。就亲属法的实践来看，自然事实与相应的法律秩序具有确定性，能够非常清楚地予以认定和把握；但身份行为相对较为复杂，并与普通民事法律行为有所不同。

## 二、亲属身份行为

亲属身份行为是自然人以亲属身份之取得或丧失为目的之行为，亦即个人将要进入或脱离某类亲属的身份共同生活关系秩序之行为。[①] 换言之，亲属身份行为就是自然人有意识地追求亲属身份法律后果的行为。

作为法律事实的亲属身份行为，既不同于主体在亲属身份状态下行使权利、履行义务的身份关系行为，也与财产法上的普通民事法律行为有所区别。概括起来，其具有如下基本特点。

1. *亲属身份行为具有非契约的“合同行为”性质*

“亲属的身份关系，是两个以上亲属身份人互相间之共同生活关系，成立或解消亲属身份共同生活关系时，则大多应由两个以上之亲属身份人共同为之始可。而此行为，乃系以实现或消灭亲属的身份共同生活关系事实，为其目的之行为，即合同行为是。唯须注意者：因合同行为成立亲属的身份共同生活关系秩序事实，与财产法上社团亦系因合同行为而成立者，颇相类似；但于前者，其效果为先在的，而于后者，其效果为创设的。详言之，亲属的身份共同生活关系秩序，虽因合同行为而成立，但其为合同行为之亲属身份行为本身，则仅有对既存亲属的身份共同生活关系这一人伦秩序上事实，加以确认之意义而已。故这与在财产法上，成立社团

① 陈棋炎．民法亲属新论．台北：三民书局，1986：24.

时之合同作为，须根据各社员之意思表示，始能创设社团内容者，颇不相同。”①

2. 亲属身份行为的意思表示有明显的局限性

亲属身份关系的内容，并非由亲属身份行为人的意思表示所构成，更不能由该意思表示人的效果意思来创设亲属身份关系的法律效果。亲属关系的权利义务体系，基本上是由法律全面地加以确认和规范，具有预定性和强制性，进入亲属身份状态中的人别无选择地受其约束，只有全面接纳、承受和遵行的义务，没有按自己的意志予以选择、变更和排斥的权利。因而，行为人只有对身份行为本身的起始或终结有一定的意志自由，而对该行为之后果无意思自治。对此，有学者进一步地明确指出：“亲属的身份之种类与内容，均在人伦秩序上，早已有所安排与决定，而亲属的身份人，亦只能将该有所安排与决定之亲属的身份权义，为在人伦秩序上所赋予的权义，全面地加以受领而已。换言之，亲属的身份之种类及其内容等，皆不能依亲属的身份人效果意思，而用意思表示的方法，或立法者依立法手段加以决定。即亲属的身份行为，绝无身份行为人‘意思表示’干预之余地。要之，因亲属的身份行为，能否发生亲属的身份法关系效果，既不依据亲属的身份行为人效果意思及意思表示，而应以人伦秩序事实是否发生为准据作决定。故亲属的身份行为是否发生效力，纵在亲属法上未设明文规定者，亦应类推适用亲属法之规定，或从人伦秩序立场加以解释始可，切勿径行适用其为财产法基本原则之‘民法总则’之规定。”②

3. 亲属身份行为对“行为能力”有特定的规律性

关于亲属身份行为的“行为能力”的界定，有两个特定的规律：其一，“亲属的身份之取得与丧失，有因亲属的身份行为者，有因自然的事实者，但无论如何，都以亲属的身份共同生活关系这一人伦秩序上事实能否发生，为其依据。因此，不问亲属的身份人，有无现代法制下之‘行为能力’，而只要该身份人，若能与另一身份人，成立某一种类型之特定亲属的身份共同生活关系，而与人伦秩序事实相一致者，则因无从否认该人伦秩序上事实之存在，随而应即确认：该亲属的身份共同生活关系业已有效成立。要之，亲属的身份关系，既是法律以前之人伦秩序上存在，而亲属的身份法关系，是因外在事由始被法律秩序化，故只要有人伦秩序上事实，且又无违反人伦性者，则应作全面的肯定解释：其为亲属的身份法关系。是时，当然与亲属的身份行为人有无‘行为能力’无干”③。其二，由于亲属身份行为所产生的法律上的和人伦道德上的后果具有复杂性、多重性和人身归属的长期性，故而要求主体具有对该事实的把握能力、对其后果的认知能力和承受、维系能力；同时，亲属身份行为之后果直接关联着公序良俗，并会连带出其他一系列身份关系，如结婚、离婚、收养、解除收养、非婚生子女的认领等，因而亲属法在民法总则所规定的一般行为能力的基础上，往往针对不同的身份行为作出相应的特别规定，使其成为亲属身份行为的主体资格或能力要件，显示出对亲属身份行为之“行为能力”的特别规范。

4. 亲属身份行为具有非代理性

亲属身份行为及其法律后果以人身为依归、附随于主体的人格，是具有人身专属性的行为和后果，只能由本人进行和承受，因而亲属身份关系的成立、变更或消灭，原则上皆须基于亲属身份人本人之自由意思，且其须亲自作出实质性意思表示，不得由第三人代理。“关于意思

---

① 陈棋炎．民法亲属新论．台北：三民书局，1986：26.

② 同①27－28.

③ 同①27.

表示之‘代理’理论，在亲属的身份共同生活秩序上无从存在。由他人代理经营某一特定人之亲属的身份共同生活关系，这是一项荒唐绝顶的事，在社会绝不能容允其存在。”“惟须注意者：纵在未成年子女之收养或解除收养场合，亦并不是代理；反之，是时之身份行为，为父母之行为，即因父母行为而发生或消灭特定的亲属身份关系这一事实，但该亲属身份关系，系在子女身上发生或消灭者，而与子女意思之‘代理’关系毫无关联，这与因出生或其他自然的事实而发生身份得丧之场合，莫不一致。”①

5. 亲属身份行为不得附条件或期限

普通民事法律行为可以根据当事人的意志受到效力上的条件或期限的限制，当事人既可以约定延缓条件或期限，也可以约定解除条件或期限。但“亲属身份法关系，系自然的、必然的、本质的结合关系，是亲属的身份人互相间之全面的共同生活关系，故不准附任何‘条件’与‘期限’，否则将违反人伦秩序上事实，而无法加以承认”②。史尚宽先生认为：“亲属法的身份行为性质上不许附条件或期限，不适用民法总则之规定，盖以如附此项条件或期限，则其行为有悖于公共秩序善良风俗也。”③ 通俗而言，亲属身份行为的效力产生、效力内容及效力终止均由法律作出强行性规定，只要当事人按照法定的形式要件和实质要件完成了特定的身份行为，则必然产生相应的法律效力，不存在也不允许当事人附设条件或期限来变更、限制法律明确规定的效力。

6. 亲属身份行为的无效、可撤销应有独立的规则

民法总则关于民事行为无效、撤销的规定主要从主体不适格、意思表示瑕疵、不合法律的强行性规定和违背公序良俗四个方面进行价值判断和认定。亲属身份行为的效力认定虽然在总体上一般不能超出这四个方面，但其重心与财产行为的重心明显有别，而且不同的亲属身份行为，其主体资格的定位、意思表示的把握、公序良俗的内涵、法律强行性规定的指向等方面在操作运行上互不相同。因此，各国在近、现代民法规则的体系中，针对各类亲属身份行为的特殊要件，直接配设无效或可撤销的具体规范，从而形成了亲属身份行为无效或可撤销的独立规则。

7. 亲属身份行为具有要式性

古往今来，关于亲属身份行为的形式要求，或民间习惯的、法律的，或世俗的、宗教的，或行政的、司法的，其共同点则都在于要式性，即亲属身份的产生、变更或消灭必须经过特定的方式、履行特定的手续，以获得一定的社会公示和公信效果。尽管现代财产法关系讲求便捷、灵活和效率，民事法律行为的形式有淡化、简明之趋势，但亲属身份行为的要式性不仅没有动摇，反而有强化、严格的趋向。法律上之所以注重亲属身份行为的要式性，其理由有五：一是亲属身份行为后果具有复杂性、多重性和强制性；二是要维护和保障亲属身份关系的稳定和持久；三是亲属身份关系具有严肃性和公益性；四是要切实保护当事人的合法权益；五是公序良俗要求引进公力干预、介入社会监控。

## 三、亲属关系的发生和终止

亲属关系因一定原因而产生，也因一定的原因而终止。由于亲属的种类不同，亲属关系发

---

① 陈棋炎．亲属·继承法基本问题．台北：三民书局，1985：130.
② 陈棋炎．民法亲属新论．台北：三民书局，1986：29.
③ 史尚宽．亲属法论．台北：荣泰印书馆，1980：30.

生和终止原因也不同。

### （一）配偶关系的发生和终止

配偶关系因男女结婚而发生。按我国婚姻家庭法的规定，应以取得结婚证的时间作为配偶关系发生的时间。配偶关系终止的情形有二：一是因配偶一方死亡（包括自然死亡和宣告死亡）而终止，二是因夫妻离婚而终止。配偶关系终止的时间为，配偶一方自然死亡的时间、人民法院宣告死亡的判决作出的时间或意外事件发生之日、登记离婚取得离婚证的时间以及人民法院准予离婚的调解书或判决书生效的时间。

### （二）血亲关系的发生和终止

1. 自然血亲关系的发生和终止

自然血亲是基于出生而产生的亲属关系。只要出生事实一经发生，出生者就与其父母、兄弟姐妹、伯、叔、姑、舅、姨等亲属存在着自然的血缘关系，发生自然血亲关系，无须当事人双方或对方认可，也不需要履行法律手续。出生者无论是婚生的还是非婚生的，都是自然血亲。因此，出生是发生自然血亲的唯一原因。

自然血亲只能因一方死亡而终止，是古今中外立法的通例。自然血亲，除一方死亡外，不因任何人为条件而终止。例如，父母子女关系，既不因父母离婚而终止，也不因双方协议、一方声明而解除。即使子女被他人收养，仅终止双方的父母子女间权利、义务，因出生而形成的父母子女身份和称谓、法律上的禁婚效力和对收养人的干预权利均仍然存在。

2. 拟制血亲关系的发生和终止

拟制血亲是法律设定的血亲。由于拟制血亲的种类不同，其发生和终止的原因也不同。

（1）养父母与养子女关系的发生和终止。养父母与养子女这种拟制血亲，因收养成立而发生。收养关系一经成立，收养人与被收养人之间即发生父母子女关系；同时被收养人与收养人的其他近亲属，也发生拟制血亲关系，如收养人的父母、收养人的亲生子女与被收养人之间发生养祖父母、养外祖父母与养孙子女、养外孙子女和养兄弟姐妹关系。

养父母与养子女的拟制血亲关系除因一方死亡而终止外，还可因收养关系解除而终止，即收养关系解除后，收养人及其近亲属与被收养人的拟制血亲关系终止。

（2）有抚养关系的继父母子女关系的发生和终止。这种拟制血亲关系的发生，须具备两个条件：一是继子女的生母或生父与继父或继母结婚，二是继父母与继子女之间形成抚养、教育关系。这两个条件必须同时具备，才能发生拟制血亲关系。

有抚养关系的继父母与继子女间的拟制血亲关系，除可因继父母继子女一方死亡而终止外，也可基于双方当事人自愿而协议解除，或由一方当事人诉请法院依法调解或判决解除。如果生父（母）与继母（父）离婚，未成年的继子女由生父（母）带走而继母（父）终止抚养的，则该子女与继父母间的拟制血亲关系终止；但如继子女已被继父母抚养成年，则其与继父母间的拟制血亲关系仍然存在，不因生父（母）与继母（父）离婚而终止。

### （三）姻亲关系的发生和终止

姻亲因婚姻成立而发生。婚姻成立是姻亲关系产生的基础，以婚姻为中介，配偶一方才与配偶另一方的亲属及双方的亲属之间发生姻亲关系。婚姻成立的时间，为姻亲关系发生的时间。

除因主体一方死亡，对另一方主体而言相互间的姻亲关系终止外，姻亲关系是否因其他原因如离婚或配偶一方死亡而终止？各国规定不同。

（1）姻亲关系是否因离婚而消灭，现代各国立法有消灭主义和不消灭主义两种。前者如《日本民法典》第728条第1款规定：“姻亲关系因离婚而终止。”韩国民法和我国台湾地区“民法”作了相同的规定。此外《日本民法典》第735条还规定，“直系姻亲间，不得结婚……在姻亲关系终止后亦同”。我国台湾地区“民法”亲属编规定，禁止直系姻亲和五亲等内不同辈分的旁系姻亲结婚，“于姻亲关系消灭后亦适用之”，即姻亲关系终止后，禁婚效力仍不消灭。我国婚姻家庭法未规定禁止姻亲结婚，因而姻亲关系终止后，亦无禁婚效力。相反，持不消灭主义的立法，如《德国民法典》第1590条规定：“由婚姻而生的姻亲关系，不因该婚姻解除而消灭。”《瑞士民法典》的规定与之相同。

（2）姻亲关系是否因配偶一方死亡而终止？现代各国立法差异很大。有的采任意主义，即立法对于配偶一方死亡后是否终止姻亲关系不予规定，完全由姻亲关系双方当事人自愿决定是否继续保持姻亲关系；有的则采有条件的消灭主义，即立法规定配偶一方死亡后，如生存配偶一方再婚或作了终止姻亲关系的意思表示，则姻亲关系终止。如《日本民法典》第728条第2款规定，夫妻一方死亡，生存配偶表示终止姻亲的意思时，姻亲关系终止。

我国婚姻家庭法未规定姻亲关系终止的原因。配偶一方死亡后，姻亲关系当事人双方是否仍保持姻亲关系，听其自便。但根据《民法典》之继承编，丧偶的儿媳对公婆、丧偶的女婿对岳父母，尽了主要赡养义务的，不论再婚与否，均可作为公婆、岳父母的第一顺序法定继承人，且不影响其子女的代位继承。从其立法精神可见，姻亲关系不因配偶一方死亡而终止，也不因生存配偶一方再婚而终止。

## 问题与思考

1. 如何理解亲属的含义？
2. 如何认定亲属关系的法律事实？
3. 亲属身份行为有哪些特点？
4. 亲属有哪些种类？
5. 如何确定亲系和亲等？
6. 各种亲属关系发生和终止的原因是什么？

# 第五章 婚姻的成立

本章导读

合法性是婚姻的本质属性。自婚姻法律制度形成后，通过法律的手段规范结婚行为，是任何时代、任何国家的法律制度中的一项重要内容。凡符合结婚要件的男女结合，法律赋予其婚姻的效力，双方依法具有夫妻间的权利和义务关系。由于婚姻的成立涉及当事人、子女、家庭和社会的利益，所以，法律将不符合结婚要件而成立的婚姻称为无效婚姻或可撤销婚姻。本章所要讲述的是，我国《民法典》及相关法律对婚姻成立的条件、婚姻成立的程序、无效婚姻和可撤销婚姻的确认及法律后果等问题的具体规定。

关键术语

结婚　聘娶婚　共诺婚　婚约　结婚合意　法定婚龄　禁婚亲　事实婚姻　无效婚姻　可撤销婚姻

## 第一节　结婚制度概说

### 一、婚姻成立的概念和特征

婚姻的成立，亦称结婚，是指男女双方按照法律规定的条件和程序，确立夫妻关系的法律行为。结婚有广义和狭义之分：狭义的结婚，仅指夫妻关系的确立；广义的结婚，包括婚姻的成立和订立婚约两个方面。近现代各国的亲属法大多对婚姻的成立作狭义上的规定，订婚已不再是结婚的必经程序。

婚姻的成立具有以下三个特征：(1) 结婚行为的主体是男女两性。婚姻关系的产生是以男女两性的生理差别为前提的，人类性的本能和自身的繁衍是婚姻的自然属性，这是婚姻区别于其他社会关系最重要的特征。如果没有两性间的这种自然属性，则婚姻无从产生，也没有其存在的意义。(2) 结婚行为是民事法律行为。当事人必须遵守法律的规定，包括法律规定的结婚条件和结婚程序两个方面。与一般的民事法律行为不同，法律对结婚行为的条件和程序作了特别的规定，婚姻必须依法成立，否则不具有婚姻的法律效力。(3) 结婚行为的后果是确立夫妻关系。男女双方因结婚形成了互为配偶的夫妻身份，相互享有和承担法律规定的权利、义务。夫妻身份关系确立后，未经法定程序，双方不能自行解除。

婚姻成立后，将产生一系列法律效力。这种法律效力可以分为及于婚姻当事人的直接效力和及于第三人的间接效力，包括形成夫妻间的权利和义务关系，以及基于婚姻而引起其他亲属间的权利和义务关系。这种婚姻成立导致的法律效力，不仅反映在有关婚姻家庭的法律规范，而且还会反映在其他的法律规范。国家之所以运用法律程序对婚姻这种特殊的社会关系加以审查和监督，正是因为婚姻的成立将会引起夫妻间权利和义务关系的产生、亲属关系的变化以及生育子女等一系列重要的后果。

## 二、婚姻成立的要件

结婚行为是一种民事法律行为，必须符合法律规定的结婚要件，包括结婚的实质要件和形式要件。凡欠缺结婚要件的男女结合，都不具有婚姻的法律效力。

### （一）婚姻成立的实质要件

婚姻成立的实质要件，是指婚姻当事人以及双方之间的关系必须符合法律规定的结婚条件，包括结婚必须具备的条件和结婚禁止的条件。传统的亲属法学将婚姻成立的要件分为公益要件和私益要件。所谓公益要件，是指涉及社会公共利益的要件，如结婚双方必须达到法定婚龄、不得重婚等；所谓私益要件，是指涉及个人利益的要件，如结婚双方当事人具有合意等，体现的是个人的意思自治不受公权力干涉。两者的结合是法律对个人利益和社会利益的平衡和协调。我国《民法典》对结婚要件的规定是将国家、社会和个人三者的利益统一起来，形成一个完整的整体，不仅保护了国家、社会和民族的整体利益，也切实地保护了婚姻当事人个人的利益。

### （二）婚姻成立的形式要件

婚姻成立的形式要件是指婚姻成立的方式或程序必须符合法律规定的条件。对于婚姻成立的方式，有事实婚（或称不要式婚）和形式婚（或称要式婚）两种。所谓事实婚，是指当事人双方只要具有共同生活的意愿和以夫妻名义共同生活的事实，婚姻即为成立，法律承认其婚姻的效力。所谓形式婚，是指结婚必须履行一定的程序、符合一定的方式。形式婚又可分为宗教婚、法律婚（亦称民事婚）等。古代中国的聘娶婚属于形式婚的类别。在新中国，法定的结婚程序是婚姻成立的必要条件。1994 年 2 月 1 日以后，未办结婚登记的事实婚姻不具有婚姻的法律效力。

由于各国的立法不同，婚姻成立的形式要件也有所不同。基于婚姻本身应具有公示意义，现代国家大多采用法律婚，以利于对婚姻关系的确认和保护。

## 三、结婚制度的历史沿革

### （一）个体婚制形成初期的结婚方式

1. 掠夺婚

掠夺婚亦称抢婚，是指男子以暴力掠夺女子为妻的结婚形式。掠夺婚最早形成于原始社会末期，恩格斯在《家庭、私有制和国家的起源》中曾提到，当一个青年男子，在朋友的帮助下劫得或拐得一个姑娘的时候，他们便轮流同她发生性交关系；但是在此以后，这个姑娘便被认为是那个发动抢劫的青年男子的妻子。恩格斯说："……抢劫妇女的现象，已经表现出向个体婚制过渡的迹象，至少是以对偶婚的形式表现出这种迹象……"① 进入个体婚时代后，掠夺婚作为一种求婚的方式在一些民族中被沿袭下来，后来演变为一种徒具形式的礼仪性的婚俗。

2. 有偿婚

有偿婚是指须以付出一定代价作为成婚条件的婚姻，包括：（1）买卖婚，是指男方以向女方家庭交付一定数量的财物作为成婚条件的婚姻。（2）互易婚，是指双方父母各以其女交换为子妇，或男子各以其姐妹交换为妻作为成婚条件的婚姻。（3）劳役婚，是指男方以为女方家庭服一定的劳役作为成婚条件的婚姻。

3. 无偿婚

无偿婚是有偿婚的对称，是指无须以付出一定代价作为成婚条件的婚姻，包括：（1）赠与婚，是指权力者或父母将其可以支配的女子赠与他人为妻的婚姻。（2）收继婚，是指女子在其丈夫死后有义务在家族内部转房的婚姻。如兄死后弟收继其嫂，为逆缘婚；姐死后妹继嫁姐夫，为顺缘婚。（3）强制婚，是指官府将罪人之妻女断配给他人为妻的婚姻。

### （二）中国古代的聘娶婚

聘娶婚，是指男方以向女方家庭交付聘金、彩礼作为结婚条件的婚姻形式。据史书记载，聘娶婚始于伏羲，而大备于周。西周始创的"六礼"，为聘娶婚规定了完备的结婚程序。这种礼仪程序不仅用礼来规范，后来还以法律的形式加以确认。所谓"六礼备，谓之聘；六礼不备，谓之奔"。"六礼"系指：（1）纳采，即男方求亲须先委托媒人通言，女方家同意后，男方才能备礼贽见。（2）问名，即男方遣媒问明女子的生辰及生母的身份。（3）纳吉，即卜其凶吉，若卜得吉兆，通知女家。（4）纳征，即纳聘财。"征"者成也，交纳聘财后，婚约即告成立。纳征是"六礼"中的主要程序，至此婚约对双方均已具有人身约束力。（5）请期，即男方择定婚期并商请女方家同意。（6）亲迎，即男方到女方家迎娶成婚。聘娶婚是在我国通行了几千年的主要婚姻形式，尽管历经各个朝代，程序会有繁简的变通，但聘娶婚的基本内容和程序始终不变。

---

① 马克思恩格斯选集：第 4 卷．3 版．北京：人民出版社，2012：53－54.

【链接】

在中国古代的婚姻观念中，结婚不仅是男女双方个人之事，而且是两家乃至两族之事。按照早期的礼制，男方将女方迎归后不仅要通过合卺行夫妻之礼，女方还须行成妇之礼始得加入夫家，成为夫方宗族的正式成员。“三月而庙见，称来妇也，择日而祭于祢，成妇之义也。”如果女方未经庙见而死，只能“归葬于女氏之党”。

关于“六礼”之制，后世不如早期严格。宋代改“六礼”为“四礼”，即纳采、纳吉、纳征、亲迎。《朱子家礼》中又将纳吉并入纳征。元代增议婚一项。明、清时代基本上沿用《朱子家礼》。从实际情况来看，王公、贵族、达官等上层人物一般多行古礼，庶民百姓等则较为简略。

### （三）欧洲中世纪的宗教婚

在欧洲中世纪，在许多国家和地区中，婚姻关系主要是由教会法来调整的，婚姻的缔结被视为“神的旨意”。教会法规定的结婚宣誓是一种圣典仪式，具有严格的条件和程序。准备结婚的当事人须事先按教规将有关事项在教会布告栏中公告，结婚应举行宗教仪式，婚礼由神职人员主持并得到其祝福，婚姻始为成立和有效。

### （四）近现代的共诺婚

共诺婚，是指依男女双方的合意而成立的婚姻。基于婚姻契约的理论，共诺婚强调的是双方的合意，法律以当事人双方共同的意思表示为婚姻成立的要件。经过欧洲的宗教改革和婚姻还俗运动，以及受资产阶级“自由、平等、博爱”等观念的影响，近现代的世界各国都已逐步实行了共诺婚。共诺婚的确立是人类婚姻制度的一大进步，使当事人享有了婚姻自主的权利，摆脱了父母包办子女婚姻的传统观念。1804 年《法国民法典》中规定，未经当事人合意不得成立婚姻。这一规定在婚姻立法史上具有很重要的意义。在一些法定婚龄低于成年年龄的国家，法律在肯定共诺婚的同时，还作出了未成年人结婚须得其法定代理人（父母或者其他监护人）同意的规定。

# 第二节　婚　约

## 一、婚约的概念

婚约，是男女双方以结婚为目的而作的事先约定。成立婚约的行为称为订婚。订婚后的男女双方具有未婚夫妻的身份。在结婚前，男女双方为保证婚姻的缔结，可以事先达成一个协议。协议的目的是明确的，即双方承诺接受将来的婚姻。婚约成立后，双方当事人负有按照约定缔结婚姻的义务，但是这并不意味着当事人将来必须结婚。法律不要求婚约必须履行，在当事人任何一方不履行婚约时，另一方不得请求法院强制其履行。附加在婚约上的任何违约条款，也都不具有法律上的效力。

婚约具有以下特征。

(1) 婚约必须由当事人双方亲自订立且意思表示真实。婚约是将来双方接受婚姻的承诺，因此，必须以双方合意为条件，任何由包括父母在内的第三人代定的婚约都是无效的；因欺诈、胁迫而订立的意思表示不真实的婚约，也是无效的。由于许多国家的订婚年龄低于成年年龄，所以在法律上规定未成年人订婚须得法定代理人同意。

(2) 婚约当事人双方不得有法定的婚姻障碍。订立婚约是以结婚为目的，因而，婚约不得违反法律对婚姻的禁止性规定。法律规定的禁婚亲之间不得订立婚约；一方或双方已有配偶的人不得订立婚约。但由于婚约本身并不是婚姻，所以，订婚后又与他人结婚或重复订婚者均不构成法律上的重婚。

(3) 婚约为非要式行为。法律没有规定婚约的形式，当事人可以采取各种方式订婚，如口头、书面、仪式、交换信物等。

## 二、婚约的历史类型

### (一) 早期型的婚约

在个体婚制形成的初期，掠夺婚是不以婚约为前提的。在买卖婚中，男子需向女方的家庭交付一定的财物才能缔结婚姻。女方的监护人在接受了男子的财物后，就负有将女子交付给该男子的义务，双方达成婚约。古代社会的婚约是结婚的必经程序，没有婚约的婚姻被视为无效。罗马法规定，无婚约的结合只能被视为姘居，不能称其为婚姻。订立婚约需要一定的形式，如我国古代以订立“婚书”或收受“聘礼”为婚约成立的法定要件。婚约订立后，对男女发生准夫妻的效力，双方互负贞操义务，未婚妻如不忠实被视为通奸。按照罗马亲属法，一方若再订婚约或另行结婚的，应被宣布为不名誉，要受“破廉耻”的宣告。法律强调婚约双方的忠诚，订婚人如无正当理由解除婚约，要承担一定的法律责任。一些国家的法律规定，如果男方悔约，其付给对方的聘金不得请求返回；如果女方悔约，则须支付相当于聘金价值一倍至四倍的罚金。在欧洲中世纪的寺院法中，还有关于结婚诉权的规定，虽然对于要求结婚的判决不能强制执行，但可依此对违约人给予宗教上的处罚。

### (二) 晚期型的婚约

进入近、现代后，婚约较前期有了很大的改变，婚约的法律效力有所减弱，婚约的缔结及解除也变得简单容易。第一，婚约不再是结婚的必经程序，有些国家在法律上还取消了有关婚约的相关条文。有婚约规定的国家也不要求当事人在结婚前必须先行订婚，婚约已成为可由当事人自己选择的一个程序。第二，订立婚约的当事人由原来的监护人改为男女双方，未经当事人双方合意订立的婚约无效。第三，双方因合意或法定理由可随时解除婚约。婚约不能被强制执行，不得基于婚约诉请结婚是各国立法的通例。有些国家的法律规定，婚约解除后，双方不再受婚约的约束，但是，无正当理由解除婚约的，过错方应依法承担对于由于解约而产生的财产上和精神上的损害赔偿及赠与物的返还责任。

## 三、婚约的解除

在我国，法律上没有关于婚约的规定，对婚约采取既不提倡也不禁止的态度。婚约不是法律所调整的对象，当事人自愿订立的婚约没有法律上的约束力。当事人有解除婚约的自由，可以双方合意解除，也可单方解除而不论其有无重大事由或有无重大过错。一方要求解除婚约时，应通知对方，但无须征得对方的同意，也无须经过法定的程序。婚约解除后，因婚约而产生的未婚夫妻的身份关系也随之解除，任何一方不得请求法院强制执行婚约。婚约期间双方同居生活的，不产生夫妻间的权利和义务关系，如生有子女的，该子女为非婚生子女，依法享有与婚生子女同等的权利。因婚约而产生的财产关系，不同于婚姻中的夫妻财产关系，具有其特殊性，应分别情况妥善处理。

(1) 当事人因订立婚约而给付彩礼的，如果查明属于以下情形，当事人请求返还按照习俗给付的彩礼的，人民法院应当予以支持：1) 双方未办理结婚登记手续的；2) 双方办理结婚登记手续但确未共同生活的；3) 婚前给付并导致给付人生活困难的。适用前述第 (2) (3) 项的规定，应当以双方离婚为条件。

(2) 婚约期间，当事人双方因资金的共用、财物的合并以及共同投资等而产生的共同财产，由于不具有夫妻身份关系，所以不应被视为共同共有，各自的财产归各人所有。在婚约解除后，双方对共有财产有约定的，按约定处理；没有约定的，应视为按份共有，按比例分割。

(3) 婚约期间，基于结婚的目的，当事人一方或双方将自己的财产无偿给予对方而产生的单方赠与或双方赠与，与一般的以价值转移为目标的赠与不同，大多是为了增进感情，促使婚约的履行，保证结婚目的的实现。对于这种附结婚条件的赠与，虽赠与人不能要求受赠人必须与其结婚，但赠与人能否基于赠与的目的不能实现而请求返还，我国法律没有明确规定。

(4) 婚约期间，一方或双方支出的费用及负担的债务，以及在财产上、精神上受到的损害等，在婚约解除后，能否要求对方给予赔偿？有些国家的法律基于婚约为契约的理论，规定了过错方负一定的损害赔偿责任。我国法律对此不予支持。

# 第三节　结婚的条件

结婚的条件，即结婚的实质要件，包括结婚的必备条件和结婚的禁止条件。

## 一、结婚的必备条件

结婚的必备条件，又称结婚的积极要件，是当事人结婚时必须具备的法定条件。根据我国《民法典》的规定，结婚的必备条件有以下三项。

### (一) 须具有结婚的合意

结婚的合意，是指当事人双方确立夫妻关系的意思表示真实一致。基于人格独立和意思自治原则，各国法律大多把双方合意作为结婚的必备条件。《民法典》第 1046 条规定：结婚应当男女双方完全自愿，禁止任何一方对另一方加以强迫，禁止任何组织或者个人加以干涉。结婚合意是结婚的首要条件，是保障结婚自由的前提，是婚姻自由原则在结婚制度中的具体体现。法律要求的“男女双方完全自愿”具有两个含义：一是双方自愿而不是一方愿意，二是男女双方本人自愿而不是父母或第三人愿意。

结婚是婚姻当事人双方的法律行为，双方自愿是婚姻建立的基础，法律排斥当事人一方对他方的强迫，排斥当事人父母或第三人的包办或干涉，排斥当事人非自愿地被迫同意。尽管法律并不排斥当事人的父母或他人对当事人提出意见和建议，但是，是否缔结婚姻应由当事人自行决定。

### （二）必须达到法定的结婚年龄

法定婚龄，是指法律规定的准予结婚的最低年龄。《民法典》第 1047 条规定：结婚年龄，男不得早于 22 周岁，女不得早于 20 周岁。凡当事人双方或一方未达到法定婚龄的，婚姻登记机关不予登记。

由于婚姻关系是自然属性和社会属性的结合，因而，法定婚龄的确定必须取决于自然因素和社会因素。自然因素是指人的生理和心理的发育规律。人类只有达到一定的年龄，才能具备适合结婚的生理条件和心理条件，才具有婚姻行为能力，才能履行夫妻义务、承担对家庭和社会的责任。社会因素是指一定的生产方式以及与之相适应的政治、经济、文化、人口状况、道德、宗教、民族习惯等社会条件。不同地区、不同民族受地理、气候等的影响，在身体的发育和成熟上具有一定的差异，社会条件也不尽相同，所以各国对法定婚龄的规定是高低有别的。我国现行法定婚龄是以婚姻的自然属性为基础、以我国的社会经济发展和人口状况等为依据而制定的，具有科学性，对于适应经济的发展、控制人口的增长、提高人口素质具有重要的意义。

有些国家，在规定法定婚龄之外，还设有“特许制度”，即法律允许某些不到法定婚龄的男女，基于特殊的原因，向特定的机关申请批准其结婚的制度。设有特许制度的国家，对特许的原因和年龄的下限，以及申请和批准的程序，均有具体的规定。例如，在女方怀孕或分娩后，为了保护胎儿、婴儿、母亲和非婚生子女的利益，法定机关可批准其结婚。

### （三）必须符合一夫一妻制

一夫一妻是我国婚姻制度的基本原则，符合一夫一妻制是结婚的必备条件，法律禁止重婚。《婚姻登记条例》第 6 条规定，申请结婚登记的当事人已有配偶的，婚姻登记机关不予登记。对于构成重婚罪的，应依照刑法的规定，追究其刑事责任。

#### 案例 1　重婚案

李某与张某结婚，婚后生育一子。后李某到外地打工，结识了赵某，两人产生了感情。李某谎称自己单身并伪造了身份证明与赵某办理了结婚登记。李某在与赵某结婚后，很快与张某办理了离婚登记。张某在离婚后得知李某在与自己的婚姻关系存续期间与赵某结婚，随即以李某重婚为由，向人民法院提起诉讼，主张李某与赵某的婚姻无效。

请问：李某的行为是否构成重婚？其与赵某之间的婚姻效力如何？

重婚是指有配偶又与他人结婚或者明知他人有配偶而与之结婚的行为。我国实行一夫一妻的婚姻制度，法律禁止有配偶者与他人结婚。本案中的李某在与赵某办理结婚登记时，尚未与张某离婚，因此，李某的行为已经构成了重婚。张某在主张李某与赵某的婚姻无效时，已经与李某离婚，那么，李某和赵某之间的婚姻有无法律效力？按照《民法典》第1051条的规定，有重婚情形的婚姻无效。但在司法实践中，当事人向人民法院申请宣告婚姻无效的，如果申请时，法定的无效婚姻情形已经消失的，人民法院不予支持。据此，本案中张某起诉申请认定婚姻无效时，其与李某已经办理了离婚手续，李某的重婚情形已经消失，故李某和赵某的婚姻关系合法有效。

## 二、结婚的禁止条件

结婚的禁止条件，又称结婚的消极要件或婚姻障碍，是指当事人结婚时不得具有法律规定的禁止结婚的婚姻障碍。

禁婚亲，是指法律规定的禁止结婚的亲属。《民法典》第1048条规定：直系血亲或者三代以内的旁系血亲禁止结婚。关于禁婚亲有不同的立法例，一些国家的禁婚亲不仅包括一定范围的自然血亲，还包括了一定范围的拟制血亲和姻亲。

禁止一定范围的亲属结婚，源于原始社会的婚姻禁忌。人类在漫长的进化过程中和在自然规律的作用下，逐步排除了纵向的直系血亲间的两性行为，以及横向的旁系血亲兄弟姐妹间的通婚。进入个体婚制后，人类有意识地通过立法限制近亲结婚，一是基于优生学的原因，受遗传基因的影响，夫妻如果血缘关系太近，容易将生理上和精神上的疾病或缺陷遗传给子女、后代，这将给民族的健康、人口的素质以及人类的发展带来危害；二是基于伦理道德的要求，近亲结婚有悖教化，有碍于人类长期形成的婚姻道德，容易造成亲属身份上和继承上的紊乱，因而，各国法律均根据本国的民族习惯，禁止一定范围的亲属结婚。在我国古籍中，也有“男女同姓，其生不蕃”以及“取于异姓，所以附远厚别也”等记载。

禁止直系血亲结婚，是各国立法的通例。关于旁系血亲的禁婚范围，由于文化传统和风俗习惯的不同，各国法律的规定有广狭宽严之别。目前，世界各国的亲属法对旁系血亲的禁婚范围，大体有三种规定：一是禁止二亲等旁系血亲通婚，二是禁止三亲等以内的旁系血亲通婚，三是禁止四亲等以内的旁系血亲通婚。从采取的立法形式上看，可分为两种：一种是概括主义，即按亲等计算法直接规定禁止结婚的亲等；另一种是列举主义，即法律逐一列举禁止结婚的亲属。《民法典》按照世代计算方法，规定凡出自同一祖父母、外祖父母的血亲（除直系血亲外，都是三代以内的旁系血亲），禁止通婚。三代以内旁系血亲包括：（1）兄弟姐妹，含同父同母的全血缘的兄弟姐妹、同父异母或同母异父的半血缘的兄弟姐妹。（2）伯、叔、姑与侄、侄女，舅、姨与外甥、外甥女。（3）堂兄弟姐妹、表兄弟姐妹。

对于拟制血亲之间能否结婚，《民法典》没有明确规定。许多国家对法律拟制的直系血亲都明文规定加以禁止。有些国家还将拟制血亲的禁婚范围扩大到养子女的卑血亲，如《德国民法典》规定，收养他人为养子女者，于因收养而产生的法律关系存续期间，不得与养子女或其卑血亲结婚。有的国家甚至将禁婚范围扩至因收养而发生的其他特定种类的亲属，如《法国民法典》规定，收养人与被收养人及其直系卑血亲间，同一人的养子女间，收养人所生的子女与被收养人间，被收养人与收养人的配偶间，收养人与被收养人的配偶间，禁止结婚。需要指出的是，尽管有些国家在法律上对于是否禁止收养人与被收养人间结婚没有作明文规定，但一般在解释上都适用直系血亲禁婚的规定。禁止拟制直系血亲通婚，符合伦理的要求。我国《民法典》规定，养父母和养子女、继父或继母和受其抚养教育的继子女之间的权利和义务，适用婚姻法对父母子女关系的有关规定。因此，《民法典》对直系血亲缔结婚姻的禁止，也应适用于养父母子女之间和有抚养关系的继父母子女之间。无论这种拟制直系血亲关系是否解除，从伦理要求和法律精神来看，都应属于禁止结婚的范围。至于拟制旁系血亲间的通婚，只要没有血缘上的禁忌，在解除拟制关系后法律应予准许。

此外，受伦理观念的影响，许多国家还禁止一定范围的姻亲结婚，直系姻亲一般都在禁婚的范围，在夫妻离异或一方死亡他方表示终止姻亲关系时仍不得结婚。有少数国家将一定亲等的旁系姻亲也列入禁婚的范围，如《法国民法典》规定，禁止离婚后妻与夫之兄弟、夫与妻之姊妹结婚。此项禁止，必要时得经法定程序取消。其婚姻因死亡而解消者，不在禁止之列。我国《民法典》没有禁止姻亲结婚的规定，直系姻亲虽无直系血亲的法律地位，但直系姻亲通婚有悖伦理，故一直是人类的一个婚姻禁忌。但旁系姻亲，包括异父异母的兄弟姐妹，只要他们相互之间没有禁止结婚的血缘关系，则应准予结婚。

### 案例 2　近亲结婚婚姻无效案

项某与赵某为表兄妹，项某的母亲与赵某的母亲系同胞姐妹。项某与赵某自幼相识、青梅竹马。在达到法定结婚年龄后，两人隐瞒了双方是表兄妹亲属关系的事实，办理了结婚登记手续。后因家庭琐事经常争吵，感情出现裂痕，赵某遂向人民法院起诉，要求与项某离婚。项某认为双方感情基础很好，坚决不同意离婚。

请问：作为表兄妹的项某和赵某缔结的婚姻关系是否有效？

《民法典》第 1048 条规定：直系血亲或者三代以内的旁系血亲禁止结婚。本案中项某和赵某系表兄妹关系，属于三代以内的旁系血亲，为法律禁止结婚的亲属关系。因此，赵某起诉离婚后，人民法院在查明项某和赵某之间具有法律禁止结婚的亲属关系时，应依据《民法典》第 1051 条关于有禁止结婚的亲属关系的婚姻无效的规定，宣告项某和赵某之间的婚姻关系无效，双方之间自始都是同居关系，不发生婚姻关系的法律效力。

在司法实践中，人民法院审理宣告婚姻无效案件时，对婚姻效力的审理不适用调解，应当依法作出判决。有关婚姻效力的判决一经作出即发生法律效力。但是，涉及财产分割和子女抚养的，可以调解。调解达成协议的，另行制作调解书。对有关财产分割和子女抚养问题的判决不服的，当事人可以上诉。

# 第四节　结婚的程序

## 一、结婚程序的概念及意义

结婚的程序，即结婚的形式要件，是指法律规定的缔结婚姻所必须履行的法定手续。婚姻的成立，除要求当事人必须符合结婚的实质要件外，还要求符合一定的形式要件。只有在履行了法律规定的结婚程序后，婚姻才具有法律上的效力，才能得到国家和社会的承认。

根据各国的规定，目前结婚的程序大体有三种主要形式：(1) 仪式制，是指结婚必须举行一定的仪式，结婚仪式是婚姻成立的法定要件。结婚仪式又可分为三种：一是宗教仪式，是指由神职人员主持、在教堂中进行的结婚仪式；二是世俗仪式，是指在民间由家长等主婚人主持、有证人参加的结婚仪式；三是法律仪式，是指由政府官员主持的结婚仪式。有的国家还规定，宗教仪式和法律仪式具有同等的效力，可由当事人自己选择，法律均予承认。(2) 登记制，是指结婚必须到法定的登记机关进行登记，结婚登记是婚姻成立的法定要件。(3) 登记与仪式结合制，是指结婚既要进行登记又要举行仪式，结婚登记和结婚仪式均是婚姻成立的法定要件，缺一不可。

我国结婚实行登记制，即结婚必须履行的法定程序是结婚登记。《民法典》第 1049 条规定："要求结婚的男女双方应当亲自到婚姻登记机关申请结婚登记。符合本法规定的，予以登记，发给结婚证。完成结婚登记，即确立婚姻关系。未办理结婚登记的，应当补办登记。"男女在登记结婚并取得结婚证后，无论是否同居生活，无论是否举行结婚仪式，都具有法律上的夫妻身份关系，其婚姻受到国家的承认和法律的保护。一方或双方如反悔，须按离婚程序解除婚姻关系。反之，如果男女双方仅举行结婚仪式或进行同居生活，但没有办理结婚登记的，则其婚姻不具有法律效力。

婚姻登记制度是我国婚姻制度的重要组成部分，包括结婚登记、离婚登记和复婚登记三项具体内容。国家通过结婚登记对婚姻关系进行监督和管理，不仅可以保障当事人的合法权益，预防和制止违法婚姻的发生，同时也可以减少婚姻纠纷，维护国家、社会和当事人的利益。

## 二、结婚登记的机关和程序

### （一）结婚登记的机关

根据《婚姻登记条例》第 2 条的规定，内地居民办理婚姻登记的机关是县级人民政府民政部门或者乡（镇）人民政府，省、自治区、直辖市人民政府可以按照便民原则确定农村居民办理婚姻登记的具体机关。

婚姻登记机关的管辖范围，原则上以当事人的户籍为依据：双方当事人的户口在同一地区的，可到当地婚姻登记机关办理结婚登记。双方当事人的户口不在同一地区的，可到一方户口所在地的婚姻登记机关办理结婚登记。

### （二）结婚登记的程序

1. 申请

内地居民结婚，男女双方应当共同到婚姻登记机关提出结婚申请。申请时，当事人应当出具下列证件和证明材料：（1）本人的户口簿、身份证；（2）本人无配偶以及与对方当事人没有直系血亲或三代以内旁系血亲关系的签字声明。

2. 审查

婚姻登记机关应当依法对当事人的结婚申请进行审核和查证。除查验当事人提交的证件和证明是否齐全、是否符合规定外，还应对当事人是否符合法律规定的结婚条件进行审核。审查中，可就需要了解的情况向当事人提出询问，必要时也可以进行调查。审查是结婚登记程序的中心环节，审查应依法进行，不得草率或拖延。

3. 登记

婚姻登记机关对当事人的结婚申请进行审查后，符合结婚条件的，应当当场予以登记，发给结婚证。对于离过婚的，应当注销其离婚证件。申请结婚登记的当事人有下列情形之一的，婚姻登记机关不予登记：（1）未到法定结婚年龄的；（2）非双方自愿的；（3）一方或者双方已有配偶的；（4）属于直系血亲或者三代以内旁系血亲的。婚姻登记机关对于当事人不符合结婚条件不予登记的，应当向当事人说明理由。

当事人认为符合结婚登记条件而婚姻登记机关不予登记的，可以依照《行政复议法》的规定申请复议；对复议决定不服的，可以依照《行政诉讼法》提起行政诉讼。

按照《婚姻登记条例》第 8 条、第 14 条的规定，补办结婚登记和办理复婚登记，均适用该条例有关结婚登记的规定。

#### 案例 3　结婚程序瑕疵案

张某与周某经人介绍认识。在双方办理结婚登记手续时，周某（19 岁）因不到法定的结婚年龄，就用了姐姐的身份证与张某办理了结婚登记手续。婚后双方因感情不和分居。一年后，张某诉至人民法院，要求与周某离婚，同时向人民法院申请宣告其与周某姐姐的婚姻无效。

请问：周某冒用姐姐的名义与张某缔结的婚姻关系是否有效？张某与周某姐姐之间是否存在婚姻关系？

本案中张某和周某结婚的意思表示是真实的，张某在申请离婚时，周某已经达到了法定的结婚年龄，双方符合结婚的实质性条件，但是，周某在结婚时，使用的是其姐姐的身份证和信息办理的婚姻登记，因此在法律上周某与张某没有婚姻关系，而《民法典》第 1051 条规定的婚姻无效的法定情形是：（1）重婚；（2）有禁止结婚的亲属关系；（3）未到法定婚龄。该规定中没有周某这种借用他人身份登记结婚的情形，在司法实践中，当事人如果以《民法典》第 1051 条规定情形以外的情形申请宣告婚姻无效的，人民法院应当判决驳回当事人的申请。当事人以结婚登记程序存在瑕疵为由提起民事诉讼，主张撤销结婚登记的，人民法院告知其可以依法申请行政复议或者提起行政诉讼。本案中，周某使用其姐姐的身份证和信息与张某登记结婚，形式上张某与周某姐姐建立了婚姻关系，而不是与周某建立了婚姻关系。但是，张某与周某姐姐之间既没有结婚的合意，也没有共同生活的事实，因此，周某姐姐与张某之间不存在婚姻关系，不应当按照婚姻无效处理，而应当通过申请行政复议或者提起行政诉讼方式撤销该婚姻。

## 三、事实婚姻和补办结婚登记

婚姻的成立是要式的法律行为。当事人不仅要符合结婚的条件，而且要履行结婚的程序。我国以办理结婚登记为婚姻成立的法定方式，这是以包括举行仪式在内的其他方式不能代替的。从理论上讲，双方当事人均符合结婚的实质要件，只说明其具有作为婚姻法律关系主体的可能性，只有办理了结婚登记，符合了结婚的形式要件，双方的婚姻关系才为法律所承认，才会受到法律的保护。只有通过结婚登记婚姻才从可能变为现实，未办理结婚登记的“婚姻”不能在法律上确立夫妻关系。

长期以来，在我国的现实生活中，人们一直将未履行结婚登记程序即以夫妻名义公开同居生活的两性结合称为事实婚姻。所谓事实婚姻，从广义上讲，是指男女双方在主观上具有永久共同生活的目的，在客观上具有未经结婚登记即以夫妻名义同居生活的事实，群众也认其为夫妻关系的结合。从狭义上讲，事实婚姻专指没有配偶的男女双方，未经结婚登记，即以夫妻名义同居生活，群众也认为是夫妻关系的结合。司法实践中对事实婚姻的认定历来采用狭义的解释。

在任何国家和地区，无论广义的还是狭义的事实婚姻，都是存在的。各国法律依据本国的文化传统和具体国情，对此采取的处理原则大致可分为三类：第一类是承认主义，即法律对于符合结婚实质要件的事实婚姻予以承认。法律要求构成事实婚姻的条件是，当事人的结婚能力、结婚目的、同居事实以及夫妻身份的公示性。英美的普通法婚姻即是如此，其与具备了形式要件的法律婚有同等的效力。第二类是不承认主义，即法律不承认任何形式的事实婚姻。法律对结婚形式要件的规定十分严格，不具备形式要件的事实婚姻不具有婚姻的法律效力。现行的日本法律即是如此，结婚如不申报登记，男女双方当事人之间不产生夫妻的权利和义务。第三类是相对承认主义，即法律为事实婚姻设定了有效条件，对条件具备的事实婚姻法律予以承认。条件包括法定的同居年限、法院的确认以及补办法定手续等。大陆法系国家的法律大多如此规定，具备了条件的事实婚姻与合法婚姻有同等的效力。

根据最高人民法院历次所作的司法解释，我国对事实婚姻问题的处理经历了三个不同的发展阶段。

第一个阶段是中华人民共和国成立初期至1989年11月21日。在此期间，司法实践是有条件地承认事实婚姻的。1979年2月2日最高人民法院在《关于贯彻执行民事政策法律的意见》（现已失效）中指出：事实婚姻是指没有配偶的男女，未进行结婚登记，以夫妻关系同居生活，群众也认为是夫妻关系的。人民法院审理这类案件，要坚持结婚必须进行登记的规定，不登记是不合法的，要进行批评教育；处理具体案件要根据党的政策和婚姻法的有关规定，从实际情况出发，实事求是地解决。双方或一方不满婚姻法规定的结婚年龄的婚姻纠纷，如未生育子女，在做好工作的基础上，应解除其非法的婚姻关系；如有已生子女等特殊情况，应根据婚姻法的有关规定，对女方及子女的利益给予照顾。对于双方已满法定结婚年龄的事实婚姻纠纷，应按一般的婚姻案件处理。1984 年 8 月 31 日最高人民法院在《关于贯彻执行民事政策法律若干问题的意见》中又指出：没有配偶的男女，未按婚姻法规定办理结婚登记手续，即以夫妻名义同居生活，是违法的。处理这类纠纷，应对双方当事人进行严肃的批评教育，指出其行为的违法性和危害性，促使当事人增强法制观念。对于起诉时双方都已达到婚姻法规定的婚龄和符合结婚的其他条件的，可按《婚姻法》（1980 年）第 25 条规定的精神处理，如经过调解和好或者撤诉的，应让其到有关部门补办结婚登记手续；起诉时双方或一方仍未达到法定婚龄或不符合结婚的其他条件的，应解除其同居关系。所生子女的抚养和财产的分割问题，按婚姻法的有关规定处理。

第二个阶段是 1989 年 11 月 21 日至 1994 年 2 月 1 日。在此期间，司法实践仍然是有条件地承认事实婚姻，但条件比过去更为严格。1989 年 11 月 21 日最高人民法院在《关于人民法院审理未办结婚登记而以夫妻名义同居生活案件的若干意见》中指出：1986 年 3 月 15 日《婚姻登记办法》施行之前，未办结婚登记手续即以夫妻名义同居生活，群众也认为是夫妻关系的，一方向人民法院起诉“离婚”，如起诉时双方均符合结婚的法定条件，可认定为事实婚姻关系；如起诉时一方或双方不符合结婚的法定条件，应认定为非法同居关系。……1986 年 3 月 15 日《婚姻登记办法》施行之后，未办结婚登记手续即以夫妻名义同居生活，群众也认为是夫妻关系的，一方向人民法院起诉“离婚”，如同居时双方均符合结婚的法定条件，可认定为事实婚姻关系；如同居时一方或双方不符合结婚的法定条件，应认定为非法同居关系。

第三个阶段是 1994 年 2 月 1 日民政部颁布的《婚姻登记管理条例》施行后，凡未办理结婚登记即以夫妻名义同居生活的，均按非法同居关系处理。

由于历史的原因、登记制度不健全以及法制宣传不到位，事实婚姻在我国农村，特别是边远地区并不鲜见。据此，2001 年修正后的《婚姻法》第 8 条中规定：未办理结婚登记的，应当补办登记。这一规定从积极的角度重申了办理结婚登记的必要性，应当通过加强法制宣传和完善登记制度等工作，采取补办登记的办法解决事实婚姻的问题。已经补办登记的，自双方均符合结婚的实质要件时起即发生婚姻的法律效力。凡未按《婚姻法》（2001 年修正）第 8 条规定办理结婚登记而以夫妻名义共同生活的男女，起诉到人民法院要求离婚的，应当区别对待：（1）1994 年 2 月 1 日民政部《婚姻登记管理条例》公布、实施以前，男女双方已经符合结婚实质要件的，按事实婚姻处理。（2）1994 年 2 月 1 日民政部《婚姻登记管理条例》公布、实施以后，男女双方符合结婚实质要件的，人民法院应当告知其在案件受理前补办结婚登记；未补办结婚登记的，按解除同居关系处理。未按《婚姻法》（2001 年修正）第 8 条规定办理结婚登记而以夫妻名义共同生活的男女，一方死亡，另一方以配偶身份主张享有继承权的，按照上述解释分别处理，以婚姻有无效力作为有无继承权的依据。

## 案例 4 事实婚姻案

袁某与徐某经人介绍认识，1988 年按农村习俗举行了婚礼，即开始以夫妻名义在徐某家同居生活，生育一子一女，但双方一直未办理结婚登记手续。2000 年，徐某和袁某共同出资出力将其居住的旧屋拆除，翻建为四间砖混结构房屋，房屋所有权登记在徐某名下。现袁某以双方感情不和为由向法院起诉离婚，要求分割房屋等共同财产。被告徐某答辩称，双方至今未办理结婚登记，其与袁某系同居关系；主张解除同居关系，财产按份共有，自己名下的房屋归自己所有。

请问：袁某和徐某未办理结婚登记即以夫妻名义共同生活是同居关系还是婚姻关系？

我国结婚实行登记制，未经结婚登记的结合原则上不具有婚姻的法律效力。没有配偶的男女未经结婚登记即以夫妻名义共同生活的结合，称为事实婚姻。事实婚姻是否具有婚姻效力？我国区分不同情况作不同的处理。在司法实践中，未办理结婚登记即以夫妻名义共同生活的男女，凡 1994 年 2 月 1 日前已经符合结婚实质要件的，该结合为事实婚姻，具有婚姻效力；1994 年 2 月 1 日后才符合结婚实质要件的，应当补办结婚登记，否则按同居关系对待。本案中袁某和徐某在 1994 年 2 月 1 日前均已达到结婚年龄，没有禁止结婚的情形，符合结婚实质要件，双方的结合应被认定为事实婚姻。徐某以未经结婚登记为由主张其与袁某之间的结合为同居关系的说法不成立，袁某有权提起离婚之诉并要求分割夫妻共同财产。事实婚姻与经过登记的婚姻一样，如双方没有财产约定，婚姻关系存续期间取得的财产应被认定为夫妻共同财产。据此，本案中徐某和袁某在 2000 年共同出资出力翻建的四间房屋应被认定为夫妻共同财产，离婚时袁某有权分得一半。

# 第五节　无效婚姻和可撤销婚姻

## 一、无效婚姻和可撤销婚姻的概念

无效婚姻，即不具有法律效力的婚姻，是指男女两性的结合因违反了法律规定的结婚要件而不具有法律效力的违法结合。可撤销婚姻，是指已成立的婚姻关系，因欠缺婚姻合意，受胁迫和受欺诈的一方当事人可向人民法院申请撤销的违法结合。婚姻是男女两性以永久共同生活为目的的结合，只有在符合婚姻成立的实质要件和形式要件时，才能得到社会的承认，才是合法的婚姻，具有婚姻的法律效力，受到法律的承认和保护。反之，则是违法的，为法律所禁止。

婚姻的合法性是婚姻的本质属性。自婚姻法律制度出现后，任何时代、任何国家都要通过法律手段为婚姻的成立规定必须符合的要件包括实质要件和形式要件，凡符合结婚要件的结合始被赋予婚姻的法律效力。合法的结婚行为是婚姻关系借以成立，夫妻间的身份和权利、义务赖以产生的基础。各个时代、各个国家的婚姻制度不同，婚姻立法不同，但是，要求结婚必须合法则是无一例外的。法律中有关无效婚姻的规定，包括婚姻无效的原因、确认婚姻无效的程序和婚姻无效的法律后果等，是保证婚姻合法成立的必要手段。就其在婚姻法律制度中的地位和作用而言，有关无效婚姻的规定是婚姻法重要的、不可缺少的组成部分。

可撤销婚姻欠缺结婚合意，故法律赋予当事人申请撤销的权利。婚姻自由是我国宪法赋予公民的基本的人身权利，婚姻当事人有权按照法律的规定，自主地决定自己的婚姻问题，不受任何人的强迫和干涉。因受胁迫或欺诈而结合的婚姻中，受胁迫方或受欺诈方同意结婚的意思表示是不真实的，因而法律赋予其撤销该婚姻关系的权利。但意思表示属于主观认识的范畴，因此，不同于无效婚姻，如仅有可撤销的事由而无撤销行为的，可撤销婚姻的效力并不消灭。

## 二、有关婚姻无效和撤销的外国立法例

各国法律一般对欠缺婚姻成立要件的结合，均有婚姻无效和可撤销的规定，以便自始否认或者自撤销之时起废止相关婚姻关系。关于无效婚姻和可撤销婚姻的概念、两者之间的区别，以及无效和撤销的原因、认定的程序和法律后果等，各国法律的规定是不尽相同的。

无效婚姻制度起源于古代法，罗马亲属法中对此已有规定，及至中世纪，无效婚问题更加受到重视。确认婚姻无效不仅是违法结合的法律对策，在一定意义上，还是禁止离婚的一种救济手段，因为当时寺院法是奉行禁止离婚主义的。依寺院法的规定，如果当事人之间存在婚姻障碍或者欠缺结婚合意等婚姻成立的要件，则双方的结合不具有婚姻的效力。1804年的《法国民法典》继受了罗马法的规定，其中设有无效婚姻制度。法国的无效婚姻分为绝对无效婚和相对无效婚，前者多违反了公益要件，当事人、利害关系人和检察官均得请求确认婚姻无效；后者多违反了私益要件，只有当事人和依法具有请求权的特定人始得请求确认婚姻无效。

1900年的《德国民法典》在亲属编中，兼采无效婚姻和可撤销婚姻两种制度，婚姻无效和可撤销各以不同的法定原因为依据。在兼采无效婚姻和可撤销婚姻的国家中，无效婚姻和可撤销婚姻的区别一般表现在以下几个方面。

（1）从违反婚姻成立要件的程度来看，无效婚姻和可撤销婚姻往往是有重轻之别的。某些要件的欠缺导致婚姻当然无效，这些欠缺被称为无效原因。另一些要件的欠缺并不导致婚姻当然无效，但可依有请求权人的请求，依法予以撤销。这些欠缺被称为可撤销的原因。一般说来，无效原因的违法性比撤销原因的违法性更为严重。但是，何者为无效原因，何者为可撤销的原因，均依各国法律的规定。某一要件的欠缺，可能是这一国家婚姻无效的原因，却可能是另一国家婚姻可撤销的原因，并没有统一的标准。

（2）从认定的程序和方式来看，有些国家法律规定，无效婚姻当然无效，只要具有无效的法定原因，无须提起诉讼或经法院宣告，当事人自行主张即可使婚姻归于无效；可撤销的婚姻则须经当事人或其他有撤销权人的请求，依照诉讼程序，由法院以判决确定予以撤销，撤销权因法定期间的经过而消灭。采用这种制度的有日本等国家。但是，也有一些国家的法律规定，无效婚姻须经裁判的宣告，否则不发生无效的效力。采用这种制度的有德国等。当然，无效婚姻和可撤销婚姻在认定程序上的区别十分明显，宣告无效婚姻和可撤销婚姻在认定程序上是很难区别的。

（3）从无效和撤销的时间效力来看，在一般情况下婚姻的无效都是溯及既往的，无效婚姻自始无效，从当事人结合时起即不具有婚姻的效力，而婚姻的撤销不溯及既往，只是从撤销之时起废止该婚姻的效力。但是，也有一些国家规定，无效婚只有部分的溯及力或者并无溯及

力，前者指以无效婚当事人的善意或恶意作为确定有无追溯力的标准，后者指自法院宣告时起始而生无效的效力。

(4) 从无效和撤销的法律后果来看，有些国家规定，于无效婚中受胎而出生的子女为非婚生子女；于婚姻被撤销前受胎，于婚姻被撤销后出生的子女亦为非婚生子女。也有一些国家为了保护子女的权益，规定婚姻无效并不影响该婚姻中所生子女的权利。另外，无效婚的当事人不适用有关夫妻财产制的规定；被撤销婚姻的当事人（以及并无追溯力的无效婚姻的当事人）之间有关财产的处理实际上适用离婚的规定。

除了无效婚姻和可撤销婚姻，一些国家的法律中还有婚姻不成立的规定，将无效婚姻与婚姻不成立加以区别，遵循“无规定，无无效”的立法传统，对于那些法律中未作无效规定的结合，将其归入婚姻不成立的类别。

需要说明的是，所有以上的这些区别并不是很严格的，由于各国法律规定不同，常有各种的例外。综观无效婚姻和可撤销婚姻的外国立法例，我们可以看到两者有一种正在相互融合、相互渗透的发展趋势。

## 三、无效婚姻

### （一）婚姻无效的原因

《民法典》第1051条规定，有下列情形之一的，婚姻无效：(1) 重婚；(2) 有禁止结婚的亲属关系；(3) 未到法定婚龄。依此，具有以下情形的，均属于无效婚姻。

1. 违反一夫一妻制的无效婚姻

法律规定任何人不得同时有两个或两个以上的配偶，有配偶者违反一夫一妻原则再行结婚的，构成重婚，重婚属于无效婚姻。

重婚包括双方均有配偶的重婚和一方无配偶与已有配偶者的重婚。无配偶一方的重婚，在主观上有善意和恶意的区分。按照我国《刑法》的规定，有配偶而重婚，或者明知他人有配偶而与之结婚的，应追究其刑事责任；不知对方已有配偶而与之结婚的，不是重婚犯罪的主体。但是，从民法上讲，无配偶的一方无论是善意还是恶意，都破坏了一夫一妻的婚姻制度，对其婚姻无效的认定没有任何影响。

《民法典》第51条规定：被宣告死亡的人的婚姻关系，自死亡宣告之日起消除。死亡宣告被撤销的，婚姻关系自撤销死亡宣告之日起自行恢复。但是，其配偶再婚或者向婚姻登记机关书面声明不愿意恢复的除外。据此，如果婚姻关系中的一方当事人被宣告死亡，另一方可以另行结婚。即使被宣告死亡的人再出现，死亡宣告被撤销，另一方当事人的婚姻仍然受法律保护，不能按重婚处理。前婚一方当事人被撤销死亡宣告，不是另一方当事人后婚无效的原因。

2. 当事人为禁婚亲的无效婚姻

基于自然选择规律的要求，以及长期形成的伦理观念，禁止一定范围的亲属结婚，是各国亲属法的通例。由于民族文化和传统习惯的不同，禁止结婚的亲属在范围上有广狭和宽严之别。在我国从《民法典》规定的范围来看，凡直系血亲和三代以内的旁系血亲结婚的，其婚姻都是无效婚姻。

3. 未到法定婚龄的无效婚姻

法律规定男女双方均必须已达到法定婚龄始得结婚，一方或双方未到法定婚龄而登记结婚的，属无效婚姻，法律不予承认。

关于婚姻无效的原因法律是有严格限定的。当事人以《民法典》第1051条规定情形以外的情形申请宣告婚姻无效的，人民法院应当判决驳回当事人的申请。在司法实践中，当事人以结婚登记程序存在瑕疵为由提起民事诉讼主张撤销结婚登记的，人民法院应告知其可以依法申请行政复议或者提起行政诉讼。

**案例5 同居关系案**

2005年，孙某与丁某未办理结婚登记即以夫妻名义同居生活，同居期间生育一子。2008年丁某离家出走。2010年孙某起诉到法院，要求解除与丁某的同居关系，同居期间所生一子由其独自抚养。

请问：孙某和丁某之间的结合是无效婚姻还是同居关系？

同居关系是指未办理结婚登记手续的男女共同生活形成的社会关系。无效婚姻是指符合结婚的形式要件即办理了结婚登记，但不符合结婚的实质要件的婚姻。同居关系和无效婚姻的区别在于，同居关系的构成要件之一就是欠缺结婚的形式要件。在司法实践中，1994年2月1日后男女双方未办理结婚登记即以夫妻名义共同生活的一律认定为同居关系。对无效婚姻的认定是，双方虽然办理了结婚登记手续，但一方或双方存在不符合结婚实质要件的情形，被人民法院宣告为无效的婚姻。本案中孙某和丁某没有办理结婚登记，也未补办结婚登记，因此他们的结合不属于无效婚姻，应按照同居关系处理。对于同居关系当事人起诉请求解除同居关系的，人民法院不应受理。但当事人因同居期间财产的分割或者子女抚养纠纷提起诉讼的，人民法院应当受理。

### （二）确认婚姻无效的程序和请求权

1. 确认婚姻无效的法律程序

无效婚姻是于法无效的，但是，如果当事人之间、第三人与当事人之间就婚姻有无法律效力的问题发生争议，或者主管机关发现婚姻违法否认其效力的，仍应按照法定程序予以认定和处理。因此，这方面的程序性规范，在无效婚姻规范体系中具有重要的地位和作用。

确认婚姻无效的程序是：有请求权的当事人、第三人或有关单位可向人民法院提起确认婚姻无效之诉。该婚姻是否具有法律效力，由人民法院依法判决。这里，必须将确认婚姻无效之诉和离婚之诉加以区别，两者的性质是完全不同的：(1)就诉讼请求的种类而言，确认婚姻无效之诉是否定的确认之诉，原告要求人民法院确认当事人之间不存在合法的婚姻关系。离婚之诉则是形成变更之诉，原告要求人民法院变更当事人之间现存的法律关系即解除婚姻关系，而对该婚姻的合法性并没有异议。(2)就诉讼请求的根据而言，婚姻无效的原因在当事人违法结合时已经存在，离婚的原因则一般发生于当事人合法结合之后。(3)就请求权人的范围而言，离婚之诉仅限于当事人提起，当事人以外的任何人、任何单位均无此权利，而婚姻无效之诉不受此限制，请求权人也可以是有利害关系的第三人或者有关单位。(4)就处理结果的效力而言，确认婚姻无效是溯及既往的，人民法院确认婚姻无效，则该婚姻自始无效，从当事人结合之日起即不具有婚姻的法律效力，而离婚的效力是指向未来的，即自离婚判决或准予离婚的调解书生效之日起解除当事人间的婚姻关系。

在依诉讼程序确认婚姻无效时，应当注意以下几个问题：（1）请求确认婚姻无效的诉讼，应当以判决的方式结案，不应以调解的方式结案。无论是支持原告的诉讼请求宣告婚姻无效，还是驳回原告的诉讼请求确认婚姻合法有效，都应用判决方式而不应用调解方式。因为，法律规定的婚姻成立的有关要件是强制性规范，而不是任意性规范。当事人之间的结合是否具有婚姻的效力，只能根据客观事实依法认定，这是不能依诉讼双方当事人的意愿而定的。人民法院审理宣告婚姻无效案件，对婚姻效力的审理不适用调解，应当依法作出判决；有关婚姻效力的判决一经作出，即发生法律效力。（2）在处理有关婚姻效力的纠纷时，不能因双方当事人对本属无效的婚姻并无争议就不加追究。人民法院在审理有关案件的过程中发现无效婚姻时，应当依职权确认其无效，并在有关判决中予以宣告。即使请求权人并未提起确认婚姻无效之诉，人民法院也可以根据客观事实主动地否认违法婚姻的效力。一方面，在审判实践中有关扶养、继承等案件中常常会涉及婚姻效力的问题，婚姻是否有效是能否以配偶身份行使权利的依据，而正确认定婚姻是否有效是处理相关案件的必要前提。另一方面，应当将申请宣告婚姻无效案件和离婚案件加以区别。人民法院受理离婚案件后，经审查确属无效婚姻的，应当将婚姻无效的情形告知当事人，并依法作出宣告婚姻无效的判决。人民法院就同一婚姻关系分别受理了离婚案件和申请宣告婚姻无效案件的，对离婚案件的审理，应当待申请宣告婚姻无效案件作出判决后进行。婚姻关系被宣告无效后，涉及财产分割和子女抚养的，应当继续审理。此外，在第三人包括单位提起请求确认婚姻无效之诉时，当事人双方均处于被告的诉讼地位。人民法院受理申请宣告婚姻无效案件后，经审查确属无效婚姻的，应当依法作出宣告婚姻无效的判决。原告申请撤诉的，不予准许。利害关系人向人民法院申请宣告婚姻无效的，利害关系人为申请人，婚姻关系当事人双方为被申请人；夫妻一方死亡的，生存一方为被申请人；夫妻双方均已死亡的，不列被申请人。（3）人民法院在宣告婚姻无效时，应同时对子女和财产等问题一并处理。与对婚姻效力的处理不同，人民法院审理宣告婚姻无效案件时涉及财产分割和子女抚养的，可以调解，也可以采用判决的方式。对于调解达成协议的，另行制作调解书。当事人对关于财产分割和子女抚养问题的判决不服的，可以上诉。

2. *婚姻无效的请求权*

（1）请求权人的范围。

按照世界上许多国家的立法例，可以依法主张婚姻无效的请求权人包括当事人、利害关系人、未成年当事人的法定代理人以及检察官等。哪些主体具有主张婚姻无效的请求权，应当根据婚姻无效的原因确定。

在我国的司法实践中，就已办理结婚登记的婚姻向人民法院申请宣告婚姻无效的主体，包括婚姻当事人和利害关系人。利害关系人包括：1）以重婚为由申请宣告婚姻无效的，为当事人的近亲属及基层组织。2）以未到法定婚龄为由申请宣告婚姻无效的，为未达法定婚龄者的近亲属。3）以有禁止结婚的亲属关系为由申请宣告婚姻无效的，为当事人的近亲属。

（2）请求权的行使期限。

为了防治违法婚姻，保障婚姻无效的请求权的行使，维护婚姻关系的稳定，保护有关各方的权益和社会利益，我国司法实践中的做法是，当事人向人民法院申请宣告婚姻无效的，申请时，法定的无效婚姻情形已经消失的，人民法院不予支持。具体而言，以重婚为由申请宣告婚姻无效的，请求权应于重婚者的合法配偶死亡或双方离婚以前行使；以未到法定婚龄为由申请宣告婚姻无效的，请求权应于婚姻双方均达法定婚龄以前行使；以有禁止结婚的拟制血亲关系为由申请宣告婚姻无效的，请求权应于依法解除拟制血亲关系以前行使。

**案例6　未到法定婚龄婚姻效力争议案**

19岁的杨某与朱某通过伪造的户口本、身份证等办理了结婚登记。5年后因双方经常争吵、感情破裂，朱某诉至法院，申请宣告婚姻无效。

请问：杨某和朱某在登记结婚时均未达到法定的结婚年龄，他们的婚姻有效吗？

我国的法定婚龄为男22周岁、女20周岁。本案中，在办理结婚登记时，杨某和朱某均为19周岁，未达到法定婚龄，依据《婚姻登记条例》第6条的规定，婚姻登记机关不予登记。但是杨某和朱某采取欺骗手段办理了结婚登记。按照《民法典》第1051条第3项的规定，未到法定婚龄的婚姻无效。据此，杨某和朱某之间的结合属于无效婚姻。但在司法实践中，当事人向人民法院申请宣告婚姻无效的，申请时，法定的无效婚姻情形已经消失的，人民法院不予支持。据此，杨某和朱某之间的结合在双方均未达到法定婚龄之前为无效婚姻，达到法定婚龄之后即转化为合法婚姻。本案中朱某起诉时，杨某和朱某均已达到了法定婚龄，所以人民法院应当认定杨某和朱某之间的婚姻合法，依法驳回朱某的诉讼请求。朱某欲解除其与杨某之间的婚姻关系，只能通过协议离婚或者诉讼离婚的方式。

## 四、可撤销婚姻

### （一）婚姻撤销的原因

可撤销婚姻，是指已成立的婚姻关系欠缺结婚合意，受胁迫或受欺诈的一方当事人可向人民法院请求撤销该婚姻。按照《民法典》的规定，当事人可向人民法院请求撤销的婚姻的情形有二。

1. 因受胁迫而主张撤销的婚姻

《民法典》第1052条规定：因胁迫结婚的，受胁迫的一方可以向人民法院请求撤销婚姻。请求撤销婚姻的，应当自胁迫行为终止之日起一年内提出。被非法限制人身自由的当事人请求撤销婚姻的，应当自恢复人身自由之日起一年内提出。婚姻自由是我国宪法赋予公民的基本的人身权利，也是婚姻法的首要原则。结婚自由是婚姻自由的一个重要方面，结婚自由要求婚姻当事人双方应当具有结婚的合意，意思表示真实。如果一方或双方当事人因受胁迫，不得不违心地作出同意结婚的意思表示，鉴于其本人并不具有结婚的真实意愿，法律赋予其撤销该婚姻的权利。在司法实践中，“胁迫”是指行为人以给另一方当事人或者其近亲属的生命、身体健康、名誉、财产等方面造成损害为要挟，迫使另一方当事人违背真实意愿而结婚的情况。

构成胁迫必须具有下列要件：第一，须有胁迫的故意，即胁迫人有通过胁迫使被胁迫人产生恐惧心理，并基于恐惧心理而为意思表示的故意。第二，须有胁迫的行为，即胁迫人须有以加害相威胁的表示或行动，并已达到令被胁迫人产生恐惧的程度。以加害相威胁的对象，不仅包括被胁迫人自身，也包括其近亲属的生命、健康、自由、名誉、财产等。第三，胁迫须具有违法性。所谓违法包括目的非法和手段非法。第四，须被胁迫人因恐惧心理而为的意思表示与胁迫行为间具有因果关系。当胁迫行为与结婚没有必然的因果关系时，被胁迫一方不得请求撤销该婚姻。

需要指出的是，在现实生活中，胁迫并不仅限于一方对另一方的胁迫，也有双方均受胁迫的情形。某些包办婚姻的双方当事人都是因受第三人的胁迫而成婚的，在这种情形下双方均可依法请求撤销该婚姻。

2. 因对方隐瞒重大疾病而主张撤销的婚姻

为防止和避免疾病的传染、遗传，保护婚姻当事人的利益和社会利益，提高人口素质，我国婚姻法一直禁止患有特定疾病的人结婚。2001 年修正的《婚姻法》，将患有医学上认为不应当结婚的疾病而缔结的婚姻规定为无效婚姻的法定情形。但随着社会的发展，为充分尊重当事人的意思自治，保障结婚自由，《民法典》不再将“患有医学上认为不应当结婚的疾病”作为禁止结婚的情形，删除了《婚姻法》将疾病婚作无效婚姻处理的规定，将其作为可撤销的婚姻处理。《民法典》第 1053 条规定：一方患有重大疾病的，应当在结婚登记前如实告知另一方；不如实告知的，另一方可以向人民法院请求撤销婚姻。请求撤销婚姻的，应当自知道或者应当知道撤销事由之日起一年内提出。

构成隐瞒重大疾病必须具有下列要件：第一，一方患有重大疾病。尽管我国法律没有规定何为重大疾病，但关于哪些是医学上认为不应当结婚的疾病，不能任意解释，应当限于足以危害对方和后代健康的重大不治的传染性疾病或遗传性疾病。第二，患病的一方存在隐瞒的故意，包括没有告知或者没有如实告知。第三，请求撤销婚姻的，应当自知道或者应当知道撤销事由之日起 1 年内提出。

要指出的是，法律允许因对方隐瞒重大疾病而申请撤销婚姻，旨在保障自然人有充分的知情权和选择权。一方患有重大疾病而隐瞒对方构成法律上的欺诈，缔结的婚姻是在违背另一方真实意思的情况下实施的民事法律行为，因此，受欺诈方有权请求人民法院予以撤销。这对于保障婚姻自由和当事人及其后代的身体健康、家庭幸福十分重要。

### （二）婚姻撤销的程序

撤销婚姻必须有撤销行为，仅有可撤销的事由而无撤销行为的，婚姻的效力并不消灭。撤销权人行使撤销权的意思表示须向人民法院作出，而非向相对人作出。

### （三）请求权人

尽管胁迫、欺诈行为本身具有违法性，但考虑到社会生活的多样性，以及当事人的内心意思和心理活动的复杂性，对此类婚姻没有必要由有关部门主动地予以撤销。请求权人只限于受胁迫、受欺诈的当事人。撤销权是当事人依法享有的权利，法律在赋予当事人这项权利的同时，也允许当事人放弃该权利。是否行使撤销权，由受胁迫、受欺诈的当事人自行决定，法律不应干预。可撤销的婚姻在依法撤销之前具有法律效力。可撤销婚姻制度的设立，体现了意思自治原则的基本精神。

### （四）请求权的行使期间

为了促使请求权人尽快地行使权利，避免婚姻关系长期处于不稳定的状态，《民法典》对当事人行使这项权利规定了除斥期间，即行使撤销权的法定期间。因胁迫结婚的，受胁迫的一方向人民法院请求撤销婚姻的，应当自胁迫行为终止之日起 1 年内提出。被非法限制人身自由的当事人请求撤销婚姻的，应当自恢复人身自由之日起 1 年内提出。因一方隐瞒重大疾病，另一方请求撤销婚姻的，应当自知道或者应当知道撤销事由之日起 1 年内提出。这里的“1 年”为法定期间，逾期不行使撤销权，可视为默示的放弃，不适用诉讼时效中止、中断或者延长的规定。

**案例 7　可撤销婚姻案**

王某与初某相识相恋。在经过一段时间的深入了解后，王某发现初某脾气暴躁，稍不如意就动手打人，遂提出终止恋爱关系。初某不同意，并扬言：王某如不与他结婚，就杀死她一家。慑于初某的威胁，王某违心与初某办理了结婚登记。结婚后，初某常因生活琐事对王某大打出手，双方关系不断恶化。2 年后，王某不堪忍受，遂诉至法院，请求依法撤销与初某的婚姻关系。

请问：王某和初某之间的婚姻关系属于可撤销婚姻吗？

本案中初某以结婚为目的，多次以王某的全家性命为要挟，使王某陷入恐惧，被迫同意与初某结婚。初某的行为构成了法律上的胁迫。《民法典》第 150 条规定，一方以胁迫手段，使对方在违背真实意思的情况下实施的民事法律行为，受胁迫方有权请求人民法院予以撤销。《民法典》第 1052 条规定：因胁迫结婚的，受胁迫的一方可以向人民法院请求撤销婚姻。请求撤销婚姻的，应当自胁迫行为终止之日起 1 年内提出。被非法限制人身自由的当事人请求撤销婚姻的，应当自恢复人身自由之日起 1 年内提出。据此，王某可以胁迫为由主张撤销该婚姻。但是，法律对于当事人以胁迫为由主张撤销婚姻是规定了明确的权利行使期限的，当事人必须在法律规定的期限内行使撤销权；超过法定期限，撤销权归于消灭，当事人欲解除婚姻关系只能通过离婚的方式处理。本案中王某和初某之间的婚姻是可撤销的，但是，王某必须自结婚之日起 1 年内提出，可王某在结婚 2 年后才向人民法院提出撤销婚姻关系的请求，已经超过了法律规定的撤销权行使期间，其撤销权已经消灭。如果没有法律规定的被非法限制人身自由情形，人民法院应当判决驳回王某的诉讼请求。

## 五、婚姻无效或被撤销的法律后果

宣告婚姻无效和予以撤销，是法律对当事人的配偶身份的否定，它使已经登记成立的婚姻不具有婚姻的法律效力，使从事违法婚姻的当事人无法达到其预期的目的。此外，对违法婚姻的责任主体来说，除婚姻无效或被撤销外，其违法行为还会导致其他后果，他们应当依法承担相应的法律责任。《民法典》第 1054 条规定：无效的或者被撤销的婚姻自始没有法律约束力，当事人不具有夫妻的权利和义务。同居期间所得的财产，由当事人协议处理；协议不成的，由人民法院根据照顾无过错方的原则判决。对重婚导致的无效婚姻的财产处理，不得侵害合法婚姻当事人的财产权益。当事人所生的子女，适用本法关于父母子女的规定。婚姻无效或者被撤销的，无过错方有权请求损害赔偿。

**（一）对当事人的法律后果**

由于当事人的配偶身份为法律所否定，无效或被撤销婚姻双方当事人之间不具有基于婚姻的效力而发生的夫妻权利和义务，因而，当事人间的人身关系和财产关系与合法婚姻中夫妻之间的人身、财产关系有着根本的不同，主要表现在以下方面。

1. *人身关系方面*

（1）在姓名权、人身自由权等问题上，不适用《民法典》有关夫妻人身关系的规定；（2）由于无效或被撤销婚姻中的男女不是合法配偶，一方与另一方的血亲及其配偶之间不发生姻亲关系；（3）在监护、代理、收养以及告诉才处理的犯罪等问题上，不适用关于以夫妻身份为基础的法律关系的各种规定。

2. *财产关系方面*

（1）对无效或被撤销婚姻的当事人，不适用《民法典》有关夫妻财产关系的规定。夫妻财产制所调整的财产关系，是以特定的身份关系为前提的。无效或被撤销婚姻当事人同居的期间并非婚姻关系存续期间，在此期间所得的财产，不能适用关于夫妻财产制的规定。如果无效或被撤销婚姻的当事人对财产作了约定，只要这种约定符合民事法律行为的有效要件，就应当承认其具有法律效力。这并不是对无效或被撤销婚姻的肯定或承认，而是对自然人之民事权利的尊重和对民事法律行为的保护。在无效或被撤销婚姻当事人终止同居关系时，不存在依法分割夫妻共同财产的问题。被宣告无效或被撤销的婚姻当事人在同居期间所得的财产，按共同共有处理，但有证据证明为当事人一方所有的除外。如果双方约定为共有的财产，或虽无约定但在实际生活中形成了某种财产共有关系，应按《民法典》中有关共有关系终止的一般规定处理。（2）对于重婚导致的无效婚姻的财产处理，不得侵害合法婚姻当事人的财产权益。人民法院审理重婚导致的无效婚姻案件时，涉及财产处理的，应当准许合法婚姻当事人作为有独立请求权的第三人参加诉讼。（3）无效或被撤销婚姻的当事人相互之间没有法定的扶养义务，因而，也不适用《民法典》有关一方不履行扶养义务时需要扶养的一方有要求对方给付扶养费的权利的规定。一方出于自愿扶养另一方，与履行法定的扶养义务在性质上是有着严格区别的。在无效或被撤销婚姻的当事人终止同居关系时，如因同居期间的生活费负担等问题发生争议，应根据具体情况妥善处理。一方对于在同居期间已消费的财产，在终止同居关系时要求另一方返回的，一般应不予支持。（4）无效或被撤销婚姻的当事人不能以配偶的身份互为第一顺序的法定继承人。在一方死亡后，另一方对其父或母尽了主要赡养义务的，不适用《民法典》中关于丧偶儿媳对公、婆，丧偶女婿对岳父、岳母尽了主要赡养义务的，作为第一顺序法定继承人的规定。无效或被撤销婚姻当事中的一方在遗嘱中以另一方为受遗赠人的，是遗嘱人依法对其财产的处分，应予以准许。在一定情况下，一方死亡时，另一方可以根据《民法典》第 1131 条关于“对继承人以外的依靠被继承人扶养的人，或者继承人以外的对被继承人扶养较多的人，可以分给适当的遗产”的规定主张酌情分得遗产。但是，这同配偶享有法定的继承权有着本质的区别。

### （二）对子女的法律后果

对婚姻无效或被撤销的宣告具有溯及既往的效力，无效婚姻或被撤销的婚姻是自始无效的，因此，在无效婚姻或被撤销的婚姻中受胎或出生的子女应为非婚生子女。《民法典》规定：非婚生子女享有与婚生子女同等的权利，任何组织或者个人不得加以危害和歧视。不直接抚养非婚生子女的生父或者生母，应当负担未成年子女或者不能独立生活的成年子女的抚养费。这里需要注意两个问题：(1) 于无效婚姻或被撤销婚姻中受胎，但在出生时其父母已具有合法的配偶身份的子女应被视同婚生子女。(2) 在无效婚姻或被撤销婚姻中受胎、出生的子女与父母间的权利和义务，不受其父母婚姻无效或被撤销的影响。生父母与生子女是自然血亲，《民法典》中有关父母子女关系的规定，同样适用于在无效婚姻或被撤销婚姻中受胎、出生的子女与其生父母的关系。

此外，在监护、代理、收养等涉及父母子女关系的事项中，父母子女间的权利和义务也不受父母婚姻无效或被撤销的影响。在无效婚姻或被撤销婚姻当事人终止同居关系时，有关子女的抚养权归属、抚养费的负担等问题，应与婚生子女同等对待，按《民法典》的有关规定处理。这对于保护违法婚姻中的子女的权益是十分必要的。

### （三）违法者的法律责任

参见本书第十二章中的有关说明，此处从略。

## 问题与思考

1. 简述婚姻成立的概念及特征。
2. 试述结婚的法定条件。
3. 试述结婚的法定程序。
4. 如何认定事实婚姻与同居关系？
5. 试述无效婚姻的概念及婚姻无效的原因。
6. 试述可撤销婚姻的概念及婚姻可撤销的原因。
7. 婚姻无效和被撤销有哪些法律后果？

# 第六章
# 婚姻的效力

本章导读

法律意义上的婚姻作为男女双方以永久共同生活为目的、依法自愿缔结的具有权利义务内容的两性结合，应包括两层含义：一是男女双方缔结婚姻关系的操作行为和程序，二是因此行为所构成的实体性夫妻关系。第二层含义既是婚姻的内涵，又是婚姻的效力，即夫妻之间的权利和义务关系。婚姻的效力在婚姻家庭法上集中表现为两个方面。一是配偶身份权，二是夫妻财产制。配偶身份权渊源于婚姻的内在属性和社会功能，植根于人伦道德秩序，最终外化为法律规范，反映了人类对婚姻的文明自觉和理性把握。夫妻财产制是配偶身份关系的物化表现和对婚姻、家庭这一身份共同体的财产性法律规制，在现代市场经济环境下具有独特的制度价值和很强的实践意义。

关键术语

婚姻效力　夫妻一体主义　夫妻别体主义　配偶身份权　夫妻财产制　共同财产制　分别财产制　法定夫妻财产制　约定夫妻财产制

## 第一节　婚姻效力概说

### 一、婚姻效力的概念

婚姻效力是指男女因结婚而产生的法律后果。它随婚姻关系的确立而发生，并随婚姻关系的消灭而终止。

婚姻的效力，有广义和狭义之分。广义的婚姻效力，是指婚姻的成立在婚姻家庭法及其他相关法律中产生的法律后果，例如，民法、刑法、民事诉讼法、刑事诉讼法、劳动法、国籍法等中都有关于婚姻效力的规定。狭义的婚姻效力，仅指婚姻在婚姻家庭法上的效力。其又可分为直接效力和间接效力。直接效力是指因婚姻而产生的夫妻间的权利和义务关系；间接效力是指因婚姻引起的其他亲属间的权利和义务关系。本章阐述的婚姻效力专指婚姻的直接效力，即夫妻间的权利和义务关系。

婚姻的直接效力，从性质上可分为两个方面：一是婚姻在身份法上的效力，即夫妻人身关系；二是婚姻在财产法上的效力，即夫妻财产关系。从境外立法来看，前者包括姓名权、同居义务、忠实义务、婚姻住所决定权及日常家事代理权等；后者主要指夫妻财产制，包括夫妻财产的归属、管理和使用、收益及处分等权利和债务的清偿，以及约定夫妻财产制的设立、变更和废止等法律规定。

夫妻关系即夫妻法律关系，它是夫妻之间的权利和义务的总和。夫妻关系的内容包括人身关系和财产关系。人身关系是指与夫妻的身份相联系而不具有经济内容的权利和义务关系。财产关系是指夫妻间具有经济内容的权利和义务关系。夫妻人身关系决定夫妻财产关系，夫妻财产关系从属于夫妻人身关系。

《民法典》之婚姻家庭编有关婚姻效力的规定，主要集中在第1055条至第1066条，此外还有第1050条、第1092条。夫妻人身关系包括地位平等权，姓名权，参加生产、工作、学习和社会活动的自由，住所平等协商决定权，对未成年子女共同平等监护的权利和义务等。夫妻财产关系包括夫妻扶养义务、夫妻日常家事代理权、夫妻继承权及夫妻财产制等。这些内容是婚姻的效力在夫妻间的直接表现。加强对夫妻关系的法律调整，有利于巩固社会主义婚姻制度，实现婚姻家庭在社会生活中的功能。

## 二、夫妻在婚姻家庭中的法律地位

夫妻双方在家庭中的地位，是与男女两性的社会地位相一致的。夫妻关系的性质和特点，归根结底决定于一定的社会制度。随着社会经济基础及与之相适应的婚姻家庭制度的发展，夫妻在家庭中的地位也相应地发生变化。

### （一）关于夫妻地位之立法主义的变迁

在传统的亲属法学中，常用立法主义的不同来说明夫妻在家庭中的法律地位的变迁，认为夫妻关系立法可分为两大类型：一种是夫妻一体主义，又称夫妻同体主义，是指夫妻因婚姻成立而合为一体，双方的人格互相吸收。从表面看，夫妻的地位是平等的，实际上，只是妻的人格被夫的人格吸收，妻处于夫权的支配之下，故夫妻一体主义不过是夫权主义的别名。此立法主义主要为古代和中世纪的亲属法所采用。我国古代也采此说。如古籍中有“夫妇，一体也”等说；“夫者妻之天”“夫为妻纲”等是夫妻关系中至高无上的原则，被中国古代的礼教奉为天经地义。另一种是夫妻别体主义，或称夫妻分体主义，是指夫妻婚后仍各自是独立的主体、各有独立的人格。夫妻双方虽受婚姻效力的约束，仍各有法律行为能力和财产权利。资产阶级国家的亲属法多采夫妻别体主义。但资产阶级国家早期的立法中保留有一定的封建残余。随着社会的发展，许多资本主义国家对有关夫妻地位的法律作了修改，使夫妻双方的法律地位在形式上逐渐趋于平等。

上述分类只是以某些法律形式上的特征为依据，因而无法说明不同社会制度下夫妻关系的本质。

### （二）不同社会制度下夫妻的法律地位

按照历史唯物主义的观点，夫妻关系的性质及其发展变化，由社会经济基础所决定，并受上层建筑诸部门的影响和制约。因此，夫妻在家庭中的地位，与不同的社会制度相适应，可分为以下三个时期：一是男尊女卑、夫权统治时期，二是在法律形式上渐趋平等的时期，三是从法律上的平等向实际生活中的完全平等过渡的时期。

## 三、我国婚姻家庭法对夫妻之法律地位的规定

《民法典》第1055条规定：夫妻在婚姻家庭中地位平等。这是男女平等原则的具体体现，是对夫妻法律地位的原则性规定。我国婚姻家庭法关于夫妻关系的其他具体规定，都体现了这一原则的精神。夫妻是家庭的基本成员，只有在家庭地位平等的基础之上，才能平等地行使权利、平等地履行义务。实现夫妻在婚姻家庭中的地位平等，有利于消除夫权统治和家长专制等封建残余影响，建立和发展社会主义制度下新型的夫妻关系。根据我国婚姻家庭法的规定，夫妻在人身关系和财产关系两个方面的权利和义务都是一律平等的；法律不允许夫妻任何一方只享受权利而不尽义务或者只尽义务而不享受权利。

夫妻在婚姻家庭中地位平等，既是确定夫妻间权利和义务关系的原则，也是处理夫妻间权利和义务纠纷的基本依据。对于夫妻间的权利和义务纠纷，《民法典》婚姻家庭编有具体规定的，应按具体规定处理；无具体规定的，则应按夫妻在婚姻家庭中地位平等原则的精神予以处理。作为在婚姻家庭中地位平等的必然要求，《民法典》第1058条规定：夫妻双方平等享有对未成年子女抚养、教育和保护的权利，共同承担对未成年子女抚养、教育和保护的义务。

# 第二节 配偶身份权

配偶身份权是夫妻之间在配偶身份状态下相互享有和承担的权利、义务的统称。就其法律属性分析，配偶身份权一般具有三个层面的含义：一是基于对历史上家长权、夫权的否定，在夫妻之间进一步强化的配偶人格权，如姓名权、人身自由权、生育权等。该类权利本不属于身份权范畴，但在人类历史上，曾经普遍存在且仍有现实表现的男性中心文化氛围及制度构造使婚姻成了扼杀女性人格权的牢笼，所以，近、现代亲属法不得不将部分人格权内容反映在配偶身份权中。二是直接由婚姻这一共同体的内在特性规定的配偶身份权，是夫妻之间互动对等的人身方面的权利和义务关系，构成严格意义上的配偶身份权，一般被称为夫妻人身关系。三是以配偶身份为前提而派生出的财产性权利，如扶养权、继承权、财产共有权等，一般被称为夫妻财产关系。现代世界各国或者在民法典中或者在单行的婚姻家庭法中，分别对这三类配偶身份权加以规定。

## 一、婚姻的社会功能是配偶身份权的本源

婚姻内含的两性结合的特性使其结构因主体的定向化而比较简明，但由于特定的社会背景

下人们对个人利益与社会利益的认识和偏重的不同，婚姻结构在历史长河中又非单一的。原始社会中群体的整体利益高于一切，两性的选择和结合必须服从群体生存的整体需要，脱离群体的个体化结合不仅会给群体带来破坏，而且对个体自身也是一种毁灭生存的灾难，因而个体婚结构既不可能也不现实，只能采取集团式的群婚结构。随着生产力的进步，人类文明水平的提高，原始群体内的两性关系禁例日益强化，集团婚结构逐步缩小到最后的单位，仅仅有两个“原子”，即一男一女共同生活不仅具备了客观的物质条件，而且有了认识基础，成对配偶结构滋生出来。但此时仍是一种松散的、自发的个体偶婚结构，尚未上升到自觉的社会规范层次。

偶婚结构使人们对两性关系的个体利益形成了新的认识，财产私有化使这种认识日益深化，从而带来了婚姻结构的渐进的历史性质变，牢固的一夫一妻的个体婚结构成为历史必然。但这种个体婚结构因衍生于私有制、男性权力中心和阶级剥削等特定社会条件，所以一开始即发生变异，名为一夫一妻，实质上则是片面的、针对妇女而言的。剥削阶级的男性可以实行公开的或变相的多妻制，此乃奴隶社会、封建社会比较普遍的婚姻结构形式。至于一妻多夫的婚姻结构只是在个别民族或地区曾经存在的一种特殊的婚姻形式，并不具有普遍意义。近现代社会，一夫一妻的个体婚姻结构还其历史本源，成为当今人类所共同遵循的普遍形式，并得到各国法律的一致认同和规范。另外，也要看到，当今世界仍然存在各种违反一夫一妻制的现象。

因此，人类的婚姻结构大体上经历了三种类型，即群婚结构、偶婚结构和个体婚结构；一夫多妻的主体多元形式只是个体婚结构的历史变种，一夫一妻的个体婚结构是迄今为止协调个体利益与社会利益的最佳婚姻结构。

一夫一妻的个体婚结构在功能上集中体现于三个方面。

一是性爱功能。男女两性缔结婚姻关系之后，性爱就成为维系相互关系的重要纽带，一夫一妻的婚姻是对这种性爱的确认和保障。性爱作为两性之间的相互依赖与结合，应界定为男女两性生理的、情感的、精神的等诸方面互动关系的总和，而不能仅理解为两性生理的结合。它是婚姻生活的重要内容。人们一般把婚姻看作是满足夫妻性需要的场所，其实婚姻又从来就是这样或那样限制男女性行为的单位。一夫一妻的婚姻结构既有确认、维护性爱的保障功能，又有限制、排斥婚外性爱的防护功能。在现代社会，婚姻保证夫妇间性爱需要得到满足的功能，一般是与排除婚姻之外各种性关系的功能同时实现的。社会把人们的性生活限制在婚姻的范围之内，有利于性需要的普遍满足，同时亦可避免由满足性需要的原始冲动而引发的社会冲突和混乱，反映了婚姻对个体利益与社会利益的兼顾。因此，限制和排除婚姻外的性行为是习俗、道德、法律等社会规范中有关两性关系的基本要求。

二是生育功能。人们缔结婚姻的目的，一方面是性爱本身，另一方面则是性爱的延续和结果，即生育。生儿育女，延续个体的血缘关系，实现人类自身再生产，是人们建立婚姻的一种正常愿望，也是社会赋予婚姻的使命，更是社会存在和发展的基本条件。因而生育既代表着个体的微观利益，又反映着人类的整体利益。这是婚姻主体的权利，也是其担负的社会责任与义务。

自个体婚制形成以来，婚姻一直是生育的合法的常态途径，非婚生育虽未彻底禁绝，但在社会规范上普遍遭到否定；而且在历史上，当性爱尚未得到人们理性层次的自觉认同时，生育功能被认为是婚姻的最高价值，也是婚姻成败与否的检测标准。随着现代社会生育观的进步，人们对自我发展及性爱价值的看重，加上生育政策的影响，婚姻的生育功能逐步丧失其传统意义上的显赫地位，不再是婚姻的必然归属，也没有与婚姻相伴始终。但社会中绝大多数人口仍然是通过婚姻生殖养育的，婚姻与生育依然是一个有机联系的整体，传统的自然生育方式仍居主导地位。我国《宪法》第49条规定夫妻双方有实行计划生育的义务，不仅是对婚姻的生育功能的一种法律认可，而且是根据我国人口政策对此功能操作运行的一种必要规范和约束。

三是扶助功能。作为社会成员的人，终其一生都需要社会和他人给予扶助、照顾和关怀。在社会公共福利尚难完备、充足的条件下，这种扶助责任就需要进行必要的分流，落实到具体的社会关系和社会实体之中。一夫一妻的婚姻结构是一男一女长久共同生活的实体，有福同享、有难共当是夫妻关系的基本法则，上升到法律、道德层次则是夫妻之间相互扶助的责任和义务。基于此，婚姻承担了扶助功能，要求夫妻之间在经济上、物质上相互供养，在生活上互相照顾，在精神上互相关心、抚慰。这种扶助功能是婚姻之性爱功能的物化形式和生活表现，也是婚姻之生育功能的有效保障，体现了个体利益与社会利益的双重需要。

随着现代家庭核心化、微型化的发展，诸多家庭功能直接浓缩到婚姻之中，或者说原来被家庭功能吸纳的某些婚姻功能凸显，从而使现代婚姻在上述三项基本功能的基础上，还包括共同生活、教育子女、经济保障、精神情感慰藉等家庭化功能。

迄今为止，婚姻的社会功能不仅具有不可替代的特性，而且具有推动社会进步和发展的极其重要的现实意义。要确保这些功能的运行和实现，必须配置相应的社会规范加以引导、保障和制约。道德上、法律上对配偶身份关系的反映正是婚姻功能的内在要求。

## 二、配偶身份权是近、现代法制文明、进步的产物

在古代社会，由婚姻而形成的配偶身份关系，在认识上受制于愚昧、歪曲和伪善，在实质上隶属于夫权、家长权、族权等具有支配、服从性的人身依附体系，在形式上委诸风俗习惯、道德伦常和宗教控制，因而不具有独立的法律内涵，更不存在配偶身份权。

近代社会继《法国民法典》之后一直到现代各国民事立法，顺应社会文明进步的要求，不断认识和反映配偶身份关系的道德底蕴和法律属性，在男女平等、妇女解放，人格独立、自由平等，家庭民主和稳定，市场交易安全等新的社会价值体系下，以配偶为主体，以权利、义务为内容，直接用法律手段介入和调整配偶身份关系，普遍确定了配偶身份权。因此，在法律上规定配偶身份权，是人类社会的婚姻家庭制度发展到一定阶段的产物，是法制文明进步的标志，也是当代世界婚姻家庭法的共同选择。

## 三、我国婚姻家庭法上的配偶身份权

由《民法典》之婚姻家庭编的规定可以看出，除夫妻财产制之外，表现或显示配偶身份权的内容有以下几个方面。

### （一）夫妻有各用自己姓名的权利

姓名权是人格权的重要组成部分，是一项重要的人身权利。所谓姓名，是姓与名的合称。虽然姓名只是用来表示个人的特定符号，但有无姓名权是有无独立人格的重要标志。

在我国封建社会，婚姻多实行男娶女嫁，女子婚后即加入夫宗、冠以夫姓而丧失姓名权（赘夫则冠以妻姓）。国民党执政时期的民法亲属编第1000条也规定：妻以其本姓冠以夫姓，赘夫以其本姓冠以妻姓，但当事人另有订定者不在此限。这里虽有但书的规定，但仍带有明显的封建残余。

中华人民共和国成立后，1950 年《婚姻法》和 1980 年《婚姻法》以及《民法典》之婚姻家庭编均规定：夫妻双方都有各自使用自己姓名的权利。这里虽然是夫妻并提，但其主旨是保护已婚妇女的姓名权，体现了男女平等原则，有利于破除旧的称姓习俗。当然，此规定并不妨碍夫妻就姓名问题另作约定。只要夫妻双方自愿达成一致的协议，无论是夫妻别姓（各用自己的姓）、夫妻同姓（妻随夫姓或夫随妻姓）还是相互冠姓，法律都是允许的。

夫妻享有平等的姓名权对子女称姓的确定有重要意义。2001 年修正的《婚姻法》第 22 条规定："子女可以随父姓，可以随母姓。"这是法律上就未成年子女的命名权所作的规定，意在未成年子女的姓应当由父母双方协商确定。在我国奴隶社会和封建社会，子女从来都是从父姓，这是宗法制度对称姓问题的必然要求。国民党执政时期的民法亲属编也曾以子女从父姓、赘夫之子女从母姓为一般原则。我国婚姻家庭法对子女称姓的规定，体现了夫妻法律地位平等的精神，有利于改变子女只能从父姓的旧传统，有利于破除以男系为中心的宗法制度的残余影响。《民法典》之婚姻家庭编虽然没有保留这一规定，但在第 1012 条、第 1015 条对自然人姓名权的规范和保护中已充分贯彻和反映了这一法律精神。

### （二）夫妻双方都有参加生产、工作、学习和社会活动的自由

夫妻有人身自由权是双方家庭地位平等的重要标志。在中华人民共和国成立前，妇女受"男女有别""男外女内""三从四德"等封建礼教的束缚，只能从事家务，伺候丈夫和公婆，没有参加工作和社会活动的权利，人身自由受到各种限制，成为家庭"奴隶"。这不仅摧残了妇女本身，也阻碍了社会的经济发展和文明进步。

1950 年《婚姻法》第 9 条规定：夫妻双方都有选择职业、参加工作和参加社会活动的自由。1980 年《婚姻法》第 11 条进一步规定：夫妻双方都有参加生产、工作、学习和社会活动的自由，一方不得对他方加以限制或干涉。2001 年修正后的《婚姻法》第 15 条完整地保留了此项内容。《民法典》第 1057 条除将"他方"改为"另一方"之外，对原法条的内容精神沿用未变。这些规定，既是夫妻地位平等的标志，又为夫妻平等地行使权利和承担义务提供了法律保障。从形式上看，夫妻有人身自由权适用于夫妻双方，任何一方都有参加生产、工作、学习和社会活动的自由，另一方不得对他方行使该项人身自由权利进行限制或干涉。但就其针对性而言，主要是为了保障已婚妇女享有参加生产、工作、学习和社会活动的自由权利，禁止丈夫限制或干涉妻子的人身自由。中华人民共和国妇女在政治、经济、文化和婚姻家庭等方面获得了与男子平等的地位，在社会生产和社会生活中发挥了重要作用。但在现实生活中，由于男女在经济、文化等方面仍存在着事实上的差距，在一些家庭的夫妻关系中，封建夫权思想的残余影响仍然存在，有的丈夫对妻子的人身自由常常加以限制。因而，进一步破除封建思想的影响，保障已婚妇女的人身自由具有积极的现实意义。

还需指出，夫妻双方都必须正当行使上述人身自由权，不得滥用权利损害对方和家庭的利益。任何一方在行使该项权利时，都必须同时履行法律规定的自己对婚姻家庭承担的义务。如果夫妻任何一方不当行使该项权利，对方有权提出意见，进行必要的劝阻。处理此类问题时，应当将善意的帮助、建议与非法的限制、干涉加以区别。

### （三）夫妻双方有平等的婚姻住所决定权

所谓婚姻住所，是指夫妻婚后共同居住和生活的场所。婚姻住所决定权，是指选择、决定夫妻婚后共同生活住所的权利。对于夫妻婚后的住所由谁决定，古今中外立法有所不同。在奴

隶社会和封建社会，夫妻关系是男尊女卑、夫为妻纲、妻从属于夫，婚姻住所的决定权亦专属于夫，普遍实行"妻从夫居"的婚居方式。进入资本主义社会后，资本主义国家的早期立法仍将婚姻住所决定权片面授予夫方。如1804年《法国民法典》规定，妻以夫之住所为住所。可见，妻对于夫仍处于从属地位。随着社会发展，许多资本主义国家先后修改立法，规定婚姻住所由夫妻共同决定。如《法国民法典》在1975年修改后规定："家庭的住所应设在夫妻一致选定的处所。"在社会主义国家，基于男女平等原则，法律规定夫妻双方平等地享有婚姻住所决定权。我国2001年修正后的《婚姻法》删除了原《婚姻法》第8条中的"也"字，在第9条规定：登记结婚后，根据男女双方约定，女方可以成为男方家庭的成员，男方可以成为女方家庭的成员。这一规定表明，在我国的婚姻家庭中夫妻平等地享有婚姻住所决定权。其立法精神是提倡男方成为女方家庭成员。这是对我国传统的"妇从夫居"婚姻居住方式的一项重要改革。《民法典》第1050条将2001年修正的《婚姻法》第9条中的"根据"改为"按照"，对其他内容完整保留沿用。

这一规定的含义有二：一是登记结婚后，夫妻双方平等地享有婚姻住所决定权。对于婚后夫妻共同生活的住所的选择，应由夫妻双方自愿约定。一方不得对另一方强迫，第三人也不得干涉。二是夫妻双方享有互为对方家庭成员的约定权。登记结婚后，按照男女双方的约定，女方可以成为男方家庭的成员，即"女到男家落户"，妻从夫居；男方可以成为女方家庭的成员，即"男到女家落户"，夫从妻居。对于结婚时的约定，婚后也可以通过协商加以变更。当然，夫妻婚后也可另组新家庭，不加入任何一方原来的家庭，即从新居。

### （四）夫妻日常家事代理权

日常家事代理权是指夫妻一方因日常家庭或共同事务在与第三人进行民事交往活动时所为法律行为，视为夫妻共同的意思表示，另一方承担连带责任。婚姻家庭生活中，日常需处理的事务甚多，必然有夫妻相互代理的需要。这种代理基于配偶身份而生，不以明示为必要，与一般民事代理不同。因此，多数国家的婚姻家庭法规定夫妻有相互代理权。旧《日本民法》第804条规定，"在日常事务中，妻为夫的代理人"。现行《日本民法典》第761条进一步规定："配偶一方事先对第三人表示了不负责任意思后，他方即使在处理日常事务范围内的事宜，也不负连带责任。"《瑞士民法典》第163条第1项规定："妻为家计日常需要之处理，与夫同样代表共同体。"

我国1950年、1980年《婚姻法》未明确规定夫妻日常家事的代理权，而是强调夫妻相互协商，共同处理家庭生活问题。我们认为，只有增设有关日常家事代理权的规定，才能将日常家事代理与法定代理、委托代理加以区别，以利于保护配偶双方的权益和民事交易安全。理想的立法选择应该是明确规定夫妻有日常家事代理权，且仅限于日常事务，如家庭中的衣、食、住、行及未成年子女的抚养、教育等；除此之外，须有配偶明示授权，配偶一方的行为才对另一方产生连带法律责任。《民法典》积极回应婚姻家庭生活、社会生活、经济生活、文化教育生活、民事活动和市场交易安全的现实需求，于第1060条规定：夫妻一方因家庭日常生活需要而实施的民事法律行为，对夫妻双方发生效力，但是夫妻一方与相对人另有约定的除外。夫妻之间对一方可以实施的民事法律行为范围的限制，不得对抗善意相对人。

### （五）夫妻之间有相互继承遗产的权利

以夫妻身份关系即婚姻的存续为前提，确认配偶互为法定继承人、相互享有遗产继承权，是现代继承法和亲属法的通例。《民法典》第 1061 条明确规定：“夫妻有相互继承遗产的权利。”《民法典》之继承编作为专门调整继承关系的法律规范，对配偶继承权的实际运作作了全面具体的规定；《妇女权益保障法》（2018 年修正）针对妇女的继承权容易受到侵犯的现实，于第 34 条第 1 款特别强调，“妇女享有的与男子平等的财产继承权受法律保护。在同一顺序法定继承人中，不得歧视妇女”。

综合各相关法律规范的内容，对配偶继承权的理解和适用，应注意把握以下各点。

（1）婚姻关系的合法存在，亦即夫妻身份的现实存续，是配偶继承权的先决条件，也是法律确认配偶继承权的依据。换言之，只有在婚姻关系依法有效缔结之后、合法有效终止之前，配偶一方死亡，另一方才享有继承权。因此，配偶继承权是一种身份财产权，带有身份和财产双重属性。

（2）配偶互为第一顺序法定继承人，享有同等的继承权。除《民法典》之继承编所规定的丧失继承权的情形之外，任何人均不得以任何借口剥夺、干涉或妨碍生存配偶对继承权的享有和行使。

（3）配偶继承权与夫妻共同财产的分割不能相混淆。我国以夫妻共同财产制为法定财产制，除夫妻之间存在合法有效的约定及法定个人特有财产之外，凡婚姻关系存续期间所得财产均为共同财产，因而当配偶一方死亡时，其现有财产状态多为夫妻生前共有，并非全部是个人遗产。为此，必须进行夫妻共有财产的认定和分割，保障生存一方的共有财产权，同时确定死者个人遗产的价值和范围，认定和保护生存配偶及其他同一顺序法定继承人的继承权。

（4）配偶继承权不受婚姻存续时间长短的影响，也不受生存一方是否再婚的妨碍。在实践中一定要注意防范和杜绝干涉“寡妇带产再嫁”或干涉“上门女婿带产再婚”等侵犯配偶继承权的现象。

### （六）配偶同居、忠实的权利、义务

无论是 1980 年的《婚姻法》还是 2001 年修正后的《婚姻法》，对配偶身份权的规定都十分简略，没有明确夫妻之间应该存在的诸项特定身份权利和义务。中华人民共和国婚姻家庭立法坚持男女平等，强调配偶人格独立，主要是规定夫妻在婚后保持其人格独立和人身自由。例如 1980 年《婚姻法》第 10 条、第 11 条和 2001 年修正后的《婚姻法》第 14 条、第 15 条对夫妻姓名权、人身自由权的规定。而对于配偶的身份权，2001 年修正的《婚姻法》仅在第 20 条规定“夫妻有互相扶养的义务”。该法第 16 条有关“夫妻双方都有计划生育的义务”的规定和第 13 条规定的“夫妻在家庭中地位平等”的内容，虽涉及配偶身份，但本身并不是对配偶身份权的确认。总体而论，我国关于配偶身份权的立法十分欠缺，究其原因主要是：第一，在我国的立法传统中，受家庭或家族本位主义的影响，强调夫和妻对家族、家庭的责任，忽视对婚姻内部关系的调整。法律条款的设定偏重对婚姻整体与外界之关系的调整。第二，1980 年《婚姻法》起草于 20 世纪 70 年代末，在当时的大环境下，对人作为个体的权利和义务规定得不够全面、具体。第三，传统观念的束缚。在我国传统文化中，性及性生活是摆不上桌面的事，以法律规定夫妻同居或忠实问题，与这种传统是不一致的。第四，“左”的思想影响。一些人错误地认为，有关同居、忠实等的规定仅适用于资本主义婚姻制度，社会主义道德提倡以爱情为基础缔结婚姻，夫妻应该讲感情，完全靠感情维持婚姻。第五，受苏联立法模式影响。苏联和东欧社会主义国家的婚姻家庭立法重视规范夫妻平等的家庭地位，强调凡事由夫妻协商共同解决。关于配偶一方对他方有哪些权利和义务，法律往往有所忽略。这对我国婚姻家庭立

法无论是立法观念还是模式都是不无影响的。

关于配偶身份权的立法旨在把握婚姻的内在规律和社会功能，保护合法婚姻。我国《宪法》第37条和第38条规定，人身自由是公民的基本权利之一，公民的人格尊严不受侵犯。男女结婚后，其人身自由和人格独立依法不受影响。不过，考虑到“女主内男主外”、夫权思想等旧传统、旧习俗的影响还没有完全消除，1950年、1980年《婚姻法》强调夫妻有参加生产、工作、学习和其他社会活动的自由，仍具有积极意义。但是，婚姻家庭法作为专门调整亲属身份关系、规范现代社会最后一个“身份王国”的身份法，应该更多地关注、规范严格意义上的配偶身份权，因为男女结婚后，为维持共同生活，彼此应享有一定的权利、承担一定的义务。婚姻家庭法应该对此作专门规定，也只有婚姻家庭法才能规范这类配偶身份权。加强和完善配偶身份权的立法，在我国当前尤具现实意义。我们认为，我国的配偶身份权立法在继续保留并完善现行法上的六项权利、义务的同时，还应包括以下两项内容。

1. 同居的权利和义务

同居是指男女双方以配偶身份共同生活，在共同的空间共处的时间内形成密切联系的日常生活状态，包括物质生活、精神生活、情感生活、性爱生活等方面。同居是婚姻之自然属性和社会属性必然派生的权利和义务。婚姻乃两性结合，同居是夫妻共同生活不可缺少的内容，是婚姻关系得到维持的基本条件和表现。法律规定夫妻之间有同居的权利和义务，将人的本能需求合理地置于婚姻制度的保护之下，是顺应婚姻本性、符合婚姻当事人意愿的，有助于婚姻关系的稳定和巩固。男女一旦决定结为夫妻，便意味着承诺与对方同居生活。没有同居，婚姻也就不成其为婚姻。

有关同居权利和义务的立法，经历了两个不同的历史发展阶段。资本主义国家的早期婚姻家庭法对夫妻同居的规定带有明显的歧视妇女色彩，有的甚至将之作为妻子单方面的义务加以规定。如1804年《法国民法典》第214条规定，妻负与夫同居的义务，夫负接纳其妻的义务。1898年《日本民法典》第789条规定：妻负与夫同居义务。夫须许妻与之同居。1896年《德国民法典》第1353条规定，夫妻互负有共同婚姻生活的义务。随着女权运动的发展，妇女参加社会活动的增多，自20世纪40年代以来，为顺应男女平等潮流，各国纷纷修订婚姻法，对夫妻同居的规定渐趋平等。例如1947年修正的《日本民法典》第752条规定，夫妻须同居，相互协力，相互扶助。1970年修正的《法国民法典》第215条规定，夫妻相互负共同生活的义务。

我国婚姻家庭立法无法完全回避同居。早在中华人民共和国成立前，革命根据地婚姻法就规定了夫妻同居义务。1943年《晋察冀边区婚姻条例》第11条规定，夫妻互负同居义务，但有正当理由不能同居者不在此限。1950年的《婚姻法》第7条也规定，夫妻为共同生活之伴侣。1980年《婚姻法》未规定同居是夫妻双方的权利与义务，但是，基于同居对婚姻的重要性，后来的司法解释不惜扩张解释，把婚后“未同居”“分居满三年”“判决不准离婚后分居一年”等视为婚姻已名存实亡，作为准予当事人离婚的若干法定情形。这种状况正说明采用法律手段规范同居之必要。2001年修正后的《婚姻法》第32条规定，“因感情不和分居满二年的”，应准予离婚。这在一定程度上反映出立法对同居问题的关注。《民法典》沿用了《婚姻法》的立法方式，仍然没有明确规定夫妻同居的权利义务，只是在第1079条第3、4、5款中间接反映了这一内容。

必须注意，同居以配偶一方正当、合理的要求为限。法律应该赋予配偶对同居义务的抗辩权，即夫妻一方有正当理由如工作、学习、健康等而暂时分居，不得视为违背同居义务；也应该允许夫妻因感情不和而分居。

2. 忠实义务

夫妻间的忠实，主要是指夫妻不为婚姻外之性爱，在精神、情感和性生活上互守贞操，保持专一；也指夫妻不得恶意遗弃其配偶，不得为第三人利益牺牲、损害其配偶的利益。两性关系限于合法婚姻之内，是个体婚姻的本质要求，也是一夫一妻制度与其他婚姻形态的重要区别。在一夫一妻制下，婚姻的稳定和家庭和睦，很大程度上取决于配偶双方是否相互忠实。夫妻相互忠实，是父母子女血缘关系赖以确定的保证，是保护配偶身心健康的需要。婚外性关系乃至不洁性生活，将危及婚姻关系及后代健康。配偶不忠对婚姻的打击，似可与配偶死亡对婚姻的打击相比。基于此，外国法普遍规定夫妻互负忠实义务。《法国民法典》规定，夫妻应相互忠实。《瑞士民法典》规定，配偶双方互负诚实及扶助义务。《意大利民法典》《瑞典婚姻法》也明文规定，相互忠诚是夫妻的义务。英国、美国的许多州的立法也多要求夫妻互负忠实义务。《法国民法典》还规定，一方违反贞操义务时，他方得请求离婚或别居，还可根据侵权行为请求损害赔偿，请求对相奸的第三人处以罚金。《瑞士民法典》第 28 条、第 151 条规定的内容与此相似。

我国婚姻家庭法不能无视夫妻相互忠诚问题。按照最高人民法院的司法解释，配偶不忠，是夫妻离婚的法定情形之一。例如，一方与他人通奸、非法同居，经教育仍无悔改表现，无过错一方起诉离婚，视为夫妻感情破裂；一方重婚，另一方提出离婚，也视为夫妻感情破裂。[①] 由此可见，当事人一方有通奸等不忠行为，构成他方诉请离婚的法定理由；不忠实于婚姻的当事人应承担相应的法律后果。可见，法律不可能回避夫妻忠实问题。2001 年修正后的《婚姻法》第 4 条规定“夫妻应当互相忠实”。《民法典》在第 1043 条第 2 款明确“夫妻应当互相忠实，互相尊重，互相关爱”，这虽然是倡导性规范，但完全可以作为夫妻互负忠实义务的法律依据。

明确夫妻有相互忠实的法定义务，不仅是维护一夫一妻制的需要，还为追究侵犯合法婚姻的违法行为提供了法律依据。在现实生活中，第三者插足、通奸、有配偶者与他人同居等是婚姻关系破裂的重要原因。面对这些现象，不仅需要从道德上予以谴责，更需要从法律上作出对策。2001 年修正后的《婚姻法》第 46 条中规定，因重婚、有配偶者与他人同居导致离婚的，无过错方有权请求损害赔偿。这意味着对于有婚外性关系等过错的配偶一方，可以设定某种不利的法律后果，追究其民事责任。一张美丽的照片，未经本人同意被人摆上橱窗招徕顾客，受害人可以控告经营者侵权，要求赔偿损失；一个手指被切，除可以要求赔偿医疗费外，还可以要求侵权人赔偿精神损失。一个合法婚姻被人为破坏，配偶所受伤痛可能终身无法抚平，其当然有权要求违法行为人予以赔偿。对多数已婚者而言，保护婚姻胜过保护其他个人利益。要求破坏合法婚姻者承担侵权责任，是十分必要和合理的。

### （七）夫妻之间有相互扶养的权利和义务

有关内容详见本书第十章“扶养”。

---

① 参见最高人民法院《关于人民法院审理离婚案件如何认定夫妻感情确已破裂的若干具体意见》（1989 年 12 月 13 日发布）第 8、9 条。

# 第三节 夫妻财产制

## 一、夫妻财产制的概念和种类

夫妻财产制又称婚姻财产制，是指规定夫妻财产关系的法律制度。其内容包括各种夫妻财产制的设立、变更与废止，夫妻婚前财产和婚后所得财产的归属、管理、使用、收益、处分，以及家庭生活费用的负担，夫妻的对外财产责任，婚姻终止时夫妻财产的清算和分割等问题。

男女因结婚产生夫妻人身关系，并随之产生夫妻财产关系。法律为确保夫妻地位平等和婚姻生活的圆满，保障夫妻双方的财产权益和社会交易安全，维护社会秩序，设立夫妻财产制以调整夫妻财产关系。

夫妻财产制的种类具有一定的地域性和时代性。在古代，各国立法基于夫妻一体主义的要求，对夫妻财产多采"吸收财产制"，妻的财产因结婚而为夫家或夫所有，否认妻有独立的财产权。到近代、现代，夫妻财产制随社会的发展而变化，出现了多种形式。对夫妻财产制可从不同的角度，作如下分类。

1. 按夫妻财产制的发生根据，可分法定夫妻财产制与约定夫妻财产制

（1）法定夫妻财产制。它是指在夫妻婚前或婚后均未就夫妻财产关系作出约定，或所作约定无效时，依法律规定而直接适用的夫妻财产制。由于各国政治、经济、文化及民族传统习惯不同，不同时代、不同国家规定的直接适用的法定财产制形式也不尽相同。目前，各国采用的法定财产制主要有分别财产制、共同财产制、管理共同制、剩余共同财产制等形式。

（2）约定夫妻财产制。它是相对于法定财产制而言的，是指由婚姻当事人以约定的方式，选择决定夫妻财产制形式的法律制度。许多国家的立法都规定了约定财产制，它具有优先于法定财产制适用的效力。但苏联等一些国家的立法不允许夫妻就财产关系作出约定，法定财产制是唯一适用的夫妻财产制。在允许采约定财产制的国家，立法内容不尽相同，有详略之分和宽严之别。从立法限制的程度看，大体可分为两种情况：一种是立法限制较少的，即对婚姻当事人约定财产关系的范围和内容不予严格限制，立法既未设立几种财产制形式供当事人选择，在程序上也无特别要求。如英国、日本等国家的立法即属此类。另一种是立法限制较多的，即在约定财产制的范围上，明定约定时可供选择的财产制；在约定的内容上明列不得相抵触的事由；在程序上，还要求夫妻订立要式契约。如法国、德国、瑞士等国家的立法即属此类。

2. 按夫妻财产制的适用情况，可分为普通财产制与非常财产制

（1）普通财产制。它是指在通常情况下，依婚姻当事人双方的约定或依法律的直接规定而适用的财产制，包括约定财产制和法定财产制，有的学者称之为"正常的夫妻财产制"和"补充的夫妻财产制"①。

（2）非常财产制（包括瑞士立法中的特别财产制，法国、德国立法中的共同财产制之撤销制度）。它是相对于普通财产制而言的，是指在特殊情况下，出现法定事由时，依据法律之规定或经夫妻一方（或夫妻之债权人）的申请由法院宣告，撤销原依法定或约定设立的共同财产

① 史尚宽．亲属法论．台北：荣泰印书馆，1980：299．

制，改设为分别财产制。

非常财产制依产生的程序不同，分为当然的非常财产制和宣告的非常财产制两种。

1）当然的非常财产制。它是指夫妻一方受破产宣告或已有持清偿不足证书的债权人之时，基于法律的规定，其夫妻财产制当然设定为分别财产制。如《瑞士民法典》第182条之规定。

2）宣告的非常财产制。它是指依据法定事由，经夫妻一方或债权人申请，由法院裁决宣告撤销原共同财产制，改为分别财产制。关于撤销共同财产制之诉的法定事由，各国规定不一，大体包括：夫妻一方无能力管理共同财产或滥用管理共同财产的权利；夫妻分居；夫妻不履行扶养家庭的义务；夫或妻的财产不足以清偿其债务或夫妻财产不足以清偿其总债务；夫妻一方无正当理由，拒绝就对共同财产的通常管理予以应有的协作或拒绝他方为夫妻财产上之处分；配偶一方受禁治产宣告等。①

必须指出，关于在特殊情况下撤销共同财产制的法定事由，因各国立法不同而有所差异：德国、瑞士规定得较详细具体；法国规定得很简略，仅有夫妻分居一种。除规定上述法定事由外，法国、德国、瑞士等国家还各有侧重地对撤销共同财产制之诉的具体问题有所规定，包括诉请分别财产制的程序，分别财产制的开始以及其对夫妻和第三人的效力，分别财产制的终止与原夫妻财产制的恢复（须依法定程序恢复原夫妻共同财产制。这区别于因夫妻约定而采取分别财产制，可依原约定程序而变更）等，从而形成了一套较为完整的制度。其中以瑞士的立法较为典型。②

总之，依非常财产制所设立的分别财产制，不同于普通情况下依法定财产制或约定财产制设立的分别财产制。它是在特殊情况下，对依法定财产制或约定财产制设立的共同财产制之变通规定。它反映了社会经济生活复杂多变，夫妻财产关系亦应随之变化的要求。设立这一制度，不仅有利于保护婚姻当事人双方的合法权益，也有利于保护第三人的利益和维护交易安全，从而促进社会经济之发展。

#### 3. 按夫妻财产制的内容，可分为共同财产制、分别财产制、剩余共同财产制、统一财产制和联合财产制（即管理共同制）等

在各国有关夫妻财产制的立法中，它们有的被作为法定财产制直接适用，有的被作为约定财产制供当事人选择适用。

(1) 共同财产制。

它是指婚后除特有财产外，夫妻的全部财产或部分财产归双方共同所有。依共有的范围不同，共同财产制可分为一般共同制、动产及所得共同制、所得共同制、劳动所得共同制等形式。

1）一般共同制，是指夫妻婚前、婚后的一切财产（包括动产和不动产）均为夫妻共有的财产制。

2）动产及所得共同制，是指夫妻婚前的动产及婚后所得的财产为夫妻共有的财产制。

3）所得共同制，是指夫妻在婚姻关系存续期间所得的财产为夫妻共有的财产制。

4）劳动所得共同制，是指夫妻婚后的劳动所得为夫妻共有，非劳动所得的财产如继承、受赠所得等则归各自所有的财产制。

上述不同共有范围的共同财产制，为世界上不少国家所分别采用。有的被采为法定财产制，如巴西、荷兰、法国等的规定；有的被采为约定财产制形式之一，如德国、瑞士等的规

---

① 如《德国民法典》第1447～1449条，《瑞士民法典》第183～185条，《法国民法典》第1441、1442条。

② 如《法国民法典》第1443～1449条，《德国民法典》第1449、1470条，《瑞士民法典》第186、187条。

定。共同财产制符合婚姻共同生活体的本质要求，且有利于保障夫妻中经济能力较弱一方（往往是妻方，尤其是专事家务劳动的妻方）的权益，有利于实现事实上的夫妻地位平等。但在尊重夫妻个人意愿上略显不足，夫妻一方不能未经对方同意擅自行使共有权。

还必须指出的是，实行共同财产制的国家大多对婚后所得财产共有的范围设有限制性规定，如法律有特别规定者除外，或夫妻另有约定者除外等。这些规定即是关于夫妻特有财产的规定。其目的是保护夫妻个人财产所有权，并满足夫妻个人对财产关系的特殊要求。

（2）分别财产制。

它是指夫妻婚前、婚后所得的财产均归各自所有，各自独立行使管理、使用、收益和处分权；但不排斥一方以契约形式将其个人财产的管理权交付另一方行使，也不排斥双方拥有一部分共同财产。①

英美法系的多数国家及大陆法系的某些国家如日本等，以此制为法定财产制；还有部分国家以此制为供选择的约定财产制形式之一。分别财产制使夫妻婚前和婚后各自所得的财产均为各自所有，不因结婚而发生财产上的共有关系，各自保持经济独立。它尊重夫妻个人意愿，便于夫妻一方独立行使财产权。这在一定意义上是有利于社会经济发展的。但也要看到，在当代社会中，男女两性的经济地位事实上仍存在差距，妇女的就业机会和经济收入大多不如男子的。同时，女方承担的家庭义务往往多于男子承担的，这也往往影响其经济收入。在此情况下实行分别财产制，往往会形成事实上的夫妻不平等。

（3）剩余共同财产制。

它是指夫妻对于自己的婚前财产及婚后所得财产，各自保留其所有权、管理权、使用收益权及有限制的处分权，夫妻财产制终止时，以夫妻双方增值财产（夫妻各自最终财产多于原有财产的增值部分）的差额为剩余财产，由夫妻双方分享。

大陆法系的德国以剩余共同财产制作为法定财产制，法国则以此为约定财产制之一。② 此制在一定程度上兼具共同财产制和分别财产制的优点，在保障夫妻地位平等、维护婚姻共同生活和谐的同时，亦维护了第三人的利益和交易安全。

（4）统一财产制。

它是指婚后除特有财产外，将妻的婚前财产估定价额，转归丈夫所有，妻则保留在婚姻关系终止时对此项财产原物或价金的返还请求权。此制多为早期资本主义国家的法律所采用。因其将妻对婚前财产的所有权转变为婚姻终止时对夫的债权，使妻处于不利地位，有悖男女平等原则，故现代国家已少有采用。

（5）联合财产制。

它又称管理共同制，是指婚后夫妻的婚前财产和婚后所得财产仍归各自所有，但除特有财产外，将夫妻财产联合在一起，由夫管理。夫对妻的原有财产有占有、使用、管理、收益权，必要时有处分权，但以负担家庭生活费用为代偿；婚姻关系终止时，妻的财产由其本人收回或由其继承人继承。此制源于中世纪日耳曼法，为近现代一些资本主义国家所沿用并发展。其虽较统一财产制有明显进步，但夫妻在财产关系中仍处于不平等地位，有悖男女平等原则。故现代社会中原采此制的一些国家有的已废止此制另采新制，如德国、日本；但也有的国家仍沿用此制，如瑞士。晚近以来，有的法律已改为联合财产既可由夫管理也可由妻管理。

---

① 杨大文．亲属法．北京：法律出版社，1997：143－144.

② 《德国民法典》第1363～1390条，《法国民法典》第1569～1581条.

4. 按财产制所涉及的夫妻财产的范围，可分为特有财产制与共同财产制

如前所述，不少设有共同财产制的国家，对婚后夫妻共有财产的范围加以限制，把婚后所得的一定范围的财产依法定或夫妻约定作为夫妻个人的特有财产。所谓夫妻特有财产，又称夫妻保留财产，是指夫妻婚后在实行共同财产制的同时，夫妻各自保留的一定范围的个人所有财产。特有财产制，就是指在夫妻婚后实行共同财产制时，基于法律规定或夫妻约定，由有关夫妻各自保留一定个人所有财产的范围，夫妻对该财产的管理、使用、收益和处分，以及相应的财产责任、特有财产的效力等内容组成的法律制度。

特有财产制不同于分别财产制。分别财产制是夫妻财产（包括婚前财产和婚后所得财产）分别归属夫妻各自所有；特有财产制则是在依法或依约定实行夫妻共同财产制的前提下，夫妻各自保留一定范围的个人财产。因此，特有财产制是与共同财产制同时并存的，是共同财产制的限制和补充。

根据特有财产发生的原因，可将其分为法定的特有财产和约定的特有财产。

（1）法定的特有财产。它是指法律规定所确认的夫妻双方在婚后各自保留的个人财产。在国外立法中，其范围大体如下：1）夫妻个人日常生活用品和职业必需用品；2）具有人身性质的财产和财产权，包括人身损害和精神损害赔偿金、补助金、不可让与的物及特定的债权等；3）夫妻一方因指定继承或受赠而无偿取得的财产；4）由特有财产所生的孳息及代位物等。

（2）约定的特有财产。它是指夫妻双方以契约形式约定一定的财产为夫妻一方个人所有的财产。

总之，特有财产为夫妻婚后分别保留的个人财产，独立于夫妻共同财产之外，实质属于部分的分别财产，故关于其效力适用分别财产制的规定。如《瑞士民法典》第 192 条规定，特有财产的支配“按夫妻分别财产制的有关规定办理”。即是说，夫妻各方对其特有财产享有独立的占有、使用、收益及处分等权利，他人不得干涉。但在夫妻共同财产不足以负担家庭生活费用时，夫妻得以各自的特有财产分担。

当代世界许多国家的立法在规定夫妻共同财产制的同时，明文列举了夫妻特有财产或婚后个人所有财产的范围，如法国、德国、瑞士、日本等国家的立法。有些国家的立法还进一步对夫妻特有财产的管理、使用、收益、处分权利及财产责任，特有财产的效力，特有财产的举证责任，特有财产与共同财产之间的结算等作了具体规定，从而形成特有财产制度。如德国、法国、瑞士等国家的立法。特有财产制作为共同财产制的限制，其立法意旨在于保护夫妻个人财产所有权，并满足夫妻在婚姻生活中个人的特殊需要。它弥补了夫妻共同财产制下夫妻一方无权独立支配共同财产的缺憾，是共同财产制不可缺少的补充。两者相辅相成，维护和保障夫妻关系和睦及婚姻家庭生活圆满。

综上可见，夫妻财产制种类繁多、内容多样，但法定与约定是夫妻财产制发生的根据；普通财产制与非常财产制，后者是前者在特殊情况下的变通；共同财产制与分别财产制，是夫妻财产制的两种最基本形态。在当今世界，促进夫妻平等，维护婚姻共同生活之圆满，保护第三人的利益及交易安全，已成为夫妻财产法的立法原则和目的。当代夫妻财产制立法的发展趋势是，分别财产制走向增加夫妻共享权，共同财产制引进分别财产制的因素。可以相信，兼采分别财产制与共同财产制的合理因素，将成为越来越多国家的夫妻财产制的改革方向。

## 二、我国现行的夫妻财产制

我国的夫妻财产制立法，自中华人民共和国成立以来经历了一个不断发展的过程，其内容从过于原则逐步走向比较具体。作为交织于财产法与身份法之间的法律制度，夫妻财产制是婚姻效力的重要内容，也是近现代家庭财产制的重心所在。

从法律层面分析，夫妻财产制具有四个特征：一是主体限于夫妻双方的特定性；二是人身性与财产性相融一体，财产性从属于人身性；三是由婚姻态势所决定的内容的广泛性和复杂性；四是植根于生产力发展水平、受制于社会多重因素的社会性、民族性和历史性。

中华人民共和国婚姻家庭法中的夫妻财产制在新民主主义革命时期的根据地立法中萌芽，1950年《婚姻法》铸其雏形，1980年《婚姻法》基本定格，2001年修正的《婚姻法》和《民法典》之婚姻家庭编基本沿用、遵循。其内容可界定为五点：(1) 男女平等的社会地位和夫妻平等的人身关系是夫妻财产制的前提和基础；(2) 以婚后所得共同制作为法定财产制，夫妻双方对共同财产享有、承担平等的权利、义务和责任；(3) 以约定财产制为补充，赋予约定财产制优先于法定财产制的效力；(4) 确认夫妻债务责任的平等性和清偿分担的协商自由性；(5) 离婚时分割夫妻共同财产的公平性、意志自由性与保护“弱者”、无过错方的照顾性。

应该承认，1980年《婚姻法》中的夫妻财产制虽然表述简单、内容抽象，但并不失其积极的进步性价值：(1) 充分体现了男女平等、保护妇女合法权益的宪法精神；(2) 符合社会主流文化和价值取向所倡导的婚姻本质及婚姻家庭道德的要求；(3) 反映了家庭作为伦理实体和经济生活实体的功能要求，有利于家庭内部各种权利和义务关系的实现；(4) 原则性与灵活性相结合，反映了婚姻家庭关系复杂多样的生活实际；(5) 符合立法时期夫妻财产关系的状况和要求；(6) 在总体方向上符合当代夫妻财产制立法的发展趋势。

1980年《婚姻法》颁行以来，中国社会的政治、经济、文化和人们的价值观念、生活方式发生了巨大变化，婚姻家庭亦产生同步效应，夫妻财产制也吸纳了新的因素、新的力量、新的内容：(1) 从计划经济到有计划的商品经济，再到市场经济的飞跃发展，牵引出社会各种财产关系的新风貌，构成新时期夫妻财产关系的宽阔、宏大的社会经济背景；(2) 国民收入增加，人们生活水平提高，私有财产量增长，是夫妻财产关系变化的直接动力和表现；(3) 社会财富观念的转变，个人主体意识、权利意识、独立意识的觉醒，是夫妻财产关系变化的心理催化剂；(4) 家庭消费功能的扩充和生产功能的历史性回归，增强了家庭在社会经济生活中的作用，并直接作用于夫妻财产关系；(5) 与公民个人财产的取得和拥有相伴随，夫妻财产的性质、形式、来源、数量、债务关系、权属关系都发生了空前变化，动态性、复杂性明显增强，市场交易安全与夫妻财产权利的保护不断发生碰撞。

1980年《婚姻法》诞生于社会转型之初。时代的多重制约不可避免地留下了以其为背景的法律的局限性，由此决定其夫妻财产制既有先天不足又有后天不良，严重滞后于社会发展，日益凸显诸多缺陷：(1) 规范形式抽象、概括，宜粗不宜细的立法导向，使夫妻财产制疏漏、空洞，缺乏操作针对性；(2)“婚后所得共同制”表述不清、涵盖宽泛、范围不确定，与夫妻财产的实际运行态势不符，也与其他法律内容发生冲突；(3) 立法只注意到常态下的合法婚姻关系存续期间，对夫妻分居期间、违法婚姻中的财产问题等未作反映；(4) 严格的共同财产制，既忽视了对夫妻个人特有财产权的确认和保护，又不利于保护市场交易安全和善意第三人的合法权利；(5) 对于夫妻之间如何行使共同财产的占有、管理、使用、收益、处分等权能未作规定；(6) 对夫妻财产约定只是作为一种例外加以简单认可，没有形成完整、规范的约定财产制规则体系；(7) 对夫妻债务和所有权之外的各种财产权利未能作出前瞻性预测，导致现实生活中诸多法律问题难以得到处理；(8) 三十多年法制建设的推进，财产法体系的逐步健全，使夫妻财产制既落后于社会实践，又滞后于其他相关法律的发展，尤其是对于个体工商户、农村承包经营户、合伙企业、民营或混合运营的有限责任公司等新型经济主体所牵引出的家庭财产关系，夫妻财产制难以准确施控。

针对 1980 年夫妻财产制立法技术上的缺失、规范内容上的疏漏和滞后于社会发展的状况，法学界在 20 世纪 80 年代中后期即提出修改和完善建议。在总结司法实践经验的基础上，1993 年最高人民法院发布了《关于人民法院审理离婚案件处理财产分割问题的若干具体意见》，对夫妻财产制作了诸多扩张性、创设性的解释。为了完善夫妻财产制，正确反映当代家庭结构以及其财产运行规律，应对社会的发展和夫妻财产关系的变化，总结实践经验，广采学界的合理建议，在 2001 年修正的《婚姻法》对夫妻财产制作了重要的改进，2020 年《民法典》之婚姻家庭编进一步完善。概括起来，其内容集中于以下几个方面。

#### 1. 以列举与概括、明确与模糊的例示性规范技术形式，确立婚后所得有限共同财产制作为法定财产制

《民法典》第 1062 条规定，夫妻在婚姻关系存续期间所得的下列财产，为夫妻的共同财产，归夫妻共同所有：(1) 工资、奖金、劳务报酬；(2) 生产、经营、投资的收益；(3) 知识产权的收益；(4) 继承或者受赠的财产，但是本法第 1063 条第 3 项规定（遗嘱或者赠与合同中确定只归一方的财产——引者注）的除外；(5) 其他应当归共同所有的财产。夫妻对共同财产，有平等的处理权。

关于夫妻共同财产的范围，最高人民法院曾有如下司法解释。(1) 关于知识产权的收益。《婚姻法》（2001 年修正）第 17 条第 1 款第 3 项规定的“知识产权的收益”，是指婚姻关系存续期间实际取得或者已经明确可以取得的财产性收益。(2) 关于父母对婚姻当事人的赠与。当事人结婚后，父母为双方购置房屋出资的，该出资应当被认定为对夫妻双方的赠与，但父母明确表示赠与一方的除外。(3) 关于法条中未具体列举的其他应当归共同所有的财产。《婚姻法》（2001 年修正）第 17 条规定的其他应当归共同所有的财产，包括一方以个人财产投资取得的收益，男女双方实际取得或者应当取得的住房补贴、住房公积金，男女双方实际取得或者应当取得的养老保险金、破产安置补偿费。(4) 关于有配偶的军人的复员费、自主择业费等中的夫妻共同财产。人民法院审理离婚案件，涉及分割发放到军人名下的复员费、自主择业费等一次性费用的，以夫妻婚姻关系存续年限乘以年平均值，所得数额为夫妻共同财产。这里所说的年平均值，是指将发放到军人名下的上述费用总额按具体年限均分得出的数额。其具体年限为人均寿命 70 岁与军人入伍时实际年龄的差额。

**例题** 甲、乙是夫妻，甲在婚前发表小说《昨天》，婚后获得稿费。乙在婚姻关系存续期间发表了小说《今天》，离婚后第二天获得稿费。甲在婚姻关系存续期间创作小说《明天》，离婚后发表并获得稿费。下列哪一选项是正确的？（ ）

A. 《昨天》的稿费属于甲的婚前个人财产

B. 《今天》的稿费属于夫妻共同财产

C. 《明天》的稿费属于夫妻共同财产

D. 《昨天》、《今天》和《明天》的稿费都属于夫妻共同财产

**答案**：B。

本题考查夫妻在婚姻关系存续期间所获得的知识产权收益的归属。根据婚姻法和有关司法解释的规定，知识产权的收益是否为夫妻共同财产，应以该项收益是否在婚姻关系存续期间内实际取得或者明确可以取得为判断标准。《昨天》在婚前发表，但稿费是在婚姻关系存续期间实际取得的，该稿费应被认定为夫妻共同财产，因此A项错误。《今天》在婚姻关系存续期间发表，稿费已经明确可以取得，虽然该稿费在离婚后实际取得，亦应被认定为夫妻共同财产，因此B项正确。《明天》在婚姻关系存续期间创作完成，但离婚后才发表并获得稿费，该稿费应被认定为甲的个人财产，因此C项错误。综上，D项错误。

《婚姻法司法解释三》规定，夫妻一方个人财产在婚后所产生的收益，除孳息和自然增值外，应被认定为夫妻共同财产。

关于对夫妻共同财产的处理权，最高人民法院曾有如下司法解释。《婚姻法》（2001年修正）第17条第2款关于“夫妻对共同所有的财产，有平等的处理权”的规定，应当理解为：(1) 夫或妻在处理夫妻共同财产上的权利是平等的。因日常生活需要而处理夫妻共同财产的，任何一方均有权决定。(2) 夫或妻非因日常生活需要对夫妻共同财产作出重要处理决定，夫妻双方应当平等协商，取得一致意见。他人有理由相信其为夫妻双方共同意思表示的，另一方不得以不同意或不知道为由对抗善意第三人。

对夫妻共同财产的处理，既要保护共有人的权益，又要保护社会交易的安全。《婚姻法司法解释三》中规定：一方未经另一方同意出售夫妻共同共有的房屋，第三人善意购买、支付合理对价并办理产权登记手续，另一方主张追回该房屋的，人民法院不予支持。夫妻一方擅自处分共同共有的房屋造成另一方损失，离婚时另一方请求赔偿损失的，人民法院应予支持。

上述司法解释还规定，婚姻关系存续期间，夫妻一方请求分割共同财产的，人民法院不予支持，但有下列重大理由且不损害债权人利益的除外：(1) 一方有隐藏、转移、变卖、毁损、挥霍夫妻共同财产或者伪造夫妻共同债务等严重损害夫妻共同财产利益行为的；(2) 一方负有法定扶养义务的人患重大疾病需要医治，另一方不同意支付相关医疗费用的。

《民法典》充分吸收了这一司法解释成果，在第1066条明确规定，婚姻关系存续期间，有下列情形之一的，夫妻一方可以向人民法院请求分割共同财产：(1) 一方有隐藏、转移、变卖、毁损、挥霍夫妻共同财产或者伪造夫妻共同债务等严重损害夫妻共同财产利益的行为；(2) 一方负有法定扶养义务的人患重大疾病需要医治，另一方不同意支付相关医疗费用。

2. 与有限共同财产制相对应，明确界定了个人所有财产

《民法典》第1063条规定，下列财产为夫妻一方的个人财产：(1) 一方的婚前财产；(2) 一方因受到人身损害获得的赔偿或者补偿；(3) 遗嘱或者赠与合同中确定只归一方的财产；(4) 一方专用的生活用品；(5) 其他应当归一方的财产。

《婚姻法司法解释三》中规定：夫妻一方婚前签订不动产买卖合同，以个人财产支付首付款并在银行贷款，婚后用夫妻共同财产还贷，不动产登记于首付款支付方名下的，离婚时该不动产由双方协议处理。双方不能达成协议的，人民法院可以判决该不动产归产权登记一方，尚未归还的贷款为产权登记一方的个人债务。双方婚后共同还贷支付的款项及其相对应财产增值部分，离婚时应根据《婚姻法》（2001年修正）第39条第1款规定的原则，由产权登记一方对另一方进行补偿。

关于夫妻一方个人所有的财产，最高人民法院还有如下司法解释：(1) 一方的婚前财产中可能包括消极财产。债权人就一方婚前所负个人债务向债务人的配偶主张权利的，人民法院不

予支持。但债权人能够证明所负债务用于婚后家庭共同生活的除外。（2）《婚姻法》（2001年修正）第18条规定为夫妻一方所有的财产，不因婚姻关系的延续而转化为夫妻共同财产，但当事人另有约定的除外。（3）军人的伤亡保险金、伤残补助金、医药生活补助费属于个人财产。军人的复员费、自主择业费中减去夫妻共同财产后的余额亦为个人财产。（4）当事人结婚前，父母为双方购置房屋出资的，该出资应当被认定为对自己子女的个人赠与，但父母明确表示赠与双方的除外。

《婚姻法司法解释三》还规定：婚后由一方父母出资为子女购买的不动产，产权登记在出资人子女名下的，可按照《婚姻法》（2001年修正）第18条第3项的规定，视为只对自己子女的赠与，该不动产应被认定为夫妻一方的个人财产。由双方父母出资购买的不动产，产权登记在一方子女名下的，该不动产可被认定为双方按照各自父母出资份额按份共有，但当事人另有约定的除外。本书作者认为：这一解释体现了对作为赠与人的父母的意愿的尊重、对作为受赠人的子女的财产权益的保障。但是，受赠人也可以与其配偶约定受赠的不动产为夫妻双方共有，或将解释中所说的按份共有约定为共同共有。赠与行为生效后，赠与物的所有权已属于受赠人。作为赠与人的父母对此是无权加以干涉的。

3. 与法定财产制相对应，基本建立了约定财产制，规范了财产约定的表意形式、约定财产制的选择范围、约定的内外法律效力，配设了约定采用分别财产制时的补偿制度

《民法典》第1065条规定：男女双方可以约定婚姻关系存续期间所得的财产以及婚前财产归各自所有、共同所有或部分各自所有、部分共同所有。约定应当采用书面形式。没有约定或者约定不明确的，适用本法第1062条、第1063条的规定。夫妻对婚姻关系存续期间所得的财产以及婚前财产的约定，对双方具有法律约束力。夫妻对婚姻关系存续期间所得的财产约定归各自所有，夫或者妻一方对外所负的债务，相对人知道该约定的，以夫或者妻一方的个人财产清偿。

关于以房产赠与为内容的约定，《婚姻法司法解释三》中规定：婚前或者婚姻关系存续期间，当事人约定将一方所有的房产赠与另一方，赠与方在赠与房产变更登记之前撤销赠与，另一方请求判令继续履行的，人民法院可以按照《合同法》第186条的规定处理。该条第1款规定，赠与人在赠与财产的权利转移之前可以撤销赠与；第2款规定：具有救灾、扶贫等社会公益、道德义务性质的赠与合同或者经过公证的赠与合同，不适用第1款的规定，赠与是单务的、实践性的法律行为，在赠与财产的权利转移之前，应以可撤销为原则，不可撤销为例外。《合同法》第187条还规定，赠与的财产依法需要办理登记等手续的，应当办理有关手续。因此，婚前或者婚姻关系存续期间，当事人一方对另一方的房产赠与，只有在办理赠与合同公证和房产变更登记之后才是不可撤销的，否则是可以撤销的。

夫妻对婚姻关系存续期间所得的财产约定归各自所有的，夫或妻一方对外所负的债务，第三人知道该约定的，以夫或妻一方所有的财产清偿。最高人民法院的有关司法解释指出，《婚姻法》（2001年修正）第19条所称“第三人知道该约定的”，夫妻一方对此负有举证责任；并且进一步指出：债权人就婚姻关系存续期间夫妻一方以个人名义所负债务主张权利的，应当按夫妻共同债务处理，但夫妻一方能够证明债权人与债务人明确约定为个人债务，或者能够证明属于《婚姻法》（2001年修正）第19条第3款规定情形的除外。

4. 明确夫妻共同债务

2001年修正后的《婚姻法》基本沿用了1980年《婚姻法》的立法取向，侧重对夫妻之间的积极意义的财产（财产权利）的规定；对消极意义的财产——夫妻债务，仅在第41条指出：

离婚时，原为夫妻共同生活所负的债务，应当共同偿还。共同财产不足清偿的，或财产归各自所有的，由双方协议清偿；协议不成时，由人民法院判决。现实生活中，夫妻债务同夫妻财产一样复杂，表现在债务性质、负债原因、表现形式、清偿责任等诸多方面，因生产经营、市场交易等发生的非共同生活的债务不断增多。对于婚前债务与婚后债务、共同债务与个人债务、生产经营债务与共同生活债务、履行法定扶养义务的债务与非义务性债务、过错债务与非过错债务等，必须分别情况、区别对待。对此，应当采取相应的立法措施，既要注意维护家庭整体利益和法定扶养义务的实现以及满足正常生产生活的需要，确立共同债务责任，又要把握是非过错，明确规定夫妻在不同情况下的清偿责任。

2003 年最高人民法院出台司法解释，对夫妻共同债务的认定作出规定。近年来夫妻共同债务成为社会关注的热点问题。2018 年 1 月，最高人民法院出台新的司法解释，修改了此前关于夫妻共同债务认定的规定。从新司法解释的施行效果来看，总体上能够有效平衡各方利益，各方面总体上赞同。《民法典》吸收新司法解释的规定，明确了夫妻共同债务的范围，于第 1064 条规定：夫妻双方共同签名或者夫妻一方事后追认等共同意思表示所负的债务，以及夫妻一方在婚姻关系存续期间以个人名义为家庭日常生活需要所负的债务，属于夫妻共同债务。夫妻一方在婚姻关系存续期间以个人名义超出家庭日常生活需要所负的债务，不属于夫妻共同债务；但是，债权人能够证明该债务用于夫妻共同生活、共同生产经营或者基于夫妻双方共同意思表示的除外。

上述几个方面构成我国婚姻家庭法确立的夫妻财产制规则体系，对其应予肯定的积极效果可归纳为以下五点：一是扩大了 1980 年《婚姻法》对夫妻财产关系的调整，突出了夫妻财产制的地位；二是在一定程度上克服了 1980 年《婚姻法》的粗放型技术缺陷，其规定较原法具体和细密，增强了可操作性；三是在制度设计上体现了男女平等、保护“弱者”、增进家庭功能、有利于家庭和睦、稳定等原则；四是兼顾了婚姻家庭内财产自治与公平公正、保护夫妻财产权利与保障交易安全的关系，较好地平衡了夫妻财产关系中可能引发的利益冲突；五是在立法上显示出对婚前财产、婚后共同财产、婚后个人财产、约定财产、约定不明财产、未列举的模糊财产等多元财产形式的规范调整，原则性与灵活性相结合，反映了夫妻财产构成和动态运行的复杂性，比较切合社会生活实际。

作为中国 21 世纪的一项重要立法，婚姻家庭法应以社会现实为基础，展示一定层面的前瞻性；以中华民族优秀品质为特色，继承传统文化和先进法文化的优秀成果；以婚姻家庭的身份性、伦理性为内核，以市场经济的发展取向为依托。按此要求衡量，《民法典》对夫妻财产制的改进仍未尽善尽美，尚有不少制度应予增设、补充，以便使其进一步完善。举其要者，我们认为至少有以下几项：

其一，只确立了常态下的夫妻财产制，即普通夫妻财产制，没有相应建立非常态下的特别夫妻财产制。实际上应当针对夫妻分居，夫妻一方失踪，夫妻一方虐待、遗弃另一方，夫妻一方从事个体、合伙经营发生破产等特殊情形，赋予当事人或利害关系人请求改共同财产制为分别财产制的权利，使分别财产制作为非常财产制。这是市场经济条件下实现婚姻家庭安全、财产安全保障中的正义价值和交易安全保护中的秩序价值的共同要求。

其二，只注意到所有权范畴的财产，局限于财产的归属利益，忽视了夫妻财产关系中客观、普遍存在的所有权之外的财产权利。现代民法已从以物的归属为重心向以物的利用为重心转移，财产的动态利用和权能的分化与交易比静态所有更显重要；债权作为带动交易、保障和鼓励交易、实现资源配置的财产权，在市场经济环境下更具活力，有更为广阔的运行空间；以所有权或资本为内涵的股权是诸多财产权利的转化形态，在夫妻财产中无疑具有极强的渗透性和广泛的存在面。有形财产的扩张伴随着无形财产的不断衍生，无形财产权利乃至虚拟财产、个人信息、数据财产的归属和价值正提出迫切的法律规范期求。这一切都表明停留于所有权层面的传统夫妻财产制具有极大的局限性，中国的夫妻财产制立法应当进一步把握民法的发展趋势，反映财产权的运行规律，重视对夫妻财产领域中的他物权、债权、股权、无形财产权、虚拟财产权、数据财产权等财产权利的确认和调整。

其三，仅抽象规定“夫妻对共同财产，有平等的处理权”，没有对1980年《婚姻法》的这一条款作出实质性修改，从而继续存在概括性太强且挂一漏万的缺失。在夫妻共同财产的动态运行中，一方面，处理权作为处分权能的表现，既有法律上的处分又有事实上的处分，且处分方式、处分行为、处分效力各种各样；另一方面，除了处分权能，还有占有、使用、收益、管理等多项权能，这些权能既可以由所有权人控管，又可以和所有权人分离；既可以单项分别行使，又可以多项混合行使。关于这些问题，应当在《民法典》的实施、适用和解释中，不断加以充实、完善。

## 问题与思考

1. 什么是婚姻的效力？
2. 法律上应否规定配偶身份权？
3. 配偶之间有哪些身份上的权利和义务？
4. 什么是夫妻财产制？
5. 夫妻财产制有哪些类型？
6. 如何理解我国现行夫妻财产制？
7. 如何理解夫妻财产制与市场交易安全的关系？

# 第七章
# 婚姻的终止

**本章导读**

自人类个体婚制形成以来，在不同的社会制度下，现实的婚姻无不是因满足一定层次的利益需要基于特定主体的主观愿望和客观行为而形成，为实现其个体的或社会的功能与价值而存续，同时，也必然基于主体的意愿、行为或其某个方面乃至整体的功能与价值的丧失而终止。为调和、缓解婚姻动态运行中的矛盾和冲突，使大多数婚姻关系与同时代的社会历史条件保持相对的一致，有必要设定一般行为模式，确定一系列具有法律约束力的基本规则，以便对婚姻行为进行引导、确认、调控和规范。由此，婚姻不仅被赋予了丰富的道德含义，而且拥有严格的法律属性，形成了婚姻法律制度。法律为全面调整婚姻关系，不仅需要规范婚姻的缔结及缔结之后的效力，而且要规范婚姻终止的程序、条件和终止后的法律后果，确立处理婚姻终止中各种问题和纠纷的法律原则和标准。婚姻因依法解除而人为地终止比因配偶死亡而自然终止更为复杂。离婚制度历来是婚姻家庭立法的重点内容。

**关键术语**

婚姻终止　离婚　“七出”　协议离婚　诉讼离婚　感情破裂　专权离婚主义　破裂主义　过错　夫妻共同财产的分割　子女的抚养费　探望权

## 第一节　离婚制度概说

### 一、婚姻终止的概念和原因

#### （一）婚姻终止的概念

婚姻终止是指合法有效的婚姻关系因发生一定的法律事实而归于消灭。其含义有三。

（1）婚姻终止具有严格的法律意义。婚姻终止仅指合法有效的婚姻关系的消灭。合法有效的婚姻关系存在，是婚姻终止的必要前提。如果不存在合法有效的婚姻关系，当然谈不到婚姻的终止。婚姻无效或被撤销，与婚姻的终止有严格的区别。

（2）婚姻的终止基于一定的法律事实。引起婚姻终止的法律事实不同，其法律后果也不相同。

（3）婚姻终止必然产生一系列的法律后果。婚姻终止的法律后果由于涉及的法律部门和主体的范围不同，可分为广义、狭义、最狭义三类。广义的法律后果是指婚姻终止在婚姻家庭法和相关法律上的后果。狭义的法律后果是指婚姻终止在婚姻家庭法上，在当事人之间及当事人与第三人之间引起的人身关系、财产关系的变化。最狭义的后果则是指婚姻终止在夫妻双方当事人之间的法律后果，如再婚权的取得、共同财产的分割、扶养义务的解除等，其主体仅限于原来具有夫妻身份的双方。本书所说的婚姻终止取其狭义。

### （二）婚姻终止的原因

婚姻关系终止的原因有二：一是配偶一方死亡，二是夫妻双方离婚。于前者婚姻基于一定的自然事件即死亡（包括一方被宣告死亡）而终止，于后者婚姻基于人为的原因（即一定的法律行为）而终止。在上述两种情况下，婚姻关系均失去原来的法律效力。

1. 因配偶死亡而终止婚姻关系

配偶的死亡分为两种情形：一是配偶一方自然死亡，二是配偶一方被宣告死亡。配偶关系是一种特殊的人身关系，以配偶双方的生命存在为前提，配偶一方死亡必然引起婚姻关系终止的后果。死亡方式不同，婚姻终止的后果也不相同。

（1）因配偶的自然死亡而终止婚姻关系。配偶一方自然死亡，主体之一消灭，无共同生活的可能，夫妻之间的权利、义务无法实现，婚姻关系自然终止。配偶一方死亡，终止婚姻关系只是对内的效力终止，即夫妻之间的权利与义务、人身关系、财产关系不存在了，但对外的效力并不绝对消灭。在实际生活中，配偶一方死亡之后，另一方一般仍保持着与死亡一方亲属的继续往来，特别是仍然在原家庭内生活的，姻亲关系理当存在。这是其外部效力的表现。

（2）因配偶一方被宣告死亡而终止婚姻关系。宣告死亡是指人民法院经利害关系人的申请，依审判程序宣告下落不明达一定期间的自然人为死亡的法律制度。宣告死亡是在法律上推定失踪人已经死亡，与自然死亡产生同等的法律效力。对于宣告死亡后婚姻关系何时终止，各国立法有两种不同的规定：一种是从宣告死亡之日起婚姻关系即行终止。另一种是配偶一方被宣告死亡后，直至另一方再婚之时，才视作婚姻关系终止。我国采用前一种立法例。但死亡宣告是一种法律推定，这种法律推定会有两种情况：一种情况是法律推定正确，被宣告死亡之人确已死亡；另一种情况是推定错误，即被宣告死亡的人并未真正死亡，在宣告死亡后重新出现。于后一种情形，经本人或利害关系人申请，人民法院应当作出新的判决，撤销原宣告死亡的判决。《民事诉讼法》第186条明确规定：被宣告失踪、宣告死亡的公民重新出现，经本人或者利害关系人申请，人民法院应当作出新判决，撤销原判决。关于被宣告死亡者生还后的婚姻问题，绝大多数国家的法律规定，如果生存配偶已经再婚，则后婚有效，前婚仍然终止。如果生存配偶尚未再婚，在被宣告死亡者生还后，有的国家规定，其婚姻自行恢复，而有的国家则规定，须履行一定的手续婚姻方可恢复。我国《民法典》第51条规定：被宣告死亡的人的婚姻关系，自死亡宣告之日起消除。死亡宣告被撤销的，婚姻关系自撤销死亡宣告之日起自行恢复。但是，其配偶再婚或者向婚姻登记机关书面声明不愿意恢复的除外。在《民法典》之前《民通意见》第37条明确指出：被宣告死亡的人与配偶的婚姻关系，自死亡宣告之日起消除。死亡宣告被人民法院撤销，如果其配偶尚未再婚的，夫妻关系从撤销死亡宣告之日起自行恢复；如果其配偶再婚后又离婚或者再婚后配偶又死亡的，则不得认定夫妻关系自行恢复。

（3）配偶一方被宣告失踪的，只能经判决离婚而终止婚姻关系。按照《民法典》的规定，除了宣告死亡制度，还有宣告失踪的法律制度。在婚姻问题上，被宣告失踪人与其配偶并不因失踪宣告而终止其婚姻关系，宣告失踪期间双方均不得再婚。如果宣告失踪之后又被宣告死亡的，则婚姻关系自宣告死亡之日起终止。按照法律规定，失踪人的配偶要求解除与失踪人的婚姻，可向人民法院提起离婚诉讼，人民法院受理后，进行公告，限失踪人 3 个月内应诉，公告 3 个月不应诉的，人民法院可缺席判决离婚，将判决书以公告方式送达。离婚判决生效后婚姻关系终止，起诉方自离婚判决生效之日起有再婚的权利。《民法典》第 1079 条第 4 款规定，一方被宣告失踪，另一方提起离婚诉讼的，应当准予离婚。

2. 因离婚而终止婚姻关系

（1）离婚的概念。

离婚是夫妻双方在生存期间依照法定的条件和程序解除婚姻关系的法律行为。其基本特点有六：

第一，从主体看，离婚是具有合法夫妻身份的男女双方本人所为的法律行为，任何人都无权代替，更不能对他人的婚姻关系提出离婚请求。

第二，从时间看，只有在夫妻双方生存期间才能办理离婚，如一方死亡或被宣告死亡，婚姻关系自然终止，无须依离婚程序解除婚姻关系。

第三，从程序看，离婚和结婚一样，要具备一定的法律要件、履行一定的法律程序，得到国家法律的认可，才能发生法律效力。双方私下协议或群众、干部参加达成的离婚协议，均不发生离婚的法律效力。

第四，从条件看，离婚必须以合法婚姻关系的存在为前提。离婚是对合法有效婚姻关系的解除，凡是违法婚姻、以欺骗等手段取得结婚证的，只能宣告该婚姻关系无效或被撤销，收回结婚证，不能按离婚办理。

第五，从内容看，离婚是具有重要法律意义的行为，它导致夫妻关系的解除，从而会引起一系列的法律后果，如夫妻人身关系、财产关系消灭，子女抚养关系的变更，债务的清偿等等。所以离婚不仅关系到双方当事人的利益，也会影响到子女的利益及社会的利益。

第六，从时间上看，关于因离婚而解除婚姻关系的时间，《民法典》第 1080 条规定：完成离婚登记，或者离婚判决书、调解书生效，即解除婚姻关系。第 1083 条规定：离婚后，男女双方自愿恢复婚姻关系的，应当到婚姻登记机关重新进行结婚登记。

（2）离婚的种类。

从不同角度可对离婚作如下分类：第一，从当事人对离婚的态度来分，可分为双方自愿离婚和一方要求离婚。第二，从离婚的程序来分，可分为依行政程序的离婚和依诉讼程序的离婚。第三，从解除婚姻关系的方式来分，可分为协议离婚和判决离婚。

（3）离婚与婚姻无效和被撤销的区别。

离婚与婚姻无效和被撤销是两种不同的制度。离婚是解除合法有效婚姻关系的法律手段，而婚姻无效和被撤销是违法婚姻的法律后果，它们之间有严格的区别。关于这方面的问题，可参见本书第五章第五节。

（4）离婚与别居的区别。

别居又称分居或分床分食制，是指夫妻双方解除同居义务，而婚姻关系依然存续的法律制度。该法律制度在中世纪欧洲基督教禁止离婚的背景下产生，当时夫妻间即使关系恶化到不能共同生活的地步也不能离异，只能在有正当理由时通过别居来免除同居义务。设立别居制度是为了解决一些夫妻不堪共处的实际问题，将其作为禁止离婚的补救手段，是禁止离婚的一种缓解方法。意大利、西班牙等国家早期都不准离婚只许别居，后逐步发展为同时设立离婚与别居的制度。当今出于种种原因，别居制仍为一些国家所采用，成为离婚制度的补充，或作为夫妻关系恶化后走向离婚的一种过渡。它与欧洲中世纪的别居意义不同，不再与禁止离婚相联系。有些国家把判决别居和事实上的别居达若干年作为法定离婚的理由之一。如果夫妻感情不和，先不准予离婚，而是令其别居，使紧张的夫妻关系得到缓和。如果别居一定时间夫妻仍不能和好，则再准予离婚。如意大利现在仍规定别居 5 年即可作为离婚的理由，如一方不同意离婚，分居达 7 年双方就自动离婚。可见，离婚与别居不同，其区别表现为以下几方面：

第一，别居者双方不得再婚。离婚解除了婚姻关系，消灭了夫妻身份，离婚之后双方都可以再婚；别居只是解除夫妻间的同居义务，并不解除婚姻关系，夫妻身份依然存在，所以别居期间双方都不得再婚，如果一方或双方再婚就构成重婚，如果与第三者发生两性关系就构成通奸。此外，夫妻双方在别居之后如果愿意恢复夫妻生活，只要双方共同生活即可；离婚之后双方如要恢复夫妻关系，必须通过法定程序办理。

第二，别居期间夫妻间的权利和义务并不完全消失，离婚后夫妻的人身和财产方面的权利和义务均已消除。别居后，除同居义务外，夫妻间的其他权利和义务仍然存在。

## 二、离婚制度的历史沿革

离婚制度是有关解除婚姻关系的实体性规范和程序性规范的总和。

离婚作为一种法律制度是一个历史的范畴，是人类婚姻家庭制度发展到一定阶段的产物。它与社会形态的变迁相适应，有其产生、发展、演变的历史过程。在不同的社会制度下，有不同类型的离婚制度。

### （一）离婚制度的立法主义

综观古今中外世界各国的离婚制度，离婚立法由严格走向宽松，在许多国家中由宗教走向世俗。其发展过程可大致概括为：由禁止离婚主义到许可离婚主义；由专权离婚主义到平权离婚主义；由有责离婚主义到无责离婚主义；由限制离婚主义到自由离婚主义。在历史长河中，离婚立法以许可离婚主义为普遍，以禁止离婚主义为例外，禁止离婚主义只是反映了离婚制度演变过程中局部地区的阶段性的特点。个体婚制从其产生至今均以许可离婚主义为其主流，只是许可的程度和范围不同而已。

#### 1. 禁止离婚主义

所谓禁止离婚主义是指无论出于何种原因，夫妻均不得离婚。

禁止离婚主义渊源于欧洲中世纪基督教的宗教法规，其教义中提倡禁欲主义。寺院法规定：婚姻一旦缔结，就应终生维持、不得解除，因婚姻是“神作之合”，“人不得离之”。即使夫妻关系恶化到不能继续共同生活的地步，也只能别居。随着社会的发展，欧洲中世纪后期掀起了文艺复兴和宗教改革运动，对寺院法中的禁止离婚原则产生了有力的冲击。禁止离婚主义逐渐被淘汰，许可离婚主义成为必然趋势。此后，许多深受寺院法影响的国家逐步摒弃了禁止离婚主义，实行离婚与别居并存的制度。

2. 许可离婚主义

许可离婚主义是指允许解除婚姻关系的立法主张。

准许离婚是由婚姻关系的性质和特点所决定的。不采禁止离婚的主张，承认婚姻的可变性及可离异性，允许在夫妻生存期间根据双方或一方的请求解除婚姻关系，显然比禁止离婚的主张更为合理。许可离婚的模式并非一成不变，有其发展演变的过程。起初，许可离婚受到严格的主体上、理由上的限制，实行的是专权离婚主义，后来对离婚的严格限制才放宽，最终逐步走向自由离婚主义。

(1) 专权离婚主义。

专权离婚主义是指男子享有较大的离婚权，妇女或者没有离婚权或者受到极为严格的限制。这种离婚制度是男子在政治上、经济上处于优势地位的必然结果。这种立法主义在奴隶社会、封建社会的成文法典中多有体现，我国封建社会中的“七出”便是这方面的明显例证。

(2) 限制离婚主义。

限制离婚主义是指夫妻双方均享有离婚请求权，但法律对离婚条件严加限制的立法主张。法律明确列举离婚的理由，只有符合法律规定的离婚理由，始许离婚，故又称“有因离婚”。最初规定的法定离婚理由为一方有过错，如通奸、虐待、遗弃、重婚、一方被判刑等，享有离婚诉权的则是无过错的一方。这种立法主义被称为“有责离婚主义”。以后的立法又将一些虽非当事人的过错但婚姻关系不能维持的情况，也作为离婚的法定理由加以规定，如一方患有精神病、一方失踪、一方有生理缺陷不能发生性行为等。在这些情形下，当事人主观上并无过错。这种立法主义被称为“目的主义”，在离婚立法史上开“无责离婚主义”的先河。

(3) 自由离婚主义。

自由离婚主义是指根据夫妻双方或一方当事人的自由意志，只要婚姻在客观上已经破裂即可准予离婚的法律主张。法律并不列举具体的离婚理由，也不以过错为离婚的必要条件，在婚姻破裂时，依当事人一方或双方的要求而准予离婚。这种立法主义是彻底的“无责离婚主义”。

自由离婚主义是一种平权离婚主义，即享有离婚权的主体在法律地位上是平等的，夫妻任何一方，无论是男方还是女方，无论有过错方还是无过错方，均可依照法定的程序提出离婚。自由离婚主义更加符合婚姻的本质，是现代离婚立法的发展趋势。

此外，根据对法定离婚理由的表述方式，可将离婚制度的立法主义分为列举主义、例示主义和概括主义三种。

所谓列举主义，是指法律将离婚的法定理由具体明确地加以规定，法律未加规定的原因不能作为离婚的法定理由。

所谓例示主义，就是法律除明确列举一定的法定离婚理由之外，又以一个抽象的、伸缩性的条款加以规定，以弥补列举理由之不足。这种立法方式与列举主义相比具有一定的灵活性，例如日本民法在列举了四项离婚的法定理由之外，又作了一个概括性的补充规定，即“有其他难以继续婚姻关系的重大事由时，法院也可以判决准予离婚”。英国关于离婚的法定理由的规定，也采取这种立法方式。

所谓概括主义，就是法律不具体列举离婚的理由，只作抽象概括性规定作为准予离婚的法定依据。这些抽象概括性规定，一般以婚姻破裂无可挽回或夫妻关系无法继续维持等为离婚的法定理由。如《俄罗斯联邦婚姻和家庭法典》第 33 条规定：如果法院确认夫妻双方已无法继续共同生活和维持家庭，应准予离婚。美国的州法律全国统一委员会制定的《统一结婚离婚法》第 302 条规定：法庭确认婚姻已无可挽回地破裂，应当判决离婚。我国的 1980 年《婚姻法》在总结民事审判实践经验的基础上，明确规定了判决离婚的法定条件，即：人民法院审理离婚案件，应当进行调解；如感情确已破裂，调解无效，应准予离婚。

这种概括主义的立法方式具有较大的灵活性，主要从婚姻的实际出发，由法院根据案件的具体情况作出裁判。但这种立法方式使执法者在适用法律时有一定的难度，在掌握标准时可能有不尽一致的随意性。

### （二）中国离婚制度的变迁

1. 中国古代的离婚方式

中国从奴隶社会至封建社会经历了几千年之久，其婚姻家庭制度基本上一脉相承。在以男性为中心的宗法制度下，离婚制度亦以维护夫权、父权、族权同构一体的家长制作为宗旨，形成了限制与剥夺妇女离婚权的专权离婚主义。在“夫有出妻之礼，妻无弃夫之条”等伦理观念的支配下，夫可以弃妻，夫家可以弃妇，妻往往只能从一而终。古代将离婚称为“弃妻、出妻、放妻、逐妻、遣妻、休妻、黜妻”，妇女只能作为被弃的对象而无离婚的权利。当时，夫妻关系要绝对服从家庭及家族的利益，婚姻的缔结和解除要由家长的意志和家族的利益来决定，即使夫妻和谐，但有碍于宗法家族关系的，也得奉尊长之命而解除婚姻。《孔雀东南飞》中的婚姻悲剧，便是一个明显的例证。中国古代离婚可概括为四种方式：七出、和离、义绝、呈诉离婚。

（1）七出。

“七出”又称“七弃”，是指礼法规定的丈夫“出妻”、夫家“出妇”的七条理由。它起源于我国奴隶社会末期，起初为礼制的内容，以后由封建统治阶级以法律的形式加以固定。“七出”的具体内容是：第一，“不顺父母，为其逆德也”，指儿媳不孝敬公婆，公婆可命儿子休妻。第二，“无子，为其绝世也”。妻不生子被视为不孝，要承担断绝夫家香火之罪责，理当休弃。第三，“淫，为其乱族也”。妻子与人通奸，乱了夫家的血统，这是封建伦理绝对不能容忍的，应当休弃。第四，“妒，为其乱家也”。为了维护家庭伦理关系，为人妻者必须与家人相安和谐，如存忌妒之心，则应由夫休弃。第五，“有恶疾，为其不可共粢盛也”。妻子如果患有麻风等恶疾，既对家族兴旺不利，又影响夫妻正常生活，故应休弃。第六，“口多言，为其离亲也”。如果妻子不安分守己，多嘴多舌，搬弄是非，离间了夫家的亲属关系，被认为违背了女子“三从四德”中“妇言”的要求，于礼应休。第七，“窃盗，为其反义也”。“子妇无私货，无私器，不敢私假，不敢私与。”[①] 妻子对家庭财产没有处分权，凡妻子擅自动用家庭财产，包括未经家长许可将夫家财物付与娘家亲属或外人等，均可视为窃盗，夫可将其休弃。

封建法律都明确地规定，“七出”是男子休妻的合法理由，妇女因触犯“七出”中任何一条，不需经官府，由丈夫写成休书，邀请男女双方近亲、近邻和见证人一同署名，就可弃去，这是我国古代最常见的弃妻方式。

古代礼法还设有例外情况，以“三不去”对“七出”进行限制，即：“尝更三年丧不去”（曾为公婆守孝3年的不去），“有所受而无所归不去”（妇女无娘家可回的不去），“贱娶贵不去”（娶妻时夫家贫贱，后来富贵的不去）。唐律规定：“虽犯七出，有三不去而出之者，杖一百，追还合。”但是若犯恶疾及奸者，不用此律。元、明、清的法律仅规定，妻犯奸者不受“三不去”的限制。“三不去”是对“七出”的限制，不适用“三不去”的情形则是一种对限制

① 《礼记·内则》。

的限制。“七出”之条是夫方或夫家基于家庭本位弃妻的礼和法上的依据。“三不去”的限制，绝对挽救不了妇女被出、被休的命运。只要妻子不顺夫意或夫家之意，就可以某种理由被逐出夫家。

(2) 和离。

“和离”即协议弃妻，类似近现代的两愿离婚即协议离婚。这是我国古代一种通过协议允许夫妻离异的离婚方式。唐、宋律规定：“若夫妇不相安谐而和离者不坐。”元、明、清法律均有关于“和离”的规定：“夫妇两愿离者，不坐。”封建社会中，妇女的社会地位、家庭地位十分低下，妇女受着传统的“三从四德”和“从一而终”贞操观念等封建礼教的严重束缚，很难表达和实现其在离婚问题上的愿望。在当时的历史背景下，离与不离主要取决于丈夫，“和离”往往成为“出妻”的别名。

(3) 义绝。

“义绝”是我国封建社会特有的一种强制离婚方式，它是指如果夫妻之间或夫妻一方与他方的亲属间或双方的亲属间出现了一定的事件，经官司处断后，便认为夫妇之义当绝，强迫离异。若不离异，要受到法律制裁。这反映了封建统治阶级对婚姻家庭的直接干预。

早在汉代，班昭在《女诫》中就说：“夫为夫妇者义以和亲，恩以好合……恩义俱废，夫妇离矣。”根据《唐律疏议》的解释，构成“义绝”的有以下五种情形：第一，殴妻之祖父母、父母，杀妻之外祖父母、伯叔父母、兄弟、姑、姊妹。第二，夫妻祖父母、父母、外祖父母、伯叔父母、兄弟、姑、姊妹自相杀。第三，殴詈夫之祖父母、父母，杀伤夫之外祖父母、伯叔父母、兄弟、姑、姊妹。第四，妻与夫之缌麻以上亲奸；夫与妻母奸。第五，欲害夫者。

义绝与出妻不同：“七出”是于礼应出，于法可出，而非必出。合当义绝而不绝者，须依律科刑。唐律规定：“诸犯义绝者离之，违者徒一年。”元、明、清的法律均规定，若犯义绝应离而不离者，杖八十。这种强制离婚制度，直到民国初年仍为北洋军阀政府大理院的判例所沿用。

**【链接】**

作为中国古代离婚方式之一的义绝制度，是以封建纲常为其伦理基础、以维护家庭中的宗法统治为其根本宗旨的。以《唐律疏议》中列举的合当义绝的情形为例，它对夫妻双方及其亲属并不是一体看待的，是重夫方的亲属、轻妻方的亲属的。在上述第一种情形下，夫对妻的一定范围的亲属有殴、杀等情事方构成义绝的条件。在上述第三种情形下，妻对夫的一定范围的亲属，除殴、杀等情事外，即使仅有詈、伤等情事亦构成义绝的条件。至于上述第二种情形，仅为双方的亲属相犯，与夫妻本人无关，但也要殃及池鱼，使夫妻充当封建伦常的牺牲品。在上述第四种情形下，妻与夫之亲属相奸的范围和夫与妻之亲属相奸的范围悬殊。第五种情形更是只有妻欲害夫之规定，而无夫欲害妻的对等性规定。需要指出的是，义绝制度的适用以“经官司处断”为前提。实际上许多因亲属相犯而发生的冲突，并未惊动官府，而是由有关当事人私自了结。这在封建时代是十分常见的。

（4）呈诉离婚。

呈诉离婚又称官府判离，即夫妻一方基于法定的理由，向官府提起离婚之诉，由官府判离的离婚方式。呈诉离婚的法定理由和其他三种离婚方式的法定理由一样，对于夫妻双方而言是不平等的。例如，只要妻子有背夫在逃的行为，夫即可呈诉离婚，可是对于妻子而言，只有丈夫逃亡 3 年以上时，方可提起离婚之诉。

2. 国民党政府统治时期的离婚制度

国民党政府统治时期的离婚制度，载于 1930 年 12 月 26 日公布的民法亲属编。该法在离婚问题上反映了 1949 年以前半殖民地半封建社会制度的特点与要求：在形式上模仿了日本、德国等大陆法系国家之亲属法的体例，但在内容上仍保留了不少封建婚姻家庭制度的残余。该法规定的离婚方式有两种：一是两愿离婚，二是判决离婚。

（1）两愿离婚。

国民党政府民法第 1049 条规定："夫妻两愿离婚者，得自行离婚。但未成年人应得法定代理人之同意。"关于两愿离婚的形式要件该法第 1050 条规定："两愿离婚应以书面为之，有二人以上证人之签名。"我国台湾地区于 1985 年对此部分进行了修改，增加了两愿离婚还必须在户籍机关进行登记，以登记作为两愿离婚的形式要件。

（2）判决离婚。

该法对判决离婚的法定理由采取列举主义，列举了判决离婚的"十大理由"。我国台湾地区于 1985 年修正后改为列举主义和概括主义相结合的立法方式：除列举离婚的法定理由外，还增加了概括性条款，以适应法定理由以外的复杂情况，弥补具体列举的不足。

3. 中华人民共和国成立前革命根据地的离婚立法

中国共产党自成立之时起，就非常重视被封建礼法控制了几千年的婚姻家庭问题，将解放妇女、改革婚姻家庭制度作为一大任务。1930 年至 1949 年，中国共产党领导的苏区、抗日根据地、解放区先后颁行了许多有关婚姻家庭的规范性文件，对离婚问题作了明确、系统的规定，反映了革命政权下新型的夫妻关系，创立了中国历史上全新的离婚模式，为中华人民共和国的离婚制度奠定了基础。

作为中国现代离婚立法的雏形，该时期的离婚立法具有如下主要内容。

（1）坚持婚姻自由原则，将离婚自由作为婚姻自由的一个重要内容，破除了"从一而终"等禁例。《中华苏维埃共和国婚姻法》第 10 条规定：确定离婚自由，男女一方坚决要求离婚的即可离婚。

（2）坚持男女平等原则，赋予夫妻平等的离婚权，破除了数千年来男子专权离婚的传统习俗。

（3）确定了离婚的法律程序，将离婚问题纳入行政或司法管理之内。如《中华苏维埃共和国婚姻法》第 13 条规定：男女离婚，须向乡苏维埃或市、区苏维埃登记。《晋察冀边区婚姻条例》规定：夫妻两愿离婚者，须向所在地县、市司法机关请求登记，并有二人以上证人之签名；一方要求离婚者，得向司法机关提出请求。这在程序上区分了两愿离婚的登记制和一方要求离婚的诉讼制。

（4）对离婚原因进行或概括或列举或例示的规定。如《中华苏维埃共和国婚姻法》规定：凡男、女双方同意离婚的，即行离婚；男女一方坚决要求离婚的，亦即行离婚。《晋冀鲁豫边区婚姻暂行条例》规定：夫妻感情恶劣，至不能同居者，任何一方均得请求离婚。接着又列举规定，夫妻一方有下列情形之一者，他方得请求离婚：未经离婚，即与他人有订婚或结婚行为者；虐待、压迫或遗弃他方者；妻受夫之直系亲属虐待，至不能同居生活者；生死不明已逾3年者；患花柳病、精神病及不可医治之传染病等恶疾者；被处3年以上之徒刑者；充当汉奸者；吸食毒品或有其他不良嗜好，经屡劝不改者；不能人道者。《陕甘宁边区婚姻条例》也有类似规定。

(5) 在离婚问题上，对革命军人予以特殊保护。《中华苏维埃共和国婚姻法》规定：红军战士之妻要求离婚须得其夫同意。《晋冀鲁豫边区婚姻暂行条例》则规定，抗战军人之妻（或夫）除确知其夫（或妻）已经死亡外，未经抗战军人本人同意，不得离婚。

(6) 离婚时，对妇女权益予以特殊照顾。如《中华苏维埃共和国婚姻法》规定：男女同居时所负的公共债务，归男子负责清偿。离婚后女子如未再行结婚，并缺乏劳动力，或没有固定职业因而不能维持生活者，男子须帮助女子耕种土地或维持生活。《晋冀鲁豫边区婚姻暂行条例施行细则》等均有与此类似的规定。

(7) 严格保护未成年子女的合法利益，对离婚后子女的抚养归属和抚养费的负担作了具体的规定。

上述内容，在形式上看似乎比较简单，但在实质上有深远的历史意义：它为中华人民共和国成立后社会主义离婚制度的建立，奠定了初步的基础。

4. 中华人民共和国离婚的制度及其发展

1950年《婚姻法》作为中华人民共和国第一部重要法律，以其承前启后的历史地位吸收了革命时期的立法经验，针对中华人民共和国成立初期的社会情况和婚姻家庭状况，对离婚问题作了明确、具体的规定。

(1) 开宗明义，以婚姻自由、男女平等为基本原则，保障夫妻双方平等的离婚自由权。

(2) 确立了登记离婚和诉讼离婚的双轨制。

(3) 抛弃了以过错原则为实质内容的列举主义立法模式，对离婚理由不作具体说明，只概括规定：男女双方自愿离婚的，准予离婚。男女一方坚决要求离婚的，经区人民政府和司法机关调解无效时，亦准予离婚。

(4) 注意保护妇女的合法权益，规定女方怀孕期间和分娩后1年内，男方不得提出离婚，男方要求离婚，须于女方分娩1年后，始得提出。同时，强化了离婚时男方在财产方面的责任，减轻了女方的负担。

(5) 保护未成年子女的合法权益，对离婚后子女的抚养教育问题作了明确的规定，将夫妻双方离婚自由的权利与其应承担的法律责任和义务统一起来。

1950年《婚姻法》从法律上彻底废除了沿袭几千年为封建主义婚姻家庭制度所确认和保护的男子专权离婚，对中华人民共和国成立后的离婚立法起了明确的引导、规范、调控作用。

20世纪70年代末，中国共产党十一届三中全会拨乱反正、正本清源，结束了“文化大革命”。自此，中国社会走向了变革、发展的新时期。1980年诞生了中华人民共和国第二部婚姻法，离婚制度进入稳定、发展、完善的新阶段。新的离婚立法一方面，承继了1950年《婚姻法》所坚持的“变革与创新”的历史任务；另一方面，又充分总结了30年来的实践经验，经过大量的调查研究和预测，对1950年《婚姻法》中的离婚条款作了适当的修改、补充和发展，从而使中华人民共和国的离婚制度更切合实际，更鲜明地反映了社会主义制度对婚姻家庭的要求。时至世纪之交，中国社会变革向纵深拓展，婚姻家庭领域的新问题、新情况日益增多，要求离婚立法从技术上完善、从内容上充实的呼声日益高涨。顺应这一时代要求，2001年修正后的《婚姻法》对离婚作了诸多增补和修改，中华人民共和国的离婚制度进一步迈入比较成熟和完善的境界。2020 年《民法典》之婚姻家庭编在 2001 年修正的《婚姻法》的基础上，作了进一步完善：一是增加离婚冷静期制度。二是针对离婚诉讼中出现的“久调不判”问题，增加规定：经人民法院判决不准离婚后，双方又分居满一年，一方再次提起离婚诉讼的，应当准予离婚。三是针对离婚后子女的抚养，将 2001 年修正的《婚姻法》规定的“哺乳期内的子女，以随哺乳的母亲抚养为原则”修改为“不满两周岁的子女，以由母亲直接抚养为原则”，以增强可操作性。四是将夫妻采用法定共同财产制纳入适用离婚经济补偿的范围，以加强对于对家庭负担较多义务一方之权益的保护。五是将“有其他重大过错”增加规定为离婚损害赔偿的适用情形。

## 三、我国处理离婚问题的指导思想

在我国离婚制度史上，无论是新民主主义革命时期革命根据地的婚姻家庭立法，还是中华人民共和国的两部婚姻法，抑或 2001 年修正后的《婚姻法》和《民法典》婚姻家庭编，都贯穿着保障离婚自由、反对轻率离婚的立法精神。它是我国离婚立法的基本原则，也是婚姻登记和审判实践中处理离婚问题案件的指导思想，反映了婚姻家庭受国家保护和树立优良家风、加强家庭文明建设的内在要求。

保障离婚自由，是婚姻关系的本质和内在规定的客观要求。在社会主义社会中，婚姻应当是男女双方基于爱情的结合，夫妻关系的建立和存续都应以爱情为基础。但爱情作为建立在主体的一定客观条件上的精神感情，必然处于发展、变化的动态中，既可能向好的方面发展，使夫妻关系渐趋完善、稳固，又可能向坏的方面发展，导致夫妻关系恶化，使婚姻走向死亡，失去其社会价值和意义。如果夫妻双方的感情已经完全消失，又无恢复的可能，就不再符合婚姻的内在要求，强行维护这种关系对当事人、对社会、对子女、对家庭都不利。因此，法律上应该提供明确的途径，保证当事人解除感情确已破裂的婚姻关系，使他们有可能重新建立幸福美满的家庭。

保障离婚自由，是马克思主义对待离婚的基本观点，也是社会主义婚姻家庭制度的基本要求。马克思主义婚姻家庭观对待离婚有几个要点：一是承认离婚自由，二是要求在离婚问题上男女平等，三是坚持婚姻以爱情为基础。基于此，我国婚姻法明确规定实行婚姻自由、一夫一妻、男女平等的婚姻制度，并将夫妻感情是否确已破裂作为准予或不准离婚的原则界限，从而使离婚自由成为公民的一项基本权利，受到法律的有效保障。

保障离婚自由，不仅有利于当事人，而且有利于社会的安定团结和社会主义物质文明、精神文明的建设。对于那些感情已经破裂、不能和好的夫妻，允许依法解除婚姻关系，不仅是保护当事人合法权益的需要，而且是加强人民内部团结、维护社会秩序、促进社会主义现代化建设的要求。实行离婚自由还能在宏观上改善和巩固全社会的婚姻关系。被离婚瓦解的只是那种不堪同居、已经死亡的家庭。列宁在《论民族自决权》中说：实际上离婚自由并不意味着家庭关系“瓦解”，反而会使这种关系在文明社会中唯一可能的和坚固的民主基础上巩固起来。①

保障离婚自由，从社会现实性看，也是彻底破除封建婚俗的需要。中华人民共和国成立以来，在离婚问题上的旧俗仍有一定的影响，这不利于从总体上提高婚姻的质量，导致不少已死亡的婚姻得不到解除。我国婚姻法必须继续完成反封建的任务，充分保护公民的离婚自由权利。

---

① 列宁全集：第 25 卷. 2 版（增订版）. 北京：人民出版社，2017：254.

社会主义制度下的离婚自由并不是绝对的、无条件的自由，而是相对的、有条件有限制的自由。因此，在坚持婚姻自由原则、保障离婚自由的同时，必须反对轻率离婚。反对轻率离婚也是法律对离婚问题的基本要求，是离婚立法指导思想的重要的、不可缺少的内容。

轻率离婚，是指不负责任，视婚姻如儿戏，以轻率的态度对待和处理离婚问题，属于滥用离婚自由的行为。马克思在《论离婚法草案》中指出："……婚姻不能听从已婚者的任性，相反地，已婚者的任性应该服从婚姻的本质。"[①]"离婚仅仅是对下面这一事实的确定：某一婚姻已经死亡，它的存在仅仅是一种外表和骗局。不用说，既不是立法者的任性，也不是私人的任性，而每一次都只是事物的本质来决定婚姻是否已经死亡……"[②]这表明，离婚是补救已经死亡的婚姻的一种迫不得已的特殊手段，并不是社会的普遍行为。离婚关系到家庭、子女和社会的利益，只有在夫妻感情确已破裂、无法共同生活时，方能使用这一手段。保障离婚自由绝不意味着人们在离婚问题上可以为所欲为，离婚必须符合法定条件、履行法定程序。法律上有关离婚的规定既是对离婚自由的保障，又是对轻率离婚的限制。人们在行使离婚自由的权利时，必须受到法律和道德的约束，要自觉地承担应尽的社会责任和法律义务。

反对轻率离婚，是对植根于剥削阶级思想的极端个人主义、利己主义的婚姻价值观的否定。坚持离婚自由，目的在于为社会创造高质量的幸福美满的婚姻和家庭。为此，必须反对在并无离婚之必要的情形下轻率离婚，杜绝、防范离婚问题上的"杯水主义"、草结草离、见异思迁、喜新厌旧、道德败坏、腐化堕落等不良倾向。处理离婚问题，要有利于弘扬社会主义婚姻家庭道德和中华民族的传统美德，提高人们的道德水平，树立良好的社会风气。

## 第二节　协议离婚

### 一、协议离婚概述

协议离婚亦称双方自愿离婚，是指夫妻双方自愿离异，并就离婚的法律后果达成协议，经过有关部门认可即可解除婚姻关系。在我国，双方自愿离婚的可依法登记离婚。主管部门对双方的离婚申请依法审查后，符合法律规定的应准予登记。

协议离婚是在当事人双方合意的情况下达成的。采取这种方式离婚，不仅手续简便，而且使当事人双方能够友好地分手，避免了当事人在法庭上当众相互指责造成更深的敌对情绪，从而使当事人能在没有外来压力的情况下平心静气地达成合乎双方意愿的协议。所以，这种离婚方式已越来越为较多的离婚者所接受。

协议离婚在不同的国家有不同的要求。在许可协议离婚制度的国家中，依照接受和办理协议离婚的机关的不同，分为三种程序。

*1. 户籍申报程序*

协议离婚经由户籍机关办理。例如，《日本民法典》规定，协议离婚须由夫妻双方依户籍法的规定向户籍机关申报，登记在案。

---

① 马克思恩格斯全集：第1卷．北京：人民出版社，1956：183.

② 同①184.

2. 行政登记程序

离婚协议须依行政程序获得批准。例如，《墨西哥民法典》第 272 条规定：夫妻双方自愿离婚，应亲自到其住所地的民事登记处官员面前声明，由民事官员制作一项记录，载明他们的离婚请求，并在 15 日内传唤双方前来确认上述记录，如果当事人双方都表示同意，民事登记处官员就应宣布他们离婚。上述户籍申报程序也是一种行政登记程序。

3. 司法裁决程序

当事人的离婚协议须经法院裁决才发生法律效力。例如，《法国民法典》第 230 条规定：如夫妻双方共同请求离婚，无须说明其原因，夫妻双方仅应将处理离婚后果的协议草案呈报法官批准。奥地利的法律规定，双方自愿离婚，并就离婚后的有关问题达成协议的，由法院判决加以批准。

按照我国《婚姻登记条例》的规定，双方自愿离婚由婚姻登记机关办理。可见，它属于行政登记程序。

## 二、我国的离婚登记制度

在我国，依行政程序办理的登记离婚是诉讼外的协议离婚，经人民法院调解达成离婚协议的则是诉讼内的协议离婚。本题的内容仅以诉讼外的协议离婚（即登记离婚）为限；诉讼内的协议离婚（即经法院调解离婚）将在本章第三节中另作说明。2001 年修正的《婚姻法》第 31 条规定：男女双方自愿离婚的，准予离婚。双方必须到婚姻登记机关申请离婚。婚姻登记机关查明双方确实是自愿并对子女和财产问题已有适当处理时，发给离婚证。对此，《婚姻登记条例》作了更明确、更具体的要求。《民法典》第 1076～1078 条对协议离婚作了修改、完善，进一步健全了离婚登记的程序。

### （一）登记离婚的条件

（1）登记离婚的男女双方须有合法的夫妻身份。离婚行为具有强烈的人身性，只能由具有夫妻身份的当事人本人提出，任何第三人都不得代替一方或双方去登记离婚。婚姻登记机关在办理离婚时应先验明双方的夫妻身份，凡是没有结婚证或夫妻关系证明书的，表明他们没有合法的婚姻关系，不能为其办理离婚登记。

（2）双方当事人须为有完全民事行为能力的人。离婚是重要的民事法律行为，只有在双方当事人具有完全的民事行为能力时，才能办理登记离婚。《婚姻登记条例》第 12 条规定，当事人属于无民事行为能力人或者限制民事行为能力人的，婚姻登记机关不予受理。对于夫妻一方为无民事行为能力人或限制民事行为能力人的离婚，应依诉讼程序，并由其法定代理人代理诉讼。

（3）当事人双方须有离婚的合意。双方对离婚的意愿必须是自愿、真实、一致的，而不是虚假的，不是一方胁迫另一方离婚。离婚是一个比较复杂的社会现象，在很多情况下，双方自愿往往不是真实的，有的是双方由于一时之气愤或感情冲动而协议离婚；有的是一方欺诈、哄骗另一方同意离婚；有的是家长或第三人胁迫一方同意离婚；有的是双方为了各自的目的或共同的目的而恶意串通的“假离婚”。这些情形都不属于真实自愿的协议离婚，不符合登记离婚的要求。

（4）登记离婚时必须双方对子女的抚养教育作出恰当、合理的安排，并达成一致的协议。

离婚不仅是夫妻双方婚姻关系的解除，还要涉及子女的抚养教育。协议离婚时双方应对子女由何方直接抚养、抚养费的负担及给付期限、给付方式等达成一致的协议。

(5) 登记离婚必须对财产问题作出适当的处理。离婚不仅是解除夫妻人身关系，对夫妻财产关系亦产生相应的后果。因此，登记离婚时对于夫妻共同财产的分割、债务的清偿以及一方生活确有困难需要另一方给予适当经济帮助等问题都必须达成一致的协议。

登记离婚必须合法。首先，双方关于解除婚姻关系的协议的内容必须符合法律规定，不能借离婚来规避法律，达到其他个人目的。其次，双方关于子女抚养的协议必须合法，不能因父母离婚而影响子女的健康成长。最后，双方关于财产问题的协议必须合法，既不能侵犯当事人任何一方的财产权利，又不能损害国家、集体和第三人的财产利益。

以上几个方面都是登记离婚的必备条件，它们既是对当事人的要求，也是对婚姻登记机关的要求。需要指出的是，登记离婚的适用范围仅限于在中国内地办理结婚登记的当事人。《婚姻登记条例》第12条规定，当事人的结婚登记不是在中国内地办理的，对其离婚登记，婚姻登记机关不予受理。

### （二）登记离婚的程序

离婚登记同结婚登记一样，都要到婚姻登记机关去办理登记手续。根据《婚姻登记条例》的规定，离婚登记在程序上必须经过申请、审查、登记三个步骤。《民法典》第1076条规定：夫妻双方自愿离婚的，应当签订书面离婚协议，并亲自到婚姻登记机关申请离婚登记。离婚协议应当载明双方自愿离婚的意思表示和对子女抚养、财产以及债务处理等事项协商一致的意见。第1077条规定：自婚姻登记机关收到离婚登记申请之日起30日内，任何一方不愿意离婚的，可以向婚姻登记机关撤回离婚登记申请。前款规定期限届满后30日内，双方应当亲自到婚姻登记机关申请发给离婚证；未申请的，视为撤回离婚登记申请。第1078条规定：婚姻登记机关查明双方确实是自愿离婚，并已经对子女抚养、财产以及债务处理等事项协商一致的，予以登记，发给离婚证。据此，关于协议登记离婚，应遵循以下基本环节和要素。

#### 1. 签订书面离婚协议

登记离婚的第一个形式要件是夫妻双方必须签订书面离婚协议。该协议应当是双方达成一致、亲自表达、亲自签署、共同作出。该协议应当载明双方自愿离婚的意思表示和对子女抚养、财产以及债务处理等事项协商一致的意见。

#### 2. 申请

签订书面离婚协议并不立即当然产生离婚效力，还必须履行向婚姻登记机关提出申请的程序。当事人双方自愿离婚的，必须双方亲自到一方户口所在地的婚姻登记机关申请离婚登记。《婚姻登记条例》第11条明确规定，办理离婚登记的内地居民应当出具下列证件和证明材料：(1) 本人的户口簿、身份证；(2) 本人的结婚证；(3) 双方当事人共同签署的离婚协议书。

#### 3. 离婚冷静期

婚姻登记机关收到离婚登记申请，并不于当日办理离婚登记，而是依法预设30日期限，30日届满再根据具体情形确定是否办理离婚登记、发给离婚证。《民法典》规定的从提交离婚申请到办理离婚登记的30日期限即为离婚冷静期，也可谓协议登记离婚的考虑期、缓冲期、补救期、慎重期、离婚申请撤回期。作为《民法典》对现行婚姻法增加的一项制度，离婚冷静期对于增强离婚的严肃性、防范轻率离婚、促进家庭稳定、保障当事人的合法权益具有重要的引导作用和规范意义。

适用离婚冷静期应该把握好四层内涵：(1) 离婚冷静期被严格限定为婚姻登记机关收到离婚登记申请之日起30日内，不得延长或缩短。(2) 在离婚冷静期内，双方或者任何一方不愿意离婚的，依法享有撤回权，可以向婚姻登记机关撤回离婚登记申请，任何人不得加以强迫、限制和干涉；婚姻登记机关不得阻止和拒绝。(3) 离婚冷静期届满后，夫妻双方有两种选择：一是双方亲自到婚姻登记机关申请发给离婚证，依法解除婚姻关系，其婚姻关系终止；二是双方没有一起亲自到婚姻登记机关申请发给离婚证，则视为撤回离婚登记申请，其婚姻关系仍然存续有效。(4) 双方亲自到婚姻登记机关申请发给离婚证的有效期限是离婚冷静期届满后30日内。如果在离婚冷静期届满后30日内双方未亲自到婚姻登记机关申请发给离婚证，视为撤回离婚登记申请。

4. 审查

婚姻登记机关对于当事人的离婚申请应该根据婚姻家庭法及《婚姻登记条例》的规定，进行严格的审查。婚姻登记机关审查的过程也就是对当事人进行调解和说服教育的过程。要教育当事人双方慎重对待和考虑离婚问题，虽然双方自愿离婚，也要根据具体情况做深入细致的思想工作，尽可能地挽救那些感情尚未完全破裂的婚姻，促成双方和好。如果双方同意离婚但对子女及财产安排不够合理，应帮助他们遵循婚姻家庭法的精神作必要的调整。另外，婚姻登记相关在审查过程中还必须对协议的内容作全面的了解，如当事人是否具有夫妻身份，离婚是否真实自愿，有无欺诈、胁迫、弄虚作假等违法现象，对子女安排和财产处理是否合法等。为了查明这些事项，申请离婚登记的当事人应对婚姻登记机关如实提供必须了解的有关情况，不得隐瞒或欺骗。必要时婚姻登记机关应与当事人所在单位、居民委员会或村民委员会联系，了解有关情况。婚姻登记机关如发现离婚当事人有违反婚姻法骗取离婚的行为，应予以批评教育。

5. 登记

婚姻登记机关经过离婚冷静期和审查后，对于符合婚姻家庭法和《婚姻登记条例》规定的离婚申请，应准予离婚。结合《婚姻登记条例》第13条，当事人确属自愿离婚，并已对子女抚养、财产、债务等问题达成一致处理意见，在离婚冷静期届满后30日内双方亲自到婚姻登记机关申请发给离婚证的，予以登记，发给离婚证。当事人从取得离婚证时起解除夫妻关系。离婚证和人民法院的离婚判决书、离婚调解书具有同等的法律效力，是证明婚姻关系已经解除的证件。对于不符合婚姻家庭法和《婚姻登记条例》的规定的，婚姻登记机关不予登记，并向当事人讲清理由。

在我国，登记离婚对当事人双方来说是一种简便、自由的离婚方式，除必要的条件和程序外，并无其他限制。但也要看到，有些申请人的意思表示是不真实的。为了防止违法登记，骗取离婚证，加强离婚登记管理是十分必要的。有些国家为了尽可能保持家庭的稳定，维护社会的利益，防止轻率离婚和违法离婚，在承认协议离婚的同时，规定了必要的限制性措施：第一，要求协议离婚必须从结婚时起届满一定期限才能提出离婚申请。各国规定的期限一般为6个月至3年不等。第二，规定当事人提出离婚申请后须经过一定时间的考虑期（或称考验期），才能正式办理登记手续。有的还规定考虑期满后应重新提出申请。关于考虑期，各国规定也不尽一致，短的仅3个月，长的达1年。我国《民法典》关于离婚冷静期和两次申请的规定，在一定程度上正是借鉴了这一行之有效的立法经验，也是协议登记离婚制度的一项创新和完善。

## 三、关于登记离婚的两个具体问题

### （一）离婚登记后，一方翻悔要求人民法院重新处理

男女双方自愿离婚，并对子女和财产问题已有适当处理，在婚姻登记机关办理了离婚登记、领取了离婚证的，其婚姻关系即正式解除。一方对这种已发生法律效力的离婚，及对子女和财产问题的处理反悔，在婚姻登记机关未撤销离婚登记的情况下，向人民法院提起诉讼的，人民法院不应受理，可告知当事人向婚姻登记机关申请解决。这是因为，婚姻登记机关和人民法院并无隶属关系，性质和职责范围又不同，是两个独立的单位，人民法院对于婚姻登记机关作出的发生法律效力的离婚登记应当予以尊重。离婚登记后一方反悔，应当向婚姻登记机关申请解决，由婚姻登记机关根据当事人申请的具体情况和理由，作出相应的处理。

### （二）假离婚与骗离婚

1. 假离婚

假离婚是指婚姻当事人双方为了共同的或各自的目的，约定暂时离婚，待既定目的达到后再复婚的违法离婚行为。其特征有五。

（1）假离婚是夫妻双方协议所为，主体是双方当事人，有共同的过错，是双方通谋的违法的行为。

（2）当事人双方离异时夫妻关系并未破裂，离婚并非双方的真实意愿，而是双方虚假的意思表示。

（3）双方暂时离婚是为了实现其他目的，离婚只是一种借用的手段。现实生活中曾经发生的假离婚往往是为了达到一些目的，如给子女办理农转非户口；多生子女，逃避计划生育；夫妻双方两边分房或买房；逃避债务；等等。还有一些当事人是出于其他目的而走上假离婚之路。

（4）假离婚具有暂时性。双方在形式上履行了离婚手续，主观上则期待目的达到或条件成熟，随时预备复婚。

（5）假离婚的结果具有非稳定性。大多数情况下假离婚目的一实现，双方可按期复婚。但也有部分当事人假离婚后一方变卦，置原先的约定于不顾，不愿复婚或已与别的异性恋爱与结婚，于是当事人双方发生矛盾引起纠纷。

2. 骗离婚

骗离婚是指当事人一方出于某种不可告人的目的，捏造虚假的事实或隐瞒真实情况，向对方许诺先离婚后复婚，从而骗得对方同意离婚的违法行为。其特征如下。

（1）提出离婚是一方当事人的真实意愿，但该方当事人用欺骗的手段蒙骗对方，表示自己的目的不是真离婚，离婚只是自己实现某一目的不得已而为之的手段，从而哄骗对方同意离婚。

（2）提出离婚的一方是以解除夫妻关系为目的的，根本不想复婚。而另一方在办理手续后期待目的达到以后即行复婚。但骗离婚的结果具有唯一性，即欺骗方另择对象恋爱或再婚，根本无复婚的意思。

（3）骗离婚既是当事人单方的欺骗行为，又是基于欺骗而产生的虚有其表、徒具形式的合

意离婚行为。这种行为是违背另一方当事人的真实意愿的，所以是无效的违法行为。这种行为从根本上破坏了正常的婚姻家庭关系，具有很大的危害性。

《民法典》确立协议登记离婚的冷静期制度，在一定意义上对假离婚、骗离婚可以起到有效的预防和自我纠治作用。

# 第三节 诉讼离婚

## 一、诉讼离婚的概念及要求

诉讼离婚是指夫妻双方对于离婚或离婚后子女抚养或财产清算分割等问题不能达成协议，由一方向人民法院提起诉讼，经人民法院审理、调解或判决离婚的一种制度。

《民法典》第1079条第1、2款规定：夫妻一方要求离婚的，可由有关组织进行调解或者直接向人民法院提起离婚诉讼。人民法院审理离婚案件，应当进行调解；如果感情确已破裂，调解无效的，应当准予离婚。这条规定的内容包含了诉讼离婚的程序和准予离婚的实质标准。本节的内容以前者为限，关于后者将在本章第四节中另行阐述。

诉讼离婚在程序上有以下几个基本要求：

（1）必须由当事人一方提出离婚请求，任何第三人都不得以诉讼当事人身份提起离婚诉讼，而只能依法作为诉讼代理人，代理夫妻一方参加诉讼活动。

（2）诉讼离婚是因一方要求离婚、另一方不同意离婚，或者双方都同意离婚但对子女、财产等问题不能协商一致而发生的。以上这些问题中，当事人有的是对其中一项有争议，有的是对几项都有争议，须经人民法院调解或判决处理。其中，是否解除婚姻关系是先决条件，只有在此前提下才能处理与此相关的其他问题。

（3）人民法院审理离婚案件时，基于婚姻关系的特殊性，一般应当首先进行调解，如调解不成则可依审判职权，对当事人争议的实体性问题作出判决。

## 二、诉讼离婚的一般程序

在我国，诉讼离婚的一般程序在民事诉讼法和婚姻家庭法中均有明确的规定。为了方便起见，关于诉讼外的调解也在这里一并说明。

### （一）诉讼外的调解

诉讼外的调解，是指由当事人所在单位、群众团体、居民或村民委员会、婚姻登记机关等有关部门主持，帮助当事人在自主自愿的基础上，就保持或解除婚姻关系及其连带的法律问题达成协议的一种形式。其好处在于：一是我国民间就有调解处理民事纠纷的传统，以这种方式处理纠纷可以不伤或少伤和气，符合人们的心理，便于当事人接受。二是当地有关部门对纠纷的情况比较了解，容易抓住矛盾重点进行说服教育和疏导工作，使纠纷得到妥善解决。三是处理及时，把纠纷消灭在萌芽、解决在基层，可以防止矛盾激化，引导夫妻和好，增进团结和稳定。四是就地解决，不耽误当事人的生产、工作和生活。五是大量的纠纷不经过诉讼程序就可以得到合理解决，减少了法院的诉讼案件，减轻了法院的工作负担。

诉讼外调解应当坚持自愿、合法的原则，不得强制或变相强制当事人达成某项协议，也不得阻止或妨碍当事人就离婚问题向人民法院提起诉讼。诉讼外调解的规定，无论是在婚姻家庭法中还是在民事诉讼法中，都是任意性规范，诉讼外调解不是离婚的必经程序。是否采用诉讼外调解方式由双方当事人自己决定。诉讼外调解只是离婚诉讼前解决纠纷的一种措施，并不影响当事人提起诉讼。当事人可以不经过这一阶段而直接向人民法院起诉，人民法院也不得以未经有关部门调解而拒绝受理。

诉讼外调解可能出现三种不同的结果：一是调解和好，消除纠纷，继续保持婚姻关系。二是通过调解双方达成离婚协议，并就子女抚养、财产清算等问题达成一致意见，双方应按婚姻家庭法及《婚姻登记条例》的规定，到婚姻登记机关办理离婚登记。三是调解无效，一方仍然坚决要求离婚，另一方坚持不离，或者双方虽同意离婚但对子女抚养、财产清算等问题仍存在争议。对此，婚姻当事人一方可向人民法院提起离婚诉讼，由人民法院审理。

《婚姻法司法解释三》中规定：无民事行为能力人的配偶有虐待、遗弃等严重损害无民事行为能力一方的人身权利或者财产权益的行为，其他有监护资格的人可以依照特别程序要求变更监护关系；变更后的监护人代理无民事行为能力一方提起离婚诉讼的，人民法院应予受理。无民事行为能力人的监护人原为其配偶，通过变更监护关系由变更后的监护人代理其提起离婚诉讼，是保护无民事行为能力一方的人身权利和财产权益的必要措施。

### （二）诉讼中的调解与判决

《民法典》第 1079 条第 2 款规定：人民法院审理离婚案件，应当进行调解；如果感情确已破裂，调解无效的，应当准予离婚。这一规定表明，不论是经有关部门调解无效而提起的离婚诉讼，还是男女一方直接向人民法院提起的离婚诉讼，均由人民法院依法审理。在人民法院审理离婚案件的过程中，调解一般是必经的“应当性”诉讼程序，它是司法机关行使审判职能的重要方式。诉讼中的调解是指在审判人员的主持下，由双方当事人自愿协商，达成协议，解决纠纷。诉讼中的调解与诉讼外的调解不同。首先，它是人民法院行使审判权的一种方式，与审判结合进行。人民法院在审理离婚案件的整个过程中必须贯彻调解为主的原则，从受理案件开始到判决前，审判人员都可以依职权主动进行调解。就审理程序来说，人民法院的调解既可以在第一审程序中进行，也可在第二审程序中进行，还可以在审判监督程序中进行。其次，离婚诉讼中的调解重在发挥人民法院的主导作用，如果必要，审判人员可以主动提出解决方案，也可配合有关单位一起做工作，促使当事人达成协议。双方达成的离婚协议必须得到人民法院的批准与认可，发给离婚调解书后才能发生法律效力。

离婚诉讼中的调解有三种结果：一是双方达成和好的协议，由原告撤诉，将调解协议记录在卷。二是双方达成离婚协议，审判人员要按调解协议的内容制作离婚调解书，调解书与判决书的法律效力相同，双方领取了离婚调解书，夫妻关系即告解除。三是协议不成，调解无效，由人民法院依法作出判决。

人民法院在离婚案件调解无效、双方存在争议的情况下，应查清案情、分清是非，根据案件的客观实际，依照婚姻家庭法的有关规定，作出准予或不准离婚的判决。夫妻感情尚未破裂，可判决不准离婚。夫妻双方的感情确已破裂，经调解和好无望的，应依法判决准予离婚。

在离婚诉讼中，对于无民事行为能力人及限制民事行为能力人的离婚问题一定要有法定代理人或指定代理人代为参加诉讼。如果法定代理人不愿出庭，人民法院应说服动员他们出庭，如仍不出庭可征询其意见，在查清事实的基础上依法判决。

## 三、诉讼离婚的特别程序

### （一）在离婚问题上对现役军人的特殊保护

《民法典》第 1081 条规定："现役军人的配偶要求离婚，须得军人同意，但是军人一方有重大过错的除外。"这一条是对非军人一方之离婚请求权的一种限制性规定，它体现了在离婚问题上对现役军人的特殊保护。

按照最高人民法院的有关司法解释，关于该条所说的"军人一方有重大过错"，可以依据 2001 年修正的《婚姻法》第 32 条第 3 款前三项规定（详见后文）及军人有其他重大过错导致夫妻感情破裂的情形予以判断。

保护现役军人的婚姻是由军人的特殊地位所决定的。人民军队是人民民主专政的柱石，担负着保卫祖国、保卫社会主义建设的神圣职责。对于现役军人的利益，应当予以特殊保护。这种特殊保护是符合国家、人民利益的，关系到巩固部队、巩固国防的重要问题，是拥军优属的重要内容。保护现役军人的婚姻家庭符合军人的利益，也符合军人配偶的根本利益，具有重要意义。

在执行本规定时应注意以下问题。

（1）现役军人的范围是指参加中国人民解放军具有军籍的干部和战士、人民武装警察部队的干部和战士。但退伍、复员、转业的军人以及军事单位中不具有军籍的职工、文职人员不属于现役军人的范围。

现役军人的配偶是指非军人一方。现役军人配偶要求离婚是指非军人一方向军人一方提出离婚。双方都是现役军人或军人一方向非军人一方提出离婚，不适用本规定，应按婚姻家庭法中的一般规定处理。

（2）处理非军人一方向现役军人一方提出的离婚问题时，凡婚姻基础、婚后感情都比较好，非军人一方又没有什么重要原因而提出离婚的，人民法院应配合当事人的所在单位对其进行说服教育，劝其珍惜与军人的婚姻关系，服从国家整体利益，正确对待自己的婚姻问题，尽量调解和好或者判决不准离婚。但如果过错一方是军人，或者过错主要在军人一方，夫妻感情确已破裂，经做调解工作无效，确实不能维持夫妻关系而应该离婚的，人民法院应通知军人所在部队团以上政治机关，做好军人的思想工作，准予离婚。处理这类案件时，应在贯彻对现役军人特殊保护原则的同时，根据案件的实际情况，注意保护非军人一方的合法权益。只有这样才能做到既对军人婚姻实行特殊保护，又不违背婚姻自由的原则。

（3）对于破坏军人婚姻的违法犯罪行为应予以坚决打击。有的非军人一方提出离婚是第三者插足破坏军人婚姻如与军人配偶通奸、姘居、重婚等而造成的。处理这类案件时应该先制止破坏军婚的行为，根据刑法的规定，依法追究犯罪者的刑事责任，然后再根据夫妻关系具体情况处理离婚问题。

### （二）在离婚问题上对女方的特殊保护

《民法典》第 1082 条规定：女方在怀孕期间、分娩后一年内或者中止妊娠后六个月内，男方不得提出离婚；但是，女方提出离婚或者人民法院认为确有必要受理男方离婚请求的，除外。

这一规定主要是为了保护妇女和子女的合法权益，在一定条件下对男方的离婚请求权予以限制。女方在怀孕期间和分娩后1年内，身体上、精神上有一定负担，尤其要对胎儿、婴儿予以特别保护，因此，禁止男方在此期间提出离婚是完全必要的。它不是对男方的离婚请求权的否定和剥夺，只是推迟了男方提出离婚的时间，并不涉及准离与不准离的实体性问题。女方在此期间提出离婚，则不受此限制。一般说来，女方在此期间提出离婚都是出于某种急迫原因，本人对离婚早有思想准备，如不及时受理，可能对女方、胎儿、婴儿都不利，所以不应加以限制。在此期间，如果男女双方自愿登记离婚，法律不予禁止。此外，人民法院认为确有必要还可以根据具体情况受理男方的离婚请求。所谓"确有必要"，根据审判实践把握，主要指两种情况：一是在此期间双方确实存在不能继续共同生活的重大而急迫的事由，一方对他方有危及生命、人身安全的可能；二是女方怀孕系与他人通奸所致，女方也不否认，夫妻感情确已破裂。人民法院应根据具体情况，受理男方的离婚请求。总之，处理这类案件要具体问题具体分析，绝不可一刀切。是否受理男方的离婚请求，由人民法院酌情而定。

此外在适用这一规定时，还应注意以下几个问题：

(1)《妇女权益保障法》(2018年修正)第45条中规定："女方在……中止妊娠后六个月内，男方不得提出离婚。"《民法典》已将这一规定采纳。

(2) 女方分娩后1年内，婴儿死亡的，原则上仍应适用上述规定。

(3) 女方流产的，也应受到保护，但不宜机械适用上述规定，可视女方健康状况，由人民法院决定是否受理男方提出的离婚请求。

(4) 原审法院判决离婚时未发现女方怀孕，女方自己发现并提起上诉的，二审法院应撤销原判决，驳回男方的离婚请求。

# 第四节 判决离婚的法定标准

## 一、判决离婚法定标准的立法例和我国两部婚姻法中的规定

离婚诉讼的标的重心在于是否解除婚姻关系，而能否解除婚姻关系的关键在于是否符合判决离婚法定标准。

判决离婚法定标准在诉讼离婚中居于多重地位，扮演着各种角色，包含了多个层面的含义：第一，在静态意义上，它是法律所规定的是否准予离婚的规范性标准，具有适用于一切离婚纠纷的普遍效力；第二，在操作适用上，它是法院审理离婚案件时据以决定是否准予离婚的法定条件，构成所有离婚判决都必须予以援用的准据；第三，在现实生活中，它是引发离婚纠纷的统一的整合性终局原因事实，可以涵盖离婚纠纷中各种具体的表象化的原因；第四，在当事人角度上，它是婚姻当事人提起离婚诉讼、请求解除婚姻关系的依据和理由，构成举证、质证和认证的焦点。基于此，判决离婚法定标准乃决定婚姻关系的归宿和命运的原则界限，是贯穿于诉讼全过程的中枢系统，所有的诉讼活动都围绕这一中心运行。因而，判决离婚法定标准是离婚制度中的根本性制度和离婚法指导思想的直接体现，亦是一个国家、一个民族有关离婚的传统文化积淀之精髓和制度性法文化之最集中、最现实的反映。所以，各国在进行婚姻家庭法的立法活动时，无不对此予以特别重视和审慎把握，社会各界广大民众也尤其关注。在

1980 年《婚姻法》修订过程中，在对《民法典》婚姻家庭编之编纂的讨论中，有关判决离婚的法定标准如何构建的问题一直是热门话题，并由此促成了立法模式的创新。

综观人类离婚制度发展演变的历史和当今世界各国离婚法的现实取向，凡许可离婚的国家或地区，对其判决离婚法定标准可以从四个方面分析界定：首先，根据法律规范的表达形式，可归类为具体列举主义、概括主义与例示主义。其次，根据判决离婚法定标准的内容要求，可归类为有责主义、无责主义与破绽主义，或曰过错原则、干扰原则与破裂原则。但在各国的离婚立法上，这三项原则有的是单独适用，有的是两项原则结合适用，有的是三项原则同时适用，从而形成了六种具体的组合方式：一是兼采过错原则与干扰原则，二是兼采干扰原则和破裂原则，三是兼采过错原则、干扰原则与破裂原则，四是兼采过错原则与破裂原则，五是单取过错原则，六是单取破裂原则。再次，根据判决离婚法定标准所隐含的离婚的功能和作用，可归类为惩罚主义、救济主义和惩罚与救济兼采主义。最后，根据判决离婚法定标准的法律效力，可以归类为绝对离婚理由主义和相对离婚理由主义。所谓绝对离婚理由主义，又叫绝对离婚原因主义，是指只要当事人举证证明婚姻关系的现状符合法定离婚标准，法院就依法作出离婚的判决。所谓相对离婚理由主义，又叫相对离婚原因主义，指当事人的婚姻状态虽然被确认符合法定离婚标准，但在一定条件下是否准予离婚，还需考虑与婚姻相关的其他情况作具体把握，因而不一定一律判决离婚。

我国婚姻家庭法对判决离婚法定标准的规定，早在中华人民共和国成立之前的新民主主义革命时期的根据地婚姻立法中即具雏形，经过中华人民共和国三十余年立法和司法实践的充实、发展和完善，至 1980 年《婚姻法》时明确界定为夫妻“感情确已破裂，调解无效”。这一判决离婚的法定标准，其基本构成是两个方面：一是夫妻感情确已破裂，二是调解无效。这两者是不可分割的有机统一整体，并存在内在同构的辩证关系。其中，感情确已破裂是实体性理由，是判决准予或不准予离婚的实质性法定条件；调解无效是程序性理由，是感情确已破裂的表现形式，所以不能作为判决离婚的实质要件；感情确已破裂在离婚理由中居于主导的决定地位，调解无效则处于从属、辅助性地位。无论是调解离婚还是判决离婚，关键在于把握夫妻感情是否确已破裂。因而，从严格意义上讲，只应将“感情确已破裂”定位为判决离婚的法定标准。2001 年修正的《婚姻法》在抽象层面和程序规则上继承、保留了 1980 年《婚姻法》的内容，但在判决离婚法定标准的具体认定和把握上作了明示列举，在法律规范的表述方式上作了重大创新。作为判决离婚法定标准的集中表现，2001 年修正后的《婚姻法》第 32 条分列 4 款。第 1 款规定，男女一方要求离婚的，可由有关部门进行调解或直接向人民法院提出离婚诉讼（与 1980 年《婚姻法》相同）。第 2 款规定，人民法院审理离婚案件，应当进行调解；如感情确已破裂，调解无效，应准予离婚（与 1980 年《婚姻法》相同）。第 3 款规定，有下列情形之一，调解无效的，应准予离婚：（1）重婚或有配偶者与他人同居的；（2）实施家庭暴力或虐待、遗弃家庭成员的；（3）有赌博、吸毒等恶习屡教不改的；（4）因感情不和分居满 2 年的；（5）其他导致夫妻感情破裂的情形。第 4 款规定，一方被宣告失踪，另一方提出离婚诉讼的，应准予离婚。在这 4 款中，后 3 款共同构成我国判决离婚法定标准的完整体系，也是实践中分情况处理各种离婚纠纷的依据。2020 年《民法典》巩固、确认、传承、沿用了该立法成果，并在规范表述上进一步完整、严谨、准确，形成第 1079 条共 5 款规定：“夫妻一方要求离婚的，可以由有关组织进行调解或者直接向人民法院提起离婚诉讼。”“人民法院审理离婚案件，应当进行调解；如果感情确已破裂，调解无效的，应当准予离婚。”“有下列情形之一，调解无效的，应当准予离婚：（一）重婚或者与他人同居；（二）实施家庭暴力或者虐待、遗弃家庭成员；

(三)有赌博、吸毒等恶习屡教不改;(四)因感情不和分居满二年;(五)其他导致夫妻感情破裂的情形。”“一方被宣告失踪,另一方提起离婚诉讼的,应当准予离婚。”“经人民法院判决不准离婚后,双方又分居满一年,一方再次提起离婚诉讼的,应当准予离婚。”

## 二、对我国现行婚姻家庭法中判决离婚的法定标准的评析

按照上述判决离婚法定标准的四个层面剖析《民法典》第1079条第2~5款的规定,在规范形式和实质内容两个方面可明显看出其应予肯定的符合现代离婚立法取向的时代特性。有的学者认为,这些规定基本上承袭了1980年《婚姻法》的离婚标准,虽然有充实、完善,但仍有一定程度的缺失。

(1)就判决离婚法定标准的规范形式分析,《民法典》的判决离婚法定标准奉行抽象概括主义与具体列举主义的结合,形成了例示主义模式。

现实生活中婚姻关系的运行千姿百态,引起离婚纠纷的具体原因亦互不相同。但万变不离其宗,透过错综复杂的婚姻矛盾表象,人们总可以把握能囊括一切离婚原因的普遍性标准,使之适用于任何一个离婚案件。离婚立法通过去伪存真、去粗取精、由表及里等统摄归纳的科学选择,能够最终确立一个判决离婚法定标准的抽象概括模式。作为我国婚姻家庭法判决离婚法定标准的“夫妻感情确已破裂”即是概括主义的典型代表之一。这种概括主义的表述方法,在法律上对离婚原因或理由并不一一具体列举,而是从复杂各异的离婚现象中进行一般抽象,以最简明的法律语言将婚姻破裂无法挽回、夫妻关系无法维持作为唯一的离婚理由,从而,无论引起当事人离婚的具体表层原因是什么,只要其婚姻关系在客观上归于深层的破裂,即认为符合判决离婚法定标准,可获准离婚。所以,概括式的离婚标准在所有的诉讼离婚中是唯一的理由,也是普遍适用的理由。

以概括抽象形式规定离婚标准,是现代离婚立法发展的趋势之一,也是自由离婚主义的重要表现。它有效地克服了具体列举性规定的弊端,兼顾到现实中多样复杂的离婚原因和千姿百态的婚姻状况,其灵活性、抽象性和外延的不确定性等特点使之在最大范围和程度上对导致离婚的一切具体原因囊括无遗、疏而不漏。但是,概括表述方式对离婚理由的规定过于抽象、笼统和一般化,法律标准成为一种模糊的、可伸缩的弹性原则,使法律所应有的安全、确定、可操作性等诸价值难于体现。同时,由于具体标准不明确,规范的导向性差,必然会有很多人动辄诉请离婚,基于不同的理解反复争执、辩驳,无理缠讼,发生基于同一婚姻事实状况而有多种不同结论的现象。更为重要的是,法律上的弹性规定给予了法院或审判人员进行扩大或限缩解释的极大的自由心证的机会与条件。也即具体案件中的离婚界限只能由审判人员根据对法律和案件事实的个人理解去界定,而由于个人素质、价值倾向不同而发生的理解上的差异,可能导致对同类案件的处理偏宽偏严游移不定的失范问题,引起该离的未能离、不该离的却离了等操作上的冲突,损害法律的一致性及应有的尊严与权威,削弱法律的运行效果和损害人们对法律的信赖。此乃概括式离婚标准的内在不足与缺憾。

为了弥补“感情确已破裂”这一概括式离婚标准的上述缺陷并维持其优点,2001年修正后的《婚姻法》第32条在全面、充分地肯定1980年《婚姻法》第25条关于判决离婚标准的规定的基础上,又通过第3款列举了具有常见性、多发性的四类具体离婚原因或理由,作为认定夫妻感情确已破裂、判决准予离婚的情形,然后又特列一项“其他导致夫妻感情破裂的情形”,设立一个模糊、抽象的外延不确定的尺度,使对法定离婚理由的概括性规定与列举性规

定兼收并蓄、结合运用；并在第 4 款单列“一方被宣告失踪，另一方提出离婚诉讼的，应准予离婚”，作为感情破裂标准之例外。《民法典》第 1079 条又特别增加第 5 款：经人民法院判决不准离婚后，双方又分居满一年，一方再次提起离婚诉讼的，应当准予离婚。这样，一方面，明确具体地列举可以把握的某些离婚理由，作为通常情况下认定和掌握的标准，使某些诉讼离婚对号入座、有据可依；另一方面，在具体列举的基础上，又用一个相对抽象的伸缩性规定加以概括，使不能对号入座的诉讼离婚亦能找到一个合理的归属，从而弥补具体列举不可能穷尽一切的不足。

（2）就离婚标准的实质内容分析，2001 年修正后的《婚姻法》和《民法典》之婚姻家庭编彻底摒弃了有责主义的过错原则，奉行完全的破裂原则，并将干扰原则包容在破裂原则之中。

无论是婚姻家庭法的抽象概括的规定，还是具体列举的各种情形，都始终坚持判决离婚的唯一一个法律标准，即破裂原则。这一原则作为对 1980 年《婚姻法》的传承，经过近 40 年的实践滋润和理论提炼，凸显四方面的特性和要求：

其一，破裂原则的规范性内涵是夫妻感情确已破裂，即作为婚姻关系缔结和存续之基础的夫妻情爱完全归于消失，夫妻关系在主观上和客观上均难以维持。关于这一内涵的具体含义法律上并未指明，仅从学理上推论，至少包括三层：一是在程度上，应该是夫妻感情彻底破裂、全面破裂，而不是某些方面产生了裂痕；二是在时间上，应该是夫妻感情已经破裂，而不是可能破裂、将要破裂或刚刚开始破裂；三是在现实表现上，只能是真正破裂，而不是虚假的破裂表象或当事人主观上认为破裂，亦不是暂时的冲突或者还有和好的可能。概言之，就是夫妻情感上的矛盾已是由来已久且无可挽回。

其二，破裂是一种彻底的无因破裂，即不论导致夫妻感情破裂的具体原因是什么，不论当事人是否有过错，只要当事人根据自己的把握认为夫妻感情确已破裂就可提出离婚请求，法院经过审理、调解，确证夫妻感情破裂事实存在，即可判决离婚。当然，这种无因破裂并不排除当事人承担通过具体的原因事实证明感情破裂而依法准予离婚的举证责任，亦不排除法院进行深入细致的调查，全面把握当事人的婚姻状况，弄清感情是否破裂的真实背景及具体原因，以便作出是否准予离婚的正确裁判。

其三，感情破裂作为唯一离婚理由具有独立的、普遍的法律效力。首先，在法律上，夫妻感情确已破裂是法律所确认的唯一的、独立的离婚理由，除法定特别限制条款外，不受任何前置性条件或相关因素的排斥和制约。其次，在审判实践中，离婚诉讼的重心总是确认感情是否破裂，一切离婚判决都以夫妻感情是否破裂作为法律上和事实上的双重根据，《民法典》中所列举的四种具体情形不但没有排斥和限制感情破裂原则，反而是对感情破裂原则在操作适用中更具体、更明确的举例说明，是对感情破裂原则的进一步强化和展示。因此，破裂原则的适用是所有离婚诉讼的出发点和最后归属。最后，在法律推定和人们假想的事实结果上，任何一个离婚案件，每一个破裂、死亡的婚姻，无论基于哪种原因，也不论当事人是否有过错，最终都要归结到夫妻感情系统中，通过夫妻之间的感情状况反映出来，所以感情是否破裂是对婚姻关系的过去、现在及发展前景的最集中的概括，感情确已破裂是最有说服力、最普遍的离婚理由。

其四，该破裂原则是积极破裂原则，即当事人双方都有离婚请求权。虽然在 1950 年第一部《婚姻法》颁布、施行之后，长期以来理论上、实务中一直持续着关于离婚标准的“正当理由论”与“感情破裂论”的争论，且在实践中人们也总有“正当理由论”的道德倾向，但 1980

年的《婚姻法》并没有在立法上对“正当理由论”发生倾斜或折中，而是明确肯定了“感情破裂论”的。虽然2001年修正的《婚姻法》和《民法典》之婚姻家庭编所具体列举的四种情形中，至少有三种属于夫妻一方存在明显的过错，但其并没有走向有责主义的过错离婚，也没有丝毫的限制过错一方之离婚请求权的迹象，实际上仍是坚持积极破裂原则，赋予夫妻双方平等的离婚自由权。据此，在离婚诉讼中，无论当事人所持的具体离婚理由是否正当，也不论当事人对于造成婚姻死亡是否应承担过错责任，双方均依法享有平等的离婚请求权；法院也只能根据夫妻感情状况作出是否准予离婚的判决，不能过多地进行具体理由和过错责任的道德价值评判。即使当事人一方有重婚或与他人同居、实施家庭暴力，或虐待、遗弃家庭成员，赌博、吸毒且屡教不改等行为，从而对离婚有过错，其离婚明显是自己的不法或不道德行为所致，法院亦得保护其离婚自由权，如夫妻感情确已破裂，亦得准予离婚。当然，这种积极破裂原则，并不排除，相反更严格要求法院在离婚诉讼中积极查明原因，分清是非过错责任，借助司法力量和权威对有过错责任的当事人予以必要的法制干预和道德谴责，但不能因此影响离婚判决的公正性和合法性。换言之，2001年修正的《婚姻法》和《民法典》之婚姻家庭编所确立的破裂原则在离婚功能上是奉行补救主义，而不带有任何惩罚主义色彩。离婚是对死亡婚姻的矫正和补救，不能将准或不准离婚作为对有过错人的制裁措施。无论有过错的当事人一方是否要求离婚，只要认定感情确实已经破裂，没有挽回的可能，即应根据任何一方当事人的请求予以解除，从而达到对婚姻、对当事人、对社会的补救目的和功能。但是，要真正实现离婚这一功能，必须在法律上配置相应的责任机制，使配偶身份关系落实到民事权利和义务关系中。在离婚时，一方当事人如因过错违反了配偶身份义务，侵犯了配偶身份权，则应依法承担一定的民事责任。如此可使离婚与过错责任承担既严格分离又同时并举。

上述四个方面从积极肯定的角度反映出我国婚姻家庭法的时代性和进步性，并开创性地迎合了现代离婚立法的共同趋向。但是，这一判决离婚标准在具体定位的立法构建上仍显露出不十分完满的缺憾。我们认为：以夫妻感情确已破裂作为判决离婚的概括性标准，至少有五个方面失之妥当。

第一，夫妻感情属于人的心理、情感的精神活动范畴，是多种情感、心理要素交织在一起的多元复合结构，根本不属于法律直接规范和调整的领域；法律对其只能加以无形的诱导和激励，而不能给予强制性确认和施控。只有作为社会关系和法律关系的实体性婚姻关系才是法律规范应该调整的对象。所以，判决离婚的标准不应定位于夫妻感情，而应当归于婚姻关系或夫妻关系。

第二，夫妻感情具有浓厚的个性化主观色彩和深层的隐秘性，在现实生活中虽时有外在表现但难概全貌，即使是当事人本身亦往往只能意会不能言传或难以捉摸。将之作为判决离婚的认定标准，不仅使当事人自己陷入“只缘身在此山中”而是非真假难辨的困境，亦使法院难于作出“旁观者清”的准确性判断。而且，由于个体的素质差异和情感体验与要求的不同，同一表征事实在归入感情认定时必然发生分歧，增加了离婚诉讼结果的随意性和盲目性。

第三，夫妻感情不是夫妻关系的全部，不能囊括所有导致夫妻离异的因素；将之作为离婚理由易以偏概全。在严格意义上，婚姻是作为男女两性精神生活、性生活、物质生活及其他社会关系的共同体而存在的；夫妻之间的感情作为夫妻精神生活的内容之一，虽然能在一定层面和程度上反映夫妻关系的面貌，但并不等于也不能完全代替构成婚姻实体的所有方面乃至夫妻关系整体。如以婚姻关系破裂代替感情破裂，更科学，具有更全面的包容性，也最能真实地反映出整体性效果。

第四，以“感情确已破裂”作为法定离婚标准，必须以夫妻婚后有感情为前提。但在现实生活中，未建立夫妻感情而婚姻得到缔结和存续的情况并不少见。另外，司法实践中经常发生的某些离婚，如性格不相容、一方失踪、犯罪判刑、患精神病或生理障碍等而引起的离婚，完全是由于婚姻关系或夫妻关系的常态功能和目的难于实现，是一种婚姻破裂，而并非所谓感情破裂。因此，以“感情确已破裂”作为离婚标准既有悖于逻辑上的基本原理，也有违生活常情；感情的破裂并不绝对地意味着婚姻就完全归于解体，婚姻关系破裂和离婚并不全都是感情破裂的结果。只有婚姻关系破裂与离婚之间才具有逻辑上的吻合性和因果关系上的必然性。

第五，以感情破裂作为离婚标准势必引出婚姻价值上的极端个人主义取向。夫妻作为配偶身份关系，承载着三个方位的利益价值——夫妻个人、婚姻共同体和社会。法律确认和调整的夫妻关系正是交织在这三个利益价值中，以求整合和同构。从夫妻感情因素中并不能引申出共同体的利益和社会的利益，也不能表现出法律上和道德上的权利和义务关系，但婚姻中应明确包容着婚姻当事人对子女、家庭和社会的责任与义务及道德伦理要求，而这些一直以来都是维系婚姻的重要凝聚力和基本的制约因素。现代离婚立法虽然强调保护当事人的婚姻自由权，有一定的个人价值本位倾向，但并不以牺牲社会和家庭利益为代价，而是仍应保持价值取向的一定的社会化色彩，要求每个婚姻当事人能很好地承担责任、履行义务。因此，法定离婚标准不应片面渲染个人化的所谓夫妻感情，而应归位于融权利、义务、责任或个人、家庭、社会于一体的婚姻关系。

总之，感情不等于婚姻，感情破裂不代表婚姻破裂，把感情破裂作为唯一的裁判离婚标准，其科学性、合理性、法律上的正义性、事实上的可操作性及社会公德价值都不尽如人意。中国未来婚姻家庭法的理想选择仍应该是坚持破裂原则，并用婚姻关系破裂代替现行法中所称的感情破裂。

**【链接】**

评析离婚立法特别是离婚的法定理由，考察的对象不能以法律规范本身为限，一定要从当时的社会条件出发，结合现实生活中的离婚现象及其发展趋势，才能作出正确的判断。改革开放以来，我国的社会生活和婚姻家庭生活发生了许多前所未有的深刻的变化。在离婚自由得到进一步实现的同时，离婚率也有了显著的增长。人们对此众说纷纭、看法不一。有一种意见将离婚率的增长归责于1980年《婚姻法》颁行后放宽了离婚的条件。这种意见是有失偏颇的。不论是登记离婚还是诉讼离婚，准予离婚只是对于那些本身已经死亡的婚姻，从法律上确认其死亡。还有一种意见从泛道德论出发，认为离婚率的增长是婚姻道德滑坡的结果。这种意见也是以偏概全的，出于道德败坏等原因蓄意制造离婚纠纷的人毕竟只是少数。在婚姻家庭生活和婚姻家庭观念已经发生重大变化的今天，人们的主体意识和权利意识大为增强。对婚姻的期望值高于往昔以及现实生活中部分婚姻质量较低，才是离婚率增长的主要原因。为稳定婚姻关系，防止离婚的过度增长，应当加强婚姻家庭领域的道德建设和制度建设，重视婚姻基础和婚后生活的调适，以期不断地提高婚姻质量。人为地、过分严格地从法律上限制离婚是无济于事的。

# 第五节　离婚的法律后果

离婚作为引起婚姻关系终止的法律事实，必然产生一系列的法律后果，导致当事人内部和外部多重法律关系的消灭或变更。

## 一、离婚在当事人人身关系方面的后果

离婚解除了当事人之间的夫妻身份关系，因夫妻身份而确定的权利和义务关系随之消灭。

（1）共同生活的权利、义务解除。夫妻不仅具有同居的权利和义务，而且须共同操持家务，料理家庭生活，互相帮助、照顾。一旦婚姻关系解除，这些权利、义务即告结束，生活共同体解散。

（2）相互扶养的权利、义务终止。一旦离婚，夫妻间扶助和供养的权利、义务同时免除，任何一方再无权向对方索要扶养费，对方也没有再向索要方提供扶养费的义务。

（3）法定继承人的资格丧失。在我国法律上，配偶属于第一顺序的法定继承人，在婚姻存续期间，一方死亡，另一方依法继承其遗产。如果婚姻关系已因离婚而解除，则彼此间的法定继承人资格亦告丧失，一方死亡，另一方无权按法定继承方式继承其遗产。

（4）双方有再婚的自由。婚姻因离婚而解除时，从领取离婚证或离婚判决书、调解书生效之日起，当事人有再行结婚的权利。在我国，法律对再婚并无待婚期的限制。

## 二、离婚在当事人财产关系方面的后果

离婚不仅解除了夫妻之间的人身关系，也终止了夫妻之间的财产关系，衍生出夫妻共同财产与个人财产的认定和分割、债务的定性和清偿、特定情形下的经济补偿、对生活困难一方的经济帮助等一系列需要解决的问题。

### （一）夫妻共同财产的分割

《民法典》第1087条规定：离婚时，夫妻的共同财产由双方协议处理；协议不成的，由人民法院根据财产的具体情况，按照照顾子女、女方和无过错方权益的原则判决。对夫或者妻在家庭土地承包经营中享有的权益等，应当依法予以保护。夫妻共同财产的分割问题比较复杂，对此，最高人民法院有许多相关的司法解释。

依据1993年最高人民法院的《关于人民法院审理离婚案件处理财产分割问题的若干具体意见》，离婚时，认定和分割夫妻共同财产，应把握以下各点。

（1）根据婚姻法的基本精神，分割夫妻共同财产时必须坚持以下原则：一是男女平等；二是保护妇女、儿童的合法权益；三是不损害国家、集体和他人利益；四是照顾无过错一方；五是有利于生产和方便生活；六是尊重当事人意愿，有财产约定的，按约定处理。

（2）依法认定夫妻共同财产的范围，将夫妻共同财产与一方个人财产、家庭共有财产加以区别，并应注意保护未成年子女个人所有的财产权利。

（3）分割夫妻共同财产，应当首先进行调解，由当事人双方互谅互让，自愿协商，达成协议；调解不成时，由人民法院根据上述原则，结合具体情况依法处理。

1）夫妻双方对财产归谁所有以书面形式约定的，或2001年4月28日前以口头形式约定，双方无争议的，离婚时应按约定处理，但规避法律的约定无效。

2）在婚姻关系存续期间，复员、转业军人所得的复员费、转业费，结婚时间10年以上的，应按夫妻共同财产进行分割。复员军人从部队带回的医药补助费和回乡生产补助费，应归本人所有。

3）夫妻分居两地分别管理、使用的财产，应被认定为夫妻共同财产，在分割财产时，各自分别管理、使用的财产归各自所有。双方所分财产相差悬殊的，差额部分，由多得财产的一方以与差额相当的财产抵偿另一方。

4）已登记结婚，尚未共同生活，一方或双方受赠的礼金、礼物应被认定为夫妻共同财产，具体处理时应考虑财产来源、数量等情况合理分割。各自出资购置、各自使用的财物，原则上归各自所有。

5）夫妻共同财产，原则上均等分割。根据生产、生活的实际需要和财产的来源等情况，具体处理时也可以有所差别。属于个人专用的物品，一般归个人所有。

6）一方以夫妻共同财产与他人合伙经营的，入伙的财产可以分给一方所有，分得入伙财产的一方对另一方应给予相当于入伙财产一半价值的补偿。

7）属于夫妻共同财产的生产资料，可分给有经营条件和能力的一方。分得该生产资料的一方对另一方应给予相当于该财产一半价值的补偿。

8）对夫妻共同经营的当年无收益的养殖、种植业等，离婚时应从有利于发展生产、有利于经营管理考虑，予以合理分割或折价处理。

9）离婚时一方尚未取得经济利益的知识产权，归一方所有。在分割夫妻共同财产时，可根据具体情况，对另一方予以适当的照顾。

10）婚前个人财产在婚后共同生活中自然毁损、消耗、灭失，离婚时一方要求以夫妻共同财产抵偿的，不予支持。

11）借婚姻关系索取的财物，离婚时，如结婚时间不长，或者因索要财物造成对方生活困难的，可酌情返还。对于取得财物的性质是索取还是赠与难于认定的，可按赠与处理。

12）离婚时夫妻共同财产未从家庭共同财产中析出，一方要求析产的，可先就离婚和已查清的财产问题进行处理，对于一时确实难以查清的财产的分割可告知当事人另案处理，或者中止离婚诉讼，待析产案件审结后再恢复离婚诉讼。

《婚姻法司法解释二》对于某些特定的夫妻共同财产在离婚时如何分割的问题，作了许多规定，这些规定反映了我国社会的经济关系和家庭财产关系的变化，就夫妻共同财产分割方面的新情况、新问题制定了相应的对策。

（1）离婚时，夫妻双方分割共同财产中的股票、债券、投资基金份额等有价证券以及未上市股份有限公司的股份时，协商不成或者按市价分配有困难的，人民法院可以根据数量按比例分配。

（2）人民法院审理离婚案件，涉及分割夫妻共同财产中以一方名义在有限责任公司的出资额，另一方不是该公司股东的，按以下情形分别处理：

1）夫妻双方协商一致将出资额部分或者全部转让给该股东的配偶，过半数股东同意，其他股东明确表示放弃优先购买权的，该股东的配偶可以成为该公司股东。

2）夫妻双方就出资额转让份额和转让价格等事项协商一致后，过半数股东不同意转让，但愿意以同等价格购买该出资额的，人民法院可以对转让出资所得财产进行分割。过半数股东不同意转让，也不愿意以同等价格购买该出资额的，视为其同意转让，该股东的配偶可以成为该公司股东。

（3）人民法院审理离婚案件，涉及分割夫妻共同财产中以一方名义在合伙企业中的出资，另一方不是该企业合伙人的，当夫妻双方协商一致，将其合伙企业中的财产份额全部或者部分转让给对方时，按以下情形分别处理：

1）其他合伙人一致同意的，该配偶依法取得合伙人地位。

2）其他合伙人不同意转让，在同等条件下行使优先受让权的，可以对转让所得的财产进行分割。

3）其他合伙人不同意转让，也不行使优先受让权，但同意该合伙人退伙或者退还部分财产份额的，可以对退还的财产进行分割。

4）其他合伙人既不同意转让，也不行使优先受让权，又不同意该合伙人退伙或者退还部分财产份额的，视为全体合伙人同意转让，该配偶依法取得合伙人地位。

（4）夫妻以一方名义投资设立独资企业的，人民法院分割夫妻在该独资企业中的共同财产时，应当按照以下情形分别处理：

1）一方主张经营该企业的，对企业资产进行评估后，由取得企业一方给予另一方相应的补偿。

2）双方均主张经营该企业的，在双方竞价基础上，由取得企业的一方给予另一方相应的补偿。

3）双方均不愿意经营该企业的，按照《中华人民共和国个人独资企业法》等有关规定办理。

（5）由一方婚前承租、婚后用共同财产购买的房屋，房屋权属证书登记在一方名下的，应当认定为夫妻共同财产。

（6）双方对夫妻共同财产中的房屋价值及归属无法达成协议时，人民法院按以下情形分别处理：

1）双方均主张房屋所有权并且同意竞价取得的，应当准许。

2）一方主张房屋所有权的，由评估机构按市场价格对房屋作出评估，取得房屋所有权的一方应当给予另一方相应的补偿。

3）双方均不主张房屋所有权的，根据当事人的申请拍卖房屋，就取得的价款进行分割。

（7）离婚时双方对尚未取得所有权或者尚未取得完全所有权的房屋有争议且协商不成的，人民法院不宜判决房屋所有权的归属，应当根据实际情况判决由当事人使用。当事人对上述房屋取得完全所有权后，有争议的，可以另行向人民法院提起诉讼。

农村土地承包经营权是多种权利和利益的集合，也是农民的经济利益的支撑和生存、生活的社会保障的基础。离婚时，对夫妻任何一方，尤其是女方在家庭土地承包经营中享有的权益等，必须合情、合理、合法地予以确认和保护。

《婚姻法司法解释三》对离婚时的财产分割问题作了若干重要的补充：

（1）婚姻关系存续期间，双方用夫妻共同财产出资购买以一方父母名义参加房改的房屋，产权登记在一方父母名下，离婚时另一方主张按照夫妻共同财产对该房屋进行分割的，人民法院不予支持。购买该房屋时的出资，可以作为债权处理。

(2) 离婚时夫妻一方尚未退休，不符合领取养老保险金条件，另一方请求按照夫妻共同财产分割养老保险金的，人民法院不予支持；婚后以夫妻共同财产缴付养老保险费，离婚时一方主张将养老金账户中婚姻关系存续期间个人实际缴付部分作为夫妻共同财产分割的，人民法院应予支持。

(3) 婚姻关系存续期间，夫妻一方作为继承人依法可以继承的遗产，在继承人之间尚未实际分割，起诉离婚时另一方请求分割的，人民法院应当告知当事人在继承人之间实际分割遗产后另行起诉。

(4) 当事人达成的以登记离婚或者到人民法院协议离婚为条件的财产分割协议，如果双方协议离婚未成，一方在离婚诉讼中反悔的，人民法院应当认定该财产分割协议没有生效，并根据实际情况依法对夫妻共同财产进行分割。

(5) 离婚后，一方以尚有夫妻共同财产未处理为由向人民法院起诉请求分割的，经审查该财产确属离婚时未涉及的夫妻共同财产，人民法院应当依法予以分割。

对于离婚时发生或者发现当事人一方侵害夫妻共同财产的，在分割夫妻共同财产时要明确相应的法律后果。《民法典》第1092条规定：夫妻一方隐藏、转移、变卖、毁损、挥霍夫妻共同财产，或者伪造夫妻共同债务企图侵占另一方财产的，在离婚分割夫妻共同财产时，对该方可以少分或者不分。离婚后，另一方发现有上述行为的，可以向人民法院提起诉讼，请求再次分割夫妻共同财产。

### （二）离婚时的经济补偿

2001年修正的《婚姻法》第40条规定：夫妻书面约定婚姻关系存续期间所得的财产归各自所有，一方因抚育子女、照料老人、协助另一方工作等付出较多义务的，离婚时有权向另一方请求补偿，另一方应当予以补偿。对此，《民法典》作了修改和完善，扩大了离婚时经济补偿的适用范围，在第1088条规定：夫妻一方因抚育子女、照料老年人、协助另一方工作等负担较多义务的，离婚时有权向另一方请求补偿，另一方应当给予补偿。具体办法由双方协议；协议不成的，由人民法院判决。

适用本规定时应注意以下几个问题：

(1) 离婚时的经济补偿制度既适用于在婚姻关系存续期间约定采用分别财产制的当事人，也适用于采用法定夫妻财产制即婚后所得共同制的当事人。在具体实施中，不能以分割夫妻共同财产的平等或者照顾规则代替经济补偿。

(2) 在经济补偿关系中，付出较多义务的一方是补偿请求权人，因补偿请求权人付出较多义务而受益的另一方是补偿义务人。

(3) 经济补偿是我国离婚法中一项独立的制度，既不同于离婚时共同财产的分割，也不同于离婚时的损害赔偿（赔偿责任以赔偿义务人有法定的过错为前提，对补偿责任则无此要求）。是否行使补偿请求权，由请求权人自行决定。

(4) 如果付出较多义务的一方请求补偿，另一方应当予以补偿。至于如何补偿，应由双方协议。如果另一方不予补偿，或双方在补偿的方式、数额等问题上发生争议，可经诉讼程序由人民法院判决。

### （三）离婚时的债务清偿

《民法典》第1089条规定：离婚时，夫妻共同债务应当共同偿还。共同财产不足清偿或者财产归各自所有的，由双方协议清偿；协议不成的，由人民法院判决。根据这一规定和有关司法解释，处理夫妻债务问题时要分清债务的性质，落实清偿责任。

（1）夫妻为共同生活或为履行法定的抚养、赡养义务等所负债务，以及共同财产制下一方或双方因治疗疾病所负的债务，应被认定为夫妻共同债务，以夫妻共同财产清偿，双方共同负责。《民法典》第1064条规定：夫妻双方共同签名或者夫妻一方事后追认等共同意思表示所负的债务，以及夫妻一方在婚姻关系存续期间以个人名义为家庭日常生活需要所负的债务，属于夫妻共同债务。夫妻一方在婚姻关系存续期间以个人名义超出家庭日常生活需要所负的债务，不属于夫妻共同债务；但是，债权人能够证明该债务用于夫妻共同生活、共同生产经营或者基于夫妻双方共同意思表示的除外。

（2）当事人的离婚协议或者人民法院的判决书、裁定书、调解书已经对夫妻财产分割问题作出处理的，债权人仍有权就夫妻共同债务向男女双方主张权利。一方就共同债务承担连带清偿责任后，基于离婚协议或者人民法院的法律文书向另一方主张追偿的，人民法院应当支持。

（3）一方未经对方同意，擅自资助与其没有扶养义务的亲朋所负的债务，应被认定为个人债务，以其个人财产清偿。

（4）一方未经对方同意，独自筹资从事经营活动，其收入确实未用于共同生活所负的债务，应由其个人负责清偿。

（5）夫妻双方约定由个人负担的债务，从其约定，但以逃避义务为目的的除外。规避法律、侵害第三人权益的财产分割协议应被认定为无效。

（6）夫妻共同债务，应由共同财产清偿。共同财产不足以清偿债务时，由当事人双方互谅互让，协议确定清偿责任；协议不成时，由人民法院判决。人民法院的判决应以双方的经济状况、生活条件和保护妇女权益的原则等为依据，既要保护债权人的利益，又要考虑当事人的负担能力。

（7）债权人就一方婚前所负个人债务向债务人的配偶主张权利的，人民法院不予支持，但债权人能够证明所负债务用于婚后家庭共同生活的除外。

（8）债权人就婚姻关系存续期间夫妻一方以个人名义所负债务主张权利的，应当按夫妻共同债务处理。但夫妻一方能够证明债权人与债务人明确约定为个人债务，或者能够证明属于法定情形的除外。

（9）夫妻一方与第三人串通，虚构债务，第三人主张权利的，人民法院不予支持。

（10）夫妻一方在从事赌博、吸毒等违法犯罪活动中所负债务，第三人主张权利的，人民法院不予支持。

这里需要附带说明的是，在婚姻因夫或妻一方死亡而自然终止时，生存一方应当对婚姻关系存续期间的共同债务承担连带清偿责任。这同离婚时夫妻共同债务的清偿问题的立法旨趣是完全一致的。

此外，《婚姻法司法解释三》第16条还规定，夫妻之间订立借款协议，以夫妻共同财产出借给一方从事个人经营活动或用于其他个人事务的，应视为双方约定处分夫妻共同财产的行为，离婚时可按照借款协议的约定处理。

**例题**　黄某与唐某自愿达成离婚协议并约定财产平均分配，婚姻关系存续期间的债务全部由唐某偿还。经查，黄某以个人名义在婚姻关系存续期间向刘某借款10万元用于购买婚房。下列哪一表述是正确的？（　）

A. 刘某只能要求唐某偿还10万元

B. 刘某只能要求黄某偿还 10 万元

C. 黄某如偿还了 10 万元，则有权向唐某追偿 10 万元

D. 唐某如偿还了 10 万元，则有权向黄某追偿 5 万元

**答案**：C。

本题考查离婚时的债务清偿。《婚姻法司法解释二》（2017 年修正）第 24 条中规定，债权人就婚姻关系存续期间夫妻一方以个人名义所负债务主张权利的，应当按夫妻共同债务处理。因此 A、B 项错误。刘某既可以要求黄某偿还，也可以要求唐某偿还。《婚姻法司法解释二》（2017 年修正）第 25 条第 2 款规定，一方就共同债务承担连带清偿责任后，基于离婚协议或者人民法院的法律文书向另一方主张追偿的，人民法院应当支持。因此，C 项正确，D 项错误。

**【链接】**

有的学者对上述解释持质疑的态度，认为夫妻之间的借贷仅可以一方个人财产为标的，如将夫妻共同财产出借给一方，在这种“借款协议”中，该方既是借款人又是贷款人之一，一身而二任焉。离婚时方可按照“借款协议”的约定处理，不离婚的该怎么办？上述司法解释第 4 条指出：婚姻关系存续期间，夫妻一方请求分割夫妻共同财产的，人民法院不予支持。但这并不妨碍夫妻双方通过财产约定改采分别财产制，然后再将一方的个人财产出借给另一方。即使双方没有离婚，借款人也应到期履行还贷的义务。

### （四）离婚时对生活困难一方的经济帮助

《民法典》第 1090 条规定：离婚时，如果一方生活困难，有负担能力的另一方应当给予适当帮助。具体办法由双方协议；协议不成的，由人民法院判决。这一规定一方面体现了我国人与人之间互助互爱的新型社会关系，另一方面也是对离婚可能引起的消极后果的一种补救。它既是夫妻之间互相扶养的法律义务在离婚后的延伸，也是扶弱济贫的社会主义道德的要求。由于历史的、现实的种种原因，从总体上看，我国妇女的经济能力一般来说不如男子的，离婚时生活困难的一方往往是女方。因此，这一规定也有助于消除妇女在离婚问题上的经济顾虑，保障其离婚自由。

《婚姻法司法解释一》中规定：“一方生活困难”是指依靠个人财产和离婚时分得的财产无法维持当地基本生活水平。一方离婚后没有住处的，属于生活困难。离婚时，一方以个人财产中的住房对生活困难者进行帮助的形式，可以是房屋的居住权或者房屋的所有权。

根据婚姻家庭法的精神，离婚时一方对另一方的帮助应具备以下条件：第一，这种帮助具有严格的时限性。“一方生活困难”是指离婚时已经存在的困难，而不是离婚后其他什么时候发生困难都可以要求帮助。如果一方年轻、有劳动能力，生活暂时困难，另一方可给予短期的或一次性的经济帮助。如果结婚多年，一方年老或病残，失去劳动能力而又无生活来源，另一方应在居住或生活方面给予比较长期的妥善安排。第二，提供帮助的一方须有负担能力，帮助是其力所能及的。受帮助的一方另行结婚后，对方即终止帮助行为；原定帮助执行完毕后，又

要求继续予以帮助的，一般不予支持。第三，提供帮助的一方应该是以其住房等个人财产给予帮助。第四，不能将一方对另一方的帮助问题与夫妻共同财产的分割相混淆。前者是必要的物质帮助，后者是夫妻双方对共有的财产依法应享有的权利。不能用提供帮助代替共同财产的分割，损害接受帮助的一方对共同财产的合法权益。第五，帮助的具体办法应当先由当事人双方协商确定；协议不成时，由人民法院判决。

### （五）离婚损害赔偿

现实生活中，配偶一方有重大过错导致离婚的现象比较常见，无过错一方不仅遭受精神痛苦，有时还受到财产损失。因此，世界上不少国家和地区的婚姻家庭立法都设立了离婚损害赔偿制度。以我国台湾地区“民法”为例，其第1056条规定：“夫妻之一方，因判决离婚而受有损害者，得向有过失之他方，请求赔偿。前项情形，虽非财产上之损害，受害人亦得请求赔偿相当之金额，但以受害人无过失为限。前项请求权不得让与或继承，但已依契约承诺或已起诉者，不在此限。”针对现实的需要，我国在借鉴境外立法经验的基础上，从2001年修改《婚姻法》开始，确立了离婚损害赔偿制度。经过近20年社会生活和司法实践的检验，离婚损害赔偿制度有其合理性、正当性和可操作性，故《民法典》予以沿用和完善，于第1091条规定，有下列情形之一，导致离婚的，无过错方有权请求损害赔偿：（1）重婚；（2）与他人同居；（3）实施家庭暴力；（4）虐待、遗弃家庭成员；（5）有其他重大过错。

1. 离婚损害赔偿的构成要件

（1）配偶一方有重婚、与他人同居、实施家庭暴力和虐待、遗弃家庭成员等违法行为。2001年修正的《婚姻法》第46条只确认并列举出四种具体行为类型，《民法典》第1091条增加了第五“有其他重大过错”，这样规定更契合婚姻家庭和社会生活的实际，更有利于离婚损害赔偿制度的应用。

（2）离婚是上述违法行为导致的结果，两者之间具有必然的因果关系。

（3）离婚出于有上述违法行为一方的过错，而享有离婚损害赔偿请求权的一方对此是无过错的。但是，对于无过错，不应作机械的、绝对化的理解。请求权一方在或长或短的婚姻家庭生活中可能有其他某些过错，只要不是导致离婚的主要或直接原因，仍可视其为无过错方。

**例题**　周某与妻子庞某发生争执，周某一记耳光导致庞某右耳失聪。庞某起诉周某赔偿医药费1 000元、精神损害赔偿费2 000元，但未提出离婚请求。下列哪一选项是正确的？（　　）

A. 周某应当赔偿医疗费和精神损害

B. 周某应当赔偿医疗费而不应赔偿精神损害

C. 周某应当赔偿精神损害而不应赔偿医疗费

D. 法院应当不予受理

**答案：**D。

本题考查离婚损害赔偿的构成要件。《婚姻法司法解释一》第29条第3款规定：在婚姻关系存续期间，当事人不起诉离婚而单独依据该条规定提起损害赔偿请求的，人民法院不予受理。据此，要以《婚姻法》第46条或者《民法典》第1091条为依据请求损害赔偿，以夫妻双方离婚为前提。现行婚姻家庭法不支持婚内的损害赔偿请求。故D项正确。

2. 离婚损害赔偿的范围和形式

对人身和财产损害，应当全部赔偿。《婚姻法司法解释一》中指出，《婚姻法》（2001年修正）第46条规定的损害赔偿，包括物质损害赔偿和精神损害赔偿。物质损害赔偿可按损害结果如实计算。至于精神损害，根据最高人民法院《关于确定民事侵权精神损害赔偿责任若干问题的解释》的规定，离婚精神损害的赔偿数额可以参照以下因素确定：(1) 侵权行为人的过错程度；(2) 侵害的手段、场合、行为方式等具体情节；(3) 侵权行为所造成的后果，这主要是指给无过错方造成精神痛苦的大小，赔偿金数额应当与之成正比，同时还应当考虑当地的风俗、社会舆论等因素；(4) 侵权行为人承担责任的经济能力；(5) 当地平均生活水平。只有充分考虑上述因素，才能合理地确定赔偿金的数额，做到既保护受害人的合法权益，又不至于使行为人无法负担。

3. 关于适用离婚损害赔偿的若干程序问题

在法定情形下，无过错方有权请求离婚损害赔偿。是否行使这种权利，由请求权人自行决定。赔偿的具体办法，可由双方当事人协议，协议不成时由人民法院依法判决。

《婚姻法司法解释一》和《婚姻法司法解释二》就离婚损害赔偿的若干程序问题，作了下列各项规定：

(1) 承担离婚损害赔偿责任的主体，为离婚诉讼当事人中无过错方的配偶。人民法院判决不准离婚的案件，对于当事人提出的损害赔偿请求，不予支持。在婚姻关系存续期间，当事人不起诉离婚而单独提出损害赔偿请求的，人民法院不予受理。

(2) 人民法院受理离婚案件时，应当将《婚姻法》(2001年修正) 第46条等规定的当事人的有关权利义务书面告知当事人。在程序上，应当区分以下不同情况：1) 符合《婚姻法》(2001年修正) 第46条规定的无过错方作为原告基于该条规定向人民法院提出损害赔偿请求的，必须在离婚诉讼的同时提出。2) 符合《婚姻法》(2001年修正) 第46条规定的无过错方作为被告的离婚诉讼案件中，被告如果不同意离婚，也不基于该条规定提出损害赔偿请求的，可以在离婚后1年内就此单独提起诉讼。3) 无过错方作为被告的离婚诉讼案件中，一审时被告未基于《婚姻法》(2001年修正) 第46条规定提出损害赔偿请求，二审期间提出的，人民法院应当进行调解，调解不成的，告知当事人在离婚后1年内另行起诉。

(3) 当事人在婚姻登记机关办理离婚登记手续后，以《婚姻法》(2001年修正) 第46条规定为由向人民法院提出损害赔偿请求的，人民法院应当受理。但当事人在协议离婚时已经明确表示放弃该项请求，或者在办理离婚登记手续1年后提出的，不予支持。

上述司法解释是在《民法典》之前以《婚姻法》为依据作出的，随着《民法典》的生效、实施，必然会有新的适用解释，在学习研究和司法实践中要注意及时跟进更新。

### (六) 离婚时公房使用、承租问题的处理

根据最高人民法院于1996年2月5日发布的《关于审理离婚案件中公房使用、承租若干问题的解答》，人民法院审理离婚案件对公房使用、承租问题应当依照《民法通则》《婚姻法》《妇女权益保障法》和其他有关法律规定，坚持男女平等和保护妇女、儿童、老年人、残疾人合法权益等原则，考虑双方的经济收入，实事求是、合情合理地予以解决。具体说来，应注意把握以下各点。

(1) 夫妻共同居住的公房，具有下列情形之一的，离婚后，双方均可承租：1) 夫妻婚前由一方承租的本单位的房屋，婚姻关系存续5年以上的；2) 婚前一方承租的本单位的房屋，离婚时双方均为本单位职工的；3) 一方婚前借款投资建房取得的公房承租权，婚后夫妻共同偿还借款的；4) 婚后一方或双方申请取得公房承租权的；5) 婚前一方承租的公房，婚后因该

承租房屋拆迁而取得房屋承租权的；6）夫妻双方单位投资联建或联合购置共有房屋的；7）一方将其承租的本单位的房屋，交回本单位或交给另一方单位后，另一方单位另给调换房屋的；8）婚前双方均租有公房，婚后合并调换房屋的；9）其他应当认定为夫妻双方均可承租的情形。

（2）对夫妻双方可承租的公房，应依照下述原则处理：一是照顾抚养子女的一方；二是男女双方在同等条件下，照顾女方；三是照顾残疾或生活困难的一方；四是照顾无过错一方。

在坚持上述原则的基础上，还必须运用两种操作方式：一是公房由一方承租的，承租方对另一方可给予适当的经济补偿。二是房屋面积较大，能够隔开分室居住使用的，可由双方分别租住；对于可以另调房屋分别租住或承租方给另一方解决住房的，可以准许。

（3）一方租房困难的处理。离婚时，一方对另一方婚前承租的公房无权承租而解决住房确有困难的，人民法院可调解或判决其暂时居住，暂住期限一般不超过两年。暂住期间，暂住方应交纳与房屋租金等额的使用费及其他必要的费用。如无权承租的一方另行租房经济上确有困难，而承租公房一方有负担能力的，应给予一次性经济帮助。

（4）人民法院在调整和变更单位自管房屋（包括单位委托房地产管理部门代管的房屋）的租赁关系时，一般应征求自管房单位的意见。经调解或判决变更房屋租赁关系的，承租人应依照有关规定办理房屋变更登记手续。

（5）对夫妻共同出资而取得“部分产权”的房屋，人民法院可按上述相关内容予以妥善处理。但分得房屋“部分产权”的一方，一般应按所得房屋产权的比例，依照离婚时当地政府有关部门公布的同类住房标准价，给予对方一半价值的补偿。对于夫妻双方均争房屋“部分产权”的，如双方同意或者双方的经济、住房条件基本相同，可采取竞价方式解决。

## 三、离婚在父母子女关系方面的后果

### （一）离婚不消除父母子女关系

《民法典》第1084条第1款规定：父母与子女间的关系，不因父母离婚而消除。离婚后，子女无论由父或者母直接抚养，仍是父母双方的子女。这是离婚后父母子女身份关系在法律上的基本界定。

夫妻关系和父母子女关系是两种不同性质的关系。前者是男女两性基于自愿而结合的婚姻关系，可依法成立，亦可依法解除；后者是基于出生事实而形成的自然血亲关系，不能人为地解除。所以，离婚只能消除夫妻关系，不能消除父母子女关系。离婚后，子女无论随父母哪一方生活，仍是父母双方的子女。婚姻家庭法关于父母子女间权利、义务的规定仍然适用于离婚后的父母子女，不受父母离婚的影响。

养父母与养子女间的身份关系及权利和义务关系，也不因养父母离婚而消除。养父母离婚后，养子女无论由养父还是养母抚养，仍是养父母双方的养子女。在特殊情况下，如养父母离婚时经生父母及有识别能力的养子女同意，双方自愿达成协议，未成年的养子女一方面可依法解除收养关系，由生父母抚养，另一方面可以变更收养关系，由原养父母一方收养，但变更或解除必须符合收养法的要求，不得侵害未成年养子女的合法权益。

离婚后，于已形成事实上的抚养教育关系的继父母和继子女，如继子女未成年并随生父或生母生活的，该继子女与继父母的关系可视为自然解除。受继父母长期抚养教育的继子女已成年的，继父母与继子女间已经形成的身份关系、权利和义务关系不因离婚而自然解除；只有在继父母或继子女一方或双方提出解除继父母子女关系并符合法律要求的条件下，方可解除。但由继父母养大成人并已独立生活的继子女，对于无劳动能力、生活困难的继父母的晚年生活费用仍应继续承担。

**例题** 甲与乙离婚并达成协议：婚生男孩丙（3岁）由乙（女方）抚养，如双方中一方再婚，则丙由另一方抚养。后乙在丙6岁时再婚，甲去乙家接丙回去抚养，乙不允。甲即从幼儿园将丙接回，并电话告知乙。为此，双方发生争执，诉至法院。下列有关论述正确的有哪些？（ ）

A. 甲、乙均为丙的监护人

B. 乙的行为是违约行为，受合同法调整

C. 甲欲行使对丙的抚养权，应通过诉讼程序解决

D. 甲、乙的协议违反了法律

**答案**：AC。

本题考查父母对子女的抚养问题。按照婚姻家庭法的规定，夫妻离婚并不影响其与子女的关系，他们仍然是其子女的父母，均享有监护权。与孩子共同生活一方拥有对孩子的抚养权，不与子女共同生活的另一方可以探视子女，且可以请求变更抚养权。因此，A、C项正确。

### （二）离婚后子女的抚养权归属

父母离婚虽不能消除父母子女之间的关系，但使抚养方式发生了变化，即由父母双方与子女共同生活、双方共同抚养改为由父母一方与子女共同生活、承担直接抚养子女的责任，从而导致在离婚纠纷中难免会发生双方争养子女的积极冲突和双方都不愿抚养子女的消极冲突。《民法典》第1084条第2、3款明确规定：“离婚后，父母对于子女仍有抚养、教育、保护的权利和义务。”“离婚后，不满两周岁的子女，以由母亲直接抚养为原则。已满两周岁的子女，父母双方对抚养问题协议不成的，由人民法院根据双方的具体情况，按照最有利于未成年子女的原则判决。子女已满八周岁的，应当尊重其真实意愿。”《民法典》的这一规定，既保留了婚姻家庭法长期以来的立法和实践成果，又作了具有针对性的、操作性的修改完善，贯彻了婚姻家庭法的基本原则。

在司法实践中，为解决过去婚姻法的规定过于原则、抽象，不便于操作、适用的问题，最高人民法院曾于1993年11月3日发布《关于人民法院审理离婚案件处理子女抚养问题的若干具体意见》对此作了具体解释。依此，法院处理离婚后子女抚养问题，应把握以下几个方面。

（1）最有利于子女身心健康成长，保障子女的合法权益，是贯穿于婚姻家庭法的基本原则，也是处理离婚后子女抚养权归属问题的出发点。应当在此前提下，结合父母双方的抚养能力和抚养条件等具体情况，妥善地处理子女的抚养权归属问题。

（2）不满两周岁的子女，以由母亲直接抚养为原则。实践中，母方有下列情形之一的，子女可随父方生活：一是母方患有久治不愈的传染性疾病或其他严重疾病，子女不宜与其共同生活；二是母方有抚养条件不尽抚养义务，而父方要求子女随其生活；三是因其他原因，子女确实无法随母方生活，如母方的经济能力、生活环境明显对子女不利，母方品行欠佳或违法犯罪而不宜抚养子女等。父母双方协议两周岁以下子女随父方生活，并对子女健康成长无不利影响的，可予准许。

（3）已满两周岁的未成年子女抚养问题，应以维护子女利益为前提，处理具体问题时应当

综合考虑父母双方的思想品质、生活作风、文化素质、经济条件、家庭环境等因素，尤其要注意以下几个方面的情况：一是在双方的其他条件基本相同的情况下，确定子女归谁直接抚养时要考虑双方的负担能力或经济状况，因为子女处于德、智、体、美、劳全面成长时期，这些状况与子女的成长密切相关。二是考虑父母双方的身体、精神健康状况和智力、知识程度及人格修养、品德情操等内在因素。三是注意父母与子女的感情因素，不要单纯看经济实力。当感情因素与物质生活条件矛盾时，前者应优于后者。四是重视有识别能力的子女的意愿，避免对子女造成心灵上的创伤。五是兼顾考虑实行计划生育的相关影响。在充分考虑维护子女利益的同时，尽量照顾已做绝育手术或再生育确实有困难，以及年老病残不能再生育的一方。

父母双方都要求两周岁以上的子女随其生活的，如其中一方有如下情形之一，可优先考虑子女随该方生活：1）已做绝育手术或因其他原因丧失生育能力的。《妇女权益保障法》（2018年修正）第50条规定：离婚时，女方因实施绝育手术或者其他原因丧失生育能力的，处理子女抚养问题，应在有利子女权益的条件下，照顾女方的合理要求。2）子女随其生活时间较长，改变生活环境对子女健康成长明显不利的。3）无其他子女，而另一方有其他子女的。4）子女随其生活，对子女成长有利，而另一方患有久治不愈的传染性疾病或其他严重疾病，或者有其他不利于子女身心健康的情形，不宜与子女共同生活的。5）父方与母方抚养子女的条件基本相同，双方均要求子女与其共同生活，但子女单独与祖父母或外祖父母共同生活多年，且祖父母或外祖父母要求并且有能力帮助子女照顾孙子女或外孙子女的，可作为子女随父或母生活的优先条件予以考虑。6）父母双方对8周岁以上的未成年子女随父或随母生活发生争执的，应考虑该子女的意见。8周岁以上的未成年人已有部分民事行为能力，法院在处理有关其切身利益的问题时，理应尊重本人的意愿。

此外，在有利于保护子女利益的前提下，父母双方协议轮流抚养子女的，可予准许。

（4）关于继子女、养子女的抚养归属问题，上述司法解释还作了以下两项规定：一是生父与继母或生母与继父离婚时，对于曾受其抚养教育的继子女，继父或继母不同意继续抚养的，仍应由生父母抚养。二是《收养法》施行前，夫或妻一方收养的子女，对方未表示反对，并与该子女形成事实收养关系的，离婚后，应由双方负担子女的抚养费；夫或妻一方收养的子女，对方始终反对的，离婚后，应由收养方抚养该子女。

离婚后子女的抚养权归属问题，涉及双方当事人和子女的利益，法院在处理时切莫草率从事，导致矛盾激化，一定要深入细致地查明情况，通过调解或判决依法处理。

父母离婚后，子女仍是双方的子女，抚养归属即由何方直接抚养的问题，是可以依双方协议或一方的合法要求变更的。最高人民法院在《关于人民法院审理离婚案件处理子女抚养问题的若干具体意见》中指出，父母双方协议变更子女抚养关系的，应予准许。一方要求变更子女抚养关系有下列情形之一的，应予支持：1）与子女共同生活的一方因患严重疾病或因伤残无力继续抚养子女的；2）与子女共同生活的一方不尽抚养义务或者有虐待子女行为，或其与子女共同生活对子女身心健康确有不利影响的；3）8周岁以上未成年子女，愿随另一方生活，该方又有抚养能力的；4）有其他正当理由需要变更的。

### （三）离婚后子女抚养费的负担

《民法典》第1085条规定："离婚后，子女由一方直接抚养的，另一方应当负担部分或者全部抚养费。负担费用的多少和期限的长短，由双方协议；协议不成的，由人民法院判决。""前款规定的的协议或者判决，不妨碍子女在必要时向父母任何一方提出超过协议或者判决原定数额的合理要求。”这一规定在操作适用上包含以下三个方面的内容。

（1）父母双方离婚后仍有共同负担子女抚养费的义务。抚养费在2001年修正的《婚姻法》和有关司法解释中又称抚育费，是子女生活费、教育费、医疗费等的总称。父母对未成年子女抚养费的负担是法定义务。父母离婚后，子女由母方直接抚养时，父方应负担必要的抚养费；子女由父方直接抚养时，母方也应负担必要的抚养费。只有在个别情况下，抚养子女的一方既有负担能力又愿独自负担全部抚养费的，方可免除另一方的负担。

（2）子女抚养费的数额、给付的期限和办法，首先应由父母双方协议，协议不成时，由人民法院判决。无论是协议还是判决，都应以下列情形为依据：一是子女对抚养费的实际需要，二是父母双方的负担能力，三是当地的实际生活水平。《关于人民法院审理离婚案件处理子女抚养问题的若干具体意见》中指出：1）父母有固定收入的，抚养费可按其月总收入的20%～30%的比例给付。负担两个以上子女抚养费的，比例可适当提高，但一般不得超过月总收入的50%。无固定收入的，抚养费的数额可依据当年总收入或同行业平均收入，参照上述比例确定。有特殊情况的，可适当提高或降低上述比例。2）抚养费的给付办法，可依父母的职业情况而定，原则上应定期给付。父母从事农业生产或其他生产经营活动的，可以按季度或年度给付现金或实物；有条件的，可一次性给付。父母一方无经济收入或者下落不明的，可用其财物折抵子女抚养费。3）父母双方可以协议子女随一方生活并由抚养方负担子女全部抚养费。但经查实，抚养方的抚养能力明显不能保障子女所需费用，影响子女健康成长的，不予准许。4）子女抚养费的给付，一般至子女18周岁为止。16周岁以上不满18周岁的子女，以其劳动收入为主要生活来源，并能维持当地一般生活水平的，父母可停止给付抚养费。子女虽满18周岁但尚未独立生活的，如父母有给付能力，在下列情形下仍应负担其必要的抚养费：一是丧失劳动能力或虽未完全丧失劳动能力，但其收入不足以维持生活；二是尚在校就读；三是确无独立生活能力和条件。

（3）子女抚养费可依法变更。子女的抚养费是在父母离婚时确定的，在一定条件下，可以根据实际情况的变化，依法予以变更。

按照《民法典》第1085条第2款的规定，子女关于增加抚养费的合理请求，不受协议或判决原定数额的限制。这种请求，往往是由直接抚养子女的一方代为提出的。《关于人民法院审理离婚案件处理子女抚养问题的若干具体意见》中规定，子女要求增加抚养费有下列情形之一，父或母有给付能力的，应予支持：（1）原定抚养费不足以维持当地实际生活水平的；（2）因子女患病、上学，实际需要已超过原定数额的；（3）有其他正当理由应当增加的，如物价上涨、生活地域发生变化、有给付义务的父方或母方经济收入明显增加等。在现实生活中，负担抚养费的一方可能会基于某些事由提出减少或免除原定子女抚养费的请求。对此，父母双方可以协商确定，如协商不成，可诉请法院处理。一般说来，抚养费的减、免有下述两种情形：一是抚养子女的一方再婚，其再婚配偶愿意负担继子女的抚养费的一部或全部时，他方的负担可以减少或免除。但应注意，这种减少或免除，是以继父或继母自愿为前提的，如情况发生变化，继父或继母不愿负担或无力负担该项费用，有给付义务的生父或生母应按原定数额给付。二是负有给付义务的一方因出现某种新情况，确实有实际困难无法给付，可通过协议或判决，酌情减免其给付数额。但这种减免也是有条件的，给付一方情况好转，有能力按原定数额给付时，应依照原定数额给付。

子女问题是离婚纠纷中的难点之一，除了上面各项要求，《关于人民法院审理离婚案件处理子女抚养问题的若干具体意见》中还特别作了两项规定：一是父母不得因子女变更姓氏而拒付子女抚养费。父或母一方擅自将子女姓氏改为继母或继父姓氏而引起纠纷的，应责令恢复原姓氏。二是对于拒不履行或妨碍他人履行生效判决、裁定、调解中有关子女抚养义务的当事人或者其他人，人民法院可依照《民事诉讼法》的规定采取强制措施。

### （四）离婚后不直接抚养子女的父或母的探望权

《民法典》第1086条规定：离婚后，不直接抚养子女的父或者母，有探望子女的权利，另一方有协助的义务。行使探望权利的方式、时间由当事人协议；协议不成的，由人民法院判决。父或者母探望子女，不利于子女身心健康的，由人民法院依法中止探望；中止的事由消失后，应当恢复探望。

理解和适用这一规定，应把握三个基本点：(1) 探望权是男女双方离婚后，不直接抚养子女的一方依法享有的权利。这种权利既是父母子女间之身份权的一种特殊表现，又是一方对另一方的请求权，直接抚养子女的一方有积极协助的义务，因而其属于强制性的权利和义务。(2) 为便于探望权的实际运行，在操作上应尽量做到协议一致、调解解决。(3) 探望权的行使必须有利于未成年子女的身心健康。

最高人民法院在有关司法解释中指出：人民法院作出的生效的离婚判决中未涉及探望权，当事人就探望权问题单独提起诉讼的，人民法院应当受理。当事人在履行生效判决、裁定或者调解书的过程中请求中止行使探望权的，人民法院在征询双方当事人意见后，认为需要中止行使探望权的，依法作出裁定。中止探望的情形消失后，人民法院应当根据当事人的申请通知其恢复探望权的行使。

**【链接】**

父母离婚后，双方仍有抚养教育子女的权利和义务。与离婚前不同的，只是抚养教育的环境和方式发生了变化。2001年修正的《婚姻法》和《民法典》作出了离婚后不直接抚养子女的父或母对子女的探望权的规定，这是十分必要的。但是，现行的规定似仍有不足之处。离婚后父母与子女之间的探望权应当是双向的、相互的，子女不仅是探望权行使的对象，而且也是探望权的主体。儿童利益最大化是当代有关儿童立法的重要原则。父母离婚后，为了弥补子女不能与父母双方共同生活的缺憾，满足子女探望父或母的合理的要求，今后似可在有关探望权条款的解释中增设下列规定：父母离婚后，已满8周岁的未成年子女，有探望不与其共同生活的父或母的权利。直接抚养子女的一方有协助的义务。

## 问题与思考

1. 什么是婚姻终止？什么是离婚？
2. 婚姻终止的原因有哪些？
3. 登记离婚有哪些条件和程序？

4. 如何理解和适用离婚冷静期？
5. 如何全面理解诉讼离婚的程序？
6. 如何理解判决离婚的标准？
7. 如何理解我国离婚立法的指导思想？
8. 离婚在当事人间产生哪些法律后果？
9. 如何处理离婚时的财产分割问题？
10. 如何处理离婚后的子女抚养问题？

# 第八章

# 亲权与亲子关系

本章导读

在传统民法中，亲权是父母教养和保护未成年子女的权利。但在现代，亲权的性质已经发生了改变，由亲权人享有的身份利益转化为对社会承担的责任。尽管大陆法系国家仍然存在亲权与监护两种制度，但两者的内容已无实质意义上的差异。我国《民法典》未设亲权制度，父母是以监护人的身份对未成年子女进行教养和保护的。本章的内容主要包括，我国《民法典》及相关法律规定的父母子女间的权利和义务关系，以及大陆法系国家亲权制度中的婚生子女的推定和否认、非婚生子女的准正和认领、人工生育子女的法律地位、共同亲权原则和亲权的内容等。

关键术语

亲权　亲子关系　婚生子女　非婚生子女　继父母子女　抚养　赡养　确认　否认

## 第一节　亲权与亲子关系概说

### 一、亲权的概念和特征

亲权，是指父母对未成年子女在人身和财产方面具有管教、保护的权利和义务。在传统民法中，亲权是一种身份权，是基于身份关系而产生的一种专属于父母的权利和义务。亲权制度是调整父母与未成年子女间之关系的法律规范的总称。在亲属法上，亲兼指父母，子兼指子女。亲权是父母对未成年子女的权利和义务的统一，具有以下法律特征：（1）亲权是一种亲属身份权，是父母基于其身份而发生的对未成年子女的权利和义务。父母作为亲权人依法行使亲权，任何人不得侵害。（2）亲权以管教和保护未成年子女为目的。（3）亲权是父母对未成年子女专有的权利和义务，父母对成年子女不享有亲权。（4）亲权是权利和义务的统一，亲权不能任意抛弃或滥用。

## 二、亲权的历史沿革

亲权制度源远流长，但亲权的内容和作用是古今有别、因不同的时代而异的。古代型的亲权，如中国古代的父权、欧洲古代罗马法的家父权和日耳曼法的保护权，都是以亲为本位、由父集中行使的。

在早期的罗马法中，家父权是以家父的利益为核心的，强调的是作为亲权人的家父的权利。在罗马亲属法中，家父由家庭成员中的曾祖父、祖父或父亲充当。家父在私法上享有各种特权：不仅子女的财产权被家父控制，而且子女的人格也被家父的人格吸收，家父对家子具有绝对的支配权和惩罚权。日耳曼法中的父权以父对子女的保护权为重要内容，但有关规定仍然是亲本位的。随着社会的发展和演变，近现代的亲权制度一般已从以亲为本位转变为以子为本位，各国的亲权法多以保护未成年子女的利益为根本目的。如修正后的《法国民法典》规定：父母有权保护子女的安全、健康及道德品行。父母对子女负有照管、监督及教育的权利和义务。修正后的《德国民法典》也规定：培养子女是父母重要的公民义务并得到国家和社会承认。基于本国的立法传统，大陆法系国家一般皆设亲权制度，父母是未成年子女的亲权人，如父母死亡或父母不能行使亲权时，依法另设监护人。英美法系国家则亲权与监护不分，统称监护权，父母为子女的当然监护人；如父母监护不能时，依法由他人行使监护权。

中国古代的父母子女关系，完全从属于宗法家族制度，强调的是“父为子纲”、孝道为本的父权思想。父母的权利由父集中行使，父母不仅对子女在人身上享有教令、惩戒、主婚等权力，而且在财产上对子女也有种种为礼、法所肯定的特权：“父母在，不有私财”，“凡为子者，毋得蓄私财，俸禄及田宅所入，尽归之父母，当用则请而用之，不敢私假，不敢私与”，子女在财产关系上也是依附于父母的。中华人民共和国成立后，封建的家族制度解体，父母子女的法律地位趋于平等，父母和子女双方既是权利主体又是义务主体，各自享有权利和承担义务。尽管我国法律没有使用亲权的概念，但有关监护权的规定已包含了亲权的基本内容。

## 三、亲子关系的种类

### （一）中国古代亲子关系的种类

在中国古代的父母子女分类上，为了确认纳妾制度和宗祧继承制度，除基于出生而发生的自然血亲父母子女关系外，还有拟制的、与名分恩义相关联的父母子女关系，其中又可分为嗣父与嗣子、养父母与养子女以及各种名义上的父母子女关系。在封建的礼俗中有“三父八母”“五父十母”之说。根据《元典章》中“三父八母图”的记载，“三父”是指同居继父、不同居继父、从继母嫁继父，“八母”是指嫡母、继母、养母、慈母、嫁母、出母、庶母、乳母。在子女方面，有嫡子、庶子、婢生子、奸生子、嗣子、养子之分。子女的地位，由其生母的地位来决定：嫡子是妻所生之子；庶子是妾所生之子；婢生子是男主人和婢女所生之子；奸生子是与人私通所生之子；嗣子是立嗣承继宗祧之子；养子是收养之子。以上是我国古代的亲子分类法，除有亲疏远近之别外，不同称谓者的法律地位也不同，如嫡子与庶子的法律地位差别很大，婢生子与奸生子的法律地位很低，等等。

## （二）现代亲子关系的种类

根据父母子女关系产生的原因，我国《民法典》将父母子女关系分为两类：

（1）自然血亲的父母子女关系。这是基于子女出生的法律事实而发生的，包括父母与婚生子女、父母与非婚生子女。由于自然血亲的父母子女关系是因血缘联系而存在的，所以，除因一方死亡而自然终止外，不能人为地解除。而法律上的权利和义务，在通常情况下，也只能因父母将子女送养而消除。

（2）拟制血亲的父母子女关系。这是基于收养或再婚的法律行为以及事实上的抚养关系而发生的，包括养父母子女和形成抚养关系的继父母子女。依法拟制的父母子女关系，是人为设定而由法律加以确认的，与自然血亲的父母子女关系在法律上有同等的权利和义务。这种拟制血亲的父母子女关系，既可依法设立，也可因死亡、收养关系的解除或继父（母）与生母（父）离婚以及抚养关系的变化而终止。

## （三）人工生育子女的法律地位

人工生育子女，是指利用人工生育技术受胎而出生的子女。人工生育不同于人类传统的自然生育，是根据生物遗传工程理论，采用人工方法取出精子或卵子，再经人工将精子或受精卵注入妇女子宫，使其受孕的一种新的生育技术。

几千年来，人类以男女两性结合的自然生殖方式进行自身繁衍。提供精子和卵子的男女双方与所生的子女，形成具有直接的血缘联系的父母子女关系。进入20世纪后，人工生殖技术开始应用于临床医学领域，出现了不通过自然的性行为而受孕生育子女的人工生育方式。这项现代医学技术不仅切断了生育与性行为之间的联系，而且也打破了生育关系与遗传关系合为一体的生育规律。随着人工生育方法的不断适用，如何协调由此引发的伦理道德、婚姻家庭、血统以及法律等领域的冲突，已成为世人所关注的问题。人工生育子女给父母子女关系带来了新的变化，传统的父母子女关系的分类已不能涵盖人工生育的亲子关系。对此，法律已有重新规范的必要。

人工生育分为母体内受孕（人工授精）和母体外授精（试管婴儿）两类。人工授精又分为同质授精和异质授精两种。同质授精（Artificial Insemination by Husband，AIH）是指将夫妻双方的精、卵细胞，用人工方法授精生育子女，夫妻与所生子女间具有血缘关系，与自然血亲的父母子女关系完全相同。异质授精（Artificial Insemination by Donor，AID）是指用第三人提供的精子对妻子进行人工授精的方法。由于经异质人工授精出生的子女，与生母之夫之间无任何血缘关系，因而须依法确认双方是否具有法律上的亲子关系。体外授精（In Vitro Fertilization，IVF）是指用人工方法将卵子和精子在试管中形成胚胎后再植入子宫妊娠的生殖技术，因精子和卵子的供体不同又可分为：（1）采用夫妻的精子和卵子在体外授精，再植入妻子的子宫内妊娠。这与同质授精一样，子女与父母双方均有自然血亲关系。（2）采用妻子的卵子与第三人提供的精子在体外授精，再植入妻子的子宫内妊娠。这与异质授精相同。子女有生物学上的父亲即供精者和法律上的父亲即养育者。（3）采用第三人的卵子与丈夫的精子在体外授精，再植入妻子的子宫内妊娠。这时子女则有一个生物学上的母亲和一个孕育自己的生身母亲。（4）采用第三人提供的精子和卵子在体外授精，在试管内形成胚胎后植入子宫提供者的子宫内妊娠生育。这时子女则会有一个生物学上的父亲即精子提供者和一个法律上养育自己的父亲，以及一个生物学上的母亲即卵子提供者、一个代孕母亲即子宫提供者和一个法律上养育自己的母亲。

目前，世界上大多数国家对人工生育子女尚无明确的法律规定，少数已立法的国家规定的内容也不尽相同。但是，对于在婚姻关系存续期间，因夫妻双方同意而进行人工生育的子女与该夫妻形成亲子关系，由接受人工生育的夫妇承担法律责任的规定，已成为共识。如《美国统一亲子法》规定：在AID情况下，丈夫必须书面承诺，并要求经夫妻双方签字，法律对丈夫和胎儿的自然父亲同样对待。AID的提供者在法律上不被视为胎儿的父亲。1991年德国颁布的《胚胎保护法》规定：只允许在婚姻关系内进行人工授精。如果丈夫不育，可以用另一男子的精子进行体外授精。在我国最高人民法院《关于夫妻离婚后人工授精所生子女的法律地位如何确定的复函》规定：在夫妻关系存续期间，双方一致同意进行人工授精，所生子女应视为夫妻双方的婚生子女，父母子女之间权利义务关系适用婚姻法的有关规定。据此，只要夫妻双方协议一致同意进行人工授精的，不论所生子女是否与父母具有血缘关系，均应被视为夫妻双方的婚生子女。这里需要明确的是：(1) 实施人工生育技术的目的是，利用医学技术为不孕的夫妇提供生育的协助，因此，精子和卵子的提供者以及代孕者旨在帮助不孕的夫妇生育子女，其本身并不承担法律上有关亲权的权利和义务。(2) 接受人工生育的主体，应当是已婚的不孕夫妇。现各国都倾向于保护AIH，有限制地允许使用AID，尽量防止和避免人工生育技术的滥用。(3) 凡夫妻就实施人工生育达成协议的，所生子女即为婚生子女，其亲子关系适用有关亲权的法律规定。如妻子未经丈夫同意而进行人工生育，则夫对该人工生育子女的婚生性享有否认权。委托代孕母亲生育子女时，应由委托方与代孕母亲事先签订委托协议，委托方应支付代孕母亲一定的费用，代孕母亲应在子女出生后将其交给委托方。基于契约保护的理论，委托他人代为生育的子女应归委托方抚养。现各国一般都立法禁止以营利为目的的代孕行为。

## 案例8 人工生殖子女地位认定案

梁某（男）与任某（女）婚后多年未育，经医院检查确认梁某患无精症。经双方协商，任某实施了人工授精，生一男孩梁甲。但自梁甲出生后，梁某常年离家不归并拒绝抚养梁甲。任某只好向人民法院起诉离婚，并要求梁某支付梁甲的抚养费。

请问：梁某与梁甲是否为父子关系？梁某是否负有抚养梁甲的义务？

对于人工生殖技术生育后代的地位以及其父母的认定，我国法律没有明确的规定。最高人民法院《关于夫妻离婚后人工授精所生子女的法律地位如何确定的复函》指出：在夫妻关系存续期间，双方一致同意进行人工授精，所生子女应视为夫妻双方的婚生子女，父母子女之间权利义务关系适用婚姻法的有关规定。据此，人工生殖技术生育子女地位的判定标准是该子女是不是“在夫妻关系存续期间”“夫妻双方一致同意”进行人工生育而出生的。如果该子女为夫妻双方一致同意采用人工生育方法所生，那么该子女为夫妻双方的婚生子女；如果人工而出生的未经丈夫一方同意，那么所生子女仅为妻子一方子女，与丈夫一方无亲子关系。本案中，梁甲为梁某与任某一致同意采用人工生育方法所生，所以梁某与梁甲之间为父子关系，梁某负有抚养梁甲的义务。

## 四、亲权的法律效力

### （一）共同亲权原则

父母双方共同行使亲权，是现代亲权制度的基本原则。亲权由父方优先行使或父方有最后决定权发展为现代的由父母双方共同行使，是男女平等精神在亲权制度中的体现。父母共同行使亲权，不仅表现在亲权由父母双方平等地享有，而且强调的是亲权应由父母双方共同行使，即父和母是共同亲权人。在通常情形下，行使亲权应当以父母的共同意思表示为依据；作为一个整体的权利，亲权不能分割，不能由父或母独自享有。但在日常生活中，共同亲权原则并不排斥父或母一方行使亲权，但如遇重大问题，则法律要求亲权必须由父母双方共同行使。当父母的意思表示不一致时，应协商解决，协商不成时，一方或双方可诉请法院裁决。对此，《德国民法典》作了明确的规定：父母以自己的责任和相互之间的协商一致为子女的幸福而行使父母照顾权。在发生意见分歧时，他们必须尝试求得一致。如果父母不能就父母照顾权的具体事务或特定类型的事务取得一致，而规定此种事务对于子女具有重大意义，则经父母的一方申请，家庭法院可以将决定权委托父母一方，此种委托可以附加限制和条件。从现代各国的亲权立法来看，在普遍确立了共同亲权原则、取消了父方的最后决定权后，对于共同行使亲权中产生的争议应如何妥善解决的问题，一般都未作具体的规定。德国法的上述规定，既保护了未成年子女的利益，又坚持了意思自治的原则。其立法值得借鉴。

依共同亲权原则，未成年子女的父母是未成年子女的亲权人，亲权应由父母双方共同行使。但出现以下情形时，亲权的主体将发生变化：（1）当父母一方死亡或被宣告死亡、失踪，或者被剥夺亲权，或者被宣告为无民事行为能力人、限制民事行为能力人时，亲权由另一方单独行使。（2）父母离婚后，亲权一般由与未成年子女共同生活的父或母一方行使。（3）非婚生子女的母亲，是非婚生子女的亲权人。在非婚生子女经准正或被认领后，其父母是共同亲权人。（4）养父母是养子女的亲权人。收养关系成立后，养子女的生父母丧失亲权。（5）有抚养关系的继父母子女间，与继子女共同生活的生父或生母和继母或继父为共同亲权人。无抚养关系的继父母子女间，对该子女的亲权一般由与其共同生活的生父或生母行使。（6）人工生育子女的亲权人是经共同协商同意人工生育子女的夫妻双方，亲权由双方行使。凡夫妻一方未经对方同意单独实施人工生育的，由其单独行使对子女的亲权。

### （二）亲权的内容

亲权的内容是亲权制度的核心，是亲权的法律效力的具体表现。从国外的亲权立法来看，其内容包括了人身上的照护权和财产上的照护权两个方面的内容。各国亲权的内容尽管有所差别，但大体都包括以下一些内容。

1. 人身方面的亲权

（1）子女的姓名设定权。子女的姓名是身份关系的标志。大多数国家都将子女的姓名设定权作为亲权的基本内容。

（2）居所、住所指定权。父母对未成年子女的住所或居所享有指定权，子女不得随意离开父母指定的住所或居所。在传统的亲权理论上，父母和未成年子女是一个生活共同体，未成年子女是在父母的保护下生活，应当与父母同居。如《法国民法典》规定，未经父母同意，未成年子女不得离开其父母的家庭。未成年子女仅在法律确定的必要情况下，始得离开家庭。《日本民法典》的规定是，未成年子女应于亲权人指定的处所定其居所。《德国民法典》也明确规定，人身照顾权特别包括了对未成年子女的培养、教育、监督和决定其住所的权利与义务。

（3）惩戒权。有些国家的法律赋予父母在必要时对未成年子女进行一定程度惩戒的权利，使父母在法律许可的范围内对其未成年的子女施以惩戒，目的是对未成年子女进行必要的管理和约束。这是基于对未成年子女的教养和保护的需要而产生的权利。如《日本民法典》规定，亲权人可亲自惩戒，也可经法院同意送往惩戒场所惩戒。特别需要注意的是，亲权人在行使惩戒权时，不得损害子女的人格，不得侵害其身心健康或危及其生命安全。《德国民法典》规定："有损人尊严的教育措施为不允许。"应当强调，惩戒如超出了必要的限度，则应视为对亲权的滥用。构成犯罪的，应依法追究亲权人的刑事责任。

（4）身份行为的代理权和同意权。未成年子女是无民事行为能力人或限制民事行为能力人，不能独立地为民事法律行为。父母是未成年子女的法定代理人，按照各国法律的规定，无民事行为能力人为身份法上的行为时，须由其法定代理人代为意思表示；限制民事行为能力人为与其年龄、智力不相适应的身份法上的行为时，须经法定代理人同意。未成年子女被他人收养的代理权或同意权由亲权人行使。当未成年子女的权益受到侵害或未成年子女致他人以损害时，亲权人可以法定代理人的身份要求侵害人停止侵害、赔偿损失或由亲权人承担民事责任。如德国民法中规定：亲权（后改称父母照顾权）包括对未成年子女的代理权。父母共同行使亲权时，共同代表子女；一方独立行使亲权时，由行使亲权方代表子女。这里所说的身份行为的同意权包括：其一，职业许可权。未成年子女从事职业，须经父母同意。如《日本民法典》规定，未成年子女非经行使亲权人许可，不得经营职业。其二，婚姻行为的同意权。未成年人的订婚、结婚和协议离婚等均须经父母同意（适用于法定订婚年龄、结婚年龄低于成年年龄的一些国家）。

（5）子女返还请求权。当未成年子女被人诱骗、拐卖、劫持和隐藏时，亲权人依法享有请求返还子女的权利。如《德国民法典》规定，人身照顾权包括子女的父母或父母的一方享有要求非法藏匿子女的人返还子女的权利。这是亲权人行使保护权的重要内容。父母离婚后，未成年子女由一方行使亲权时，该方如有滥用亲权等行为，对子女的利益明显不利的，另一方可以请求变更抚养归属，但这种请求，与上述的子女返还请求在性质上有区别。

2. 财产方面的亲权

（1）财产行为的代理权和同意权。父母是未成年子女为财产行为的法定代理人。未成年子女在设定、变更或废止有关财产的法律行为时，须经父母的同意，或由父母为其法定代理人。行使财产行为代理权，应以维护未成年子女的利益为原则，否则不具有法律效力。

（2）管理权。父母对未成年子女的财产有管理的权利。管理权的范围，可及于未成年子女已享有所有权的一般财产。管理应以财产的保值或增值为目的。亲权人行使管理权时未尽到注意的义务，使未成年子女的财产受到损害的，亲权人应负赔偿责任。

（3）使用收益权。父母有合理地支配、利用未成年子女的财产和获取孳息的权利。亲权人行使使用收益权时，应当从有利于保护未成年子女的财产权益出发，使用时应予以高度的注意，尽量避免造成财产的损失。行使收益权后的收益，原则上应归该子女所有。

（4）处分权。父母对未成年子女财产的处分权受到法律的严格限制。在一般情况下，父母对其子女的财产不享有处分权，只有出于子女的利益和需要，经法院或监护机关批准，父母才能对未成年子女的财产进行处分。如《德国民法典》规定，禁止父母代子女为赠与行为，但合乎道义的代赠与不在此限。《瑞士民法典》规定，为支付子女的抚养、教育或职业训练费用时，监护官得许可父母动用子女财产中的一定款项。

**（三）亲权的丧失、恢复和消灭**

1. 亲权的丧失

亲权的丧失，是指亲权人因法定的事由而失去行使亲权的资格。

亲权丧失的情形有：（1）亲权因剥夺而丧失。亲权被剥夺的主要原因是：父母一方或双方对未成年子女有重大的犯罪行为，严重伤害了未成年子女的利益；滥用亲权，对未成年子女的身心健康或财产利益造成损害。（2）亲权因中止而丧失。亲权人有以下情形之一的，中止其亲权：其一，被宣告为无民事行为能力人或限制民事行为能力人。其二，离婚后不与未成年子女共同生活的父母一方，除部分亲权仍在行使外，其他已处于中止状态。其三，因长期外出、重病等原因存在亲权行使障碍。（3）亲权因移转而丧失。亲权移转是指亲权因协议或法院的宣告，由亲权人行使移由他人或社会救济机构行使。亲权移转后，原亲权人丧失亲权，由受移转人取得亲权或监护权。例如，父母将其未成年子女送养他人后，亲权发生移转。但是，未成年子女被寄养时，其亲权仍由父母行使。父母有委托授权的，也可由第三人在授权范围内，代理亲权人行使亲权。

2. 亲权的恢复

亲权的恢复，是指丧失亲权的人在法定条件下重新获得亲权。恢复亲权以丧失亲权的原因已消灭为必要条件，如收养关系解除后，未成年养子女与生父母的权利、义务依法恢复。

3. 亲权的消灭

亲权的消灭，是指基于法定的事由亲权无须履行或无法履行，从而使亲权归于消灭。亲权的消灭包括两种情形：一是绝对消灭，因子女死亡或子女成年而自然消灭。二是相对消灭，如父母一方死亡，死亡一方的亲权虽已消灭，但另一方的亲权仍在；父母双方死亡，尚可为未成年子女另行设置监护，以监护为亲权之延伸等。

# 第二节　父母子女间的权利和义务

《民法典》第26条规定：父母对未成年子女负有抚养、教育和保护的义务。成年子女对父母负有赡养、扶助和保护的义务。关于父母子女间权利和义务的规定，适用于父母与婚生子女之间、父母与非婚生子女之间、养父母与养子女之间以及有抚养关系的继父母与继子女之间。

## 一、父母对未成年子女有抚养、教育、保护的权利和义务

1. 父母对未成年子女有抚养的义务

抚养，是指父母在经济上对子女的供养和在生活上对子女的照料，包括负担子女的生活费、教育费、医疗费等。抚养义务是父母对子女所负的最主要的义务，目的是保障子女的生存和健康成长。

父母对未成年子女的抚养是无条件的。除法律另有规定外，任何情况下父母都必须履行抚养义务。离婚后的父母，无论子女由哪方抚养，另一方都不因此而被免除其对子女的抚养义

务。在一般情况下，父母的抚养义务履行到子女成年为止。父母对成年子女的抚养是有条件的，父母仅对不能独立生活的成年子女，根据需要和负担能力承担必要的抚养义务。

《民法典》第1067条第1款规定：父母不履行抚养义务的，未成年子女或者不能独立生活的成年子女有要求父母给付抚养费的权利。这里所称“不能独立生活的子女”，是指尚在校接受高中及其以下学历教育，或者丧失或未完全丧失劳动能力等非因主观原因而无法维持正常生活的成年子女。法律规定的“抚养费”，包括子女的生活费、教育费、医疗费等费用。未成年子女或不能独立生活的成年子女在受抚养的权利受到侵害时，有向父母追索抚养费的权利。关于追索抚养费的纠纷，可由抚养义务人的所在单位或有关部门进行调解，也可直接经由诉讼程序处理。婚姻关系存续期间，父母双方或者一方拒不履行抚养子女义务，未成年或者不能独立生活的子女请求支付抚养费的，人民法院应予支持。人民法院应当根据子女的需要和父母的抚养能力，通过调解或判决的方式，确定抚养费的数额、给付的期限和方法。对于追索抚养费的请求，必要时可以依法裁定先予执行。请求支付抚养费的请求权不适用诉讼时效规定。对于拒不履行抚养义务，情节恶劣，构成遗弃罪的，应当依法追究义务人的刑事责任。

### 案例9 父母对子女抚养义务案

吴某与前妻李某协议离婚。双方约定2岁的儿子吴甲由李某抚养，吴某支付抚养费直至吴甲大学毕业。大学毕业的吴甲通过考试，被录取为某大学的研究生。吴甲要求父亲吴某支付未果，诉讼至法院要求吴某支付教育费、生活费等合计15万元。

请问：吴某是否有义务支付吴甲的15万元教育费和生活费？

《民法典》规定：父母对未成年子女负有抚养、教育和保护的义务。父母不履行抚养义务的，未成年子女或者不能独立生活的成年子女，有要求父母给付抚养费的权利。但在司法实践中，“不能独立生活的子女”是指尚在校接受高中及以下学历教育，或者丧失或未完全丧失劳动能力等非因主观原因而无法维持正常生活的成年子女；所称的“抚养费”，包括子女的生活费、教育费、医疗费等费用。据此，本案中，吴某只承担其与前妻在离婚协议中约定的抚养费，支付到吴甲大学毕业。对于已经年满22周岁的吴甲，其父母不再负有抚养义务。吴甲要求其父亲继续支付研究生期间的教育费、生活费15万元的要求于法无据。

2. 父母对未成年子女有教育的义务

教育，是指父母在思想品德上对子女关怀和培养，并且按照法律和道德规范的要求对未成年子女进行家庭教育。教育子女是父母一项重要的职责，其中包括两个方面的内容：一是父母应当尊重未成年人受教育的权利，必须使适龄的未成年人按照规定接受义务教育，不得使在校接受义务教育的未成年子女辍学。二是父母应当以健康的思想、品行和适当的方法教育未成年子女，引导未成年子女进行有益身心健康的活动。按照《未成年人保护法》的规定，国家、社会、学校和家庭应对未成年人进行理想教育、道德教育、文化教育、纪律和法制教育，进行爱国主义、集体主义和国际主义、共产主义的教育，提倡爱祖国、爱人民、爱劳动、爱科学、爱社会主义的公德。父母或者其他监护人应当学习家庭教育知识，正确履行监护职责，抚养、教育未成年人。父母有责任使子女身心健康地成长。父母或者其他监护人应当关注未成年人的生理、心理状况和行为习惯，以健康的思想、良好的品行和适当的方法教育和影响未成年人，引导未成年人进行有益身心健康的活动，预防和制止未成年人吸烟、酗酒、流浪、沉迷网络以及赌博、吸毒、卖淫等行为。

3. 父母对未成年子女有保护的义务

保护，是指父母应保护未成年子女的人身安全和合法权益，防止和排除来自自然界的损害以及来自他人的非法侵害。未成年子女是无民事行为能力人或限制民事行为能力人，他们缺乏对事物的理解能力和处理能力。法律要求父母对未成年子女进行保护，一方面是为了保障子女的健康和安全。父母是未成年子女的法定监护人和法定代理人，当未成年子女的人身安全或财产权益遭受他人侵害时，父母有以法定代理人的身份提起诉讼，请求停止侵害、排除妨碍、赔偿损失等权利。当未成年子女在他人诱使下脱离家庭时，父母有要求归还子女的权利。发生拐骗子女行为时，父母有请求司法机关追究拐骗者刑事责任的权利。另一方面则是为了防止未成年子女损害他人和社会的利益，防止未成年子女沾染恶习或从事违反社会公共生活规则和违法犯罪的行为。《民法典》规定：未成年子女造成他人损害的，父母应当依法承担民事责任。无民事行为能力人、限制民事行为能力人造成他人损害的，由监护人承担侵权责任，监护人尽到监护职责的，可以减轻其侵权责任。有财产的无民事行为能力人、限制民事行为能力人造成他人损害的，从本人财产中支付赔偿费用；不足部分，由监护人赔偿。无民事行为能力人、限制民事行为能力人造成他人损害，监护人将监护职责委托给他人的，监护人应当承担侵权责任；受托人有过错的，承担相应的责任。

父母对未成年子女的抚养、保护和教育，既是权利又是义务。父母对未成年子女抚养、保护和教育的权利是不能抛弃的。监护人的职责是代理被监护人实施民事法律行为，保护被监护人的人身权利、财产权利以及其他合法权益等。监护人不履行监护职责或者侵害被监护人合法权益的，应当承担法律责任。《民法典》第 36 条规定，监护人有下列情形之一的，人民法院根据有关个人或者组织的申请，撤销其监护人资格，安排必要的临时监护措施，并按照最有利于被监护人的原则依法指定监护人：（1）实施严重损害被监护人身心健康的行为；（2）怠于履行监护职责，或者无法履行监护职责且拒绝将监护职责部分或者全部委托给他人，导致被监护人处于危困状态；（3）实施严重侵害被监护人合法权益的其他行为。《未成年人保护法》规定，禁止对未成年人实施家庭暴力，禁止虐待、遗弃未成年人，禁止溺婴和其他残害婴儿的行为，不得歧视女性未成年人或者有残疾的未成年人。据此，父母以任何手段危害子女生命和健康的行为都是违法的。

## 二、子女对父母有赡养、扶助的义务

赡养，是指子女对父母的供养，即在物质上和经济上为父母提供必要的生活条件。扶助，是指子女对父母在精神上和生活上的关心、帮助和照料。《民法典》规定：成年子女对父母负有赡养、扶助和保护的义务。成年子女不履行赡养义务的，缺乏劳动能力或者生活困难的父母，有要求成年子女给付赡养费的权利。老年人在其一生对社会和家庭作出了贡献，尽到了责任，他们理应得到社会和家庭的尊敬与照顾。此外，公民在年老、患病或者丧失劳动能力时，有从国家和社会获得物质帮助的权利。但由于我国目前社会福利事业相对不足，国家和社会对老年人的物质帮助还不能取代家庭的赡老功能，我国现阶段赡养老人仍然主要依靠家庭。父母抚养了子女，当父母年老体弱时，子女理应对父母尽赡养、扶助的义务，这是子女对家庭和社会应当承担的责任。

赡养、扶助的义务主体是有独立生活能力的成年子女。未成年子女不是父母的赡养义务人。赡养和扶助义务的具体内容是，子女应对无劳动能力或生活困难的父母提供必要的生活保障。依据《老年人权益保障法》的规定，(1) 赡养人应当履行对老年人经济上供养、生活上照顾和精神上慰藉的义务，照顾老年人的特殊需要；(2) 赡养人对患病的老年人应当提供医疗费用和护理；(3) 赡养人应当妥善安排老年人住房，不得强迫老年人迁居条件低劣的房屋；老年人自有的或者承租的住房，子女或者其他亲属不得擅自侵占，不得擅自改变产权关系或者租赁关系；老年人自有的住房，赡养人有维修的义务；(4) 赡养人有义务耕种老年人承包的田地，照管老年人的林木和牲畜等，收益归老年人所有。

子女对父母的赡养是法定的义务，不得附加任何条件，赡养人不得以放弃继承权或者其他理由，拒绝履行赡养义务。子女无论是否与父母居住在一起，都应根据父母的实际需要履行赡养义务。赡养的方式既可以是与父母共同生活，直接履行赡养义务，也可以是提供生活费用、承担经济责任。如有多个子女，则每个子女应根据自己的经济状况，共同承担对父母的经济责任。赡养人之间可以就履行赡养义务签订协议，并征得老年人的同意。这种协议，可由居民委员会、村民委员会或者赡养人所在组织监督其履行。赡养费的数额，既要根据赡养人的经济负担能力，又要满足父母的实际生活需要，一般应不低于当地的平均生活水平。

关于追索赡养费的纠纷，可由当事人所在单位或者有关部门调解，也可直接经由诉讼程序。调解纠纷时，对于有过错的，应当给予批评教育，责令改正。人民法院在处理赡养纠纷时，应坚持保护老人合法权益的原则，通过调解或判决的方式，确定赡养费的数额、给付的期限和方法。对于追索赡养费的请求，必要时可以依法裁定先予执行。对于拒不履行赡养义务，情节恶劣，构成遗弃罪的，应依法追究义务人的刑事责任。

## 三、父母子女之间有相互继承遗产的权利

《民法典》第 1070 条规定："父母和子女有相互继承遗产的权利。"继承权，是指继承人依法享有的继承被继承人遗产的权利。父母和子女是最近的直系血亲，因此，子女和父母均为第一顺序的法定继承人，相互享有继承权。父母子女间的继承权是基于双方的特殊身份而产生的。这里的子女，包括婚生子女、非婚生子女、养子女和有扶养关系的继子女。父母，包括生父母、养父母和有扶养关系的继父母。父与母对子女遗产的继承权是平等的。子与女对父母遗产的继承权也是平等的，不受性别、年龄、已婚或未婚的影响。需要指出的是：(1) 父母与非婚生子女有相互继承遗产的权利。(2) 养父母与养子女有相互继承遗产的权利，但养子女无权继承生父母的遗产，生父母也无权继承养子女的遗产。(3) 有抚养关系的继父母与继子女有相互继承遗产的权利；继父母继承了继子女遗产的，不影响其继承生子女的遗产；继子女继承了继父母遗产的，不影响其继承生父母的遗产。父母和子女的继承权是平等的，父母子女都是独立的继承主体，享有独立的继承份额。与此相关，法律还规定：(1) 对于被继承人死亡时尚未出生的胎儿，也应依法保留其继承的份额。胎儿出生时是死体的，保留的份额由被继承人的法定继承人继承；胎儿出生后死亡的，则由其继承人继承。(2) 子女先于父母死亡的，其直系晚辈血亲依法享有代位继承权。(3) 丧偶儿媳对公婆、丧偶女婿对岳父母尽了主要赡养义务的，也作为第一顺序法定继承人继承遗产。

## 四、子女应当尊重父母的婚姻权利，不得干涉父母的再婚自由

《民法典》第1069条规定：子女应当尊重父母的婚姻权利，不得干涉父母离婚、再婚以及婚后的生活。子女对父母的赡养义务，不因父母的婚姻关系变化而终止。婚姻自由是我国婚姻家庭法的基本原则。父母应当尊重子女的婚姻权利，不得干涉子女的婚姻自由。子女也应当尊重父母的婚姻权利，不得干涉父母的再婚自由。凡干涉父母再婚自由，情节恶劣、后果严重的，应当按照有关规定追究子女的法律责任。

# 第三节　婚生子女

## 一、婚生子女的概念

婚生子女，是指在婚姻关系存续期间受胎或出生的子女。人类社会进入一夫一妻的婚姻制度后，生育行为就开始由法律来调整。早期法律区分婚生子女和非婚生子女的目的有二：一是传宗接代，避免血缘上的混乱；二是在家庭财产继承时确认继承人。近现代以来，立法的意义更多的是保障婚姻当事人及其子女的权益。

从各国的立法来看，关于婚生子女的定位大多较为宽松，即凡在婚姻关系存续期间受胎或出生的子女均为婚生子女。如英国法律规定，子女在婚姻关系存续中出生，不问其是否婚前受胎，只要在出生时父母之间有合法的婚姻关系，子女就取得婚生子女的身份；如果在婚姻关系存续中受胎，则不问子女出生前婚姻关系是否已经解除，子女均可取得婚生子女的身份，但英国普通法不承认婚后的准正。《德国民法典》也规定，妻于婚前或婚姻关系存续中受胎，而夫于妻受胎之期间内有同居的事实，其结婚后所生育的子女为婚生子女，即使婚姻宣告无效，亦同。相对而言，也有一些国家对婚生子女的规定较为严格，即仅限于婚姻关系存续期间受胎的子女。如《日本民法典》规定，妻于婚姻中怀胎的子女即自婚姻成立起200日后或自婚姻解除或撤销之日起300日内所生的子女为婚生子女。从大多数国家的立法来看，婚生子女应当符合三个条件：(1) 该子女应为具有合法配偶身份的男女所生；(2) 该子女的血缘来自具有合法配偶身份的男女双方；(3) 该子女出生于合法的婚姻关系存续期间或婚姻关系消灭后的法定期限内。由此可见，其生父母之间是否存在婚姻关系，是婚生子女和非婚生子女的根本区别。

## 二、婚生子女的推定和否认

### 1. 婚生子女的推定

婚生子女的推定，是指妻子在婚姻关系存续期间受胎或所生子女推定为夫的婚生子女的制度。婚生子女的推定制度，是对子女的婚生性和合法性的法律认定，目的是保护子女的合法权益以及相关当事人的合法权益，维护家庭的和睦与稳定。

婚生子女的父母之间须有婚姻关系，子女须为生父之妻所生，同时受胎须在婚姻关系存续期间或有同居事实期间，凡此种种，都是为了推定婚生子女为其生母之夫所出，母之夫即为其

父。在法律制度上应当如何认定这一事实？目前在世界各国设立的婚生子女推定制度中，大致有三种推定方法：一是子女在婚姻关系存续期间受胎的，推定为婚生子女；二是子女在婚姻关系存续期间出生的，推定为婚生子女；三是子女在婚姻关系解除后300天以内出生的，推定为婚生子女。如《法国民法典》规定：子女系在婚姻关系存续期间受胎者，夫即为父。受胎期为子女出生前的300天至180天，其间的121天为受胎期。结婚满180天以上出生的子女，为婚生子女。《德国民法典》规定，从子女出生之日起，回溯至第181日起至第302日止，为受胎期。而《瑞士民法典》不以受胎为限，而是规定在婚姻关系存续期间或婚姻解除后的300天内出生的子女，推定夫为父。在英国普通法上，婚姻关系存续期间受胎或出生的子女，皆被推定为婚生子女。

2. 婚生子女的否认

婚生子女的否认，是指当事人享有否认婚生子女为自己亲生子女的诉讼请求权的制度。婚生子女的否认，又称否认权，是对婚生子女推定的一种限制，目的是保障当事人及其子女的权益，避免应尽义务的当事人规避抚养责任，体现了法律的公正性。

由于确认婚生子女是依据法律推定的，所以，对于婚生推定的结果应当允许当事人依据一定事实予以否认。各国设立的婚生子女否认制度是对婚生推定制度的一种合理限制。关于否认婚生子女的事实依据，大多数国家的法律采取概括主义，即凡提供的证据能够推翻子女为婚生的即可。否认者要证明在其妻受胎期间未与之同居，或者证明妻受胎与夫无关，即所生子女与夫没有血缘上的联系。一般可分为两种情况：一是夫妻在妻受胎期间没有同居的事实，二是夫有生理缺陷或没有生育能力，包括时间不能、空间不能、肤色不能以及生理上的不能，等等。英国普通法规定：有证据证明夫有“不接近”的事实，即可否认子女的婚生性。如仅能证明妻有与人通奸的事实，则不能发生否认的效力。除夫有生理缺陷或丧失生育能力外，在妻受胎期间，如夫妻有过一次同居的事实，夫就丧失了否认权。德国法规定，对于婚生推定，只有证明夫妻于受胎期间无同居的事实，才能否认；或者有明确的证据如血型或通过遗传生物学检查获得的证据，才可否认。

关于婚生否认的否认权和时效问题，各国法律的规定也不尽相同。否认权人一般分为三类：一是丈夫，二是丈夫和子女，三是丈夫、妻子、子女和检察官。关于婚生否认之诉的时效，《德国民法典》规定为2年，《日本民法典》规定为1年，《法国民法典》规定为6个月。时效的计算，一般都从自知悉子女出生之日起开始，亦有国家是从丈夫知悉其妻子在受胎期间有与第三人同居的事实之日开始。对婚生否认施以时效的限制，是为了促使当事人及时地行使权利，尽快地确定子女的法律地位。根据不同的立法例可以看出，英美法以亲子关系应尽量符合自然血亲的亲子关系为目的，因而对婚生推定的否认权人以及否认的时效未作严格限制，但德国、法国、日本等国家更注重子女的法律身份，立法以尽量维护现有的亲子关系和家庭的稳定为目的，因此，在婚生否认的否认权人和时效上都作了严格的限制。但当代的德国法因受英美国家的影响，将否认权人从仅限于丈夫，扩及检察官，后者可以基于公益的立场，撤销对子女婚生的确认。这是一种从法律向自然转化的倾向。婚生否认诉权，一般在诉讼时效期限届满、子女死亡、父母认可子女为婚生子女时消灭。

在我国，《民法典》第1073条规定了对生子女的确认和否认制度：对亲子关系有异议且有正当理由的，父或者母可以向人民法院提起诉讼，请求确认或者否认亲子关系。对亲子关系有异议且有正当理由的，成年子女可以向人民法院提起诉讼，请求确认亲子关系。在司法实践中，夫妻一方向人民法院起诉，请求确认亲子关系不存在，并已提供必要证据予以证明，另一方没有相反证据，又拒绝做亲子鉴定的，人民法院可以推定请求确认亲子关系不存在一方的主张成立。

# 第四节　非婚生子女

## 一、非婚生子女的概念

非婚生子女，是指没有婚姻关系的男女所生的子女。生育子女的男女，是非婚生子女的生父母。非婚生子女包括未婚男女所生子女、已婚男女与第三人所生子女、无效婚姻和被撤销婚姻当事人所生子女等。

从生育的自然属性上讲，非婚生子女与婚生子女并无区别。但是，从生育的社会属性上讲，非婚生子女是婚生子女的对称，是没有合法婚姻关系的男女所生的子女。由于传统习俗对婚姻关系以外的性行为和生育行为的排斥，非婚生子女历来都受到歧视。在私有制社会中非婚生子女的社会地位、家庭地位和法律地位十分低下。英国普通法最初称非婚生子女为“无亲之子”，非婚生子女与其生父、生母不发生法律上的亲子关系。1804年的《法国民法典》规定：非婚生子女不得请求其父认领，只许其母认领。乱伦子、奸生子的父母均不许认领，即使父母结婚，也不得取得婚生子女的资格。由于没有法律的保护，非婚生子女的死亡率和被遗弃的比例一直很高。直到20世纪初，人们对非婚生子女的态度始转向宽容，认为非婚生子女是其生父母的过错造成的，与非婚生子女无关，非婚生子女本身是无辜的，不应受到歧视和不公平待遇。因此，基于人道主义、人权思想等观念，各国在20世纪开始采取措施，改善非婚生子女的法律地位。许多国家通过准正和认领的程序，使非婚生子女婚生化。但目前仍有一些国家保留了非婚生子女与婚生子女的区别待遇，如现行《日本民法典》规定，非婚生子女继承时的应继份为婚生子女应继份的1/2。

## 二、非婚生子女的准正和认领

### （一）非婚生子女的准正

非婚生子女的准正，是指已出生的非婚生子女因生父母结婚或司法宣告而取得婚生子女资格的法律制度。准正制度始于罗马法，为了保护非婚生子女的利益，现代大陆法系国家和英美法系国家多设有准正制度。

准正的要件是：（1）非婚生父母子女之间须有其身份赖以确定的血缘关系；（2）生父母须有结婚的事实或司法宣告。其依据是子女出生的客观事实，这是一种法律事件而非法律行为。

准正的形式是：（1）因生父母结婚而准正。这里又可分为两种：一是以父母结婚为准正要件，不另设其他条件。二是以结婚和认领为准正要件，只结婚而不办理认领手续的，不发生准正的效力。（2）因法院宣告而准正。法院宣告的准正，是指生父或生母死亡，或有婚姻障碍，致使婚姻准正不能时，得依一方或子女的请求，依法宣告子女为婚生子女。

准正的效力是，使非婚生子女取得婚生子女的法律资格。但效力发生的时间，因各国法律规定的不同而有差异：有的国家规定从父母结婚或法院宣告之日起发生婚生的效力；有的国家规定从子女出生之日起发生婚生的效力。

### （二）非婚生子女的认领

认领的目的，是依法律程序确定非婚生子女的生父。它是指在非婚生子女尚未准正的情况下，由生父承认该非婚生子女为其所生的一项法律制度。非婚生子女的认领具有以下特征：第一，认领须有生父承认自己是该非婚生子女生父的意思表示（除自愿认领外还有强制认领，参见后文）；第二，认领不受年龄的限制，无论子女年龄大小，生父均可行使认领权；第三，认领以双方具有亲子血缘关系为前提。

从各国的立法来看，对认领的规定主要有：(1) 认领者须为非婚生子女的生父本人，他人无权认领。(2) 被认领者须为非婚生子女。对于婚生子女以及已经准正的非婚生子女，不得再为认领。(3) 子女已经被他人认领者，经法院判决确定其亲子关系不存在后，生父始得认领。(4) 认领者与被认领者之间须存在事实上的亲子血缘关系。没有这种血缘关系的，不得因认领而产生亲子关系。非事实亲子关系的，即使认领亦为无效。(5) 许多国家的法律不以非婚生子女之母为认领人。非婚生子女与生母的关系有出生的事实为证，无须认领。但有些国家在法律上规定，生父和生母均得为认领人。上述种种仅为例示性的简介，其他规定从略。

认领有以下两种形式。

1. 自愿认领

自愿认领，是指生父主动确认该非婚生子女为自己所生，并自愿承担抚养义务的法律行为。其通常为生父的单方行为，无须得到非婚生子女或其生母的同意。自愿认领可分为以明示的意思表示认领和以默示的抚养事实认领。大多数国家法律规定，自愿认领为要式行为，必须通过一定的方式进行认领。主要有以下几种认领方式：一是须向户籍部门申报认领或用遗嘱的方式认领，如《日本民法典》规定，认领应依户籍法规定进行申报，亦可以遗嘱进行；二是须经过公证认领，如《法国民法典》规定，认领除已载入出生证书外，应以公证证书为之；三是须向监护法院申请认领；四是须向身份管理官申请认领，如《瑞士民法典》规定，认领应向身份管理官声明或以遗嘱表示，正在进行确认父权诉讼时亦应向法官声明。但也有一些国家和地区的法律不要求要式认领，凡非婚生子女经生父抚养，且生父有以该子女为自己子女的意思表示，即视为认领。此外，有的国家规定，认领须经生母同意，始发生认领的法律效力；也有的国家规定，认领成年子女须经子女本人同意。

生父认领非婚生子女后，不得任意撤销其认领。如果认领的意思表示有重大瑕疵（如受诈欺、有重大误解等导致意思表示不真实），认领人可以提起认领无效或撤销之诉，其他利害关系人也可以认领人非该子女之父而提起无效或撤销之诉。为此，各国还规定了不同的诉讼时效。

2. 强制认领

强制认领，亦称生父的搜索，是指非婚生子女的生父不愿认领时，有关当事人得诉请法院予以强制认领。强制认领的情形有二：一是未婚所生子女，经生母指认的生父不承认该子女与其具有血缘关系；二是已婚所生子女，生母指认该子女的生父为其丈夫以外的第三人而遭否认时，生母可向法院提起确认生父之诉。

强制认领的前提，必须是非婚生子女与认领人之间存在亲子血缘关系。法律规定强制认领的请求权人负有举证责任，必须提供强制认领的事实和原因，如在该子女受胎期间生父与生母有同居的事实，或有证明确立了亲子关系的书面材料等。必要时法院也可以依当事人的申请，通过“亲子鉴定”来确认其生父。请求权人一般被限定为生母或非婚生子女本人。有关强制认领的诉讼时效，各国规定不一，《瑞士民法典》规定为1年，《法国民法典》规定为2年，美国各州法律大多规定为生母在怀胎或分娩后的任何时期。

自愿认领和强制认领的效力是相同的。认领一般具有溯及的效力，如《日本民法典》规定，认领溯及于出生时发生效力，但不得侵害第三人的既得权利。此外，认领的效力还及于认领后子女的称姓，以及生父对生母在妊娠、生育等费用方面的补偿责任等。

## 三、非婚生子女的法律地位

《民法典》第1071条规定：非婚生子女享有与婚生子女同等的权利，任何组织或者个人不得加以危害和歧视。不直接抚养非婚生子女的生父或者生母，应当负担未成年子女或者不能独立生活的成年子女的抚养费。在此，法律强调了对非婚生子女的保护。在我国，非婚生子女与婚生子女的法律地位是完全相同的，法律规定的父母子女间的权利和义务同样适用于父母与非婚生子女。

《民法典》未规定非婚生子女的准正和认领制度。实践中，非婚生子女一般因生父母结婚而被视为婚生子女。除此之外，非婚生子女与其生父的关系，须由生父自己确认或通过生母提出证据加以确认。需要注意的是：(1) 非婚生子女的生父母负有抚养、教育非婚生子女的义务，对于不履行抚养义务的生父母，非婚生子女有要求付给抚养费的权利。非婚生子女的生母与他人结婚，其夫愿意负担该子女的生活费和教育费的一部或全部的，则生父的费用负担可酌情减少或免除。如生父要求领回自行抚养，可由生父母双方协商决定，协商不成的，可请求法院作出判决。(2) 非婚生子女对生父母有赡养、扶助的义务，与婚生子女对父母的赡养、扶助义务并无不同之处。(3) 非婚生子女与生父母有相互继承遗产的权利。非婚生子女继承生父母遗产的应继份与婚生子女的应继份完全相同。

对非婚生子女，法律要求不得危害和歧视。如有遗弃、虐待非婚生子女或有溺婴等危害婴儿生命的行为而构成犯罪的，应依法追究行为人的刑事责任。

### 案例10 婚生子女否认案

李某（男）与王某（女）婚后生育一子，取名李甲。后双方离婚，经法院判决，李甲由王某抚养，李某每月支付李甲抚养费600元至李甲能独立生活为止。离婚后不久，李某向人民法院提起诉讼，请求确认其和李甲之间不存在亲子关系，同时向法院提供了李甲并非其亲生子的有关证据，并提出了亲子鉴定申请。法院受理该案后，被告李甲之母王某不同意进行亲子鉴定。

请问：李某是否可以否认其与李甲之间的父子关系？

在法律上，夫妻关系存续期间生育的子女被推定为夫妻二人的婚生子女，但是如果有充足的证据证明子女并非丈夫亲生，那么丈夫可以通过诉讼否定父子（女）关系。本案中，李某有权向人民法院提起婚生子女否认之诉。

证明李某与李甲之间是否具有亲子关系最为重要和有力的证据就是亲子鉴定。在司法实践中，夫妻一方向人民法院起诉，请求确认亲子关系不存在，并已提供必要证据予以证明，另一方没有相反证据又拒绝做亲子鉴定的，人民法院可以推定请求确认亲子关系不存在一方的主张成立。据此，王某拒绝亲子鉴定，人民法院可以判决确认李某与李甲之间不存在父子关系。

# 第五节　继父母继子女

## 一、继父母、继子女的概念

继子女，是指夫与前妻或妻与前夫所生的子女。继父母，是指母之后夫或父之后妻。继父母与继子女关系产生的原因有二，一是父母一方死亡，他方再行结婚；二是父母离婚，父或母再行结婚。子女称父母的再婚配偶为继父或继母。夫或妻称其再婚配偶的子女为继子女。继父母子女关系是由于父或母再婚而形成的姻亲关系。

继父母子女关系可分为三种情形：(1) 父或母再婚时，继子女已成年并已独立生活；(2) 父或母再婚后，未成年的或未独立生活的继子女未与继父母共同生活或未受其抚养、教育；(3) 父或母再婚后，未成年的或未独立生活的继子女与继父母长期共同生活，继父或继母对其进行了抚养教育。在我国，只有在一起共同生活，形成了抚养教育关系的继父母子女间，才具有法律上的拟制血亲关系，发生生父母子女间的权利和义务。没有形成抚养教育关系的继父母子女间仅为姻亲关系，不发生亲子间的权利和义务。

## 二、继父母、继子女的法律地位

《民法典》第1072条规定：继父母与继子女间不得虐待或者歧视。继父或者继母和受其抚养、教育的继子女间的权利义务关系适用本法关于父母子女关系的规定。这一规定说明，形成了抚养教育关系的继父母子女间的权利和义务，与生父母子女间的权利和义务是相同的。

基于血缘的原因，父母子女关系不因父母的离婚而消除，离婚后子女仍是父母双方的子女，与不和其共同生活的父母间仍存在权利和义务关系，生父母仍对子女有抚养、教育的权利和义务。因此，继子女和与其有抚养关系的继父母间，与其生父母间是双重的权利和义务关系。这种情形类似某些国家中的不完全收养。

依据有关法律和司法实践的做法，在处理继父母子女关系时，应当注意以下几个问题。

(1) 如果继子女与继父或继母由于长期共同生活而形成了抚养关系，那么，继父或继母与生母或生父的婚姻因一方死亡或离婚而终止后，继父或继母与继子女间已经形成的抚养关系并未消失。有负担能力的继子女，对于曾经长期抚育过他们的年老体弱、生活困难的继父或继母，应履行赡养、扶助的义务。

(2) 于有抚养关系的继父母子女，在继父母死亡后，继子女有继承继父母遗产的权利，享有与婚生子女相同的应继份；在继子女死亡后，继父母有继承继子女遗产的权利，享有与生父母相同的应继份。继子女继承了继父母遗产的，不影响其继承生父母的遗产。继父母继承了继子女遗产的，不影响其继承生子女的遗产。

(3)《民法典》第1103条规定：继父或者继母经继子女的生父母同意，可以收养继子女，并可以不受本法第1093条第3项、第1094条第3项、第1098条和第1100条第1款规定的限制。继父母收养继子女后，继父母子女关系转变为养父母子女关系，变双重的权利和义务关系为单一的权利和义务关系。

## 三、继父母子女关系的解除

继父母子女关系可基于一定的原因解除，在目前法律规定尚不完善的情况下，解除时应注意遵循以下原则：(1) 对于无抚养关系的继父母子女，在生父与继母或生母与继父离婚时，继父母子女间的姻亲关系也随之解除。(2) 对于有抚养关系的继父母子女，在生父与继母或生母与继父离婚时，对于曾受其抚养、教育的继子女，继父或继母不同意继续抚养的，仍应由生父母抚养，双方已形成的拟制血亲关系也随之消除。(3) 继子女的生父或生母死亡，与继子女共同生活的继母或继父仍应继续抚养、教育继子女，除继子女的生母或生父要求领回的以外，继父母子女关系并不自然解除。(4) 在通常的情况下，由继父母抚养成人并已独立生活的继子女，应当承担赡养继父母的义务，双方的拟制血亲关系原则上不能自然终止。但是，如果双方关系恶化，可以通过协议解除其拟制关系，或经当事人的请求，由人民法院解除其拟制关系。(5) 对于继子女成年后虐待、遗弃继父母而解除拟制关系的，继父母有权要求继子女补偿共同生活期间为其支出的生活费和教育费。补偿费可由双方协商，也可请求人民法院予以判决。

**案例 11　继父母子女关系案**

王某（男）与李某（女）离婚，10 岁的儿子王甲由王某直接抚养。次年，王某与吴某（女）结婚。王甲与王某、吴某共同生活直至成年。后王某因病去世，吴某也瘫痪在床，要求王甲赡养和照顾，被王甲拒绝。

请问：吴某与王甲之间是何种法律关系？吴某可否要求王甲履行赡养义务？

王甲非吴某亲生，二人之间不存在父母子女关系。但是王甲之父王某与吴某结婚，吴某对于未成年的王甲履行了抚养义务，因此，吴某与王甲之间形成了抚养关系。按照《民法典》第 1072 条的规定，继父或者继母和受其抚养、教育的继子女间的权利和义务关系，适用《民法典》关于父母子女关系的规定。本案中吴某抚养了未成年的王甲，形成了具有抚养、教育关系的继母子关系，因此，王甲成年后对吴某负有法定的赡养义务。如果王甲拒绝赡养，吴某有权要求王甲补偿共同生活期间为其支出的生活费和教育费。补偿费可由双方协商，也可请求人民法院予以判决。

## 问题与思考

1. 试述亲权的概念和特征。
2. 亲权有哪些法律效力？
3. 现代亲子关系有哪些种类？
4. 在我国婚姻法中父母子女间有哪些权利和义务？
5. 何谓准正？何谓认领？

# 第九章

# 收　养

## 本章导读

收养是公民依照法律规定的条件和程序，将他人的子女作为自己的子女抚养，从而使无父母子女关系的当事人产生拟制的父母子女关系的民事法律行为。

《民法典》之婚姻家庭编第五章规定了我国收养法律制度。该章共计 26 条，全面规定了收养关系的成立、收养的效力以及收养关系的解除。依照《民法典》之婚姻家庭编的规定，收养必须遵守以下原则：最有利于被收养人原则，保障被收养人和收养人合法权益原则以及双方自愿原则。同时，收养关系的成立应当符合相应的法定条件和法定程序。收养关系一经成立，即产生法律效力。收养关系也可依法予以解除。

## 关键术语

收养　寄养　收养的成立　收养登记　收养协议　收养公证　收养评估　收养无效　收养的拟制效力　收养的解消效力　收养的解除

## 第一节　收养制度概说

### 一、收养的概念和法律特征

收养，是指公民依照法律规定的条件和程序，将他人的子女作为自己的子女抚养，从而使原无父母子女关系的当事人产生法律拟制的父母子女关系的民事法律行为。因该种行为而成立的法律关系称收养关系。在这种关系中，收养人为养父母，被收养人为养子女。

**【链接】**

在民法学上，往往在两种不同的意义上使用收养一词。一是指收养行为。这是就拟制血亲的亲子关系发生的法律事实而言的。二是指收养关系，即养父母养子女关系。这是就拟制血亲的亲子关系本身而言的。收养行为的当事人是收养人、被收养人和送养人。需要说明的是，被收养人也是收养行为的主体，而不是收养行为的标的。基于收养制度的宗旨，只能将设定拟制血亲的亲子关系作为收养行为的标的。至于送养人，是作为被收养的未成年人的法定代理人参与收养行为的。收养关系是基于收养行为的法律效力而发生的。在收养关系中，只有养父母和养子女才是互享权利、互负义务的主体。送养人虽然是收养行为不可或缺的参与者，但是不是收养关系中的一方主体。

收养具有如下法律特征。

1. 收养的条件和程序由法律加以规定

在现代社会中，收养被纳入了法律调整的范畴。现代收养制度是以子女利益、未成年人利益为核心的社会制度。未成年人的成长教育，是关涉民族兴旺、社会进步和人类文明的重大问题。可见，收养不仅关系到收养人、被收养人和送养人的切身利益，而且还涉及社会公共利益。因此，各国法律都要求，收养关系的成立必须符合法定条件和法定程序。不符合法定条件和程序进行收养的，法律不承认该行为发生收养的效力。这是合法收养行为与不法收养行为的根本区别。

2. 收养属于民事法律行为

自然人依照民事法律规范进行收养行为，从而在收养人和被收养人之间确立与父母子女关系相同的民事权利和义务关系，该行为在性质上应属于民事法律行为。这是收养行为与国家设立的儿童福利机构对具有法定情形的儿童的收容和抚育行为的本质区别。首先，儿童福利机构对具有法定情形的儿童的收容和抚育是国家采取的一种社会救济措施，而收养行为是一种民事法律行为。其次，对具有法定情形的儿童的收容和抚育是由儿童福利机构自行决定的，而收养是经由有关当事人协议而成立的。最后，儿童福利机构与被收容和抚育的具有法定情形的儿童之间并不发生父母子女间的权利和义务关系，而收养行为成立后收养人与被收养人之间发生父母子女的权利和义务关系。

3. 收养行为导致亲属身份、权利和义务关系的变更

收养关系一经成立，一方面使收养人与被收养人之间具有法律拟制的父母子女身份，进而产生了父母与子女间的权利和义务；另一方面使被收养人与生父母之间原有的权利和义务关系消除。这是收养行为同寄养行为的根本区别。寄养，是指父母在某种特殊情况下不能直接抚养子女时，委托他人代为抚养子女的行为。在寄养关系中，被寄养人与受托人之间并不发生父母子女身份和父母子女的权利、义务。

4. 收养只能发生在非直系血亲之间

法律上设立收养制度的目的，是使原本没有父母子女关系的当事人发生法律拟制的父母子女关系，这决定了收养只能发生在非直系血亲之间。如果允许在具有直系血亲关系的亲属之间成立以父母子女的权利和义务为内容的收养关系，则必然会使亲属身份发生重叠，甚至发生相互排斥和冲突。

## 二、收养制度的历史沿革

### （一）古代法中的收养制度

作为一种变更亲属身份的古老的制度，收养在历史上由来已久，早在原始社会末期便为当时的习惯所确认。收养外来人作为本氏族的成员，有利于本氏族的壮大。在传统的亲属法学中，有些学者主张将收养制度的沿革分为为族的收养、为家的收养、为亲的收养和为子女的收养等不同的发展阶段。这种主张在一定程度上反映了收养制度发展的历史顺序性和收养宗旨的变化，但也有不够全面之处。我们认为，作为家庭制度的补充和组成部分，当代的收养制度不能将为子女的收养和为亲的收养截然分开，其立法宗旨应当将保障被收养人的权益和保障收养人的权益紧密地结合起来。

收养制度在奴隶制时代已经相当盛行。古巴比伦的《汉谟拉比法典》中就有关于自由民得收养被遗弃的幼儿为子的规定。罗马亲属法中的收养制度，将收养分为自权人收养和他权人收养、完全收养和不完全收养，并规定了相应的收养条件、程序和效力。在欧洲中世纪，日耳曼习惯法中也肯定了收养制度，将收养作为加入另一个血族团体（Sib）的重要途径。

中国古代的收养制度有其自身的特点。收养制度从属于宗法家族制度，立嗣成为古代中国收养制度的一种特殊形式。立嗣是出于继承宗祧的需要，是以男性为中心的，其宗旨是传宗接代，保证家统永世不绝，故只有男子无后始得立嗣，所立者也仅限于男子。立嗣可在需立嗣者生前进行，亦可在其死后进行，由其配偶或族中尊长，依照礼、法代为择立。立嗣的条件十分严格，应当在辈分相当的同宗近支内按照一定的顺序择立嗣子。立异姓男为嗣，为礼、法所不许。凡此种种，都是与近现代的收养大异其趣的。除立嗣外，中国古代还有其他的收养形式，被收养人分为同宗抚养子和异姓养子。前者是指以同宗辈分相当的卑亲属为养子但不立其为嗣子，后者则大多是自幼收养的。同宗抚养子和异姓养子的地位都是低于嗣子的。收养异姓女子，历来为礼、法所不禁。收养女子无关宗祧，养女在家族中地位低下，故在收养条件上不作严格的限制。

### （二）近现代法中的收养制度

近现代以来，以宗族为本位的收养已逐步为以个人为本位的收养所替代。当然，这是经历了一个相当长的过程的。许多国家的收养立法都很重视保护养子女的权益，对收养的条件、效力和解除等都作了比较具体的规定。1923年修订的《法国民法典》第343条指出，“收养除有正当之事由且为子女之利益外，在所不许”。20世纪两次世界大战导致的孤儿、流浪儿问题，在一定程度上推动了有关国家的收养制度改革。出于种种原因，有的国家在立法上对收养制度所持的立场是先后有别的：英国原来不承认收养，1926年的《养子法》（或译作《儿童收养法》）颁行后，已由不承认转为承认。俄国曾于1891年颁行收养法，1917年十月革命后，1918年的《俄罗斯联邦户籍登记、婚姻、家庭和监护法典》废止了收养制度，1926年的新法典颁行后，收养制度恢复。

中国收养制度的近现代化，始于20世纪之初。从清朝末年到北洋军阀政府统治时期，两部民律草案中均有关于收养的规定，但两部民律草案并未公布、实施。1930年的《中华民国民法》在法律形式上实现了收养制度的近现代化，废止了立嗣制度，但在有关规定中仍有歧视养子女的内容。其中关于指定继承人的规定，更是被当时的一些学者讥为“为过去立嗣之变相”，“此种制度，足以救嗣子之穷”。数十年后我国台湾地区经修正，才删除了这些落后于时代的规定。

在新中国的法制建设过程中，从解放前的革命根据地到中华人民共和国成立以后，在法律上和事实上都是承认和保护收养关系的，但是，在一个相当长的时期内，收养制度并不完善，收养关系仅由《婚姻法》中的原则规定和有关司法解释加以调整。20世纪90年代初《收养法》的颁行，使我国有了比较系统、完备的收养法规范体系。在吸收前述法律与行政法规的优秀立法经验的基础上，《民法典》之婚姻家庭编第五章规定的收养法律制度，通过对收养成立条件、程序、解除条件和法律责任等有关内容的细化规定，为收养法律关系的当事人提供了更全面的法律保障，更有利于促进家庭文明建设和社会和谐。

# 第二节 我国的收养立法及其基本原则

## 一、我国的收养立法

《民法典》之婚姻家庭编第五章全面规定了我国的收养法律制度。该章共3节、26条，分别规定了收养关系的成立、收养的效力、收养关系的解除。国务院所属有关部门针对收养问题所制定的规范性文件，如民政部发布、施行的《中国公民收养子女登记办法》（2019年修订）、《外国人在中华人民共和国收养子女登记办法》、《华侨以及居住在香港、澳门、台湾地区的中国公民办理收养登记的管辖以及所需要出具的证件和证明材料的规定》，以及中华人民共和国缔结或参加的有关解决收养关系法律冲突的国际条约，以及最高人民法院作出的有关收养法律关系的司法解释等，也都是我国收养法律制度的法律渊源。

## 二、我国收养法律制度的基本原则

《民法典》第1044条、第1104条规定了我国收养法律制度的基本原则。我国收养法律制度的基本原则可以概括为三项，即最有利于被收养人的原则、保障被收养人和收养人合法权益的原则以及双方自愿的原则。这三项原则，集中体现了我国收养法律制度贯穿的人权平等、人格尊严、人身自由、人亲和谐、人际诚信、人性友善、人财共济、人伦正义、人本秩序、人文关怀的十大核心法理思想。

1. 最有利于被收养人的原则

《民法典》第1044条第1款的规定体现了最有利于被收养人的原则。该条规定：“收养应当遵循最有利于被收养人的原则，保障被收养人和收养人的合法权益。”保障被收养人的健康成长是实行收养制度的首要目的。由于被收养人是未成年人，其身心发育尚不成熟，缺乏独立的生活能力和辨认自己行为的社会后果的能力，属于无民事行为能力人或限制民事行为能力人，所以他们需要家庭和社会的悉心抚养、关怀爱护、培养教育和监督保护。尤其是对于那些丧失父母的孤儿，查找不到生父母或生父母有特殊困难而无力抚养的未成年人，通过收养的成立，可以使他们在温暖的家庭中生活，得到养父母的抚养教育，健康成长。《民法典》之婚姻家庭编中有关收养条件，特别是被收养人的条件和收养人的能力的规定，以及有关解除收养关系的限制性规定等，都是以这一原则为依据的。

2. 保障被收养人和收养人合法权益的原则

《民法典》第1044条第1款的规定体现了保障被收养人和收养人合法权益的原则。该条规定："收养应当遵循最有利于被收养人的原则，保障被收养人和收养人的合法权益。"收养关系涉及收养人和被收养人双方的切身利益，因此，《民法典》必须同时保障被收养人和收养人双方合法权益的平等实现。《民法典》之婚姻家庭编第五章中的各种具体制度，如收养的成立、收养的效力、收养的解除等，都反映了这一原则的要求。收养是对常态的亲子关系的必要补充，在立法上应当兼顾养父母和养子女双方的权益。

3. 双方自愿的原则

《民法典》第1104条的规定体现了收养法律关系中双方自愿的原则。该条规定："收养人收养与送养人送养，应当双方自愿。收养八周岁以上未成年人的，应当征得被收养人的同意。"我国收养法中关于成立收养关系须经当事人各方同意的规定，有配偶者须共同送养、共同收养的规定，以及关于协议解除收养的规定等，都是以这一原则为依据的。

## 第三节　收养关系成立的法定条件

收养关系成立的法定条件，是指法律规定成立收养关系必须具备的实质要件。各国对收养关系成立的法定条件的要求不尽相同。《民法典》之婚姻家庭编第五章规定的收养关系成立的法定条件有两类：一类是普通收养关系成立的条件，另一类是特殊收养关系成立的条件。这些规定反映了我国收养法律制度应当遵循的权利法定、契约维护、人身权利优先、遵守公序良俗、禁止权利滥用等具体法理规则。

### 一、普通收养关系成立的条件

普通收养关系成立的条件，是指法律所规定的于一般情形下成立收养关系必须具备的实质性法律要求。

《民法典》之婚姻家庭编第五章规定，普通收养关系的成立必须符合以下四个方面的条件。

#### （一）被收养人须为无法得到父母抚养的未成年人

《民法典》第1093条规定，下列未成年人，可以被收养：（1）丧失父母的孤儿；（2）查找不到生父母的未成年人；（3）生父母有特殊困难无力抚养的子女。根据该条规定，可以作为被收养人者必须符合下列要求。

（1）应为未成年人。以未成年人作为被收养人，有利于在收养人和被收养人之间建立和培养起亲子感情，以有利于收养关系的稳定。

（2）得不到生父母的抚养。通过收养关系使那些得不到生父母抚养的未成年人获得父母之爱、享受家庭的温暖，在养父母的抚养、教育下健康成长，是收养制度的主要目的之一。因此，以下三种得不到生父母抚养的未成年人可以作为被收养人。

1）丧失父母的孤儿。“丧失”是指被收养人的父母已经死亡或者被宣告死亡。在特定情况下，可以对此处的“丧失”作扩张解释，即被收养人无法找到其父母。例如，对被拐卖的儿童而言，虽然其父母可能并没有死亡或者被宣告死亡，但是该儿童无法找到其父母，也无法得到有效抚养。因此，从保护未成年人的角度出发，可以将此种情形也解释为“丧失”父母的情形。

2）查找不到生父母的未成年人。这里的“查找不到”，既包括相关国家机关无法找到未成年人的生父母，也包括个人通过各种方式无法找到未成年人的生父母。这里没有对查找的期间作出限定。从维护收养关系稳定的角度出发，应当为该查找行为设置一定的期间，即只有在一定合理期间经过后仍无法找到该未成年人生父母的情况下，该未成年人才能成为被收养人。

3）生父母有特殊困难无力抚养的子女。生父母有特殊困难无力抚养的子女，是指其生父母双方因身体健康方面的原因或者家庭经济方面的原因，遭遇到特殊的困难，丧失了抚养子女的能力，致使其陷于得不到生父母抚养的境地。法律对于“有特殊困难无力抚养”的情形，无法逐一列举。相关部门在适用这一规则时，应当根据具体的情况，从未成年人利益最大化的角度出发，对于未成年人的生父母是否因特殊困难无力抚养子女进行判断。

### （二）送养人须为法律所认可的特定个人或组织

《民法典》第1094条规定，下列个人、组织可以作送养人：（1）孤儿的监护人；（2）儿童福利机构；（3）有特殊困难无力抚养子女的生父母。根据该条规定，法律所认可的合格的送养人，包括下列个人和组织。

1. 孤儿的监护人

按照《民法典》第27条第2款的规定，未成年人的父母已经死亡或者没有监护能力的，由下列有监护能力的人按顺序担任监护人：（1）祖父母、外祖父母；（2）兄、姐；（3）其他愿意担任监护人的个人或者组织，但是须经未成年人住所地的居民委员会、村民委员会或者民政部门同意。

为了保护孤儿的合法权益，《民法典》第1096条针对监护人送养孤儿作了必要的限制性规定：监护人送养未成年孤儿的，须征得有抚养义务的人同意。有抚养义务的人不同意送养、监护人不愿意继续履行监护职责的，应当依照本法第一编的规定另行确定监护人。此处所称的“有抚养义务的人”，就是指孤儿的有监护能力和抚养能力的祖父母、外祖父母、兄、姐。

2. 儿童福利机构

依据《儿童福利机构管理办法》第2条的规定，儿童福利机构是指民政部门设立的，主要收留、抚养由民政部门担任监护人的未满18周岁儿童的机构。对于父母死亡、其他亲属无力抚养的孤儿以及查找不到生父母的弃婴和儿童，由民政部门将其收入儿童福利机构，接受儿童福利机构的养育和监护。在符合收养条件时，儿童福利机构可以将所监护的未成年孤儿和查找不到生父母的未成年人送养于合格的收养人。

3. 有特殊困难无力抚养子女的生父母

以有特殊困难无力抚养子女的生父母为送养人，是同以生父母有特殊困难无力抚养的子女为被收养人的规定相一致的。在这种情形下，通过送养变更亲属关系，有利于子女的健康成长。

关于以生父母为送养人，《民法典》之婚姻家庭编中有下列相关规定。

（1）生父母送养子女，须双方共同送养。生父母一方不明或者查找不到，可以单方送养

（《民法典》第1097条）。变更亲子法律关系事关重大，自应由生父母双方共同决定；即使生父母已经离婚，直接抚养子女的一方送养子女亦须经过另一方同意。单方送养只有在客观上无法共同送养的情形下始得为之。可以单方送养的情形有二，即生父母一方不明或者查找不到（如非婚生子女的生父不明、生父母一方失踪等）。基于同样的理由，生父母一方已死亡的，另一方亦可为单方送养，但须受《民法典》第1108条之规定的限制。

（2）配偶一方死亡，另一方送养未成年子女的，死亡一方的父母有优先抚养的权利（《民法典》第1108条）。死亡一方的父母，是另一方的公、婆或者岳父、岳母，即该子女的祖父母或者外祖父母。祖父母、外祖父母是孙子女、外孙子女的第二顺序抚养义务人，如果有抚养孙辈的意愿和能力，自应享有优先抚养权。死亡一方的父母行使优先抚养权，是另一方（即生存方）送养子女的法定障碍。

此外，《民法典》第1095条还规定：未成年人的父母均不具备完全民事行为能力且可能严重危害该未成年人的，该未成年人的监护人可以将其送养。该条对监护人送养所作的限制性规定，兼顾保护了不具备完全民事行为能力的父母的合法权益以及子女的合法权益。

### （三）收养人必须具有抚养、教育和保护被收养人的条件

《民法典》第1098条规定，收养人应当同时具备下列条件：（1）无子女或者只有一名子女；（2）有抚养、教育和保护被收养人的能力；（3）未患有在医学上认为不应当收养子女的疾病；（4）无不利于被收养人健康成长的违法犯罪记录；（5）年满30周岁。这一规定表明，作为收养人者应当同时符合下列要求。

（1）无子女或者只有一名子女。1998年修订的《收养法》基于《中华人民共和国宪法》和1980年《婚姻法》对计划生育的要求，要求收养人无子女。随着全国人大常委会于2015年12月27日表决通过《人口与计划生育法》修正案，新的人口与计划生育政策于2016年1月1日起正式实施。《民法典》第1098条正是根据人口与计划生育政策的新规定进行了改动，将收养人应“无子女”改为“无子女或者只有一名子女”。

（2）有抚养、教育和保护被收养人的能力。此处与《民法典》第26条关于父母对未成年子女负有的义务相对应，即“父母对未成年子女负有抚养、教育和保护的义务”。这项规定包括两层含义：1）收养人具有良好的道德品质；2）收养人有保障被收养人健康成长的基本物质条件。

（3）未患有在医学上认为不应当收养子女的疾病，即没有影响被收养人健康成长的精神病或其他严重疾病。在适用“未患有在医学上认为不应当收养子女的疾病”规定处理具体问题时，应当特别注意必须有充分科学的依据，必要时可进行专门的医学鉴定。

（4）无不利于被收养人健康成长的违法犯罪记录。此处规定的违法犯罪记录应是明显不利于被收养人健康成长的违法犯罪记录，例如，实施家庭暴力，赌博，吸毒，犯有重婚、虐待罪、遗弃罪，拐卖妇女、儿童罪，强奸罪、抢劫罪等。送养机构有义务向公安部门查询收养申请人是否存在不利于被收养人健康成长的违法犯罪记录。

（5）收养人年满30周岁。这是根据设立收养关系的目的即在收养人和被收养人之间设定父母子女关系而规定的。收养人须年满30周岁，是对有配偶者双方和无配偶者的共同要求。

除上述规定外，《民法典》之婚姻家庭编还对收养人的条件作了相应的其他规定：第一，基于伦理道德的考虑，《民法典》第1102条规定，无配偶者收养异性子女的，收养人与被收养人的年龄应当相差四十周岁以上。第二，为了有利于夫妻和睦和对被收养人的抚养、教育及收

养关系的稳定，《民法典》第1101条规定，有配偶者收养子女，应当夫妻共同收养。第三，为了保障收养人有足够的经济来源和精力抚养、教育被收养人，《民法典》第1100条第1款规定，无子女的收养人可以收养两名子女，有子女的收养人只能收养一名子女。

【链接】

与相关的许多外国立法例相比较，《民法典》之婚姻家庭编对收养的条件的规定是相当严格的。关于收养人必须达到的最低年龄，我国的规定也是较高的。例如，《德国民法典》规定，夫妻双方共同收养子女的，一方应满25岁，另一方应满21岁；夫妻一方单独收养子女的，应满25岁。《日本民法典》规定，已达成年者可以收养子女。此外，有的国家在这方面还有一些特殊的立法例。《秘鲁家庭法》规定，收养人应在50岁以上，并享有良好的名誉。《智利收养法》规定，收养人年龄的下限为40岁、上限为70岁。关于收养人与被收养人的年龄差距，《法国民法典》要求收养人必须较其拟收养的儿童大15岁；如被收养人为其配偶原有的（与前夫或前妻所生的）子女，收养人和被收养人的年龄差可以降低至10岁。《荷兰民法典》规定，收养人与被收养人的年龄差至少为18岁，最多不得超过50岁。关于是否需要规定收养人年龄的上限，以及收养人与被收养人年龄差的上限问题，一些亲属法学家是互有歧见的。

### （四）必须有成立收养关系的合意

根据《民法典》之婚姻家庭编的规定，收养关系的成立必须有当事人的一致合意。收养合意应当遵循下列要求：

（1）收养人收养与送养人送养，必须双方自愿。收养关系作为一种民事法律关系，以当事人平等自愿为其基本原则之一。成立收养关系须收养人同意收养和送养人同意送养。具体而言，应当由收养人和送养人在完全自愿的基础上依照法律规定的收养和送养条件达成协议。有配偶者收养子女，必须夫妻双方都同意共同收养。生父母送养子女，必须夫妻双方都自愿共同送养。收养儿童福利机构抚养的孤儿，应当征得该儿童福利机构的同意。

（2）收养年满8周岁以上的未成年人的，应当征得被收养人的同意。《民法典》第19条规定：8周岁以上的未成年人为限制民事行为能力人，实施民事法律行为由其法定代理人代理或者经其法定代理人同意、追认；但是，可以独立实施纯获利益的民事法律行为或者与其年龄、智力相适应的民事法律行为。如果他们被收养，将引起其身份关系的重大改变，故在实施这种与其终身利益密切相关的重大民事法律行为时，应当征得他们的同意，尊重他们的选择，从而保护他们的合法权益不受损害。

（3）成立收养的合意应符合法定的方式。有成立收养的合意，只能说明当事人有此共同意愿。通过法定的方式，收养关系才能为国家所承认和为法律所保护。

为了准确理解法律关于收养的实质条件的规定，可以从以下案例的合法性判断来准确地理解。

张某（男）与姚某（女）结婚，已生育三子。两人一直渴望拥有一个女儿。某年，二人协商，准备收养一个女儿。刚好同村的刘某生下了第二个女儿，刘某虽家庭富裕，但不喜欢女儿，遂准备将刚生下的女婴送养他人。于是张某与姚某就将该女婴收养。

对于该案例中涉及的问题，我们认为：按照《民法典》之婚姻家庭编的规定，收养人、送养人以及被收养人都必须满足一定的条件才能建立收养关系。《民法典》第1093条就被收养人的条件进行了规定——下列未成年人，可以被收养：(1) 丧失父母的孤儿；(2) 查找不到生父母的未成年人；(3) 生父母有特殊困难无力抚养的子女。第1094条对送养人的条件进行了规定——下列个人、组织可以作送养人：(1) 孤儿的监护人；(2) 儿童福利机构；(3) 有特殊困难无力抚养子女的生父母。第1098条对收养人的条件进行了规定——收养人应当同时具备下列条件：(1) 无子女或者只有一名子女；(2) 有抚养、教育和保护被收养人的能力；(3) 未患有在医学上认为不应当收养子女的疾病；(4) 无不利于被收养人健康成长的违法犯罪记录；(5) 年满三十周岁。本案中张某与姚某并不符合收养人的条件，刘某也不具备送养人的条件。具体来说，张某和姚某已经育有三个儿子，不符合《民法典》关于收养、无子女或者只有一名子女的要求；刘某也不符合《民法典》关于送养人没有能力抚养子女的要求。因此，张某和姚某不能收养刘某的女婴。

## 二、特殊收养关系成立的条件

《民法典》针对某些特殊的收养关系，作了适当放宽收养条件的规定。这里所说的特殊，主要与收养关系主体的身份状况有关。适当放宽的原因是多方面的，或出于对近亲收养的历史传统的考虑，或出于对侨胞利益的关切和照顾，或出于鼓励收养孤儿、残疾儿童、弃婴等的需要，或出于稳定家庭关系的要求。

现将对几种特殊收养关系放宽收养条件的规定分述于下。规定中未指明放宽的，仍应适用普通收养关系成立的条件。

### （一）收养三代以内旁系同辈血亲的子女

《民法典》第1099条第1款规定："收养三代以内旁系同辈血亲的子女，可以不受本法第一千零九十三条第三项、第一千零九十四条第三项和第一千一百零二条规定的限制。"按此规定，国内公民在收养其兄弟姐妹的子女、堂兄弟姐妹的子女、表兄弟姐妹的子女时，收养条件放宽之处有以下三点：(1) 其生父母无特殊困难、有抚养能力的子女，亦可为被收养人。(2) 无特殊困难、有抚养能力的生父母，亦可为送养人。(3) 无配偶者收养三代以内旁系同辈血亲的子女，不受收养人与被收养人之间须有40周岁以上法定年龄差的限制。

《民法典》第1099条第2款规定："华侨收养三代以内旁系同辈血亲的子女，还可以不受本法第一千零九十八条第一项规定的限制。"收养人如为华侨，除按照同条第1款的规定放宽条件外，即使本人已有多名子女，也不妨碍其收养兄弟姐妹、堂兄弟姐妹、表兄弟姐妹的子女。

为了准确理解法律关于特殊收养的规定，试举出以下案例。

具有韩国国籍的未婚老华侨袁甲已年近60岁，在回老家探亲时，深感年老体衰，需要子女照顾。其弟袁乙有三个儿子均已成年，最小的三儿子袁丙刚满18周岁，于是袁甲、袁乙与袁丙三人协商由袁甲收养袁丙。

对于袁甲是否可以收养袁丙的问题，我们认为：《民法典》第1093条、第1094条、第

1098 条分别对被收养人、送养人和收养人都规定了比较严格的条件，但同时又在某些特殊情况下在一定程度上放宽上述收养条件。《民法典》第 1099 条规定：“收养三代以内旁系同辈血亲的子女，可以不受本法第一千零九十三条第三项、第一千零九十四条第三项和第一千一百零二条规定的限制。”“华侨收养三代以内旁系同辈血亲的子女，还可以不受本法第一千零九十八条第一项规定的限制。”具体来说，在收养三代以内旁系同辈血亲的子女时，不论生父母是否有特殊困难、是否有能力抚养，生父母均具备送养人的资格，子女具备被收养人的资格；同时对于被收养人的性别以及收养人和被收养人的年龄差亦无限制。只要收养人有抚养、教育被收养人的能力，无不利于被收养人成长的违法犯罪记录且未患有在医学上认为不应当收养子女的疾病，则收养人与送养人以及被送养人达成一致，即可办理收养登记，建立收养关系。本案中，袁甲收养袁丙符合《民法典》第 1099 条之相关规定，所以袁甲可以收养袁丙。

### （二）收养孤儿、残疾未成年人和儿童福利机构抚养的查找不到生父母的未成年人

《民法典》第 1100 条第 2 款规定：“收养孤儿、残疾未成年人或者儿童福利机构抚养的查找不到生父母的未成年人，可以不受前款和本法第一千零九十八条第一项规定的限制。”按此规定，有子女的收养人亦可收养其中所列举的被收养人，收养一名或数名均可。孤儿、残疾未成年人或者儿童福利机构抚养的查找不到生父母的未成年人被他人收养，有利于其在养父母的抚育下健康成长。放宽收养条件，实含鼓励此类收养行为之意。但是，在处理具体问题时也要实事求是地考虑收养人的能力和抚育条件。

### （三）继父母收养继子女

《民法典》第 1103 条规定：“继父或者继母经继子女的生父母同意，可以收养继子女，并可以不受本法第一千零九十三条第三项、第一千零九十四条第三项、第一千零九十八条和第一千一百条第一款规定的限制。”

收养继子女以其生父母同意为必要前提。按照上述规定，其收养条件放宽之处有以下各点：(1) 即使继子女的生父母无特殊困难、有抚养能力，继子女亦可由其继父或继母收养。(2) 继父母即使不符合《民法典》第 1098 条对收养人的要求（包括子女状况、抚育能力、健康状况、违法犯罪记录和年龄），也不妨碍其收养继子女。这是因为，继父母与继子女本来就是同居一家、共同生活的。(3) 作为收养人的继父母，在收养数额上不受无子女或只有一名子女的限制。该规定符合此类收养的实际情况，也是有其必要性和合理性的。

对于继父母收养继子女适用放宽收养条件的规定，将鼓励变继父母继子女关系为养父母养子女关系，有利于保障当事人各方的权益，有利于家庭关系的和睦、稳定。

## 第四节 收养关系成立的法定程序

《民法典》之婚姻家庭编规定：成立收养关系的法定程序是办理收养登记，同时辅以收养协议及收养公证。县级以上人民政府民政部门应当依法进行收养评估。这些法律规定体现了我国收养法律制度应当遵循的行为公示、效力公信、法律救济等具体法理规则。

## 一、收养登记

《民法典》第1105条规定：收养应当向县级以上人民政府民政部门登记。收养关系自登记之日起成立。收养查找不到生父母的未成年人的，办理登记的民政部门应当在登记前予以公告。收养关系当事人愿意签订收养协议的，可以签订收养协议。收养关系当事人各方或者一方要求办理收养公证的，应当办理收养公证。县级以上人民政府民政部门应当依法进行收养评估。

中国公民在中国境内收养子女，应当按照《中国公民收养子女登记办法》的具体规定办理登记（该办法是民政部经国务院批准于1999年5月25日发布、施行的，并于2019年进行修订）。

### （一）办理收养登记的机关

办理收养登记的法定机关，是县级以上人民政府的民政部门。根据《中国公民收养子女登记办法》（2019年修订）第3条、《华侨以及居住在香港、澳门、台湾地区的中国公民办理收养登记的管辖以及所需要出具的证件和证明材料的规定》第2条的规定，登记机关具体分为下列四种情形：（1）收养儿童福利机构抚养的查找不到生父母的未成年人和孤儿的，在儿童福利机构所在地的收养登记机关办理登记。（2）收养非儿童福利机构抚养的查找不到生父母的未成年人的，在未成年人发现地的收养登记机关办理登记。（3）收养生父母有特殊困难、无力抚养的子女或者由监护人监护的孤儿的，在被收养人生父母或者监护人常住户口所在地（组织作监护人的，在该组织所在地）的收养登记机关办理登记。（4）收养三代以内旁系同辈血亲的子女，以及继父或者继母收养继子女的，在被收养人生父或者生母常住户口所在地的收养登记机关办理登记。

### （二）收养登记的具体程序

收养登记的具体程序可分为申请、审查和登记三个步骤。

1. 申请

（1）收养关系当事人应当亲自到收养登记机关办理收养登记。夫妻共同收养子女的，应当共同到收养登记机关办理；一方因故不能亲自前往的，应当书面委托另一方办理，委托书应当经过村民委员会或者居民委员会证明或者经过公证。

（2）收养人应当向收养登记机关提交收养申请书和下列证件、证明材料：1）收养人的居民户口簿和居民身份证；2）由收养人所在单位或者村民委员会、居民委员会出具的本人婚姻状况、有无子女和抚养、教育被收养人的能力等情况的证明；3）县级以上医疗机构出具的未患有医学上认为不应当收养子女的疾病的健康检查证明。

收养查找不到生父母的未成年人的，收养人还应当提交收养人经常居住地计划生育部门出具的收养人生育情况证明。其中，收养非儿童福利机构抚养的查找不到生父母的未成年人的，收养人还应当提供下列证明材料：1）收养人经常居住地计划生育部门出具的收养人无子女或只有一名子女的证明；2）公安机关出具的捡拾未成年人报案的证明。收养继子女的，可以只提交居民户口簿、居民身份证和收养人与被收养人生父或生母结婚的证明。

（3）送养人应当提交下列证件、证明材料：1）送养人的居民户口簿和身份证明（送养人是组织机构的，提交其负责人的身份证件）；2）送养人是儿童福利机构的，应当提交未成年人进入儿童福利机构的原始记录，公安机关出具的捡拾未成年人报案的证明，或者孤儿的生父母死亡或者被宣告死亡的证明；3）送养人是监护人的，应当提交实际承担监护责任的证明，孤儿的父母死亡或者被宣告死亡的证明，或者被收养人生父母无完全民事行为能力或者对被收养人有严重危害的证明；4）送养人是生父母的，应当提交与当地计划生育部门签订的不违反计划生育规定的协议；有特殊困难、无力抚养子女的，还应当提交其所在单位或者村民委员会、居民委员会出具的送养人有特殊困难的证明。其中，因丧偶或者一方下落不明，由单方送养的，还应当提交配偶死亡或者下落不明的证明；子女由三代以内旁系同辈血亲收养的，还应当提交公安机关出具的或者经过公证的与收养人有亲属关系的证明；5）被收养人是残疾未成年人的，应当提交县级以上医疗机构出具的该未成年人的残疾证明。

2. 审查

收养登记机关接受当事人提出的收养申请后，应当依法对收养申请进行严格审查，审查的主要内容包括：第一，收养人是否符合法律所规定的收养人条件以及其收养的目的是否正当。第二，被收养人是否符合法律所规定的被收养人条件。第三，送养人是否符合法律所规定的送养人条件。第四，当事人成立收养关系的意思表示是否真实。

收养登记的审查期限为30日以内，自受理申请的次日起计算。收养查找不到生父母的未成年人的，收养登记机关应当在登记前公告查找其生父母。公告期为60日，期满后始得办理收养登记。

3. 登记

经过审查后，收养登记机关对于申请人证件齐全有效、符合《民法典》之婚姻家庭编规定的收养条件的，应为其办理收养登记，发给收养登记证。收养关系自登记发证之日起正式成立。对于不符合《民法典》之婚姻家庭编规定的条件的，不予登记，并应对当事人说明理由。

收养关系成立后，被收养人的户口登记问题，由收养人持收养登记证到户口登记机关按照国家有关规定办理。

## 二、收养协议、收养公证和收养评估

### （一）收养协议

收养协议，是收养关系当事人出于自愿而订立的。

订立收养协议应当符合如下要求：(1) 收养协议的当事人即收养人、被收养人与送养人均须符合《民法典》之婚姻家庭编规定的条件。(2) 收养协议的主要条款，一般应当包括收养人、送养人和被收养人的基本情况，收养的目的，收养人不虐待、不遗弃被收养人和抚育被收养人健康成长的保证，以及双方要求订入的其他内容。(3) 收养协议应当为书面协议。

### （二）收养公证

收养公证，是根据收养关系当事人各方或者一方的要求而办理的。

办理收养公证应注意以下几个问题：(1) 办理收养公证并不是收养关系成立的必经法律程序。只有在收养关系当事人要求办理收养公证的情况下，才依法予以办理。(2) 办理收养公证的目的，在于证明收养关系的合法性。这种公证应在准予收养登记后持收养登记证到公证机关办理。(3) 如果尚未办理收养登记，仅就收养协议办理公证，只能证明协议是真实、合法的，并不能证明收养关系已经依法成立。

### （三）收养评估

《民法典》第1105条规定的收养评估，是指县级以上人民政府民政部门对收养申请、收养登记、收养后抚育等全过程进行规范和监督，从而对收养申请人及其共同生活的家庭成员抚养、教育被收养人的能力作出综合评定的制度。2012年第十三次全国民政工作会议首次提出“完善儿童收养政策，建立收养评估制度”的要求。2014年6月，民政部开展第二批收养评估试点工作。2014年11月，民政部确定并公布第二批收养评估试点单位。

随着被收养人生存权益保障问题已得到基本解决，收养制度需解决的问题已转变为更好实现被收养人成长权益问题。建立、完善收养评估制度，为被收养人寻找更为适合的收养家庭是适应当前形势发展需要的现实选择。收养评估应严格遵循平等自愿的原则，充分尊重送养人和被送养人的意愿，更好地维护、发展被收养人和收养人的合法权益。收养评估流程应结合当前我国收养观念和收养申请人的认识、接受程度，指导评估机构注重加强对评估对象的服务，并明确收养评估流程中暂不设收养后跟踪和回访、配对等环节。收养评估完成后必须出具书面的评估报告，评估报告须经机构负责人审批签发，报告中应明确收养评估推荐意见。

## 三、与收养成立相关的若干规定

### （一）子女由父母的亲朋抚养，不成立收养关系

《民法典》第1107条规定：孤儿或者生父母无力抚养的子女，可以由生父母的亲属、朋友抚养；抚养人与被抚养人的关系不适用本章规定。该规定明确地指出了子女由生父母的亲朋抚养与收养的区别：前者不具有收养的法律效力，并不变更亲子身份，抚养人与被抚养人间不发生父母与子女的权利和义务。

### （二）禁止买卖儿童

《民法典》第1044条第2款规定，“禁止借收养名义买卖未成年人”。违反该规定买卖未成年人的，应依据《中华人民共和国刑法》第240条的规定追究相关人员的刑事责任。根据《中华人民共和国刑法》第240条的规定，拐卖儿童罪是指以出卖为目的，拐骗、绑架、收买、贩卖、接送、中转儿童的行为。

### （三）保守收养秘密

《民法典》第1110条规定，“收养人、送养人要求保守收养秘密的，其他人应当尊重其意愿，不得泄露”。这一规定表明了法律对当事人意愿的尊重，有利于家庭关系的和谐、稳定。同时，保守收养秘密也是法律保护自然人隐私权不受侵害的表现。《民法典》第110条规定自然人享有隐私权，未成年人被收养以及收养人收养他人均属于个人隐私的范畴，其他人应当尊重、保护收养关系当事人的隐私权。

# 第五节　收养的法律效力

收养的法律效力，是指收养关系成立所引起的法律后果。按照法律后果的不同，可以把收养的法律效力分为收养的拟制效力和收养的解消效力。

## 一、收养的拟制效力

收养的拟制效力，是指收养关系的成立导致收养人与被收养人之间发生父母子女的权利和义务关系，以及被收养人与收养人的近亲属发生相应的亲属关系等法律后果。

收养关系一经成立，便在收养人与被收养人之间确立起养父母和养子女的身份关系，收养人是养父母，被收养人是养子女，他们彼此发生了与自然血亲的父母子女关系相同的法定的权利与义务。《民法典》第 1110 条第 1 款规定："自收养关系成立之日起，养父母与养子女间的权利义务关系，适用本法关于父母子女关系的规定；养子女与养父母的近亲属间的权利义务关系，适用本法关于子女与父母的近亲属关系的规定。"按此规定，自收养关系成立之日起，养父母与养子女间的权利和义务关系，适用法律关于父母子女关系的规定。养子女取得了相同于养父母婚生子女的身份与地位，享有与婚生子女同等的权利、义务。例如，《民法典》之婚姻家庭编中有关父母对子女的抚养、教育、保护义务，子女对父母的赡养、扶助等的规定，《民法典》之继承编中有关父母与子女互为第一顺序的法定继承人的规定，均适用于养父母与养子女。

同时，养子女与养父母的近亲属间的权利和义务关系，是养亲子关系在法律上的延伸。具体说来，养子女与养父母的父母间有祖孙间的权利和义务，养子女与养父母的子女间有兄弟姐妹间的权利和义务。上述近亲属间的抚养、赡养和扶养适用《民法典》之婚姻家庭编的规定；法定继承适用《民法典》之继承编的相关规定，养兄弟姐妹、养祖父母、养外祖父母为第二顺序法定继承人，养孙子女、养外孙子女可以代位继承其养祖父母、养外祖父母的遗产。

## 二、收养的解消效力

收养的解消效力，是指收养关系的成立导致被收养人与其生父母之间消除父母子女权利和义务关系，以及被收养人与其生父母的其他近亲属间的权利和义务关系也随之消除等法律后果。在收养关系成立后，原有的父母子女关系被改变，而新的父母子女关系形成了，由此产生的必然后果之一，便是消除了被收养人与生父母及其他近亲属之间的权利和义务关系。《民法典》第 1111 条第 2 款规定："养子女与生父母及其他近亲属间的权利义务关系，因收养关系的成立而消除。"

收养的解消效力表现在如下两个方面。

### （一）被收养人与其生父母之间的关系

收养关系成立之后，被收养人与生父母之间彼此已不再是法律意义上的父母与子女，他们原有的权利和义务，如抚养教育、保护教育、赡养扶助、相互继承等等，一律终止。为了准确理解法律关于收养的解消效力的规定，试举以下案例加以分析。

李甲10岁时父亲车祸身亡，母亲王甲常年体弱多病，无固定工作及收入，无法抚养孩子，于是将李甲送给其兄王乙收养，王乙办理了收养李甲的收养登记。三年后，王甲因病去世。李甲随即要求继承王甲的遗产。

此案涉及收养的解消效力。按照《民法典》第1111条的规定，收养关系成立之后，被收养人与其亲生父母之间的父母子女关系消除。这就是收养的解消效力。在本案中，自收养登记之日起，李甲与其生母王甲的母子关系终止，丧失了一切法律上的父母子女权利和义务关系。因此，王甲死亡后，李甲因与其不再具有父母子女关系而不属于《民法典》之继承编规定的王甲之遗产的合法继承人，因此，李甲不能继承王甲的遗产。

### （二）被收养人与生父母的其他近亲属之间的关系

被收养人与生父母的其他近亲属之间的权利和义务，亦因收养关系的成立而不复存在。被他人收养后，被收养人与生父母的父母之间不再具有祖孙间的权利和义务关系，与生父母的其他子女间不再具有兄弟姐妹间的权利和义务关系。

需要指出的是：收养的解消效力是不及于禁婚亲的。收养关系的成立，只能消除被收养人与原有亲属间的权利和义务关系，而不能消除客观存在的自然血亲关系。《民法典》之婚姻家庭编关于禁止直系血亲和三代以内旁系血亲结婚的规定，对被收养人及其自然血亲仍然是完全适用的。

## 三、收养无效

### （一）收养无效的概念

收养无效，是指已发生的收养行为因违反法律关于收养关系成立的条件和程序而不具有收养的法律效力。

收养行为只有符合法律规定的条件和程序，才能有效成立，得到法律的认可和保护，实现收养当事人预期的目的。为了将收养行为纳入合法有效的轨道，避免和制裁违法收养行为，保护收养关系当事人的合法权益，《民法典》第1113条规定：有本法第一编关于民事法律行为无效规定情形或者违反本编规定的收养行为无效。无效的收养行为自始没有法律约束力。

依照《民法典》之总则编与《民法典》之婚姻家庭编的有关规定，导致收养行为无效的原因主要为：送养人和收养人不具有相应的民事行为能力；成立收养的意思表示不真实；收养行为违反法律（包括有关收养条件和收养程序的规定）或者社会公共利益。

为准确理解收养无效的情形，试举以下案例作分析参考。

5岁的钱乙随父亲钱甲去湖南旅游途中被人贩子郭某拐走。郭某伪造了证明其与钱乙系父子关系的户籍材料和无力抚养子女的家庭困难证明，将钱乙以3万元的价格送养给了贺某，并办理了收养登记。钱甲一直多方寻找钱乙，在相关机构和他人帮助下终于找到了钱乙，并要求从贺某家带走钱乙。贺某对此予以拒绝，并主张其已经与钱乙建立了合法的收养关系。

本案中，钱甲是否能主张带走钱乙？我们认为：虽然贺某与钱乙办理了收养登记，建立了收养关系，但是这种收养关系的建立是通过伪造的送养人材料实现的，其本质是拐卖儿童。《民法典》第1044条规定：禁止借收养名义买卖未成年人。第1113条第1款规定：有本法第一编关于民事法律行为无效规定情形或者违反本编规定的收养行为无效。因此，贺某与钱乙之间的收养关系是无效的，钱甲作为钱乙的生父可以向人民法院提出确认收养关系无效之诉。《民法典》第1113条第2款规定：无效的收养行为自始没有法律约束力。据此，贺某与钱乙的收养关系被人民法院宣告无效后，贺某和钱乙间之养父子关系即不存在，钱甲与钱乙之间依然是父子关系，钱甲当然可以从贺某家带走钱乙。

### （二）收养无效的确认以及其法律后果

根据《民法典》之婚姻家庭编和《中国公民收养子女登记办法》（2019年修订），收养无效的确认有两种程序：第一，由人民法院通过诉讼程序确认某一收养行为无效。第二，由收养登记机关通过行政程序确认某一收养行为无效。

收养行为被人民法院确认无效的，从该行为开始时起就没有法律效力。收养行为被收养登记机关确认无效的，收养登记机关应当撤销登记，收缴收养登记证，因而收养也是自始无效的。

# 第六节 收养关系的解除

收养关系作为一种法律拟制的亲属关系，既可以通过法律行为依法设立，也可以经由一定的法律程序予以解除。

综观《民法典》第1114条、第1115条，收养关系的解除有两种不同的方式，即协议解除和诉讼解除。

## 一、协议解除收养关系

### （一）协议解除收养关系的条件

《民法典》第1114条第1款规定：收养人在被收养人成年以前，不得解除收养关系，但是收养人、送养人双方协议解除的除外。养子女八周岁以上的，应当征得本人同意。第1115条规定：养父母与成年养子女关系恶化、无法共同生活的，可以协议解除收养关系。不能达成协议的，可以向人民法院提起诉讼。据此，协议解除收养关系必须符合下列要求：第一，在养子女成年前，协议解除收养须得收养人、送养人同意。年满8周岁的养子女已有部分民事行为能力，法律规定解除收养应征得本人同意是完全必要的。第二，在养子女成年后，协议解除收养须得收养人、被收养人同意。成年人具有完全民事行为能力，送养人的同意不是协议解除的必要条件。

此外，当事人还应根据具体情况就与解除收养有关的财产和生活等问题达成协议。

### （二）协议解除收养关系的程序

《民法典》第1116条规定：当事人协议解除收养关系的，应当到民政部门办理解除收养关系登记。适用这一规定办理解除收养关系的登记时，当事人应当到被收养人常住户口所在地县级以上人民政府民政部门提出解除收养关系的申请，须向收养登记机关提交居民户口簿、居民身份证、收养登记证、解除收养关系的书面协议。当事人对于收养登记机关必须了解的情况应当如实提供。收养登记机关应当在自申请的次日起 30 日内进行审查，对于符合《民法典》规定的解除收养关系条件的，准予其解除，收回收养登记证，发给当事人解除收养关系证明，收养关系自发给上述证明时起解除。

## 二、诉讼解除收养关系

### （一）诉讼解除收养关系的条件

诉讼解除收养关系的条件是：

（1）按照《民法典》第 1114 条第 2 款的规定，收养人不履行抚养义务，有虐待、遗弃等侵害未成年养子女合法权益行为的，送养人有权要求解除养父母与养子女间的收养关系。送养人、收养人不能达成解除收养关系协议的，可以向人民法院提起诉讼。

（2）按照《民法典》第 1115 条的规定，养父母与成年养子女关系恶化、无法共同生活的，可以协议解除收养关系。不能达成协议的，可以向人民法院提起诉讼。

我们可以通过分析以下案例来更好地理解收养的解除。

徐甲 50 岁尚未结婚，收养了其弟徐乙 10 岁的儿子徐丙。收养关系确立后，徐丙跟随徐甲共同生活。徐丙成年后赴深圳打工一直不归，也不向徐甲提供任何生活费，徐甲生活困难。为了享受五保户待遇而解决生活问题，徐甲向人民法院提出解除与徐丙之收养关系的诉讼请求。

关于徐甲可否与徐丙解除收养关系的问题，我们认为：《民法典》第 1115 条规定：养父母与成年养子女关系恶化、无法共同生活的，可以协议解除收养关系。不能达成协议的，可以向人民法院提起诉讼。本案中，已经成年的徐丙不履行赡养义务，时间较长，情节比较严重，属于遗弃养父母的情形，故徐甲可以向人民法院提出解除收养关系的诉讼请求，人民法院应当判决解除收养关系。同时，《民法典》第 1118 条第 1 款规定：收养关系解除后，经养父母抚养的成年养子女，对缺乏劳动能力又缺乏生活来源的养父母，应当给付生活费。因养子女成年后虐待、遗弃养父母而解除收养关系的，养父母可以要求养子女补偿收养期间支出的抚养费。本案中解除收养关系的根本原因是徐丙遗弃徐甲，因此徐甲还可以要求徐丙补偿一定的抚养费用。

### （二）诉讼解除收养关系的程序

收养关系当事人应当依照《民事诉讼法》的有关规定，向有管辖权的人民法院提起解除收养关系的民事诉讼。人民法院审理解除收养关系的案件时，应当查明要求解除收养关系的事实和理由，保护合法的收养关系，保障收养人和被收养人的合法权益。对于（1）收养人不履行抚养义务，有虐待、遗弃等侵害未成年养子女合法权益的行为，送养人要求解除收养的；（2）养父母与成年养子女关系恶化，无法共同生活，一方要求解除收养的，人民法院应当进行调解，调解无效的，依法判决准予解除或不准解除。

## 三、解除收养关系的法律后果

### （一）解除收养关系后权利、义务的变化

根据《民法典》第 1117 条的规定，收养关系解除后，养子女与养父母以及其他近亲属间

的权利和义务关系即行消除，与生父母以及其他近亲属间的权利和义务关系自行恢复。但是，成年养子女与生父母以及其他近亲属间的权利和义务关系是否恢复，可以协商确定。

### （二）解除收养关系后成年养子女的生活费给付义务和养父母的补偿请求权

依照《民法典》第1118条的规定，解除收养关系后，在法定的情形下，成年养子女对养父母负有给付生活费的义务，养父母享有一定的补偿请求权。第一，收养关系解除后，经养父母抚养的成年养子女，对于缺乏劳动能力又缺乏生活来源的养父母，应当给付生活费。该生活费的数额，应不低于当地居民的一般生活费用标准。第二，因养子女成年后虐待、遗弃养父母而解除收养关系的，养父母有权要求养子女补偿收养期间支出的生活费和教育费。第三，生父母要求解除收养关系的，养父母有权要求生父母适当补偿收养期间支出的生活费和教育费。但养父母虐待、遗弃养子女而导致收养关系解除的，养父母无权要求生父母补偿收养期间支出的生活费和教育费。

## 问题与思考

1. 收养有哪些法律特征？
2. 收养与寄养有何不同？
3.《民法典》之婚姻家庭编第五章规定了哪些基本法律原则？
4. 收养关系的成立应当具备哪些法定条件？
5. 收养关系的成立必须履行什么样的法定程序？
6. 何谓收养关系的法律效力？它表现在哪些方面？
7. 协议解除和诉讼解除收养关系的条件与程序有何异同？
8. 收养关系解除引起的法律后果是什么？

# 第十章
# 扶　养

本章导读

任何社会都不可避免地存在老、幼、病、残等丧失劳动能力或没有独立生活来源的“弱者”群体。亲属扶养一直担负着对“弱者”给予保障的重要角色，扶养制度是“弱者”保护体系中的重要法律制度，家庭则是亲属扶养的结构载体。中国发展社会主义市场经济，一方面要逐步建立健全各种形式的“弱者”社会保障制度；另一方面仍要继续弘扬中华民族亲属扶养的固有优良传统，并在法律上进一步完善配偶之间、亲子之间、祖孙之间、兄弟姐妹之间等近亲属扶养模式。基于此，学习和研究亲属扶养制度，不仅具有法学理论意义，而且具有很强的现实意义。

关键术语

扶养　赡养　抚养　生活保持义务　一般扶助义务　扶养权利人　扶养义务人　扶养顺序　扶养的程度　扶养的方式

## 第一节　扶养制度概说

### 一、扶养的概念

扶养一词具有不同的含义和使用方法。在社会生活中所说的扶养，通常概指各种社会关系中针对“弱者”所发生的经济供养和生活扶助，一般涵盖四个方面：一是以国家为主体，在特定情形下体现社会福利的公力扶养，包括各种灾害救济、贫困救济、民政抚恤等；二是以一定的社会组织、机构、单位为主体并逐步走向社会化、一体化的社会保障性扶养；三是在自然人之间基于道义、感情、慈善等非法定权利、义务而发生的自然的、事实上的扶养；四是法律意义上的扶养，即亲属间的扶养。

法律意义上的扶养有广义和狭义之分。广义上的扶养泛指特定亲属之间根据法律的明确规定而存在的经济上相互供养、生活上相互扶助的权利和义务关系，它囊括了长辈亲属对晚辈亲属的“抚养”、同辈亲属之间的“扶养”和晚辈亲属对长辈亲属的“赡养”三种具体形态。狭义上的扶养则专指平辈亲属之间，尤其是夫妻之间依法发生的经济供养和生活扶助权利和义务关系，具有主体界定的特定性。

在立法选择上，不仅世界上多数国家将亲属间的供养扶助权利、义务统称为扶养，而且有些国家和地区直接用“抚养”或“赡养”来指称扶养，从而使三个概念显示出通用性或混同性。我国婚姻家庭法按不同的主体互助关系对扶养、抚养、赡养分别加以规定，其“扶养”采狭义；而在《刑法》等法律规范中又是统称为扶养，系采广义。基于此，在法学研究和法律适用总体上应按广义的扶养来理解，在具体的亲属关系中则不妨分别进行指称。

## 二、扶养制度的历史沿革

扶养制度因不同的时代而异。纵观扶养问题的历史变迁，最初经历了与原始群体、氏族相适应的集体生产、集体生活阶段。在此阶段，群体成员和氏族成员的生活需要，由所在群体和氏族予以供给和保障。在原始公有制的经济条件下，这是十分自然的，谈不上谁扶养谁的问题，也不可能像后世那样将扶养权利人和扶养义务人加以区别。宗法家族制度确立以后，宗族也具有相当的扶养功能。中国古籍中有“收族”之说。所谓“收族”，一是指族内家庭出现户绝、无人继嗣的情形时，将其财产收归族中所有；二是指出现鳏寡孤独无人扶养的情形时，将这些生活无着者收归宗族扶养。后来，收族之制虽已不存，但尚有义庄、义田、祭田和其他族产，以其收益作赈济族内贫寒孤寡者之用。家庭，是中国古代扶养功能的主要担当者。在家长制家庭中，家长握有管理和支配家庭财产的全权，对于扶养家庭成员负有不可推卸的责任。此外，近亲属对于需要扶养者在一定条件下也有扶养之责。唐户令规定：诸鳏寡孤独贫穷老残，不能自存者，令近亲收养，若无近亲，付乡里安恤。需要指出的是，古代型的扶养是与家长权、父权、夫权等密切地联系在一起的。

近现代以来，亲属扶养的范围有逐渐缩小的趋势，以家庭为本位的扶养已为以个人为本位的扶养所替代，扶养权利人和扶养义务人也被法律特定化了。扶养的范围，是以一定的亲等或通过列举亲属称谓来确定的。配偶间、直系血亲间具有扶养的权利和义务关系，这是各国法律的通例。关于其他近亲属间的扶养，有不同的立法例。瑞士等国家的法律明定将扶养分为生活保持义务和一般扶助义务（详见后文）。中国扶养法近代化的尝试始于20世纪之初，但第一次、第二次《大清民律草案》中的有关规定均未实际施行。1930年通过的国民党政府民法亲属编除将一定的亲属列入扶养范围外，还保有家长、家属间的扶养条款。在中华人民共和国成立后，1950年《婚姻法》仅规定夫妻间、父母子女间有相互扶养的义务，1980年《婚姻法》将扶养的范围扩及祖孙和兄弟姐妹。2001年修正的《婚姻法》和《民法典》之婚姻家庭编保留和沿用了这一亲属扶养体系及运行机制。

## 三、扶养关系的特点

法律意义上的扶养，无论是其形式还是其内容，都构成为特定亲属之间的权利和义务关系，即扶养关系，或称扶养法律关系。其特点集中表现为以下四方面。

### （一）扶养关系具有法定性

在什么范围、哪些种类的亲属之间存在扶养关系，扶养权利、义务的具体内容，以及扶养权利人、扶养义务人的顺序等，都是由法律明确加以规定的。凡与法律规定的情形相符合者，必然地、强制性地产生扶养权利和义务关系，不允许凭借当事人的意志进行自由选择和变更。这就是扶养关系的法定性。每个国家在其特定的历史阶段，都会根据其亲属模式、家庭结构、社会保障水平等客观要求，在法律上以强制性规范直接、明确地规定亲属之间的扶养关系。这种扶养关系无不具有主体的法定性、内容的法定性、条件的法定性和适用的强制性。即使在社会保障制度日益健全、家庭或亲属的扶养功能逐渐推向社会化的发达国家，亲属间之扶养关系的法定性和强制性仍然没有消失。

### （二）扶养关系是一种法定之债，具有债的属性

民法上，债是特定人与特定人之间得请求为特定行为的法律关系，是按照合同的约定或者依照法律的规定在当事人之间产生的特定的权利和义务关系。这一界定明确告诉我们，按照发生根据的不同，债分为两大类：一是基于当事人的约定而发生的合同之债；二是基于法律的直接规定而产生的法定之债，如侵权行为之债、不当得利之债、无因管理之债等。法定之债的实质特征在于，法律针对某种社会现象，径行规定特定当事人之间如发生某种法律事实，则依法产生债权债务关系，权利方依法享有请求义务方为特定行为的权利，义务方则依法承担必须为该特定行为的义务。可见，扶养关系正好符合这类特征，民法上应该承认和接纳扶养关系作为法定之债。

首先，扶养关系具备债的主体要素。无论是接受扶养的权利人还是履行扶养责任的义务人，都是互动的具体的人，符合债之主体的特定性、对立性和互动性。

其次，扶养关系具备债的客体要素。债的客体就是债权债务所共同指向的对象。综合各种各样的债的关系，其客体无不集中表现为债务人履行特定的行为，以满足权利人的请求和利益。债务人所为的特定行为，既可以是给付，也可以是提供一定的服务或劳务，因而给付行为和劳务行为即为债的客体。在扶养关系中，权利人的请求和需要包括经济供养和生活扶助两个方面，义务人的履行或者是提供经济帮助，为给付行为，或者是给予生活照料、扶助、提供劳务服务行为，或者是二者兼而有之。显然，这一权利、义务互动所指向的客体正是债权债务的客体，和民法上的债之客体完全一致。

最后，扶养关系具备债的内容要素。法律上规定的扶养权直接表现为权利人请求义务人积极地为一定行为，这是一种请求权、相对权和受领权，而扶养义务则为义务人依法按权利人的请求积极为特定行为，当义务人消极地不履行其义务时，权利人可请求强制其履行。扶养权利、义务的这一内容属性及其运行规则正是债权债务的内容特征。

正因为扶养关系具有上述债的典型特征和要素内涵，所以在法律定位上，扶养关系是一种财产性权利和义务关系，属于亲属财产法的调整范畴，受扶养权则是亲属财产权。当然，以上仅为本章作者一己之见。关于扶养是否具有债的性质，国内外法学家的观点历来是互有歧见的。

### （三）扶养关系具有鲜明的身份性

扶养关系的身份性集中表现在四个方面：其一，扶养关系的主体双方必须是具有特定亲属身份的人。亲属身份是扶养的前提，也是发生扶养的法律事实，扶养关系则是亲属身份的法律

后果或法律效力。不具有特定亲属身份的人之间不产生法定之扶养关系。其二，扶养权利、义务具有人身属性，附从于主体的亲属身份，只能由本人亲自享有和承受，非依法律特别规定，不得发生转移、让与、继承和替代。其三，亲属身份关系一旦产生，不仅伴生着长期的共同生活关系，而且身份维系时间长，乃至毕其一生，即具有长期性、持续性、稳定性特点。其四，依附于身份关系的扶养关系，其权利、义务的配置和运行具有对等中的非对等性。一方面，法律上关于夫妻之间、亲子之间及其他亲属之间的扶养权利、义务的静态规定，在形式上都是对应、对等和互动的，显示出权利、义务配置分布的平等性、一致性；而另一方面，基于主体自身条件、扶养能力和扶养需求的不同，这种权利、义务在实际运作中又表现出明显的扶养时间错位、扶养程度差异，乃至权利、义务的单向流动，从而凸显扶养权利、义务的非对等性和非互动性。

### （四）扶养关系具有社会保障的替代功能

任何社会都不可避免地存在老、幼、病、残等丧失劳动能力或没有独立生活来源的“弱者”群体。关于如何保障这一群体的生存和生活，形成了三种模式：一是古代社会单一的亲属或家族扶养保障模式，二是近代社会逐步建立的亲属扶养与社会保障相结合模式，三是极少数发达国家正在推行的单一社会扶养保障模式。

从主流来看，亲属扶养一直担负着对“弱者”给予保障的重要角色，扶养制度是“弱者”保护体系中的重要法律制度，家庭则是这一角色的结构载体，所以，迄今为止，赡老养幼、扶助病患伤残等缺乏劳动能力、没有经济来源的亲属成员，是对其有扶养义务的（或自愿予以扶养的）亲属所担当的基本社会责任，亦是家庭保障功能的重要内容，构成社会保障体系的不可缺少的环节。在社会福利条件不充分的情况下，亲属或家庭保障对社会中的“弱者”具有不可替代的地位。在现代社会虽然各类社会保障制度相继建立，但亲属扶养性的家庭保障仍不能也不应全部消退。尤其是当今人口老龄化现象严重，老年人口剧增，老年人的社会保障压力大而社会、政府难于完全承受，必须凭借传统的亲属扶养保障功能予以缓解。因此，中国发展社会主义市场经济，一方面要逐步建立健全老年人的各种形式的社会保障制度，另一方面要弘扬中华民族敬老养老的传统美德，使晚辈赡养长辈的“反哺模式”得到有效的运行，让家庭、亲属继续充当一定的社会保障角色，避免西方社会老年人“空巢模式”的忧患。

通过对上述四个特征的分析可以明显看出，亲属扶养关系不仅具有身份与财产的双重性，而且具有私法与公法的双重性。

## 四、扶养关系的层次结构

亲属扶养关系发生于不同类型的亲属之间，因而其扶养效力、程度、方式因共同生活状态、关系的亲疏远近和被扶养人生活情势的不同而有所区别。针对这种区别，以瑞士民法为代表的大陆法系遂将亲属扶养义务分为生活保持义务和一般生活扶助义务两个层次，学理上普遍认为这种层次结构的区分是科学合理的。在英美法中，则用 maintenance 表示生活保持义务，用 support 表示一般生活扶助义务。

所谓生活保持义务，又称共生义务，通常是指发生于夫妻之间、父母与未成年子女之间的为维系家庭共同生活而由法律强制性规定的无条件扶养义务。其特点在于，它发生在核心家庭内或大家庭之中的核心家庭成员之间；它是无条件的，义务人必须在自己能力范围内履行义务，即使降低自己的生活水平，也必须使权利人过与自己相当的生活，亦即权利人的生活就是义务人的生活，二者不可分；它是与身份相随而持续存在的，不可能处于潜在的期待性状态，义务人须不间断地履行这些义务，因为履行该义务是维持家庭共同生活的必要条件。一般生活扶助义务则是一定范围的亲属由身份关系派生出来的，在一定条件下根据其承受能力而依法负担的潜在性义务，它是有条件的，以不改变义务人相当之生活水平为前提的。

日本法学家中川善之助早在1928年就著文认为扶养应分为生活保持义务和生活扶助义务。他主张将夫妻间和父母与未成年子女间的扶养称为生活保持义务，其他直系血亲、兄弟姐妹和其他亲属间的扶养称为扶助；并指出夫妻间、父母与未成年子女间，一方扶养对方是为保持自己的生活（家庭生活）所必尽的义务，这种义务是无条件的、要作出自我牺牲的。此即所谓“即使是最后的一片肉、一粒米也要分而食之的义务”。日本法学家有地亨也认为，夫妻间和父母与未成年子女间的扶养是必须保持他们之间的同一生活质量、同一生活水平的扶养。但是，其他直系血亲之间、兄弟姐妹之间和其他亲属间的扶养，并不是为维持共同生活所必需的，而是一种偶然的、例外的、相对的扶养，是在保持与义务人地位相当的生活水准的前提下，给予确实需要扶养的亲属以扶助，使其保持最低生活水平。①

我国婚姻家庭法关于扶养权利、义务的规定，虽没有明示有这种层次结构的区分，但在其条文排列和义务条件的配置上，可以明显看出立法上有两个层次的意旨或精神。具体说来，《民法典》第1058、1059、1067、1068条的规定属于生活保持义务层次，第1074、1075条的规定则属于一般生活扶助义务层次（详见后文）。

## 第二节 我国现行扶养制度

我国现行扶养制度在继承新民主主义革命时期的立法成果的基础上，经由1950年《婚姻法》的初创、1980年《婚姻法》的发展及其他法律渊源的填补、充实而逐步配置起来，《民法典》之婚姻家庭编在总体上接续、传承、沿用。就其规范形式来看，主要有三个方面：一是专门调整婚姻家庭关系的法律，即《民法典》之婚姻家庭编，同时在其总则编、人格权编、侵权责任编、继承编亦有相关或者间接性规范。二是最高人民法院结合审判实践所作的针对性司法解释，如1958年1月27日《关于已出嫁女儿赡养父母和媳妇赡养婆婆问题的批复》（现已失效）、1979年11月2日《关于子女对继母有无赡养义务的请示的批复》（现已失效）、1980年5月26日《关于非婚生子女抚养问题的批复》、1981年9月1日《关于对年老、无子女的人能否按照婚姻法第二十三条类推判决有负担能力的兄弟姐妹承担抚养义务的复函》、1985年2月16日《关于兄妹间扶养问题的批复》、1986年3月21日《关于继母与生父离婚后仍有权要求已与其形成抚养关系的继子女履行赡养义务的批复》、1993年11月3日《关于人民法院审理离婚案件处理子女抚养问题的若干具体意见》等，以及最高人民法院历次民事审判工作会议关于贯彻执行民事政策法律若干问题的意见（各次会议的文件名称略有不同）。三是其他法律的相应规范，如《妇女权益保障法》《老年人权益保障法》《未成年人保护法》中的有关规定等。在扶养制度领域，形成了以《民法典》之婚姻家庭编为主干、以司法解释为补充、以其他相关规范为

---

① 杨大文．亲属法．北京：法律出版社，1997：339.

配套的规则体系。由这一规则体系反映的扶养制度的内容，概括起来主要有如下几个方面。

## 一、夫妻间的扶养

夫妻之间的扶养权利和义务是配偶身份权的重要内容，也是配偶身份关系和婚姻共同体的物化表现。《民法典》第 1059 条规定："夫妻有相互扶养的义务。需要扶养的一方，在另一方不履行扶养义务时，有要求其给付扶养费的权利。"

认定夫妻扶养权利和义务，应把握以下四点。

(1) 夫妻间的扶养权利、义务以经济上相互供养、生活上相互扶助为内容，是婚姻的内在属性和法律效力对主体的必然要求。就其性质来看，夫妻扶养属于生活保持义务范畴，既是双方当事人从缔结婚姻开始就共生的义务，也是婚姻或家庭共同体得以维系和存在的基本保障。这是自人类个体婚制形成以来婚姻一直负载的基本功能。尽管现代社会人格自由平等、经济独立淡化了夫妻人身上的客观约束，但夫妻扶养仍是各国法律普遍确认的规则。

(2) 夫妻间的扶养在历史意义上，因男女两性的社会地位和经济条件的差异而经历着由单向扶养向互动、平等扶养的转化。详言之，近代社会以前，男性在经济上、社会上和家庭生活中的主宰地位，决定了丈夫既有经济供养的权利，同时也有经济供养的责任和义务，而妻子的非职业化和经济依附性决定其只能经营、操持家庭生活，应当而且必须承担对丈夫的服侍、照料义务。这种扶养关系是一种分离的、非对等的单向运行模式。现代社会的扶养在价值上讲求男女平等、夫妻对等互动，在内容上追求供养与扶助的整合同构，在功利上则基于女性的特殊自然条件和社会历史原因强调对妻子的保障，从而逐步实现将夫妻扶养关系推向一种平权、对等、统一的互动运行模式。

(3) 夫妻扶养从婚姻合法成立之时起产生，至婚姻合法终止时消灭，在婚姻关系有效存续的整个过程中一直存在且具有法律拘束力，因而是一种常态性的、持续性的法律关系。无论婚姻的实际情势如何，也不论当事人双方的感情状况怎样，夫妻扶养既是双方的权利也是双方的义务，因而不履行义务的行为必然是一种侵权行为。

(4) 夫妻扶养作为法定义务，具有法律强制性。但在实际运作上，基于夫妻关系的特殊性，应以当事人自我调节为主导，以自觉履行为普遍，并以公力干预为辅助，以司法救济为保障。

当夫妻一方没有固定收入和缺乏生活来源，无独立生活能力，或因患病、年老等原因需要扶养，另一方不履行扶养义务时，需要扶养的一方有权要求对方承担扶养责任。如果夫妻双方因扶养问题发生纠纷，可以经有关部门进行调解，或直接向人民法院提起诉讼。人民法院在审理扶养纠纷时，应首先进行调解，如调解无效，应当及时依法判决，强制义务人履行义务。

## 二、父母子女间的扶养

《民法典》第 26 条规定：父母对未成年子女负有抚养、教育和保护的义务。成年子女对父母负有赡养、扶助和保护的义务。第 1067 条规定：父母不履行抚养义务的，未成年子女或者不能独立生活的成年子女，有要求父母给付抚养费的权利。成年子女不履行赡养义务的，缺乏劳动能力的或者生活困难的父母，有要求成年子女给付赡养费的权利。对于此两条规定，应结合其他法律规范的相关内容，把握以下几点。

1. 父母子女间的扶养义务，既反映了人类个体的生命成长和延续的规律要求，也源于社会保障不可能替代或包容扶养之全部内涵和外延的必然，因而一直是人类扶养体系中的核心内容和家庭最基本的功能

即使社会福利水平很高、社会保障体系十分完备的发达国家，充其量只能做到经济供养的社会化，却不能完全胜任和接替亲子间的生活扶助、照料及精神情感的依恋与抚慰。我国婚姻家庭法明确规定亲子间的扶养义务既反映了亲子关系的普遍规律，又与中国固有传统相吻合，也与中国现阶段国家、社会、家庭等的实际情况相一致。

2. 父母对未成年子女的抚养是强制性的生活保持义务

其法律属性和要求有以下四点：（1）抚养时间的长期性。在整个动物界，人类个体从出生到独立生活能力的形成在时间上最为漫长，在过程上最为艰辛，对他人、对社会的依赖性最为明显，因而对未成年人的抚养对社会来说永远是不可推脱的责任；对父母来说，则是很长一段时间内的持续性义务，即从子女出生时开始，到子女达到成年年龄乃至具有独立生活能力为止，父母均应责无旁贷地承担抚养义务。（2）抚养内容的复合性。父母对未成年子女的抚养涉及子女身心成长、发展的全过程，是全方位的抚养，所以抚养内容总是与亲权融为一体，具有复合性，通常包括四个方面：一是精心关怀、照料子女，为子女营造安全、健康、幸福的生活条件和氛围，确保子女的生命权、健康权、生存权；二是提供子女所必需的一切生活费用，为子女健康成长和发展提供经济保障；三是提供子女教育、学习费用，保证子女充分享受接受义务教育的权利，为培养和提供子女的文化素质和生活技能创造条件；四是要将抚养和教育结合起来，言传身教，身体力行，以健康的思想、品行和正确的方法教育子女，不能养而不教。（3）抚养责任的无条件性。父母对未成年子女的抚养作为生活保持义务，是无条件的；子女一旦出生，无论其经济条件、劳动能力如何，也不论其是否愿意，父母均必须依法履行抚养义务。即使降低自己的生活水平、牺牲自己的事业发展和生活享受，也必须首先保障子女的生存和生活。（4）义务履行的自觉性。基于亲子关系的特殊情感联系和家庭共同生活状态，父母对未成年子女的抚养虽是强制性义务，但绝大多数情形下是以父母自觉自愿地圆满履行其义务为结果，法律和社会公力无须过多干预或介入。然而，这并不排除现实生活中少数人自私自利、生而不养，公然背离作为父母的道义责任和法律义务。在此情形下，必须动用社会公力，强制父母履行抚养义务。

3. 父母对成年子女的扶养是特定条件下的义务

在我国，凡年满18周岁的自然人即为成年人，依法具有完全民事行为能力，应该以自己的劳动能力和劳动收入满足自己人生的一切经济需求，形成独立能力、独立收入、独立责任的人格体系，从而不再依赖他人扶养。父母对子女的抚养义务应因子女的成年而消灭，子女也应因成年而丧失要求父母抚养的权利。这应该是现代社会人格独立的普遍性要求，也应该是亲子扶养关系的常态模式。社会价值应以此为导向，法律也应以此为常规。但是，由于目前社会经济发展水平的局限，社会对公民个体的综合保障系统难以健全，再加上公民个人生理、心理、学习、就业存在着现实的差异，成年不等于有劳动能力，有劳动能力不等于有独立经济来源和生活保障，于是在社会中有相当一部分成年人还必须依靠他人扶养，当社会无力全部承受时，只有强化到父母子女等亲属关系中，从而父母对成年子女在一定条件下依法仍需承担扶养义务。其条件集中起来就是两方面：一是成年子女因自身的生理、心理的客观障碍和短期内学习条件的限制，没有劳动能力或独立经济来源，确实需要他人供养或扶助；二是父母在现实条件下具备承担供养义务的经济承受能力或提供扶助的身心操劳能力。只有在这两方面同时符合的

前提下，才能要求父母对成年子女承担扶养义务。

4. 成年子女对父母的扶养（赡养）义务以前者有扶养能力、后者有受扶养的需要为条件

成年子女扶养父母在立法理由上的支撑，主要有五点：一是潜在地反映了对父母曾经长期扶养子女的回报，体现了法律配置权利、义务的公平性和对等性；二是有效弥补社会养老保障的不足；三是客观反映了父母对子女的依恋之情和子女对父母的敬爱之情，有利于营造幸福和谐的家庭氛围，减轻社会负担；四是中华民族数千年形成的优良传统和民众自我认知的心理定式；五是中国现阶段老年问题的直接要求。基于此，我国法律从多个角度规定成年子女应该扶养父母。但是，与父母对未成年子女的抚养有所不同，成年子女对父母的扶养是有条件的，即必须是父母丧失劳动能力，没有生活来源或独立操持生活有客观困难，且成年子女具有经济供养能力或生活扶助能力。当然，即使没有达到这种条件所要求的情形，成年子女自愿扶养其父母的，在法律上和道德上均应予以肯定和提倡。

5. 成年子女对父母的扶养（赡养）义务不受父母婚姻状况的影响

《民法典》第1069条规定：子女应当尊重父母的婚姻权利，不得干涉父母离婚、再婚以及婚后的生活。子女对父母的赡养义务，不因父母的婚姻关系变化而终止。

## 三、祖孙间的扶养

祖父母、外祖父母与孙子女、外孙子女是隔代直系血亲，也是除亲子关系之外的最近的直系血亲。基于对历史传统、亲属感情、民间习惯及部分"缺损家庭"的现实和社会保障水平等多种因素的考虑，《民法典》第1074条明确规定：有负担能力的祖父母、外祖父母，对于父母已经死亡或者父母无力抚养的未成年孙子女、外孙子女，有抚养的义务。有负担能力的孙子女、外孙子女，对于子女已经死亡或者子女无力赡养的祖父母、外祖父母，有赡养的义务。由此可见，祖孙之间的扶养是第二顺位的，有条件的。其适用条件有三：一是义务方确实有负担能力，二是权利方确实需要扶养，三是第一顺位的扶养义务人死亡或丧失扶养能力。

【链接】

将父之父母称为祖父母，将母之父母称为外祖父母，将子之子女称为孙子女，将女之子女称为外孙子女，这种内外有别的亲属称谓，当是以男子为中心，重父系亲轻母系亲的宗法家族制度的历史孑遗，不符合当代亲属法男女平等、父母双系并重的原则。似应在法律上将父之父母和母之父母统称为祖父母；将子之子女和女之子女统称为孙子女。如有加以特定化的必要，可分别以父系祖父母、母系祖父母、子系孙子女、女系孙子女等相称。

## 四、兄弟姐妹间的扶养

兄弟姐妹是最近的旁系血亲，他们之间发生和存在扶养权利与义务是中华民族的历史传统，有着较牢固的文化习俗基础和社会心理支撑。现实生活中，不少兄弟姐妹共同生活在一个

家庭内，朝夕相处，同舟共济，相依为命；也有不少兄弟姐妹虽然婚后分开居住，但亲密来往，同甘共苦，互相协力扶助，从而在客观上、事实上存在着扶养关系。这不仅是一种良好的道德风尚，而且为社会、国家和家庭排忧解难，展示出积极的社会效应。

《民法典》第1075条规定：有负担能力的兄、姐，对于父母已经死亡或者父母无力抚养的未成年弟、妹，有扶养的义务。由兄、姐扶养长大的有负担能力的弟、妹，对于缺乏劳动能力又缺乏生活来源的兄、姐，有扶养的义务。这一简明规定揭示了兄、姐扶养弟、妹的三项条件：（1）弟、妹未成年或没有独立生活能力，客观上需要扶养；（2）他们的父母已经死亡，或虽没有死亡，但没有能力承担和履行扶养义务；（3）兄、姐有实际的履行扶养义务的承受能力。

由于1980年《婚姻法》的规定只是反映兄弟姐妹之间的一种单向权利义务关系，忽视了对双向互动的把握，所以最高人民法院1984年在《关于贯彻执行民事政策法律若干问题的意见》（现已失效）中补充解释：由兄、姐抚养长大的有负担能力的弟、妹，对丧失劳动能力、孤独无依的兄、姐，有抚养的义务。这一解释揭示出弟、妹承担扶养义务的条件有四：一是弟、妹曾由兄、姐扶养长大，二是弟、妹有负担能力，三是兄、姐丧失劳动能力；四是兄、姐孤独无依。鉴于这一解释的科学性和合理性，2001年修正后的《婚姻法》和《民法典》之婚姻家庭编予以吸收，增加规定并保留了“由兄、姐扶养长大的有负担能力的弟、妹，对于缺乏劳动能力又缺乏生活来源的兄、姐，有扶养的义务”。

## 五、扶养权利、义务的适用中应注意的几个问题

上述扶养关系是法律对常态下婚姻关系、血亲关系的普遍性规定。但是，现实生活中还客观存在着非常态的或变异型亲属关系，因而，在适用有关扶养权利、义务的规定时，必须注意以下几个问题。

（1）父母子女之间的扶养适用于养父母与养子女，有事实上扶养、教育关系的继父母与继子女。需要说明的是：1）子女被送养后，其与亲生父母之间的扶养权利、义务消灭，与养父母之间的扶养权利、义务产生，从而养子女只享有单一的受扶养权、承担单一的扶养义务；2）形成了事实上扶养、教育关系的继子女与继父母之间存在扶养权利、义务，但其与生父母之间的扶养权利义务并不消灭，这种继子女享有的受扶养权是双重的，承担的扶养义务也是双重的。

（2）非婚生子女与生父母及其他血亲之间的扶养权利、义务不因非婚生之事实而有任何差别。《民法典》第1071条规定：非婚生子女享有与婚生子女同等的权利，任何组织或者个人不得加以危害和歧视。不直接抚养非婚生子女的生父或生母，应当负担未成年子女或者不能独立生活的成年子女的抚养费。

（3）祖孙之间的扶养适用于“养祖孙”关系和有事实上扶养、教育关系的“继祖孙”关系。

（4）兄弟姐妹之间的扶养不仅包括全血缘的兄弟姐妹，也包括半血缘（同父异母或同母异父）的兄弟姐妹，还包括“养兄弟姐妹”和形成了事实上扶养、教育关系的“继兄弟姐妹”。

（5）父母对子女的扶养以及成年子女对父母的扶养不因父母或子女婚姻关系的变化而消灭；兄弟姐妹之间、祖孙之间的扶养也不受各自婚姻关系变化的影响。任何人都不得以扶养为借口干涉他人的婚姻自由或以婚姻关系之变化为由逃避承担扶养义务。

# 第三节 扶养制度的完善

## 一、现行扶养制度的不足

就实质内容来看，应该肯定，我国现行扶养制度既反映了中华民族的传统和现实国情，又贴近当今世界各国立法的共同趋势，同时也充分展示了对弱者保护的社会公益价值，因而不失其先进性和合理性。但是，受制于现行婚姻家庭法的整体性共同缺陷，扶养制度在立法技术和形式布局等方面又存在一定的不足，集中概括起来，主要有如下五点。

(1) 现行法未能将扶养集中到一个范畴内规定，而是分置在不同的亲属身份关系中，比较分散，缺乏统一、整合性，没有形成一个系统全面、井然有序的扶养法规范体系。

(2) 现行法过于简略、抽象，对于有扶养关系的亲属及其发生扶养的条件缺乏周密把握和严谨的规范，存在一些疏漏，以致在实践中不得不通过司法解释来补充。而亲属扶养绝大多数情况下依赖于人们自觉履行，司法解释存在效力和适用范围的狭窄性，难于为民众所认知和遵行。

(3) 现行法采用"抚养""扶养""赡养"三种称谓来分别表达不同亲属间的扶养关系，而其他法律部门或法律规范中使用"扶养"作为总称，从而易发生概念使用上的混乱，在没有权威性立法解释的情况下不便于统一掌握。

(4) 现行法中亲子之间的扶养与"亲权""监护"混杂在一起；对于不同主体之间的扶养关系的内在联系及顺序结构没有清楚地表述，只能靠学理性推论，不便于在实践中操作适用。

(5) 亲属扶养关系不仅是一种婚姻家庭法领域的权利和义务关系，而且在诸多法律部门中也有相应的法律后果，与公民的人身权、财产权和民事责任亦存在直接或间接的关联。婚姻家庭法作为专门调整婚姻家庭亲属关系的基本法，在相关领域应当释放出基本依据的规范效果。但《民法典》有关扶养的规定仍然未能很好地发挥这一作用，从而影响了法律的统一性、权威性和严肃性。

## 二、完善扶养法的前置依据

对扶养制度进行内容完善和技术重构，必须首先统一思想，把握制度设计的方向或前置依据。就亲属扶养关系的独特机理来分析，这一前置依据应包括六个方面：一是习近平总书记强调的家庭、家风、家德、家教，二是中华民族的固有法文化传统和民间习惯，三是在中国当代社会的普遍性亲属模式和家庭结构，四是现行法经过数十年的运行已经形成的制度和社会认知的心理基础，五是中国人口政策，尤其是计划生育政策在扶养问题上产生的正面效应和负面影响，六是中国社会保障体系的现状及发展前景。

## 三、扶养关系的主体范围

扶养关系的主体范围是指哪些亲属在法律上享有受扶养的权利、承担扶养义务，亦即法律明确确定的相互存在扶养权利、义务的具有亲属身份的主体范围。由于各国经济发展水平、习俗、文化背景的不同，法律确定的有扶养权利、义务的亲属主体范围也有一定差异。综合来看，夫妻之间的扶养和父母子女之间的抚养，是古往今来世界各国的通例，但在其他直系血亲、直系姻亲及旁系血亲之间如何确定扶养主体的范围则带有明显的地域性和历史性。我国现行法确认的扶养主体是夫妻、父母子女、祖孙及兄弟姐妹。在完善立法的讨论过程中，虽曾有人提出这一范围显得狭小，应将直系姻亲和伯、叔、姑、舅、姨与侄子女、外甥、外甥女也纳入扶养主体之中，但绝大多数人认为，经过中华人民共和国七十余年的实践检验，现行法关于扶养主体的范围的认定是科学合理的，也是切实可行的，新的立法只需改变现行法的分散结构和表述方式，用较为规范的亲属法语言将有扶养权利、义务的亲属范围集中反映出来。基于此，建议在今后有关法律解释中专置一条："下列亲属互负扶养义务，互享受扶养的权利：（一）直系血亲之间；（二）配偶之间；（三）二亲等的旁系血亲之间。"对于此范围之外的亲属，如直系姻亲之间、二亲等之外的旁系血亲之间的扶养，应听凭人们在生活中自觉自愿地适当处理，由道德习俗去调节，法律上充其量可以作出倡导性规范，但不能作强制性的规定。

## 四、扶养顺序

由于亲属网络中一个人的亲属身份角色是多重的，同时置身于不同的亲属关系中，负载不同的亲属身份，故必然在不同方位享有受扶养的权利、承担扶养义务。基于此，法定的扶养主体范围总是一个混合的复数结构，一个扶养义务人不得不面对多个权利人，而一个扶养权利人也会面对多个扶养义务人，或者多个扶养权利人面对多个扶养义务人。

针对这种客观存在的主体复合结构，法律上必须明确界定出扶养顺序。所谓扶养顺序，就是扶养义务人或扶养权利人为数人时，法律所确定的履行扶养义务或行使扶养权利的先后顺位。

各国关于扶养顺序的规定，主要有三种模式。

一是概括主义模式，即法律上对扶养权利人、扶养义务人的顺序只作原则性概括反映，而不给予具体明示。如日本民法规定扶养顺序由当事人自行协议，协议不成或不能协议时由家庭法院确定。

二是列举主义模式，即法律上对扶养权利人、扶养义务人的顺序分别给予具体明确的规定。如《德国民法典》规定扶养义务人的顺序为：(1) 配偶；(2) 直系卑亲属；(3) 直系尊亲属；(4) 近亲先于远亲承担义务。同亲等的扶养义务人有数人时，依收入和财产状况分担义务。其将扶养权利人的顺序规定为：(1) 配偶与未成年的未婚子女；(2) 未成年的未婚子女先于其他子女；(3) 子女先于其他直系卑亲属；(4) 直系卑亲属先于直系尊亲属。

三是法律上无明文规定。如法国等在亲属法上采取回避态度，对扶养权利人、扶养义务人的顺序不作直接反映，在操作上主要依据财力及具体情况，由当事人自行协商，或由法院决定。①

我国现行法对扶养顺序在表面上似乎没有规定，但在法条表述和相关条件设置上已潜在隐含了顺位内容，建议将这种含蓄的精神明示出来，通过法律解释或者司法解释专设以下几条对扶养权利人、扶养义务人的顺序作出直接规定：

---

① 杨大文．亲属法．北京：法律出版社，1997：353－354．

第××条 扶养义务人不止一人时，按照下列顺序向权利人履行义务：

（一）配偶，成年子女；

（二）父母；

（三）成年的兄弟姐妹，祖父母、外祖父母，成年的孙子女、外孙子女。

后顺序的义务人自愿先于前顺序的义务人履行扶养义务的，不受第1款所定顺序的限制。

第××条 同一顺序的扶养义务人对扶养权利人有同等的义务；自愿独自负担或多负担义务的，不受此限。

第××条 扶养权利人不止一人，扶养义务人的能力不足以扶养其全体时，按照下列顺序要求义务人履行义务：

（一）未成年子女、配偶、父母；

（二）祖父母、外祖父母，孙子女、外孙子女；

（三）兄弟姐妹。

我们认为，在对《民法典》之婚姻家庭编进行适用、解释时，应当进一步完善婚姻家庭编中的扶养制度，上述建议可供参考。

## 五、扶养的程度[①]

所谓扶养的程度即应给予扶养权利人扶养的水平、标准。考察各国及我国现行立法规定，扶养的程度主要由扶养权利人的需要和扶养义务人的经济能力及身份决定。所谓需要，以正当且必要的需求为限。如果扶养权利人提出过高的要求，即使扶养义务人很富有，也是不合理的、不合法的。但正当的扶养需要，不以衣、食费用为限，还应包括为生活所必需的全部费用。

### （一）几种不同的扶养标准

按照当代各国的立法例，大致有如下几种不同的扶养标准。

（1）扶养包括供给全部生活的必需费用，还包括学会某项职业所必需的培训费用，以及需要受教育者的教育费用，医疗、护理费用等，如《德国民法典》第1610条第2款的规定。

（2）无具体内容的概括性规定。如《德国民法典》第1610条第1款规定，应给予的扶养标准，按贫困者的生活地位确定之，即适当的扶养。《瑞士民法典》第329条规定，以扶养权利人的生活需要及义务人的财产给付。《法国民法典》第208条规定，扶养义务应斟酌扶养需求人的需要与扶养人的资力适当履行。

（3）依协议确定扶养的程度，必要时由法院最后裁决。如《日本民法典》第879条规定，关于扶养的程度，依当事人协议，协议不成或不能协议时，由家庭法院考虑扶养权利人的需要、扶养义务人的资力及其他有关情事予以确定。

### （二）我国关于扶养程度的规定

我国婚姻家庭法对扶养程度没有作出明确的规定，这就造成了执行中的困难。借鉴外国的

---

① 扶养的程度、扶养方式及扶养的变更三部分均引用了杨大文主编的《亲属法》第356～360页的内容，由陈明侠撰写。

经验，我国关于扶养的程度问题以采用概括和列举相结合的规定比较恰当。

(1) 明确规定夫妻及父母子女之间的扶养程度。1) 应当规定扶养包括供给被扶养人全部生活必需的费用，即包括起码的生活费、受教育者的教育费及职业培训费、疾病患者的医疗护理费用等，还应包括必需的精神和体力上的扶助。2) 至于具体的供养费用及扶助程度，在夫妻同居时，夫妻双方的扶养义务在共同生活中履行；其他情况下，由扶养义务人和扶养权利人协商决定（对未成年子女包括非婚生子女必须尽其全部所能）；协议不成或不能协议的，由人民法院考虑扶养权利人的需要和扶养义务人的资力及其他有关情事决定。

(2) 其他直系血亲间、旁系血亲如兄弟姐妹间的扶养程度，依扶养权利人的需要和扶养义务人的能力，经协商决定；协议不成或不能协议的，扶养权利人可要求人民法院考虑扶养权利人的需要和扶养义务人的资力及其他有关情事决定。

## 六、扶养的方式

当前世界各国规定的扶养的方式主要有两种。(1) 共同生活扶养，即扶养权利人和扶养义务人同居一家共同生活，进行直接扶养。(2) 定期支付扶养金，或以实物进行扶养，也包括定期的体力上的扶助、精神上的探望、慰藉。

在父母子女关系和夫妻关系中一般以共同生活进行扶养为主；在其他亲属间，一般以提供扶养金和一定的扶助进行扶养为主。用何种方式进行扶养，均由当事人自行协商，达不成协议时，才由法院确定。有少数国家还规定，有特别理由时，扶养义务人得请求以其他方法进行扶养，如《德国民法典》第 1612 条第 1 款的规定，但并未提出其他方式的具体内容；《日本民法典》第 879 条规定可由当事人协议或家庭法院裁判；法国则规定，如扶养义务人证明其无力支付扶养费时，法院在了解原因后，得判令其接纳扶养请求人在其住所扶养（《法国民法典》第 210 条），反之，如父母在住所接纳应扶养、教育的子女时，可免除其支付抚养费（《法国民法典》第 211 条）。

我国婚姻家庭法对于扶养方式没有作出专门规定，只规定：对于不履行扶养义务的义务人，权利人有要求其履行义务的权利。对此，最高人民法院的司法解释和批复中作过一些相应的具体规定，但实践中发生一些扶养纠纷难以解决的问题时又不能直接予以适用，所以，在适用《民法典》时，应将扶养方式作为一个问题，专门作出解释性规定。可以参照一些国家的立法例，规定扶养有两种形式。(1) 将扶养权利人接回家，以共同生活方式进行扶养。(2) 以定期给付扶养费、探视、扶助等方式进行扶养，并以协议形式载明扶养费的数额、给付期限及给付方法。当事人协议不成的，由法院根据当事人双方的情况作出决定，并应明确规定扶养费的追索办法。无论是共同生活还是给付扶养费，如不履行扶养义务，法院可根据当事人双方的情况进行调解或判决，责令义务人履行扶养义务。

## 七、扶养的变更和消灭

### （一）扶养的变更

所谓扶养的变更是指扶养义务人、扶养权利人以及扶养程度和方式的变更。也即扶养当事人一方或双方在经济和生活状况发生变化时，有请求变更原扶养协议或判决的权利。提出变更要求，必须以原有扶养情况发生变化为条件，否则不得提出。变更请求的内容包括增加、减少或免除协议或判决中原定的扶养费等要求。关于扶养的变更，各国法律均有规定。例如《法国民法典》规定，如扶养义务人与扶养权利人情况变更，致一方无力再行负担，或他方需要减少一部分或完全不需要扶养时，得请求免除扶养义务或减少其数额（参见《法国民法典》第 209 条）；如扶养义务人证明其无力支付扶养费时，法院可判令其接纳扶养权利人在其住所扶养（参见《法国民法典》第 210 条）。《日本民法典》规定，就应履行扶养者或受扶养者的顺序、扶养的程度或扶养的方法达成协议或判决后，情事发生变更时，家庭法院可以变更或撤销该协议或判决（参见《日本民法典》第 880 条）。《德国民法典》还规定，当事人应根据政府颁布的调整法令所规定的提高或降低扶养金的百分比，自行调整扶养费或请求有关部门调整扶养费（《德国民法典》第 1612a 条）。其他如古巴家庭法等均有相应规定。

关于扶养的变更，除离婚后子女的抚养费用外，我国婚姻家庭法未作具体规定，今后适用《民法典》时应明确解释：扶养当事人一方或双方在经济和生活状况发生变化时，当事人双方均享有请求变更原扶养义务人、扶养协议或判决的权利。原为双方协议的，仍可以协议方式变更，协议不成的，可诉请法院处理。至于对经济和生活状况发生变化的具体解释，可由法律的实施细则加以具体规定。其变更依据，可列举如下几点：(1) 社会经济变化，生活必需品费用提高，原定扶养费数额明显不足；(2) 扶养权利人重病，医疗费用增加，临时需增加扶养费；(3) 扶养方式因特殊情况需要改变；(4) 扶养义务人因重大理由无法继续承担扶养义务，客观上需要免除或减轻其扶养负担；(5) 因其他重大事由，需要变更扶养义务人、扶养的程度和方法的。

### （二）扶养的消灭

所谓扶养的消灭是指在出现一定法定原因或一定事实的情况下，终止当事人间的扶养权利和义务关系。根据各国法律规定，扶养消灭的原因，一般有如下三方面：(1) 当事人死亡。不论是扶养权利人还是扶养义务人，一方死亡，扶养即告终止。(2) 当事人身份关系解除。扶养关系是依一定身份关系而产生的，当此种关系消灭时，如夫妻离婚、子女为他人收养等，扶养关系也随之消灭。法国、瑞士、保加利亚等国家的法律中均有此类规定。(3) 扶养要件消灭。扶养权利方不再需要扶养，或者扶养义务方的扶养能力完全丧失，或者子女已成年独立生活的，扶养关系随之消灭。关于父母对子女扶养的期限，各国规定不一，有的规定须扶养至子女能独立生活为止，多数规定以扶养至成年为限。各国规定的成年年龄一般为 18 岁～21 岁，但也有个别国家将成年年龄规定为 14 岁。

扶养要件消灭与当事人死亡、当事人身份关系解除相比，是一种相对的原因，因为扶养要件消灭后，在一定条件下可能重新出现，于是也可能重新发生或恢复扶养关系。对此，一些国家专门有所规定。日本、古巴、秘鲁等国家的法律还规定，受扶养的权利人不得转让和处分此项权利。

对于扶养的变更、消灭和期限等问题，在我国婚姻家庭法中是有规定的，如对非婚生子女，扶养义务人需负担抚养费用至子女有独立生活能力时为止。但总的说来，我国婚姻家庭法在这方面的规定仍不完善。在今后适用《民法典》时，关于扶养的消灭问题应有明确的解释，如规定当扶养权利人或义务人死亡时，或者当事人的身份关系解除时，或者扶养要件（扶养的必要性和可能性）消灭时，扶养关系随之消灭，但扶养关系可以根据扶养要件的再发生而恢复。关于受扶养的权利不得转让和处分的问题，可以作相应的法律规定，也可以仅作必要的立法解释或司法解释。

## 问题与思考

1. 如何理解扶养的含义？
2. 扶养关系有哪些特点？
3. 扶养有何现实意义？
4. 如何把握我国现行法中的扶养体系？
5. 如何完善我国的扶养制度？
6. 如何协调社会保障与亲属扶养的关系？
7. 我国扶养制度的立法重点应是哪些方面？
8. 直系姻亲是否应当被列入扶养的调整范围？（依个人见解分析其利弊）

# 第十一章 监护

## 本章导读

监护是依照法律规定，对特定自然人的人身权益和财产权益进行监督、保护的法律制度。监护制度是一项重要的民事法律制度，它关系到对未成年人、无民事行为能力或者限制民事行为能力的成年人的合法权益的保障问题。根据我国法律的规定，监护分为法定监护和指定监护。监护具有自身的法律特征，即设立监护有明确的目的性，监护关系的主体具有特定性，监护关系的内容具有法定性。

## 关键术语

监护　监护人　被监护人　法定监护　指定监护　监护的设立　监护人的责任　监护的终止　监护的撤销

## 第一节　监护制度概说

### 一、监护的概念

"监护"一词，从不同的角度来考察，有不同的含义。

从法律制度的角度来看，监护制度是指为保护无民事行为能力人、限制民事行为能力人的人身和财产权利而由法定或者指定的自然人或者组织依法对其加以监督和保护的民事法律制度。

从法律关系的角度而言，监护关系是指在监护人和被监护人之间发生的由监护人对被监护人予以监督、保护的权利和义务关系。在该关系中，依法监督、保护无民事行为能力人、限制民事行为能力人的自然人或者组织是监护人，受监护人监督、保护的无民事行为能力人、限制民事行为能力人是被监护人。

本章也是从这两个角度分别使用监护的概念的。

## 二、监护制度的历史沿革

监护制度的产生和发展，经历了一个长期的历史演变过程。在古代的宗法家族制度下，对家庭成员，特别是其中的未成年人的监督和保护，是以家为本位的。中国古代的家长制家庭中，家长的权力十分强大，家长权、父权、夫权往往是三位一体的。这些权力中，实际上也包含了监护权的内容。在古代西方，罗马法中的家父权、日耳曼法中的保护权，均兼具监护权的性质。在此种情形下，一般无须在家以外另行设置监护人。罗马法中需要监护的人，包括作为自权人的妇女、已成为家父的未适婚人、未成年人，被解放的奴隶等。在中国古代，家长本人年幼或出于其他原因无法管理家庭时，多以“管家”“顾命”“托孤”等形式委托他人（一般均为近支宗亲）予以辅佐，但并未形成一种独立的制度。

作为民法，特别是亲属法中一种独立的制度，监护制度是在资本主义时代确立的。随着宗法社会的崩溃和家长制的逐步被破除，以个人为本位的监护替代了以家为本位的监护。在新的社会经济条件下，除对未成年人的监护外，对禁治产人的监护越来越受到各国法律的重视。在大陆法系国家中，亲权制度和监护制度并存。在英美法系国家中，监护和亲权不分，统称为监护。但是，父母对未成年子女的监护和其他监护人对未成年人的监护，在权利、义务方面是有所区别的。中国封建时代的法律中本无监护之说，《大清民律草案》以及北洋军阀政府时期大理院的判例始承认监护制度。1930 年国民党政府制定的民法亲属编中特设监护一章，并将监护分为未成年人之监护和禁治产人之监护两种，并以亲属会议为监护之监督机关，法院仅处于间接的监督地位。自中华人民共和国成立后，1980 年《婚姻法》中增设了父母对未成年子女的管教和保护等类似监护的规定。1986 年《民法通则》在第二章第二节中对监护制度作了若干比较原则性的规定，涉及监护人的范围和顺序以及监护人的职责等。《民法典》之总则编第二章第二节较为全面地建立起了监护制度。

## 三、监护的种类

按照我国现行法律规定，以产生监护关系的途径和方法为标准，可将监护分为以下四种。

1. 法定监护

法定监护，是指按照法律的直接规定而设置的监护。关于法定监护，《民法典》第 27 条明确地规定了未成年人的监护人的范围和顺序，第 28 条规定了无民事行为能力或限制民事行为能力的成年人的监护人的范围和顺序。从这些规定来看，法定监护主要是亲属监护；没有亲属担任监护人的，法律规定其他个人或社会组织也可依法担任监护人。

2. 遗嘱监护

遗嘱监护是指被监护人的父母可以通过立遗嘱的形式为被监护人指定监护人。《民法典》第 29 条是关于遗嘱监护的规定。遗嘱监护制度有助于满足实践中一些父母在生前为其需要监护的子女作出监护安排的要求，既有利于尊重父母的意愿，也有利于更好地保护被监护人的利益。

3. 指定监护

指定监护，是指按照法定的组织或者法院的指定而设置的监护。《民法典》第 31 条是有关指定监护的规定：对于担任监护人有争议的，由被监护人住所地的居民委员会、村民委员会或者民政部门指定监护人。有关当事人对指定不服的，可以向人民法院申请指定监护人；有关当事人也可以直接向人民法院申请指定监护人。

4. 意定监护

由于我国人口老龄化不断加重的现状，单一的法定监护制度已经难以满足实践需要，因此《民法典》制定了意定监护制度。《民法典》第33条规定：具有完全民事行为能力的成年人，可以与其近亲属、其他愿意担任监护人的个人或者组织事先协商，以书面形式确定自己的监护人。协商确定的监护人在该成年人丧失或者部分丧失民事行为能力时，履行监护职责。

## 四、监护的法律特征

监护具有如下法律特征：

(1) 设立监护制度有明确的目的性，即为了保护无民事行为能力人或限制民事行为能力人的人身和财产权利。无民事行为能力人或限制民事行为能力人虽然与其他民事主体具有平等的民事权利能力，但因其民事行为能力方面的缺陷，难以自行实现其人身和财产方面的民事权利，为此，需要为其设立监护人，从而保护其各种权益，以利于未成年的被监护人健康成长，以利于处在精神病状态下的成年人正常生活。

(2) 监护关系的主体具有特定性，即作为监护人的特定自然人或者组织与作为被监护人的无民事行为能力人或限制民事行为能力人之间具有特定性。监护人是依照法律的直接规定而产生或者由法定的组织、法院依法指定，而被监护人则与监护人有着特定的亲属关系或者行政管理关系。

(3) 监护关系的内容具有法定性，即监护人对被监护人进行监督、保护的权利与义务来自法律的直接规定。监护行为不仅直接关系到无民事行为能力人或限制民事行为能力人的人身和财产权利的实现，同时还涉及第三人的权益，并产生相应的社会后果，对社会秩序有一定影响，因此，监护关系的内容只能由法律直接加以规定，而不允许当事人自行约定或者对法律规定有所变动。

# 第二节 监护的设立

监护的设立，又称监护人的确定，是指依照法定或者指定，为无民事行为能力人或者限制民事行为能力人设定监护人的程序。《民法典》之总则编对监护人的设立规定了法定设立、指定设立两种程序。

## 一、监护人的法定设立

根据有利于实现无民事行为能力人或限制民事行为能力人的人身权利、财产权利的立法宗旨，《民法典》总则编分别对为未成年人和无民事行为能力或限制民事行为能力的成年人设立法定监护提出了不同的法律要求。

## （一）为未成年人设立的法定监护

1. 未成年人以其父母为当然的法定监护人

在现实生活中，未成年人一般都同其父母共同生活在一起，在物质生活上依靠父母抚养，其思想品德由其父母培养，日常生活中的民事活动大部分由父母代理。基于父母对未成年子女抚养、教育和保护的权利和义务关系，未成年人的父母从其出生之日起便取得了法定监护人的资格，成为其当然的法定监护人。因此，我国《民法典》第 27 条第 1 款明确规定，未成年人的父母是未成年人的监护人。

确定父母作为未成年人的法定监护人，应明确以下几点：第一，父母对未成年人的监护资格是法律直接赋予的，无须经过任何其他程序。第二，作为未成年子女的法定监护人的父母，包括生父母、养父母、有扶养关系的继父母。第三，父母担任未成年子女的法定监护人的资格，不因父母的离婚而丧失。父母离婚后，子女无论是同父方还是同母方生活，仍是父母双方的子女，父和母仍是未成年子女的法定监护人。

2. 未成年人的其他法定监护人

《民法典》第 27 条第 2 款规定，未成年人的父母已经死亡或者没有监护能力的，由下列有监护能力的人按顺序担任监护人：(1) 祖父母、外祖父母；(2) 兄、姐；(3) 其他愿意担任监护人的个人或者组织，但是须经未成年人住所地的居民委员会、村民委员会或者民政部门同意。

通过对以下案例的分析，我们可以进一步了解未成年人法定监护的概念。

杨某与韩某结婚后育有一子小杰。后杨某与韩某因性格不合导致频繁的家庭矛盾，最终感情破裂并办理协议离婚。离婚后，孩子小杰由杨某直接抚养。杨某因外出打工，将小杰交与自己的父母杨甲和赵某抚养。同年年底，杨某在外打工时从脚手架上摔落，不幸死亡。韩某得知杨某死讯后，要求杨某父母将小杰交给自己抚养，遭到拒绝。双方就小杰的监护问题多次协商未果，韩某向法院起诉，要求杨甲和赵某停止侵害自己的监护权，请求法院判令自己行使对小杰的监护权。

对于祖父母的抚养关系可否对抗父母法定监护的争议，我们认为，关于未成年人的监护人，《民法典》第 27 条第 1 款明确规定：未成年人的父母是未成年人的监护人。可见，父母是未成年人当然的监护人，这种监护是不需要附加条件和程序的，自孩子出生起，父母就获得了对自己孩子的监护权。《民法典》第 1084 条第 1 款、第 2 款规定：父母与子女间的关系，不因父母离婚而消除。离婚后，子女无论由父或者母直接抚养，仍是父母双方的子女。离婚后，父母对于子女仍有抚养、教育、保护的权利和义务。所以父母离婚后，虽然孩子只随一方生活，但是其仍然是父母双方的子女，父母双方对未成年人的监护权并不因为离婚而消灭。当父母不能行使对未成年人的监护权时，才需要其他人履行对未成年人的监护职责。

本案中韩某作为小杰的母亲，具有对小杰的法定监护权，这种权利不因其离婚而消灭。小杰随其祖父母杨甲和赵某生活，并不导致韩某的法定监护权丧失。因此，当杨某去世后，韩某要求对小杰行使监护权于法有据。

## （二）为成年人设定的法定监护

1. 成年人的法定监护人的范围和顺序

根据亲属关系的亲疏远近，《民法典》第 28 条规定，无民事行为能力或者限制民事行为能力的成年人，由下列有监护能力的人按顺序担任监护人：(1) 配偶；(2) 父母、子女；(3) 其他近亲属；(4) 其他愿意担任监护人的个人或者组织，但是须经被监护人住所地的居民委员会、村民委员会或者民政部门同意。该条规定的需要设立监护的成年人为无民事行为能力人或者限制民事行为能力人，包括因智力、精神障碍以及因年老、疾病等各种原因而辨识能力不足的成年人，

上述法定监护人的监护顺序依次为：第一，配偶；第二，父母；第三，成年子女；第四，其他近亲属，包括成年的兄弟姐妹，祖父母、外祖父母，成年的孙子女、外孙子女；第五，其他愿意担任监护人的个人或者组织，但是须经被监护人住所地的居民委员会、村民委员会或者民政部门同意。

2. 担任成年人的法定监护人应具备的条件

依照法律规定，担任成年人的法定监护人应具备如下条件：第一，必须具有监护能力。第二，其他愿意担任监护人的个人或者组织须经被监护人住所地的居民委员会、村民委员会或者民政部门同意。

通过阅读分析以下案例，我们能更好地理解对成年人的法定监护规则。

吕某有两个儿子吕甲、吕乙和一个女儿吕丙，三人均已结婚。吕丙与刘某结婚后在外地居住。吕某有房屋两间，平时独立生活居住。2019年，吕丙患上了精神分裂症。吕某得知女儿病情后，焦虑担忧，夜不能寐，突发心脏病死亡。刘某赶到吕某家中处理后事，并以吕丙的名义参与对吕某遗产的继承。吕甲与吕乙表示反对。刘某向法院起诉，请求法院宣告吕丙为无民事行为能力人，并指定自己为吕丙的法定监护人。

对于刘某是否可以成为吕丙之法定监护人的问题以及无民事行为能力人的监护人是否可以成为其法定代理人的问题，我们认为：根据《民法典》第28条的规定，无民事行为能力或者限制民事行为能力的成年人，由下列有监护能力的人按顺序担任监护人：(1) 配偶；(2) 父母、子女；(3) 其他近亲属；(4) 其他愿意担任监护人的个人或者组织，但是须经被监护人住所地的居民委员会、村民委员会或者民政部门同意。

在本案中，刘某为吕丙的配偶，在吕丙的法定监护人顺序中排在第一位。刘某在申请法院宣告患精神病的吕丙为无民事行为能力人后，将成为吕丙的法定监护人。《民法典》第23条规定：无民事行为能力人、限制民事行为能力人的监护人是其法定代理人。因此，刘某同时也是吕丙的法定代理人，刘某有权以吕丙的名义参与对吕某之遗产的继承。

## 二、监护人的指定设立

《民法典》第31条第1款规定：对监护人的确定有争议的，由被监护人住所地的居民委员会、村民委员会或者民政部门指定监护人，有关当事人对指定不服的，可以向人民法院申请指定监护人；有关当事人也可以直接向人民法院申请指定监护人。

为正确理解上述法律规定，应当明确如下几个方面的问题：(1) 由被监护人住所地居民委员会、村民委员会或者民政部门制定监护人。该指定并没有终局效力。有关当事人对该指定不服的，可以向法院提出申请，由法院指定监护人。法院的指定具有终局效力，被指定的监护人应当履行监护职责，不得推卸。(2) 当事人也可不经居民委员会、村民委员会或者民政部门的指定，直接向法院提出申请，由法院指定监护人。

通过对以下案例的阅读分析，我们能更好地理解指定监护的概念与程序。

王某与宋某结婚并育有一子王乙。王乙五岁时，王某与宋某在一起车祸中双双死亡，留下

许多财产。王乙被与其共同生活时间较长的祖父母王甲与李某接到身边抚养。根据王甲与李某的申请，当地居委会指定两人为王乙的监护人。宋某的父亲宋甲得知此事后也要求行使对王乙的监护权。宋甲在遭到王甲与李某的拒绝后向人民法院起诉，要求撤销居委会对王乙之监护人的指定，并指定自己为王乙的监护人。

对于如何为未成年人指定监护人的问题，我们认为：根据《民法典》第 27 条第 2 款的规定，未成年人的父母已经死亡或者没有监护能力的，可以按照下列顺序指定监护人：(1) 祖父母、外祖父母；(2) 兄、姐；(3) 其他愿意担任监护人的个人或者组织，但是须经未成年人住所地的居民委员会、村民委员会或者民政部门同意。当同一顺序中有多个符合条件的监护人时，法院要根据对被监护人有利原则选择监护人。当被监护人有识别能力时，应视情况征求被监护人的意见。本案中，在王乙父母死亡后，王乙的祖父母与外祖父作为《民法典》第 27 条第 2 款规定的第二顺位的监护人，都有资格被指定为王乙的监护人。鉴于王乙与其祖父母共同生活的时间较长，从王乙的利益考虑，宜维持居委会原来的指定监护。

# 第三节　监护人的权利、义务与责任

## 一、关于监护人之权利和义务的一般法律要求

为了实现设立监护制度的目的，《民法典》第 34 条第 1 款和第 2 款明确规定：监护人的职责是代理被监护人实施民事法律行为，保护被监护人的人身权利、财产权利以及其他合法权益等。监护人依法履行监护职责产生的权利，受法律保护。必须明确，《民法典》所使用的“监护职责”是指监护人依法享有的监护权利与所负担的监护义务的总称。

1. 监护人的权利

监护人依法享有下列权利：(1) 对被监护人的人身和财产等方面进行全面的保护和监督；(2) 对未成年的被监护人进行思想品德和文化素质的教育培养；(3) 依法对被监护人的财产进行必要的管理，并可以为被监护人的利益而处分被监护人的财产；(4) 代理被监护人进行民事活动和诉讼活动，对于以被监护人为一方的民事法律行为有法定代理权或同意权；(5) 当其监护权受到不法侵害时，有权诉请人民法院依法予以保护。

2. 监护人的义务

监护人必须履行的对被监护人的法定义务是：(1) 照顾被监护人的日常生活、身体发育和人身安全；(2) 引导和约束被监护人的行为；(3) 不得在有损于被监护人利益的情形下处分被监护人的财产；(4) 不得代理被监护人与自己为法律行为；(5) 监护人如为对被监护人有扶养义务的亲属，须依法承担扶养义务。被监护人如为精神病人，还需妥善处理治疗、康复等事宜。

对于监护人的权利和义务，我国现行法中尚无更为具体的规定，以上只是一般性地列举，仅供参考。需要说明的是，监护人的权利和义务是紧密地结合在一起的，两者往往是相互混同的。权利和义务在同一个过程中实现，指向共同的目标，即依法履行监护职责。

通过对以下案例的阅读与分析，我们可以进一步理解监护的权利和义务关系。

吴某 15 岁时父母双亡。吴某父母留下房屋一套、其他财产若干。吴某在父母去世后与舅舅金某共同生活，其财产由金某管理。期间金某的朋友赵某需要租房，金某便以市场价格的一

半将吴某所继承的房屋出租给赵某两年。吴某虽不情愿，但无奈接受。吴某成年后，便要求金某返还房产和其他遗产。金某在转交吴某继承的财产时扣除了吴某的学费和生活费共3万元。吴某认为金某有抚养自己的义务，不应该用自己继承的财产支付学费和生活费，遂诉至法院，要求金某返还自己继承的全部财产，并且赔偿自己两年房租的损失。

对于监护人应当如何处分被监护人财产的问题，我们认为：根据《民法典》第34条第1款的规定，监护人不仅要保护被监护人的人身安全，也要保护被监护人的财产及其他合法权益不受损害。监护人有权管理被监护人的财产，但是监护制度可能引发滥用被监护人财产、损害被监护人利益的情况，因此，法律规定监护人只有在为被监护人利益的情况下才能处分其财产。本案中金某作为吴某的监护人，有权将吴某继承的房屋出租，但是金某以明显的低价将房屋出租给自己的朋友，显然造成了吴某的财产损失。因此，金某应该赔偿吴某两年里出租房屋所受的损失。

金某作为吴某的舅舅，在金某父母双亡后成为吴某的监护人是符合法律规定的。但是在吴某因继承获得财产的情况下，金某并没有以自己的财产对吴某进行抚养的义务。金某作为监护人有权为了吴某的利益处分吴某的财产。缴纳学费和生活费都是为了吴某利益而处分财产，因此金某使用吴某继承的财产来支付学费和生活费是符合法律规定的。《民法典》第34条第2款规定：监护人依法履行监护职责产生的权利，受法律保护。所以，法院不应支持吴某要求金某返还学费和生活费的请求。

## 二、监护人的责任

监护人应当在法律规定的范围内履行其监护职责，维护被监护人的合法权益，并且不得损害被监护人的利益，否则，监护人应承担相应的法律责任。《民法典》第34条第3款中规定：监护人不履行监护职责或者侵害被监护人合法权益的，应当承担责任。

1. 对被监护人本人应承担的责任

监护人不法侵害被监护人的人身权利和财产权利的，应当承担停止侵害、返还财产、赔偿损失等民事责任或者相应的刑事责任与行政责任。

2. 对于被监护人致他人以损害应承担的责任

监护人不履行监护职责或者不完全履行监护职责，导致被监护人侵害国家和社会组织的财产权利或者侵害了其他公民的人身和财产权利并造成损害的，监护人须承担损害赔偿的民事责任。但是如果监护人尽到了监护义务，可相应减轻其民事责任。

通过阅读和分析以下案例，我们可以进一步了解监护人的监护责任问题。

41岁的黄某患有严重的精神分裂症，在父母去世后随其兄黄甲生活，黄某还有一姐姐黄乙。2019年黄某在大街上闲逛，遇到了同村的青年于某。于某用树枝打黄某取乐，黄某被激怒于是与于某厮打起来。打斗中于某头部着地昏迷，送医后不久死亡。事后，经有关机构鉴定，黄某系精神病人，不能辨认自己的行为。于某家人诉至法院，要求黄甲与黄乙承担民事赔偿责任。黄甲辩称于某明知黄某精神有问题，还主动挑逗黄某，故应自己承担责任。黄乙辩称黄某随黄甲生活，自己不是黄某的监护人，对于黄某打人致死一事没有过错，因此不应承担责任。

对于本案中黄甲、黄乙的监护责任问题以及于某是否有过失的问题，我们认为：根据《民法典》第28条之规定，对于无民事行为能力或者限制民事行为能力的成年人，在没有配偶、父母和成年子女的情况下，其他近亲属可以成为其法定的监护人。因此，黄甲与黄乙作为黄某的兄弟姐妹，在黄某没有配偶、子女并且父母去世的情况下，是黄某的法定监护人，并且是同一顺位的法定监护人。

《民法典》第 1188 条第 1 款规定：无民事行为能力人、限制民事行为能力人造成他人损害的，由监护人承担侵权责任。监护人尽到监护责任的，可以减轻其侵权责任。据此，我国对监护人责任采无过错责任原则，黄甲与黄乙不能以自己没有过错为由抗辩。黄甲与黄乙明知黄某患精神病，没有尽到看管黄某的义务，使其随意在大街上闲逛并殴打他人。因此，黄甲和黄乙自身不存在减轻责任的情形，应当对黄某造成他人的损害承担责任。

《民法典》第 1173 条规定：被侵权人对同一损害的发生或者扩大有过错的，可以减轻侵权人的责任。本案中，于某明知黄某有精神疾病，还挑逗黄某取乐，致损害发生，故其对损害结果的发生及扩大有过错，据此可以适当减轻黄甲与黄乙的监护人责任。

# 第四节　监护的终止与撤销

监护的终止与撤销，是引起监护关系消灭的两种法律事实。

## 一、监护的终止

监护的终止，是指依法设定监护的客观情况已经消失，监护关系没有继续存在的必要，从而导致监护关系的消灭。例如，未成年人伴随年龄的增长已成为成年人，无民事行为能力或者限制行为能力的精神病人因病情好转已经恢复了完全民事行为能力，已无继续监护关系的必要，应终止监护。

## 二、监护的撤销

监护的撤销，是指监护人未尽到监护的义务或者对被监护人的人身权利和财产权利实施不法侵害，继续保持监护关系显然对被监护人不利，被监护人的其他利害关系人或有关组织可依法向法院提起诉讼，申请撤销原监护人的资格。依照《民法典》第 36 条的规定，在发生监护人不履行监护职责或者侵害被监护人合法权益的情况下，人民法院可以根据有关个人或者组织的申请，撤销监护人的资格。人民法院撤销原监护人的资格时，应当按照最有利于被监护人的原则为被监护人依法指定监护人。

## 问题与思考

1. 如何理解监护的概念？
2. 监护有哪些特征？
3. 监护人的权利、义务和责任包括哪些内容？
4. 监护的终止和撤销有何异同？

# 第十二章 法律责任

法律责任是保障法律义务得到履行、法律权利得到实现的重要机制，是主体权利受到侵害时的重要救济手段。《民法典》开创了婚姻家庭法律制度的法典化时代。《民法典》相关立法原则的确定、立法价值的发展，为相关立法和研究提供了有益的法律标准和理论依据。因此，婚姻家庭关系中的法律责任，既要受到《民法典》的统领与保障，也受到刑法、行政法等其他部门法的调整。

## 第一节 《民法典》之总则编是婚姻家庭责任的基础

《民法通则》单独规定了民事责任制度，开创了民事责任单独立法的体例。《民法典》继承了这种立法体例，在总则编第八章规定了民事责任，对民事责任的产生根据、责任形态、责任方式及抗辩事由、请求权基础和责任地位等都进行了具体规定。婚姻家庭编作为《民法典》的重要组成部分，当然应当适用《民法典》之总则编对民事责任的基本规定。因此，《民法典》之总则编中的民事责任制度对婚姻家庭编具有统领作用，具体表现在以下方面。

### 一、总则编决定了婚姻家庭中法律责任的价值

依据《民法典》第1条的规定，《民法典》必须体现和弘扬社会主义核心价值观。就婚姻家庭关系而言，相关立法中也贯彻了以人为本、人亲和谐、人文关怀等立法价值。这些基本立法思想决定了婚姻家庭关系中法律责任的价值。其既要实现对权利主体的救济，也要维护人、家庭、社会的基本伦理秩序。例如，在婚姻关系存续期间一方请求另一方承担损害赔偿，要以离婚为前提。这样的规定一方面提供了受害方得到救济的途径，另一方面也维护了社会中家庭结构的稳定。

### 二、总则编规定了婚姻家庭责任的基本制度

民事责任制度的一般规则是对全部民事责任的概括性规定。《民法典》第176条规定，民

事主体依照法律规定或者按照当事人约定，履行民事义务，承担民事责任。该条是民事责任产生根据的原则性规定。据此，在婚姻家庭关系中，不履行法定义务和约定义务的主体，都应承担相应的民事责任。这种法定或者约定义务不仅仅是《民法典》之婚姻家庭编中规定的义务，也包括一般性的义务。例如，不得伤害其他主体的身体健康等等。这些义务适用于所有法律关系，婚姻家庭关系也不例外。除此之外，婚姻家庭关系中的法定义务具有一定特殊性，例如婚姻家庭中的义务具有特定性，即配偶的权利、义务只能在婚姻关系中产生。若没有婚姻关系，这种义务就不能存在。所以婚姻家庭中的法律责任具有相对性，以特定的身份关系存在为前提。

### 三、总则编明确了民事责任与其他法律责任的关系

《民法典》第 187 条规定，民事主体因同一行为应当承担民事责任、行政责任和刑事责任的，承担行政责任或者刑事责任不影响承担民事责任；民事主体的财产不足以支付的，优先用于承担民事责任。婚姻家庭中的法律责任往往不仅仅是民事责任。在一定条件下，加害方可能还要承担行政责任或者刑事责任。这些法律责任规定在《反家庭暴力法》《刑法》等相关法律之中。根据《民法典》的规定，民事责任的承担不影响加害人承担其他法律责任。但是，当民事主体的财产不足以承担全部责任时，应当优先承担民事责任。

## 第二节 《民法典》其余各编是婚姻家庭责任的补充

《民法典》是对我国原有民事单行法律的修改、完善、整合，是一部具有体系性、逻辑性、整体性的民商事基础性法律。其被称为法典，说明其具有严密的检索功能和强大的解释功能。《民法典》其余各编均与婚姻家庭编具有十分密切的联系，均对婚姻家庭编的实施具有保障作用。

### 一、物权编对婚姻家庭责任的补充

《民法典》之物权编专门“调整因物的归属和利用产生的民事关系”。物权编不仅在第一章明确规定了“国家、集体、私人的物权和其他权利人的物权受法律平等保护，任何组织或者个人不得侵犯”，而且在第八章规定了与婚姻家庭直接相关的共有制度。其中，关于共同共有人权利、义务的规定，与侵害共有人共有权的民事责任直接相关。因此，在婚姻家庭关系中，当事人是否侵害了他人的共有权，除了应当依据婚姻家庭编的相关规定，还应当适用物权编关于共同共有的相关规定。此外，物权编第十四章关于居住权的规定，也与婚姻家庭密切相关。

### 二、合同编对婚姻家庭责任的补充

《民法典》之合同编的规定修改了 1999 年《合同法》。《民法典》第 464 条明确规定，合同

是民事主体之间设立、变更、终止民事法律关系的协议。婚姻、收养、监护等有关身份关系的协议，适用有关该身份关系的法律规定；没有规定的，可以根据其性质参照适用本编规定。由此可见，有关婚姻、收养、监护等具有身份关系性质的协议，首先应当适用婚姻家庭编的规定；婚姻家庭编没有相关规定的，可以根据其性质参照适用合同编的规定。据此，基于婚姻家庭关系产生的相关协议，比如婚约、同居协议、忠诚协议、析产协议、扶养协议等，均可参照合同法的规定处理。违反相关协议者均应承担相应的违约责任。

## 三、人格权编对婚姻家庭责任的补充

婚姻家庭关系对内而言当然是一种配偶、亲子和亲属等身份权关系，但对外而言，亦具有人格权关系的性质。不仅婚姻家庭关系中的每一个人均依法享有各自独立的人格权，而且配偶之间、亲子之间、亲属之间的身份关系对外亦具有相应的人格利益。因此，《民法典》第1001条明确规定，对自然人因婚姻家庭关系等产生的身份权利的保护，适用本法第一编、第五编和其他法律的相关规定；没有规定的，可以根据其性质参照适用本编人格权保护的有关规定。由此可见，人格权编对婚姻家庭关系的保护亦具有十分重要的支撑和补充意义。

## 四、侵权责任编对婚姻家庭责任的补充

《民法典》之侵权责任编是“调整因侵害民事权益产生的民事关系”的基本规定。其具有权利保障法的性质，在《民法典》中处于权利救济法的位置。因此，对于侵害婚姻家庭关系中的民事权利的行为，要么应当适用合同编的相关规定，要么应当适用侵权责任编的相关规定。所以，《民法典》之侵权责任编对婚姻家庭关系亦具有十分重要的保障作用。

# 第三节 侵害婚姻家庭权利的民事责任

侵害婚姻家庭权利的民事责任，是家庭成员违反法律规定的义务所要承担的法律后果。2001年修正的《婚姻法》专章规定了救助措施与法律责任。《民法典》虽然没有采用这种立法方式，但是将不同的民事责任规定在了相关的编、章、节之中。根据《民法典》的规定，婚姻家庭关系中的民事责任主要有以下几种。

## 一、损害赔偿责任

### （一）婚姻无效或被撤销时过错方的损害赔偿责任

《民法典》第1054条规定，无效的或者被撤销的婚姻自始没有法律约束力，当事人不具有夫妻的权利和义务。同居期间所得的财产，由当事人协议处理；协议不成的，由人民法院根据照顾无过错方的原则判决。对重婚导致的无效婚姻的财产处理，不得侵害合法婚姻当事人的财产权益。当事人所生的子女，适用本法关于父母子女的规定。婚姻无效或者被撤销的，无过错

方有权请求损害赔偿。

缔结婚姻的行为属于民事法律行为，根据《民法典》第157条的规定，当民事法律行为无效或被撤销时，过错方应当赔偿对方由此受到的损失，故而婚姻无效或被撤销时过错方的损害赔偿责任是《民法典》规定的民事法律行为制度的具体体现。

该损害赔偿责任以一方有过错为前提。根据《民法典》第1051条和第1052条的规定，如一方明知自己重婚、有禁止结婚的亲属关系、未到法定婚龄而缔结婚姻，或胁迫另一方结婚的，都属于有过错，均应依法承担赔偿责任。如双方都有过错，则各自承担相应的责任。

该损害赔偿责任主要是为了救济因婚姻无效或被撤销而产生的损失。实践中，一方不符合缔结婚姻的条件，但通过缔结婚姻骗取另一方财产的，会给另一方造成财产和精神的侵害，因此，该损害赔偿责任既包括物质损害赔偿责任，也包括精神损害赔偿责任。

### （二）离婚损害赔偿责任

《民法典》第1091条规定，有下列情形之一，导致离婚的，无过错方有权请求损害赔偿：(1) 重婚；(2) 与他人同居；(3) 实施家庭暴力；(4) 虐待、遗弃家庭成员；(5) 有其他重大过错。该条规定了离婚损害赔偿制度，该制度的价值在于赋权婚姻关系中无过错一方在离婚时追究实施侵害行为导致离婚一方的损害赔偿责任，以实现对无过错方的损害填补和精神慰藉。

离婚损害赔偿责任的构成要件包括以下几个方面。

第一，一方实施了导致离婚的违法行为，包括重婚，与他人同居，实施家庭暴力，虐待、遗弃家庭成员以及其他重大过错。根据《婚姻法》相关司法解释的规定，“与他人同居”的情形是指有配偶者与婚外异性，不以夫妻名义，持续、稳定地共同居住；“家庭暴力”是指行为人以殴打、捆绑、残害、强行限制人身自由或者其他手段，给其家庭成员的身体、精神等方面造成一定伤害后果的行为。持续性、经常性的家庭暴力，构成虐待。

第二，违法行为人有主观过错。一般认为，行为人实施违法行为时主观上应有故意。因此，在此对过错不应作扩大理解，家庭生活中的其他过错行为，只要不属于《民法典》第1091条规定的范围，应被视为无过错。对此，最高人民法院在有关司法解释中规定，在夫妻双方均有过错情形，一方或者双方向对方提出离婚损害赔偿请求的，人民法院不予支持。

第三，具有损害事实。实践中，因配偶一方的重大过错导致离婚的，无过错一方往往既遭受精神痛苦还受到财产损失。最高人民法院在有关司法解释中指出：离婚损害赔偿，包括物质损害赔偿和精神损害赔偿。物质损害包括直接损失和间接损失。直接损失是加害人的不法行为对受害人的固有人身、财产造成的损失。间接损失是受害人因加害行为而造成可得利益的丧失。物质损害赔偿数额可按损害结果如实计算。精神损害是受害人因遭受侵害而承受的精神痛苦。对精神损害的赔偿，也体现了民法以人为本的立法思想。根据最高人民法院《关于确定民事侵权精神损害赔偿责任若干问题的解释》的规定，精神损害的赔偿数额可参考侵权行为人的过错程度，侵害的手段、场合，行为方式等具体情节，侵权行为所造成的后果，侵权人的获利情况，侵权行为人承担责任的经济能力及当地平均生活水平等具体因素加以认定。

第四，违法行为与损害事实之间有因果关系。如果加害人的行为与损害结果之间没有因果关系，那么加害人对损害结果不承担损害赔偿责任。这里的加害人只能是婚姻关系中无过错的配偶。如双方不存在婚姻关系，则不成立离婚损害赔偿。离婚损害赔偿与无效或可撤销婚姻中的损害赔偿不同：于后者婚姻关系并不成立，是因婚姻关系不成立而对无过错方的救济；于前者以婚姻关系成立为前提。

第五，符合程序性要求。相关司法解释对于提出损害赔偿请求的程序进行了规定。(1) 人民法院判决不准离婚的案件，对于当事人提出的损害赔偿请求，不予支持。在婚姻关系存续期间，当事人不起诉离婚而单独提出损害赔偿请求的，人民法院不予受理。(2) 人民法院受理离婚案件时，应当区分以下不同情况：1) 无过错方作为原告向人民法院提出损害赔偿请求的，必须在离婚诉讼的同时提出。2) 无过错方作为被告的离婚诉讼案件中，如果被告不同意离婚，也不提出损害赔偿请求的，可以在离婚后一年内就此单独提起诉讼。3) 无过错方作为被告的离婚诉讼案件中，一审时被告未提出损害赔偿请求，二审期间提出的，人民法院应当进行调解，调解不成的，告知当事人在离婚后一年内另行起诉。(3) 当事人在婚姻登记机关办理离婚登记手续后，向人民法院提出损害赔偿请求的，人民法院应当受理。但当事人在协议离婚时已经明确表示放弃该项请求，或者在办理离婚登记手续一年后提出的，不予支持。

## 二、给付扶养费、抚养费、赡养费的责任

养老育幼是中华民族的传统家庭观念。实践中，对于遗弃家庭成员或不履行抚养、扶养、赡养义务的人，应依法追究其法律责任。要求其给付扶养费、抚养费和赡养费符合婚姻家庭法的人文关怀立法思想，也起到了维护社会稳定的作用。

### (一) 夫妻间给付扶养费责任

《民法典》第1059条规定，夫妻有相互扶养的义务。需要扶养的一方，在另一方不履行扶养义务时，有要求其给付扶养费的权利。该条规定了夫妻之间的扶养义务。相互扶养是配偶之间的当然义务，如一方不履行该义务，需要扶养的另一方可以要求其支付扶养费。

### (二) 父母、子女间给付抚养费、赡养费责任

《民法典》第1067条规定，父母不履行抚养义务的，未成年子女或者不能独立生活的成年子女，有要求父母给付抚养费的权利；成年子女不履行赡养义务的，缺乏劳动能力或者生活困难的父母，有要求成年子女给付赡养费的权利。该条规定了父母与子女之间的抚养、赡养义务。《民法典》第26条规定，父母对未成年子女负有抚养、教育和保护的义务，成年子女对父母负有赡养、扶助和保护的义务。如果义务主体不履行该义务，权利人可以要求其承担支付抚养费、赡养费的责任。根据有关司法解释的规定，“不能独立生活的子女”是指尚在校接受高中及其以下学历教育，或者丧失或未完全丧失劳动能力等非因主观原因而无法维持正常生活的成年子女。所称“抚养费”，包括子女生活费、教育费、医疗费等费用。对于非婚生子女，不直接抚养非婚生子女的生父或者生母，应当负担未成年子女或者不能独立生活的成年子女的抚养费。

《民法典》第1118条第1款中规定，收养关系解除后，经养父母抚养的成年养子女，对缺乏劳动能力又缺乏生活来源的养父母，应当给付生活费。该条规定了收养关系解除后的财产义务和责任。自收养关系成立之日起，养父母与养子女之间的权利和义务关系，适用父母子女之间关系的规定。如果收养关系解除，他们之间并不存在法定的抚养与赡养义务。但是，为了保护缺乏劳动能力又缺乏生活来源的养父母的权利，经养父母抚养的成年养子女仍有对养父母给付生活费的责任。

### （三）其他家庭成员间给付扶养费、抚养费、赡养费的责任

除了规定配偶之间、父母与子女之间的扶养、抚养与赡养义务，《民法典》还规定了祖与孙之间的抚养、赡养义务，兄姐与弟妹之间的扶养义务。违反这些义务者同样要承担支付抚养费、扶养费与赡养费的责任。

在司法实践中，应当根据义务人的经济能力和受害人的生活需要确定合理的扶养、抚养、赡养等费用。当受害人生活困难时，人民法院可以裁定先予执行，以保障受害人正常的生活需要。

## 三、侵害夫妻共同财产的责任

夫妻共同财产是家庭生产、发展的基础。夫妻双方应共同协商，平等地使用和处分共同财产。如果一方侵害了夫妻共同的财产权利，就需要通过对共同财产的分割进行救济。

### （一）婚姻关系存续期间的共同财产分割

《民法典》第 1066 条规定，婚姻关系存续期间，有下列情形之一的，夫妻一方可以向人民法院请求分割共同财产：(1) 一方有隐藏、转移、变卖、毁损、挥霍夫妻共同财产或者伪造夫妻共同债务等严重损害夫妻共同财产利益的行为；(2) 一方负有法定扶养义务的人患重大疾病需要医治，另一方不同意支付相关医疗费用。

婚姻关系存续期间的共同财产本无须分割，应由夫妻双方共同使用。只有在出现法定重大事由时，一方才可以请求分割共同财产。当一方有隐藏、转移、变卖、毁损、挥霍夫妻共同财产或者伪造夫妻共同债务等严重损害夫妻共同财产利益的行为时，另一方可以请求分割财产。对此，应注意以下几点：第一，这种损害夫妻共同财产的行为要达到严重的程度。家庭生活中难免会出现财产消费与经营支出，如果达不到严重的程度，就不能请求财产分割。第二，必须是一方的行为。如果是在另一方知情、同意的情况下进行的行为，不构成对共同财产的侵害，另一方也不能由此提出财产分割。当一方负有法定扶养义务的人患重大疾病需要医治，另一方不同意支付相关医疗费用时，一方可以请求分割财产。对此，应注意以下几点：第一，对一方负有法定扶养义务应作扩大解释，既包括对子女的扶养，也包括对父母的赡养。第二，一方对其有扶养义务之人所患为重大疾病需要医治。一般而言重大疾病是指威胁生命健康，需要数额较大治疗费用的疾病。

在法定条件下，对婚姻关系存续期间的财产可以进行分割。在分割时应考虑未成年子女的利益，照顾无过错一方的利益，尊重当事人的意愿，维持家庭的和谐与稳定。

### （二）离婚时隐藏、转移共同财产等的责任

《民法典》第 1092 条规定：夫妻一方隐藏、转移、变卖、毁损、挥霍夫妻共同财产，或者伪造夫妻共同债务企图侵占另一方财产的，在离婚分割夫妻共同财产时，对该方可以少分或者不分。离婚后，另一方发现有上述行为的，可以向人民法院提起诉讼，请求再次分割夫妻共同财产。该条规定了夫妻一方通过非法手段侵害夫妻共同财产的，在离婚时另一方可以通过分割财产获得救济。在时间上，要求侵害行为发生在婚姻关系存续期间。在实践中，转移财产等侵害行为往往具有隐蔽性，离婚时不易被发现，所以，在离婚后，另一方发现一方有此类侵害行为的，可以请求再次分割财产。一方实施侵害共同财产的行为时主观上应为故意，如因为投资

失败、经营不善而导致夫妻共同财产损失的，不适用《民法典》第 1092 条。

在对财产的处理上，需要从司法成本的角度进行考量。《人民法院审理离婚案件处理财产分割问题的若干具体意见》指出：具体处理时，应把隐藏、转移、变卖、毁损的财产作为隐藏、转移、变卖、毁损财产的一方分得的财产份额，对另一方应得的份额应以其他夫妻共同财产折抵，不足折抵的，差额部分由隐藏、转移、变卖、毁损财产的一方折价补偿对方。除上述意见外，对于具体的财产应该具体分析，可以予以追回的财产应该尽量追回，以实现财产分割公平。

## 四、监护人责任

依据《民法典》的规定，监护人应当承担监护职责、履行监护义务。如果监护人违反了监护义务，就需要承担监护人的责任。这种责任也属于婚姻家庭关系中的民事责任。监护人的责任可以分为两种类型：一是监护人侵害被监护人利益，不履行监护义务时所承担的责任。二是监护人未履行监护义务，被监护人侵害他人利益时，监护人应承担的责任。

### （一）监护人侵害被监护人利益的责任

按照《民法典》第 36 条的规定，监护人实施严重损害被监护人身心健康的行为；怠于履行监护职责，或者无法履行监护职责且拒绝将监护职责部分或者全部委托给他人，导致被监护人处于危困状态；实施严重侵害被监护人合法权益的其他行为的，人民法院根据有关个人或者组织的申请，撤销其监护人资格，安排必要的临时监护措施，并按照最有利于被监护人的原则依法指定监护人。

当监护人出现上述情况时，人民法院可以撤销其监护资格。但是，在撤销其监护资格的同时，还应依法追究其对被监护人的侵权责任。除此之外，依法负担被监护人抚养费、赡养费、扶养费的父母、子女、配偶等，被人民法院撤销监护人资格后，应当继续履行负担的义务。

### （二）被监护人侵害他人利益时监护人的责任

《民法典》第 1068 条规定：父母有教育、保护未成年子女的权利和义务。未成年子女造成他人损害的，父母应当依法承担民事责任。《民法典》第 1188 条也规定：无民事行为能力人、限制民事行为能力人造成他人损害的，由监护人承担侵权责任。监护人尽到监护职责的，可以减轻其侵权责任。有财产的无民事行为能力人、限制民事行为能力人造成他人损害的，从本人财产中支付赔偿费用；不足部分，由监护人赔偿。

在监护人与被监护人是近亲属关系时，监护人未尽到监护职责的，要承担侵权责任；如果尽到监护职责的，可以减轻侵权责任。父母是未成年子女的法定监护人，负有教育和保护未成年子女的义务，因此，由父母来承担侵权责任，可以督促父母及时履行监护义务，保障未成年人的合法权益。

# 第四节　侵害婚姻家庭权益的行政责任

在婚姻家庭关系中，对于侵害一方权利，但情节较轻，尚未构成犯罪的行为，可以依法给予行政处罚，使加害人承担行政责任。《民法典》第1042条规定：禁止包办、买卖婚姻和其他干涉婚姻自由的行为。禁止借婚姻索取财物。禁止重婚。禁止有配偶者与他人同居。禁止家庭暴力。禁止家庭成员间的虐待和遗弃。实施这些禁止的婚姻家庭行为的人不仅要承担民事责任，还有可能承担相应的行政处罚。

### 一、干涉婚姻自由

婚姻自主权是重要的民事权利。结婚应当男女双方完全自愿，禁止任何组织或个人加以干涉。对于老年人和妇女等在家庭关系中处于相对弱势的主体，《老年人权益保障法》及《妇女权益保障法》都明确规定，不得干涉婚姻自由。对于构成违反治安管理的行为，依法给予治安管理处罚。以暴力干涉他人婚姻自由的，可构成暴力干涉婚姻自由罪，行为人要承担刑事责任。

### 二、实施家庭暴力

家庭暴力是严重侵害家庭成员权利的行为。家庭暴力往往具有隐蔽性，外人很难知晓，所以家庭暴力产生的损害后果较为严重。《反家庭暴力法》《妇女权益保障法》专门对家庭暴力问题进行了规定，通过多种途径来预防家庭暴力，为受害者提供法律救济。如果家庭暴力行为构成了犯罪，侵害方要承担刑事责任。如构不成犯罪，可对其进行行政处罚。《反家庭暴力法》规定：被申请人违反人身安全保护令，构成犯罪的，依法追究刑事责任；尚不构成犯罪的，人民法院应当给予训诫，可以根据情节轻重处以1000元以下罚款、15日以下拘留。学校、幼儿园、医疗机构、居民委员会、村民委员会、社会工作服务机构、救助管理机构、福利机构及其工作人员未依照《反家庭暴力法》第14条规定向公安机关报案，造成严重后果的，由上级主管部门或者本单位对直接负责的主管人员和其他直接责任人员依法给予处分。负有反家庭暴力职责的国家工作人员玩忽职守、滥用职权、徇私舞弊的，依法给予处分；构成犯罪的，依法追究刑事责任。

### 三、虐待、遗弃家庭成员

虐待、遗弃家庭成员的行为严重侵犯了受害人的权利，情节严重的，将构成虐待罪与遗弃罪。尚未构成犯罪的，可受到行政处罚。《治安管理处罚法》第45条规定，有下列行为之一的，处5日以下拘留或者警告：(1) 虐待家庭成员，被虐待人要求处理的；(2) 遗弃没有独立生活能力的被扶养人的。

## 第五节　侵害婚姻家庭权益的刑事责任

在婚姻家庭关系中，实施了《民法典》中关于婚姻家庭的禁止性行为，达到犯罪的程度的，行为人要承担相应的刑事责任。其主要是侵犯主体人身权利的犯罪，如重婚罪、虐待罪、遗弃罪、暴力干涉婚姻自由罪、破坏军婚罪等。对于家庭暴力，根据犯罪行为，可分别适用有关虐待罪、故意杀人罪、过失致人死亡罪、故意伤害罪、过失致人重伤罪等规定。至于其他侵害妇女、儿童权益的犯罪，如拐卖妇女、儿童罪等，因不是婚姻家庭关系中的特有责任，在此不赘述。

## 一、暴力干涉婚姻自由罪

《刑法》第 257 条规定：以暴力干涉他人婚姻自由的，处 2 年以下有期徒刑或者拘役。犯前款罪，致使被害人死亡的，处 2 年以上 7 年以下有期徒刑。第 1 款罪，告诉的才处理。

暴力干涉婚姻自由罪属于告诉才处理的犯罪。但如暴力干涉婚姻自由导致被害人死亡的，则属于公诉案件。此罪在行为上表现为，以暴力行为干涉，如果是非暴力行为，或行为极为轻微，则不构成此罪。行为人主观上应是故意，过失不构成此罪。“致使被害人死亡”的情况包括在实施暴力干涉婚姻自由行为的过程中过失致被害人死亡，还包括暴力干涉行为导致被害人自杀。这里的被害人仅指受到暴力行为侵害的人，不包括其他人。

## 二、重婚罪

《刑法》第 258 条规定，有配偶而重婚的，或者明知他人有配偶而与之结婚的，处 2 年以下有期徒刑或者拘役。

构成重婚罪，必须有重婚的故意，包括有配偶或明知他人已经有配偶。如果不知他人有配偶而与之结婚的，不构成此罪。在司法实践中，对于事实婚姻关系是否构成重婚罪有争议。就民法而言，根据相关司法解释，1994 年 2 月 1 日民政部《婚姻登记管理条例》公布、实施以前，男女双方已经符合结婚实质要件的，按事实婚姻处理；1994 年 2 月 1 日民政部《婚姻登记管理条例》公布、实施以后，男女双方符合结婚实质要件的，人民法院应当告知其在案件受理前补办结婚登记，未补办结婚登记的，按解除同居关系处理。但对于刑法中的重婚罪，最高人民法院在有关批复中指出：1994 年 2 月 1 日发布的《婚姻登记管理条例》施行后，有配偶的人与他人以夫妻名义同居生活的，或者明知他人有配偶而与之以夫妻名义同居生活的，仍应按重婚罪定罪处罚。所以，重婚罪中的重婚包括再次登记结婚和有事实上的婚姻关系。

特殊情况下主体虽有重婚行为，但不以重婚罪论处。这类情形主要包括：因自然灾害外流谋生而重婚的；因配偶长期外出下落不明，造成家庭生活严重困难，又与他人结婚的；因强迫、包办婚姻或因婚后受虐待外逃重婚的；被拐卖后再婚的。上述几种情况都是受客观条件所迫，行为人没有主观罪过，故不应以重婚罪论处。

## 三、破坏军婚罪

《刑法》第 259 条规定：明知是现役军人的配偶而与之同居或者结婚的，处 3 年以下有期徒刑或者拘役。利用职权、从属关系，以胁迫手段奸淫现役军人的妻子的，依照本法第 236 条的规定定罪处罚。

破坏军婚罪要求行为人主观方面表现为故意，即明知是现役军人的配偶而与其结婚或者同居。如果不知是现役军人的配偶而与其结婚或者同居的，不构成该罪。该罪中的同居行为要求在一定时期内与现役军人配偶共同生活，可以是公开的，也可以是秘密的。该罪与重婚罪是法条竞合关系，如重婚行为破坏军婚的，应以破坏军婚罪论处。

利用职权、从属关系，以胁迫手段奸淫现役军人的妻子的，则以强奸罪论处。

## 四、虐待罪

《刑法》第 260 条规定：虐待家庭成员，情节恶劣的，处 2 年以下有期徒刑、拘役或者管制。犯前款罪，致使被害人重伤、死亡的，处 2 年以上 7 年以下有期徒刑。第 1 款罪，告诉的才处理，但被害人没有能力告诉，或者因受到强制、威吓无法告诉的除外。

虐待罪原则上属于告诉才处理的犯罪，但造成被害人重伤、死亡的不属于亲告罪。被害人没有能力告诉，或者因受到强制、威吓无法告诉的，应属于公诉案件。

虐待行为的对象是同一家庭中共同生活的家庭成员，不仅仅是婚姻家庭成员，也包括事实上共同生活的家庭成员。行为要求达到情节恶劣的程度。父母偶尔对犯错误的子女进行打骂、体罚，不应当认定为虐待罪。虐待行为通常具有经常性，既包括肉体上的打骂等行为，也包括精神上的折磨。

该罪所规定的致使被害人重伤、死亡，是指长期虐待导致被害人重伤、死亡或自杀。如果行为人故意造成被害人伤害或死亡的，应以故意伤害罪或故意杀人罪论处。如在长期虐待过程中，一次产生了伤害或杀人的故意，进而实施了伤害或杀人行为的，应构成虐待罪与故意伤害罪或故意杀人罪，数罪并罚。

## 五、遗弃罪

《刑法》第 261 条规定，对于年老、年幼、患病或者其他没有独立生活能力的人，负有扶养义务而拒绝扶养，情节恶劣的，处 5 年以下有期徒刑、拘役或者管制。

构成遗弃罪的行为主体是负有抚养义务的人。该义务人不限于有亲属关系的人。孤儿院、养老院等单位也可以构成该罪的主体；行为对象是指年老、年幼等没有独立生活能力的人。行为人应故意拒绝抚养，且达到恶劣的程度，如给受害人造成严重后果，经多次教育仍不悔改，造成不良社会影响。

构成该罪还要求行为人具有抚养能力。只有在行为人有扶养义务并且有能力履行这一义务而拒不履行时才构成该罪。如果行为人因确实没有负担能力而拒绝扶养的，不构成遗弃罪。经被害人有效承诺的遗弃行为，一般阻却违法。

## 问题与思考

1. 简述离婚损害赔偿的构成要件。
2. 简述妨害夫妻共同财产分割的处理方式。
3. 论《民法典》之总则编规定的法律责任制度对婚姻家庭编的影响。

# 第十三章
# 民族、涉外、涉侨及中国区际婚姻家庭法律问题

**本章导读**

在《民法典》公布之前40年，婚姻家庭法虽然是适用于全国各民族的普通法，但其内容主要反映了国家整体性婚姻家庭情况。宪法和法律允许各少数民族自治地方制定某些变通或补充规定，以适应少数民族婚姻家庭的特殊情况，加强少数民族地方婚姻家庭方面的法制建设，促进当地婚姻家庭制度的改革和社会的进步。在改革开放、"一国两制"和海峡两岸民间开通交往的时代背景下，我国涉外、涉侨和区际婚姻家庭问题日益增多。为加强调整，有关部门先后出台了一系列具有针对性的规定，为处理各种涉外、涉侨和区际婚姻家庭问题提供了相应的法律依据，同时也使国家、社会公共利益和有关各方当事人的合法权益得到切实的保障。本章属于历史性知识介绍，没有在《民法典》之婚姻家庭编中予以规定，故仅供学习参考。

**关键术语**

民族婚姻　涉外婚姻家庭关系的法律适用准据法　区际法律冲突　涉侨、涉港澳台的婚姻家庭法律问题

## 第一节　民族婚姻家庭法律问题

### 一、民族婚姻家庭及其立法

#### (一) 民族婚姻家庭的特征

民族婚姻家庭是指少数民族在民族内、少数民族之间、少数民族与汉族之间的婚姻和各种不同类型的家庭关系，其涉及的法律问题包括结婚、离婚、复婚、扶养、监护、收养等。

民族婚姻家庭通常有以下几个明显的特征：(1) 在民族婚姻家庭的主体中，双方或一方为

少数民族。(2) 民族婚姻家庭关系的内容具有明显的民族特色。我国目前共有56个民族，各少数民族都有不同的生产环境、传统文化、生活方式、宗教和风俗习惯，这些独特的、有别于其他民族的社会生活决定了其婚姻家庭生活的差异。(3) 民族婚姻家庭各方面具有很强的地方特色。我国少数民族分布在全国各地，具有散居多、聚居少的特点，在边疆地区较为集中。由于各民族人民生活的社会条件不同，民族婚姻家庭具有各自的特点。在同一民族的不同支系之间、居住在不同区域的同一少数民族间，婚姻家庭生活的内容和形式也不尽相同。(4) 民族婚姻家庭具有很强的传统特色。民族婚姻家庭从内容到形式，各方面都受制于各自民族特有的历史传统、婚姻家庭习俗和伦理道德。

### （二）关于处理民族婚姻家庭问题的一般要求

根据国家的民族政策，处理民族婚姻家庭法律问题应从总体上把握以下三个方面。

1. 不同民族间通婚应遵循的一般原则

我国各少数民族对不同民族通婚的态度不尽相同。各民族之间有的有通婚的习惯，有的是宗教教规不允许与外族通婚，有的则因民族间的隔阂而不许与某民族通婚。我国法律并不限制不同民族通婚。根据宪法和婚姻法规定的精神，对于不同民族间的通婚问题，应以尊重民族习惯、维护民族团结为基本原则。

许多民族自治地方在关于《婚姻法》的变通或补充规定中，允许不同民族间通婚。对此，应按照规定执行。有些民族自治地方在此类规定中对不同民族通婚问题未作明示，而当地的民族习惯或宗教教规又不允许与外族通婚的，应尽可能说服要求结婚的男女双方，尊重民族习惯，不要结婚，以免引起群众反感和民族纠纷。

若经过工作，双方当事人仍坚持结婚的，则应向有关人员宣传婚姻法，使他们能依法办事，尊重男女双方婚姻自由的权利。但是，如果该民族的民族习惯要求与本族人结婚者须加入该民族的，我们认为原则上应当接受。当然，是否因结婚而改变民族从属应由当事人自行决定。

2. 处理民族婚姻家庭纠纷的原则

对于不同民族的家庭成员之间因不尊重对方习俗而引起的纠纷，应劝导一方为了和睦相处，遵守对方的习俗。对于其他不同民族间的婚姻家庭纠纷，应从民族团结的原则出发，既要依照婚姻法以及民族自治地方的变通或补充规定办事，又要尊重和照顾少数民族的风俗习惯，妥善处理。对于故意利用婚姻家庭纠纷影响民族团结的，应予以批评教育。

3. 不同民族通婚所生子女或收养子女的民族从属问题

依照国家民族事务委员会和公安部等有关部委制定的《关于中国公民确定民族成分的规定》，个人的民族成分只能依据父或母的民族成分确定；不同民族的公民结婚所生子女，或收养的其他民族的幼儿，其民族成分在年满18周岁以前由父母或养父母商定，满18周岁者由本人确定。

### （三）民族自治地方对《婚姻法》的变通规定

虽然《婚姻法》是适用于全国各民族的法律，但是它的主要内容是针对汉族婚姻家庭的情况制定的。由于少数民族婚姻的特殊性，2001年修正后的《婚姻法》第50条具体规定：民族自治地方的人民代表大会有权结合当地民族婚姻家庭的具体情况，制定变通规定。自治州、自治县制定的变通规定，报省、自治区、直辖市人民代表大会常务委员会批准后生效。自治区制定的变通规定，报全国人民代表大会常务委员会批准后生效。这种变通规定的立法原则有二：一是必须符合《婚姻法》的基本原则；二是必须适合当地民族婚姻家庭的实际情况，以满足调整民族婚姻家庭关系的需要。《收养法》中也有类似的规定，即民族自治地方可以依据该法第32条的要求制定变通的或者补充的规定。

从立法状况看，自1980年我国《婚姻法》颁布以来，许多民族自治地方先后制定、颁布了贯彻执行《婚姻法》的变通或补充规定。新疆、西藏、宁夏、内蒙古四个自治区先后颁行了《新疆维吾尔自治区执行〈中华人民共和国婚姻法〉的补充规定》（1980年12月14日新疆维吾尔自治区五届人大三次会议通过，自1981年1月1日起施行，1983年、1988年两次修正）、《西藏自治区施行〈中华人民共和国婚姻法〉的变通条例》（1981年4月18日西藏自治区第三届人大常委会第五次会议通过，自1982年1月1日起施行，2004年修正）、《宁夏回族自治区执行〈中华人民共和国婚姻法〉的补充规定》（1981年6月15日宁夏回族自治区四届人大三次会议通过，自颁布之日起施行）、《内蒙古自治区执行〈中华人民共和国婚姻法〉的补充规定》（1981年9月21日内蒙古自治区第五届人大常委会第九次会议通过，自公布之日起施行，1988年、2003年两次修正）。此外，一些自治州（如四川省的甘孜、阿坝、凉山自治州，青海省的海北、海西自治州等）、自治县（如云南省的孟连、宁蒗、沧源自治县，青海省的循化、化隆自治县等）也作了变通或补充规定。这些结合当地实际制定的法规，加强了少数民族自治地方婚姻家庭方面的法制建设，对于当地婚姻家庭制度的改革起了积极的促进作用。

关于对《婚姻法》的变通或补充规定的适用范围，各民族自治地方的规定不尽相同。新疆、西藏、宁夏、内蒙古四个自治区规定只适用于本自治区的少数民族。循化、化隆、孟连、沧源等自治县规定只适用于本地区少数民族中的一般群众，双方都是国家职工的，仍按《婚姻法》的规定执行。甘孜、阿坝、凉山等自治州规定既适用于本州的少数民族，也适用于与少数民族结婚的汉族。

## 二、变通规定的主要内容

### （一）基本原则方面的规定

（1）关于婚姻自由。各民族自治地方在变通或补充规定中都明确规定实行婚姻自由，并针对本地区的具体情况作了更为具体的补充规定。例如宁夏回族自治区规定：“回族同其他民族的男女自愿结婚，任何人不得干涉。”“保护寡妇的婚姻自由，任何人不得以任何借口进行干涉。”新疆维吾尔自治区规定：“禁止买卖婚姻和借婚姻索取财物。”“寡妇有再结婚的自由，任何人不得以任何借口进行干涉。”这些具有针对性的补充规定都贯彻了婚姻自由的基本原则。

（2）关于一夫一妻制。由于民族习惯和历史原因，在有的少数民族地区还残存着一夫多妻、一妻多夫的婚姻关系。对此，必须加以改革和从实际出发区别处理。不少民族自治地方规定，废除一夫多妻、一妻多夫等封建婚姻，但对于自治地方变通条例实施前形成的多重婚姻关系，凡不主动提出解除婚姻关系者，予以维持。

（3）关于计划生育。由于各少数民族地区的自然条件、经济和文化发展程度以及人口状况不同，国家允许民族自治地方在实行计划生育方面作一些灵活性规定。有的民族自治地方原来规定对少数民族不提倡计划生育，后来，鉴于本地区少数民族人口增长较快，已不适应人口与环境、资源和社会发展相协调的要求，为了少数民族地区经济的发展和人口素质的提高，改为少数民族也要实行计划生育。根据少数民族的不同情况，实行不同的计划生育政策，须由民族自治地区的人民代表大会决定。一般而言对少数民族的生育政策比对汉族的放得宽，即一对夫妇可以生育 2 个孩子，有特殊情况的可以生 3 个孩子。有的民族地区只宣传生命科学知识，要求做好妇幼保健，不作生育数量要求。2015 年 12 月 27 日修正的《人口与计划生育法》第 18 条第 3 款明确规定，少数民族也要实行计划生育，具体办法由省、自治区、直辖市人民代表大会或者其常务委员会规定。

### （二）结婚和离婚方面的规定

（1）适当降低法定婚龄。我国许多少数民族都有早恋早婚的习俗，过去许多青年男女一般在 16 周岁至 18 周岁就结婚。《婚姻法》规定的法定婚龄在少数民族地区难以执行。因此，从当地实际情况出发，许多民族自治地方的变通规定都把《婚姻法》规定的法定婚龄降低了 2 岁，即结婚年龄变通为男不得早于 20 周岁、女不得早于 18 周岁。少数民族男女自愿晚婚晚育的，应予鼓励。

（2）禁止近亲结婚的变通规定。有些少数民族长期以来盛行只在本民族内通婚的习俗，通婚的范围比较狭小，近亲结婚较为普遍。表兄弟姐妹婚更是许多民族的习惯。[①]《婚姻法》规定禁止三代以内旁系血亲结婚，对一些少数民族还需要一个宣传教育过程，不宜一刀切、硬性执行。因此，有的民族自治地方作出了某些变通规定，如内蒙古自治区变通为“大力提倡三代以内的旁系血亲不结婚”，宁夏回族自治区变通为推迟到 1983 年 1 月 1 日起执行禁止三代以内旁系血亲结婚的规定。

（3）坚持结婚、离婚必须履行法律手续。由于传统婚俗和宗教的影响，许多少数民族男女结婚、离婚一般都只按传统习惯举行一定的世俗仪式或宗教仪式，很少履行法律手续。为对婚姻的成立进行指导和监督，以保护合法婚姻，防止违反婚姻法行为的发生，各民族自治地方都明确规定：结婚、离婚必须履行登记手续，禁止用宗教仪式代替婚姻登记。但对各少数民族传统的婚嫁仪式，在不妨碍婚姻自由的前提下，予以尊重。如新疆维吾尔自治区规定：结婚、离婚必须履行法律手续。禁止一方用口头或文字通知对方的方法离婚。禁止以宗教仪式代替法定结婚登记。宁夏回族自治区规定：禁止用宗教仪式代替法定的结婚登记。信奉伊斯兰教的男女结婚，自愿举行宗教仪式的，只能在领取结婚证后进行。

### （三）其他方面的规定

一些少数民族自治地方还结合当地实际，对订婚、非婚生子女等问题作了补充规定。如新疆维吾尔自治区规定：禁止未达结婚年龄的男女预先订婚。西藏自治区规定：对非婚生子女生活费和教育费的负担，应按《中华人民共和国婚姻法》第 19 条（此处系指 2001 年修正前的《婚姻法》——引者注）的规定执行。改变全由生母负担的习惯。四川省甘孜、阿坝、凉山三个自治州也作了类似的规定。贯彻执行这些规定，有利于维护婚姻家庭当事人的合法权益。

---

① 杨怀英，等．滇西南边疆少数民族婚姻家庭制度与法的研究．北京：法律出版社，1988：237.

# 第二节　涉外婚姻家庭法律问题

## 一、涉外婚姻家庭关系的法律适用

涉外婚姻家庭关系，在适用法律时需要解决不同国家的法律冲突问题。我国《涉外民事关系法律适用法》既规定了法律适用的一般原则，又对有关准据法作了明确规定，其中也包括有关涉外婚姻家庭关系的法律适用。

### （一）涉外婚姻家庭关系法律适用的一般原则

《涉外民事关系法律适用法》第 1 条规定：涉外民事关系适用的法律，依照本法确定。其他法律对涉外民事关系法律适用另有特别规定的，依照其规定。本法和其他法律对涉外民事关系法律适用没有规定的，适用与该涉外民事关系有最密切联系的法律。

在涉外婚姻家庭关系的法律适用中，应该遵循的一般原则是：（1）当事人依照法律规定可以明示选择适用的法律。（2）中华人民共和国法律有强制性规定的，直接适用该强制性规定。（3）外国法律的适用将损害中华人民共和国社会公共利益的，适用中华人民共和国法律。（4）适用外国法律，该国不同区域实施不同法律的，适用与该涉外婚姻家庭关系有最密切联系区域的法律。（5）涉外婚姻家庭关系的定性，适用法院地法律。（6）涉外婚姻家庭关系适用的外国法律，不包括该国的法律适用法。（7）涉外婚姻家庭关系适用的外国法律，由人民法院、仲裁机构或者行政机关查明。当事人选择适用外国法律的，应当提供该国法律。不能查明外国法律或者该外国法律没有规定的，适用中华人民共和国法律。（8）诉讼时效，适用相关涉外婚姻家庭关系应当适用的法律。

上述规定是我国涉外民事关系法律适用的一般原则，是处理各种涉外婚姻家庭关系的法律依据。

### （二）涉外婚姻家庭关系的准据法

（1）涉外结婚：结婚条件，适用当事人共同经常居所地法律；没有共同经常居所地的，适用共同国籍国法律；没有共同国籍，在一方当事人经常居所地或者国籍国缔结婚姻的，适用婚姻缔结地法律。结婚手续，符合婚姻缔结地法律、一方当事人经常居所地法律或者国籍国法律的，均为有效。

（2）夫妻关系：夫妻人身关系，适用共同经常居所地法律；没有共同经常居所地的，适用共同国籍国法律。夫妻财产关系，当事人可以协议选择适用一方当事人经常居所地法律、国籍国法律或者主要财产所在地法律；当事人没有选择的，适用共同经常居所地法律；没有共同经常居所地的，适用共同国籍国法律。

（3）夫妻继承关系：法定继承，适用被继承人死亡时经常居所地法律，但不动产法定继承适用不动产所在地法律。遗嘱方式，符合遗嘱人立遗嘱时或者死亡时经常居所地法律、国籍国法律或者遗嘱行为地法律的，遗嘱均为成立。遗嘱效力，适用遗嘱人立遗嘱时或者死亡时经常居所地法律或者国籍国法律。遗产管理等事项，适用遗产所在地法律。

（4）协议离婚：当事人可以协议选择适用一方当事人经常居所地法律或者国籍国法律。当事人没有选择的，适用共同经常居所地法律；没有共同经常居所地的，适用共同国籍国法律；没有共同国籍的，适用办理离婚手续机构所在地法律。

（5）诉讼离婚：适用法院地法律。

（6）亲子关系：父母子女人身、财产关系，适用共同经常居所地法律；没有共同经常居所地的，适用一方当事人经常居所地法律或者国籍国法律中有利于保护弱者权益的法律。

（7）扶养：适用一方当事人经常居所地法律、国籍国法律或者主要财产所在地法律中有利于保护被扶养人权益的法律。

（8）收养关系：收养的条件和手续，适用收养人和被收养人经常居所地法律。收养的效力，适用收养时收养人经常居所地法律。收养关系的解除，适用收养时被收养人经常居所地法律或者法院地法律。

（9）监护：适用一方当事人经常居所地法律或者国籍国法律中有利于保护被监护人权益的法律。

## 二、我国的涉外婚姻家庭法律问题

### （一）涉外结婚

1. 结婚的法律适用

中国公民与外国人要求在我国内地结婚，根据“结婚适用婚姻缔结地法律”的原则，应适用中国法律。其中，结婚条件，可适用当事人共同经常居所地法律；没有共同经常居所地的，适用共同国籍国法律；没有共同国籍，在一方当事人经常居所地或者国籍国缔结婚姻的，适用婚姻缔结地法律。

2. 对结婚主体的限制

我国法律规定某些中国公民不准同外国人结婚。根据相关规定，以下两类中国公民不准同外国人结婚。

第一类是某些担任特定职务的人员。其范围是：（1）现役军人，是指正在中国人民解放军和人民武装警察部队中服现役、具有军籍的干部和战士。（2）外交人员，是指直接从事外交工作的人员，主要指外交部和我国驻外使、领馆的外交官员。（3）公安人员，是指在编的各级公安机关、国家安全机关的干警。（4）机要人员和其他掌握重大机密的人员，是指在国家党政机关、科研机构和企事业单位从事机要工作，掌握党和国家重大机密包括科技尖端机密的人员。

法律不准担任特定职务的人员同外国人结婚，是为了维护国家的安全和利益。这也是世界各国立法的通例。

第二类是被依法判处刑罚正在服刑的人。这类人员由于违法犯罪被判处刑罚，正在刑罚执行期间，被限制了人身自由，所以不准同外国人结婚。

3. 结婚登记的程序

履行涉外结婚登记程序，是在我国内地缔结涉外婚姻的唯一合法的形式要件。由于涉外婚姻的特殊性，我国法律对涉外结婚登记的机关、当事人须持的证件分别作了下列规定。（1）办理涉外结婚登记的机关。中国公民同外国人在我国内地结婚的，办理登记的机关是省、自治区、直辖市人民政府民政部门或者省、自治区、直辖市人民政府民政部门确定的机关。男女双方应当共同到内地居民常住户口所在地的婚姻登记机关办理结婚登记。(2) 结婚当事人须持的证件和证明材料：1) 办理结婚登记的内地居民一方应当出具的证件和证明材料，与双方均为内地居民办理结婚登记应当出具的相同（参见本书第五章第四节）。2) 办理结婚登记的外国人应当出具的证件和证明材料有：第一，本人的有效护照或者其他有效的国际旅行证件；第二，所在国公证机构或者有权机关出具的，经中华人民共和国驻该国使（领）馆认证或者该国驻华使（领）馆认证的本人无配偶的证明，或者所在国驻华使（领）馆出具的本人无配偶的证明。

### （二）涉外离婚

1. 离婚的法律适用

在我国内地的涉外离婚，依诉讼程序办理的，根据"离婚适用受理案件的法院所在地法律"的原则，适用我国婚姻家庭法的有关规定。依登记程序办理的协议离婚，当事人可以协议选择适用我国法律；如果没有协议选择适用法律，其共同经常居所地在我国内地的，则应该适用和遵循我国婚姻家庭法规定；如果在我国内地没有共同经常居所地，但共同拥有中国国籍的，则应该适用和遵循我国婚姻家庭法；没有共同国籍的，在我国内地办理协议离婚则应该适用我国婚姻家庭法。

2. 离婚的程序

(1) 涉外离婚登记。

涉外离婚登记，由省、自治区、直辖市人民政府民政部门或者上述民政部门确定的婚姻登记机关办理。我国《婚姻登记条例》第 11 条规定，办理涉外离婚登记，内地居民一方应当出具下列证件和证明材料：1) 本人的户口簿、身份证；2) 本人的结婚证；3) 双方当事人共同签署的离婚协议书。外国人一方除应当出具上述 2)、3) 两项规定的证件、证明材料外，还应当出具本人的有效护照或者其他有效国际旅行证件。

(2) 涉外离婚诉讼。

涉外离婚当事人应按我国法律的有关规定，向中国公民一方户口所在地或常住地的人民法院起诉。人民法院应当依法调解，调解无效的，依法判决。

这里还须说明的是：第一，不在我国居住的外国人，不能来我国法院亲自参加起诉、应诉的，可以委托我国公民、律师或居住在我国境内的本国公民、本国驻华使、领馆官员（以个人名义）担任诉讼代理人。但外国人一方向我国法院提交的离婚起诉状、答辩状、意见书、委托书、上诉状等诉讼文书，必须经所在国公证机关公证，并经我驻该国使、领馆认证方为有效。第二，根据《维也纳领事关系公约》规定的原则，外国人一方不在我国境内，或由于其他原因不能适时到我国法院出庭时，在没有委托的情况下，该国驻华使、领馆领事官员（包括经我国外交部确认的外国驻华使馆的外交官同时兼有领事衔者），可以直接以领事名义担任其代表人，或为其安排代表人在我国法院出庭，参与离婚诉讼。

3. 处理涉外离婚案件应注意的问题

人民法院审理涉外离婚案件，应根据我国《民法典》第 1079 条和有关规定判决。对于因离婚而引起的子女的直接抚养归属、子女抚养费的负担、夫妻共同财产的分割、夫妻债务的清偿和一方对他方的经济帮助、离婚经济补偿、离婚损害赔偿等问题，也应按我国婚姻家庭法的规定一并处理。

中国公民同外国人离婚，处理子女抚养费的负担和经济帮助等问题时，负有给付义务的外国人一方原则上应当一次性给付。这主要是由于我国目前与不少国家尚未签订司法协助协议，这些判决不便强制执行。为了保护中国公民及其子女的合法权益，采取这种给付方法很有必要，同时也可防止日后发生新的纠纷。如果外国人一方一次性给付确有实际困难的，可由居住在我国境内有相当财产的中国公民或外国公民担保。到期不履行的，由担保人清偿。

涉外复婚适用涉外结婚登记程序。

## （三）涉外收养

《民法典》第1109条规定：外国人依法可以在中华人民共和国收养子女。外国人在中华人民共和国收养子女，应当经其所在国主管机关依照该国法律审查同意。收养人应当提供由其所在国有权机构出具的有关其年龄、婚姻、职业、财产、健康、有无受过刑事处罚等状况的证明材料，并与送养人签订书面协议，亲自向省、自治区、直辖市人民政府民政部门登记。前款规定的证明材料应当经收养人所在国外交机关或者外交机关授权的机构认证，并经中华人民共和国驻该国使领馆认证，但是国家另有规定的除外。

外国人在我国内地收养子女，包括夫妻一方为外国人在我国内地收养子女，具体问题应当按照我国民政部经国务院批准发布、施行的《外国人在中华人民共和国收养子女登记办法》的规定办理。

### 1. 法律的适用

根据《涉外民事关系法律适用法》第28条，收养的条件和手续，适用收养人和被收养人经常居所地法律；收养的效力，适用收养时收养人经常居所地法律；收养关系的解除，适用收养时被收养人经常居所地法律或者法院地法律。在我国内地办理涉外收养，必须进一步把握：外国人在华收养子女，应当符合中国有关收养法律的规定，并应当符合收养人所在国有关收养法律的规定；因收养人所在国法律的规定与中国法律的规定不一致而产生的问题，由两国政府有关部门协商处理。重叠适用和协商处理，是为了防止收养行为被外国法律认为无效，更是为了有效保障被收养未成年人的权益。

### 2. 收养的程序

外国人在华收养子女，应当通过所在国政府或者政府委托的收养组织，向我国政府委托的收养组织转交收养申请书，并提交收养人的家庭情况报告和有关证明。中国收养组织对上述材料进行审查后，应当按照省级人民政府民政部门提供的情况，参照外国收养人的意愿，为其选择适当的被收养人，并将被收养人及其送养人的有关情况的材料，通过外国政府或收养组织送交外国收养人。如送养人同意送养，收养人同意收养，我国收养组织应向外国收养人发出来华收养子女通知书。

外国人来华收养子女，应当与送养人订立书面协议，然后共同亲自向涉外收养登记机关办理登记。

### 3. 须出具的证明材料

上述外国收养人经委托收养组织转交的，除跨国收养申请书外，还包括收养人的出生证明，婚姻状况证明，职业、经济收入和财产状况证明，身体健康检查证明，有无受过刑事处罚的证明等，收养人所在国主管机关同意其跨国收养子女的证明，以及收养人的家庭情况适合收养子女的报告。

送养人也应向办理涉外收养登记的省、自治区、直辖市民政部门提交《外国人在中华人民共和国收养子女登记办法》要求提交的证件和有关的证明材料。关于对证明材料的要求，因不同的具体情形而异。这方面的一些具体问题，以及一些操作性的规定，此处不拟详述，参见上述办法中的有关规定。

## 第三节　涉侨、涉港澳台的婚姻家庭法律问题

### 一、婚姻家庭领域的区际法律冲突和对策

#### （一）中国区际婚姻家庭法律冲突的现状

在我国的领土、主权范围内，存在着四个相对独立的法域。由于各法域的社会差异和法制建设实践的殊途，诸法域在婚姻家庭法的立法宗旨、立法体例、基本原则、具体制度及操作适用等方面既有一定程度的相通和趋同，又有较为明显的差别和分歧。在"一国两制"的基本国策统辖下，采取适当的措施，合理解决婚姻家庭法律冲突，对于促进相互间的交流交往、稳定社会秩序、有效保护不同法域居民的合法权益具有十分重要的现实意义。

区际法律冲突，是在一个主权国家的范围内不同地区的法律制度之间在同一层面上的冲突。区际法律冲突发生在"复合法域（多法域）国家"，对于那些跨法域的即涉及不同法域的婚姻家庭关系问题，必须正确处理客观存在的法律冲突。

中国内地（大陆）、香港、澳门和台湾地区人民相互往来日趋频繁。随着"一国两制"的付诸实践，已顺利实现了香港、澳门的回归，台湾回到祖国怀抱势在必行。交织在内地（大陆）和港、澳、台之间的婚姻家庭关系渐呈常态。但是，这四个法域施行互不相同的法律，处于互为独立、有同有异的状态。在现实和将来的婚姻家庭关系的互动中，"当某一事项或一项争议涉及两个或两个以上的地区时，究竟应适用哪个地区的法律处理争议问题，亦即区际法律冲突问题，不可避免地会产生"①。实际上，"在任何历史时期，只要是文化的载体——民族之间发生了社会活动方面的接触，则首先带来的冲突之一就是不同法律或不同社会行为规范的冲突"②。中国成为"复合法域"国家并因此产生较为复杂的区际法律冲突问题，既是中国社会结构历史变迁的客观走向，同时也为当今中国社会的特定历史条件和发展格局所决定。有的学者认为，在一国内部，区际法律冲突的产生须具备如下条件：(1) 在一国内部，存在着数个具有不同法律制度的法域；(2) 各法域人民之间的民事交往导致产生众多的区际民事法律关系；(3) 各法域相互承认外法域的自然人和法人在本法域的民事法律地位；(4) 各法域相互承认外法域的法律在本法域内的域外效力。③ 区际法律冲突的产生的原因在于国内存在着数个具有不同法律制度的地区。一个国家之所以成为"复合法域"国家，是国内各地区法制不统一造成的。在这种情形下，区际法律冲突的发生是不可避免的，重要的问题在于制定相应的对策。

中国婚姻家庭法的区际冲突之客观存在的具体原因可界定于六个方面：一是四个法域已经呈历史性、发展性地实际存在；二是婚姻家庭法本身具有明显的地域性、传统性和强制性；三是婚姻家庭法的法制建设实践总是与其赖以存在的社会母体具有同步性；四是区际婚姻家庭关

① 韩德培．国际私法分论．武汉：武汉大学出版社，1997：448.
② 米也天．澳门法制与大陆法系．北京：中国政法大学出版社，1996：2.
③ 黄进．区际冲突法研究．上海：学林出版社，1991：229.

系的互动具有必然性，而且交往交流越频繁，区际婚姻家庭关系就越多；五是四个法域的婚姻家庭法规范体系的差异性；六是“一国两制”已从根本上确认了不同法域的婚姻家庭法的效力。

### （二）中国区际婚姻家庭法律冲突的特点

中国诸法域婚姻家庭法律冲突的特点，是由中国区际法律冲突的现状决定的，概括起来，主要有如下几点。

（1）中国区际婚姻家庭法律冲突是单一制国家中特别行政区享有高度自治权情况下的法律冲突。我国是单一制国家，根据《关于香港问题的联合声明》《关于澳门问题的联合声明》和两个基本法，特别行政区享有高度的自治权。各特别行政区基于其历史和现实被赋予特殊待遇和地位，享有独立的立法权、司法权和终审权。因此，无论是现今的港澳回归，还是未来的祖国统一，都客观地存在着“一国两制四法域”的格局。在这种法律差异极大的情况下，解决区际法律冲突，实现全国性婚姻家庭法制的统一的进程必将缓慢和艰难，同时也更显重要和迫切。

（2）中国区际婚姻家庭法律冲突既有同一社会制度下的冲突，又有不同社会制度下的冲突。世界上现有的其他国家的区际法律冲突完全发生在社会制度相同的区域之间，即以“一国一制”作为大前提。在其统一的大同小异的社会制度下，各区域法律的共同点居多，易于沟通，便于交往，少量且居次要地位的不同点之间的冲突也相对容易解决和处理。换言之，其法律原则是统一的，冲突是局部的。而中国婚姻家庭法律冲突不然，它既有属于同类社会制度法域之间的法律冲突，如港、澳、台地区的法律相互之间的冲突，又有社会制度根本不同的法域之间的法律冲突，如内地与港、澳、台地区的法律之间的冲突。这在世界上各复合法域国家中亦为特例。

（3）中国区际婚姻家庭法律冲突，也表现为两大法律传统之间的冲突。在中国诸法域内，大陆（内地）和台湾、澳门地区基本上属于大陆法系传统，而香港地区可归于英美法系传统。因此，它们之间既存在同一法系的法域之间的法律冲突，也存在不同法系的法域之间的法律冲突，其中更交织着固有法与继受法的冲突。

（4）中国区际婚姻家庭法律冲突，是在各法域均有独立的立法权、司法权和终审权的条件下发生的法律冲突。根据“一国两制”的基本国策，祖国统一后的台、港、澳地区仍拥有独立的立法权、司法权和终审权，而在各法域之上无共同的终审司法机关予以管领和协调。

（5）中国区际婚姻家庭法律冲突不仅仅是局部区域之间的法律冲突，在某种意义上，还是特殊情形下处于平等地位的全国性法律与特别行政区地方法律之间的冲突。这是我国有针对性地依法赋予特别行政区高度自治权的集中体现，但更应明确，特别行政区仍然是中华人民共和国不可分割的一部分，其法律冲突不是国际私法上的法律冲突。

### （三）区际婚姻家庭法律冲突的对策

正视客观存在的区际法律冲突，寻求和把握解决冲突的积极有效的途径，首先必须坚持五项原则：一是“一国两制”和促进国家统一的原则，二是在民商法领域保障法域平权和有序的原则，三是在不违背国家的根本利益的前提下互利协作的原则，四是促进和保障正常的民事交流、交往的原则，五是对各法域法律关系主体的合法权益平等保护的原则。基于这些原则，我们认为，从长远来看，解决中国区际婚姻家庭法律冲突，可循序渐进地分阶段进行。

我们认为，面对婚姻家庭领域的区际法律冲突，亟待解决的是法律适用问题。方案之一是在各法域立法机关交换意见的基础上，各自在有关法律中制定区际婚姻家庭关系法律适用的规则。这些规则应当是相互协调，互不抵触的。为此，似可先由各法域的法学团体、有关部门共同研讨，将研究成果提供给各法域的立法机关参考。方案之二是在各法域之间签订有关区际婚姻家庭关系法律适用的协定。这种协定可以是多边的，也可以是双边的。方案之三是将来在条件成熟的时候，可以根据各法域立法机关的共同要求，在国家一级制定统一的区际婚姻家庭关系法律适用法。只要各法域的立法机关都有此愿望，协商一致，这一方案并不违背我国宪法和特别行政区基本法的规定。目前，还可考虑采取重叠适用的规则，例如，内地居民和香港居民在内地结婚，或者在香港结婚，既要符合婚姻家庭法的规定，又要符合香港《婚姻条例》的规定。这可能过于苛求，但是，作为一种过渡性的措施，还是有其可取之处的，是有利于保障不同法域的中国公民的婚姻家庭权益的。至于区际婚姻家庭关系法律适用规则的内容，有关婚姻家庭法律关系的发生、变更和终止，如结婚、离婚、出生、收养等，似以适用法律事实发生地法律为宜。有关婚姻家庭主体的权利、义务，似以适用权利人的住所地或惯常居所地法律为宜。

## 二、我国内地的涉侨、涉港澳台的婚姻家庭法律问题

关于在我国内地发生的区际婚姻家庭法律问题，如涉港澳台的结婚、离婚、收养等，处理时均应适用婚姻家庭法和相关的法律、法规的规定。鉴于这些问题具有区际因素，在程序上，在对证件、证明的要求上，比对有关当事人均为内地居民时的要求更为严格。其目的在于保护身处不同法域的当事人的权益。为了方便起见，将涉侨婚姻家庭法律问题置于本题中一并说明。

### （一）涉侨、涉港澳台的结婚登记

改革开放以来，我国有关部门对华侨、香港居民、澳门居民、台湾居民与内地（大陆）居民在内地结婚的问题，作过许多具体规定，如民政部于 1983 年颁行的《华侨同国内公民、港澳同胞同内地公民之间办理婚姻登记的几项规定》（现已失效）等。2003 年的《婚姻登记条例》施行后，涉侨、涉港澳台的结婚登记应当按照该条例的统一规定办理。

#### 1. 结婚登记的机关

办理涉侨、涉港澳台的婚姻登记（包括结婚登记、离婚登记、复婚登记）的机关，是省、自治区、直辖市人民政府民政部门或者由其确定的机关。要求结婚的双方当事人须共同到内地（大陆）居民一方常住户口所在地的婚姻登记机关办理结婚登记。

#### 2. 当事人须持的证件和证明材料

办理结婚登记的内地居民一方应当出具的证件和证明材料，与双方均为内地居民办理结婚登记应当出具的相同（参见本书第五章第四节）。

办理结婚登记的华侨应当出具下列证件和证明材料：（1）本人的有效护照；（2）居住国公证机构或者有权机关出具的、经中华人民共和国驻该国使（领）馆认证的本人无配偶，以及与对方当事人没有直系血亲或三代以内旁系血亲关系的证明，或者中华人民共和国驻该国使（领）馆出具的上述证明。

办理结婚登记的香港居民、澳门居民、台湾居民应当出具下列证件和证明材料：（1）本人的有效通行证、身份证；（2）经居住地公证机构公证的本人无配偶以及与对方当事人没有直系

血亲或三代以内旁系血亲关系的声明。

涉侨、涉港澳台的复婚登记，适用结婚登记程序。

### （二）涉侨、涉港澳台的离婚登记和离婚诉讼

1. 离婚登记

华侨、港澳台居民同内地（大陆）居民在内地（大陆）离婚，如离婚出于双方自愿，并对子女抚养和财产问题已有适当处理的，双方可共同到内地（大陆）居民一方常住户口所在地的婚姻登记机关办理离婚登记。

办理离婚登记的内地（大陆）居民一方应当出具的证件和证明材料，与双方均为内地（大陆）居民办理离婚登记应当出具的相同（参见本书第五章第四节）。

办理离婚登记的华侨、香港居民、澳门居民、台湾居民应当出具下列证件和证明材料：(1) 本人的结婚证；(2) 双方当事人共同签署的离婚协议书；(3) 华侨还应当出具本人的有效护照或者其他有效国际旅行证件；香港居民、澳门居民、台湾居民还应当出具本人的有效通行证、身份证。

2. 离婚诉讼

关于涉侨、涉港澳台的婚姻，男女一方要求离婚的，或一方不能到婚姻登记机关申请离婚的，可由有关部门进行调解或者直接向内地（大陆）居民一方住所地或经常居住地的人民法院提起离婚诉讼。

从台湾地区回大陆定居的中国公民，要求与台湾地区的配偶离婚，可向回大陆定居后的住所地或者经常居住地人民法院提起离婚诉讼。

### （三）涉侨、涉港澳台的收养登记

1999 年 5 月 25 日发布、施行的《中国公民收养子女登记办法》（2019 年修订）规定：华侨以及居住在香港、澳门、台湾地区的中国公民在内地（大陆）收养子女的，申请办理收养登记的管辖以及所需要出具的证件和证明材料，按照国务院民政部门的有关规定执行。

据此，民政部发布了《华侨以及居住在香港、澳门、台湾地区的中国公民办理收养登记的管辖以及所需要出具的证件和证明材料的规定》，规定了如下主要内容。

1. 收养登记的机关

华侨以及居住在香港、澳门、台湾地区的中国公民在中国内地（大陆）收养子女的，应当到被收养人常住户口所在地的直辖市、设区的市、自治州人民政府民政部门或者地区（盟）行政公署民政部门申请办理收养登记。

2. 收养人应当出具的证件和证明材料

华侨或港、澳、台居民在中国内地（大陆）办理收养登记，均须提交收养申请书，并出具有关的证件和证明材料。对此，前述规定对华侨、香港居民、澳门居民、台湾居民分别提出了具体的要求。华侨须提交护照，港澳居民须提交身份证件，台湾居民须提交在台湾地区居住的有效证明。收养人还必须提交有关本人年龄、婚姻、有无子女、职业、财产、健康、有无前科等状况的证明材料。这些材料均须经过认证、公证或由有权机关出具，以保证其真实性。（详见前述规定第 3 条至第 7 条。）

## 三、关于涉台婚姻家庭若干具体问题的处理

### （一）去台人员与其在大陆的配偶之间婚姻关系的处理问题

1. 已办离婚手续，双方均未再婚的，应分别不同情况处理

（1）双方分离后，留在大陆的一方要求离婚，已经人民法院判决离婚，不论对方是否接到判决书，人民法院的判决都是有效的。如果双方要求恢复婚姻关系，原审法院可按申诉案件处理，经过审查，双方均未再婚，则可用裁定注销原来的判决，宣告婚姻关系恢复。

（2）双方分离后，去台一方已依照台湾有关法律与留在大陆的一方解除了婚姻关系，但双方均未再婚，现双方自愿恢复婚姻关系的，可承认其婚姻关系存续。

2. 未办离婚手续，一方或双方分别在大陆和台湾地区再婚的问题

（1）对于双方分离后未办理离婚手续，一方或者双方分别在大陆和台湾地区再婚的，对这种由于特殊原因形成的婚姻关系，不以重婚对待，当事人不告诉，人民法院不主动干预。如果其中一方当事人提出与其配偶离婚的，人民法院应当按照离婚案件受理，依法准予离婚。

（2）对双方分离后未办理离婚手续，大陆一方又与他人结婚或者长期与他人以夫妻关系同居生活的，原则上承认这种婚姻关系。现去台一方回来，大陆一方如要求与原配偶恢复关系，提出与再婚配偶离婚的，是否准予离婚，人民法院应当按照婚姻家庭法关于“人民法院审理离婚案件，应当进行调解；如感情确已破裂，调解无效，应准予离婚”的规定处理。

（3）双方分离后，一方或双方分别在大陆或台湾地区再婚，且其再婚配偶健在的，如双方自愿恢复与原配偶的婚姻关系，应按照一夫一妻制的原则，先与再婚配偶解除婚姻关系后，方可与原配偶重新办理结婚登记。如再婚配偶已经离异或死亡，现双方自愿恢复婚姻关系的，亦应重新办理结婚登记。

### （二）涉台夫妻共同财产问题

涉台的夫妻共同财产，主要是指去台一方在去台前与其配偶共同生活期间形成的并遗留在大陆的财产。对于新形成的涉台婚姻财产关系，依照双方约定处理。无约定的，以夫妻共有财产对待。

去台一方请求原配偶返还婚前财产，或者要求分割夫妻共有财产的，如果这些财产在几十年中已被没收、改造、灭失或原配偶用于抚养子女，或用于赡养父母，或用于家庭其他生活消费的，人民法院应说服其撤诉或者驳回诉讼请求。如果财产尚在，且数额较大，在考虑其原配偶、子女等生活需要的情况下，可以酌情分割部分给去台人员。

### （三）去台人员与其留在大陆子女之间的抚养、赡养和收养问题

（1）抚养。两岸分离的特殊历史原因，致使去台人员不能对其留在大陆的子女履行抚养义务。现在，去台一方回大陆时，大陆一方向其索要已成年子女过去的抚养费用的，人民法院原则上不予支持。现在子女已经成年，没有实际给付的必要。同时，抚养子女是夫妻双方的义务；夫妻双方都在，由夫妻双方共同承担此项义务。一方由于特殊原因未与子女共同生活或者无法尽抚养义务，应由另一方独立承担这个义务。去台一方在台湾地区未对子女尽抚养之责是两岸长期隔离的客观原因造成的，并非其主观上不愿意抚养子女。因此，大陆一方已经尽了全

部抚养义务的，不能向对方主张追索抚养费。其他没有抚养、赡养义务的人代替去台一方抚养子女或者赡养了去台人员父母的，去台人员应酌情补偿。

（2）赡养。去台人员返回大陆，由于年老、体弱多病、生活确实困难，因而要求子女承担赡养义务的，人民法院应当根据法律规定和子女的家庭经济状况尽可能地给予满足。子女故意不尽赡养义务，或以去台人员过去未尽抚养之责而推诿自己的赡养责任的，应予以批评教育，促使其承担赡养义务。如果去台人员留在大陆的子女已被他人合法收养的，在收养关系解除之前，该子女可以不承担对生父或生母的赡养义务。即使解除了收养关系，生父母要求恢复与成年子女的亲子关系，也应双方协商达成一致意见。

（3）收养。去台人员留在大陆的子女已被他人合法收养的，被收养的子女因其生父或生母回大陆，而要求解除收养关系；或者去台的生父母一方要求解除收养关系的，应根据养父母、养子女、生父母三方面关系的实际情况，本着老有所养、幼有所育的原则，予以解决。

### （四）大陆法院对台湾地区有关两岸公民婚姻家庭案件判决的认可问题

根据最高人民法院自 2015 年 7 月 1 日起施行的《关于认可和执行台湾地区法院民事判决的规定》，对台湾地区涉及两岸公民婚姻家庭案件的判决，当事人可以向大陆中级人民法院申请认可。

所谓台湾地区涉及两岸公民婚姻家庭案件的判决，是指婚姻家庭案件当事人一方住所地、经常居住地或者被执行财产所在地涉及大陆有关省、自治区、直辖市的民事判决。

人民法院审查申请后，对于台湾地区有关法院的民事判决，只要不具有下列情形的，人民法院裁定认可其效力：（1）申请认可的民事判决，是在被申请人缺席又未经合法传唤或者在被申请人无诉讼行为能力又未得到适当代理的情况下作出的；（2）案件系人民法院专属管辖的；（3）案件双方当事人订有有效仲裁协议，且无放弃仲裁管辖情形的；（4）案件系人民法院已作出判决或者中国大陆的仲裁庭已作出仲裁裁决的；（5）香港特别行政区、澳门特别行政区或者外国的法院已就同一争议作出判决且已为人民法院所认可或者承认的；（6）台湾地区、香港特别行政区、澳门特别行政区或者外国的仲裁庭已就同一争议作出仲裁裁决且已为人民法院所认可或者承认的；（7）认可该民事判决将违反一个中国原则等国家法律的基本原则或者损害社会公共利益的。

## 问题与思考

1. 如何处理民族婚姻家庭问题？
2. 各民族自治地方关于《婚姻法》的变通规定主要有哪些内容？
3. 我国现行法对涉外婚姻家庭关系的法律适用有哪些规定？
4. 如何处理我国的区际婚姻家庭法律冲突？
5. 如何处理基于历史原因而发生的涉台婚姻家庭法律问题？

# 参考书目


1. 杨大文. 婚姻法教程. 北京：法律出版社，1982
2. 杨大文. 婚姻法学. 北京：中国人民大学出版社，1989
3. 杨大文. 亲属法. 4 版. 北京：法律出版社，2004
4. 曹诗权. 婚姻家庭继承法学. 北京：中国法制出版社，1999
5. 陈小君，曹诗权. 婚姻家庭法学. 北京：中国检察出版社，1995
6. 陈小君，曹诗权. 海峡两岸亲属法比较研究. 北京：中国政法大学出版社，1996
7. 张贤钰. 婚姻家庭继承法. 北京：法律出版社，1999
8. 巫昌祯，杨大文. 走向 21 世纪的中国婚姻家庭. 长春：吉林人民出版社，1995
9. 巫昌祯，王德意，杨大文. 当代中国婚姻家庭问题. 北京：人民出版社，1990
10. 王战平. 中国婚姻法教程. 北京：人民法院出版社，1989
11. 法学教材编辑部《婚姻法教程》编写组. 婚姻立法资料选编. 北京：法律出版社，1983
12. 李志敏. 比较家庭法. 北京：北京大学出版社，1988
13. 张贤钰. 外国婚姻家庭法资料选编. 上海：复旦大学出版社，1991
14. 刘素萍. 婚姻法学参考资料. 北京：中国人民大学出版社，1989
15. 利谷信义，等. 离婚法社会学. 北京：北京大学出版社，1991
16. 潘允康. 中国城市婚姻与家庭. 济南：山东人民出版社，1987
17. 刘达临. 婚姻社会学. 天津：天津人民出版社，1987
18. 王利明. 人格权法新论. 长春：吉林人民出版社，1994
19. 沈宗灵. 比较法总论. 北京：北京大学出版社，1987
20. 杨立新. 人身权法论. 北京：中国检察出版社，1996
21. 刘英，薛素珍. 中国婚姻家庭. 北京：社会科学文献出版社，1987
22. 迈克尔·米特罗尔，雷因哈德·西德尔. 欧洲家庭史. 北京：华夏出版社，1987
23. 加里·S. 贝克尔. 家庭经济分析. 北京：华夏出版社，1987
24. 史尚宽. 亲属法论. 台北：荣泰印书馆，1980
25. 陈棋炎. 民法亲属新论. 台北：三民书局，1986
26. 陈棋炎. 亲属·继承法基本问题. 台北：三民书局，1985
27. 黄进. 区际冲突法研究. 上海：学林出版社，1991
28. 杨大文. 中国大百科全书·法学. “婚姻法”等条目. 北京：中国大百科全书出版社，1984

**图书在版编目(CIP)数据**

婚姻家庭法/杨大文，龙翼飞主编．—8版．—北京：中国人民大学出版社，2020.9
新编21世纪法学系列教材/曾宪义，王利明总主编
ISBN 978-7-300-28494-1

Ⅰ.①婚… Ⅱ.①杨… ②龙… Ⅲ.①婚姻法-中国-高等学校-教材 Ⅳ.①D923.9

中国版本图书馆CIP数据核字（2020）第165010号

"十二五"普通高等教育本科国家级规划教材
司法部法学教材与法学优秀科研成果奖
新编21世纪法学系列教材
总主编 曾宪义 王利明
**婚姻家庭法**（第八版）
主 编 杨大文 龙翼飞
Hunyin Jiatingfa

| | | | |
|---|---|---|---|
| 出版发行 | 中国人民大学出版社 | | |
| 社 址 | 北京中关村大街31号 | 邮政编码 | 100080 |
| 电 话 | 010－62511242（总编室） | | 010－62511770（质管部） |
| | 010－82501766（邮购部） | | 010－62514148（门市部） |
| | 010－62515195（发行公司） | | 010－62515275（盗版举报） |
| 网 址 | http://www.crup.com.cn | | |
| 经 销 | 新华书店 | | |
| 印 刷 | 固安县铭成印刷有限公司 | 版 次 | 2000年8月第1版 |
| 开 本 | 787 mm×1092 mm 1/16 | | 2020年9月第8版 |
| 印 张 | 16.5 | 印 次 | 2024年9月第13次印刷 |
| 字 数 | 413 000 | 定 价 | 42.00元 |

# 《　　　　　　》※任课教师调查问卷

为了能更好地为您提供优秀的教材及良好的服务，也为了进一步提高我社法学教材出版的质量，希望您能协助我们完成本次小问卷，完成后您可以在我社网站中选择与您教学相关的 1 本教材作为今后的备选教材，我们会及时为您邮寄送达！如果您不方便邮寄，也可以申请加入我社的**法学教师 QQ 群：83961183（申请时请注明法学教师）**，然后下载本问卷填写，并发往我们指定的邮箱（cruplaw@163. com）。

邮寄地址：北京市海淀区中关村大街 31 号中国人民大学出版社 806 室收

邮　　编：100080

再次感谢您在百忙中抽出时间为我们填写这份调查问卷，您的举手之劳，将使我们获益匪浅！

**基本信息及联系方式：**※

姓名：＿＿＿＿＿＿ 性别：＿＿＿＿＿＿ 课程：＿＿＿＿＿＿＿＿＿＿

任教学校：＿＿＿＿＿＿＿＿＿＿＿＿ 院系（所）：＿＿＿＿＿＿＿＿＿＿

邮寄地址：＿＿＿＿＿＿＿＿＿＿＿＿ 邮编：＿＿＿＿＿＿＿＿＿＿

电话（办公）：＿＿＿＿＿＿ 手机：＿＿＿＿＿＿ 电子邮件：＿＿＿＿＿＿

**调查问卷：**※

1. 您认为图书的哪类特性对您使用教材最有影响力？（　　）（可多选，按重要性排序）
   A. 各级规划教材、获奖教材　　B. 知名作者教材
   C. 完善的配套资源　　D. 自编教材
   E. 行政命令
2. 在教材配套资源中，您最需要哪些？（　　）（可多选，按重要性排序）
   A. 电子教案　　B. 教学案例
   C. 教学视频　　D. 配套习题、模拟试卷
3. 您对于本书的评价如何？（　　）
   A. 该书目前仍符合教学要求，表现不错将继续采用。
   B. 该书的配套资源需要改进，才会继续使用。
   C. 该书需要在内容或实例更新再版后才能满足我的教学，才会继续使用。
   D. 该书与同类教材差距很大，不准备继续采用了。
4. 从您的教学出发，谈谈对本书的改进建议：＿＿＿＿＿＿＿＿＿＿

＿＿＿＿＿＿＿＿＿＿＿＿＿＿＿＿＿＿＿＿＿＿＿＿＿＿＿＿＿＿

＿＿＿＿＿＿＿＿＿＿＿＿＿＿＿＿＿＿＿＿＿＿＿＿＿＿＿＿＿＿

**选题征集：**如果您有好的选题或出版需求，欢迎您联系我们：

联系人：宁丹丽　联系电话：010-62515536

**索取样书：**书名：＿＿＿＿＿＿＿＿＿＿＿＿＿＿＿＿＿＿＿＿＿＿＿＿

书号：＿＿＿＿＿＿＿＿＿＿＿＿＿＿＿＿＿＿＿＿＿＿＿＿＿＿＿＿

**备注：※ 为必填项。**